LIÇÕES SOBRE ÉTICA

Dados Internacionais de Catalogação na Publicação (CIP)
(Câmara Brasileira do Livro, SP, Brasil)

Tugendhat, Ernst.
  Lições sobre ética / Ernst Tugendhat; tradução grupo de doutorandos do curso de pós-graduação em Filosofia da Universidade do Rio Grande do Sul; revisão e organização da tradução por Ernildo Stein. – 10. ed. – Petrópolis, RJ: Vozes, 2025. (Coleção Pensamento Humano)

  Título original: Vorlesungen über Ethik.
  ISBN 978-85-326-1743-9

  1. Ética I. Título.

96-0367   CDD-170

Índices para catálogo sistemático:
1. Ética: Filosofia   170

Ernst Tugendhat

LIÇÕES SOBRE ÉTICA

Tradução de:
Róbson Ramos dos Reis, Aloísio Ruedell,
Fernando Pio de Almeida Fleck, Ernildo Stein,
Joãosinho Beckenkamp, Marianne Kolb, Mario Fleig,
Ronai Rocha, sob a orientação do Prof. Ernildo Stein

Petrópolis

© Suhrkamp Verlag, 1933
Tradução do original em alemão intitulado *Vorlesungen über Ethik*.

Direitos de publicação em língua portuguesa no Brasil:
1997, 2025, Editora Vozes Ltda.
Rua Frei Luís, 100
25689-900 Petrópolis, RJ
www.vozes.com.br
Brasil

Todos os direitos reservados. Nenhuma parte desta obra poderá ser reproduzida ou transmitida por qualquer forma e/ou quaisquer meios (eletrônico ou mecânico, incluindo fotocópia e gravação) ou arquivada em qualquer sistema ou banco de dados sem permissão escrita da editora.

CONSELHO EDITORIAL

Diretor
Volney J. Berkenbrock

Editores
Aline dos Santos Carneiro
Edrian Josué Pasini
Marilac Loraine Oleniki
Welder Lancieri Marchini

Conselheiros
Elói Dionísio Piva
Francisco Morás
Teobaldo Heidemann
Thiago Alexandre Hayakawa

Secretário executivo
Leonardo A.R.T. dos Santos

PRODUÇÃO EDITORIAL

Anna Catharina Miranda
Eric Parrot
Jailson Scota
Marcelo Telles
Mirela de Oliveira
Natália França
Priscilla A.F. Alves
Rafael de Oliveira
Samuel Rezende
Verônica M. Guedes

Editoração: Sandy Marques
Diagramação: Editora Vozes
Revisão gráfica: Fernando Sergio Olivetti da Rocha
Capa: Editora Vozes

ISBN 978-85-326-1743-9 (Brasil)
ISBN 3-518-28700-1 (Alemanha)

Este livro foi composto e impresso pela Editora Vozes Ltda.

A Consuelo Montalva

SUMÁRIO

Advertência preliminar, 9

Primeira lição
A posição do problema, 11

Segunda lição
Primeiro esclarecimento conceitual: juízo moral, obrigação moral, 30

Primeiro esclarecimento conceitual..., 45

Terceira lição
"Bom" e "mau", 46

Quarta lição
Justificação na moral: conceitos tradicionais e naturais de moral, 62

Quinta lição
Um conceito plausível de moral, 75

Sexta lição
A *Fundamentação da metafísica dos costumes* de Kant:
a primeira seção, 93

Sétima lição
A segunda seção da *Fundamentação da metafísica dos costumes* de Kant, 123

Oitava lição
A ética do discurso, 151

Nona lição
A ética da compaixão; animais, crianças, vida pré-natal, 166

Décima lição
O anti-iluminismo ético: Hegel e a Escola de Ritter; *After Virtue*, de Alasdair MacIntyre, 185

Décima primeira lição
Virtudes, 211

Décima segunda lição
A *Ética a Nicômaco*, de Aristóteles: as dificuldades do
ponto de partida, 224

Décima terceira lição
A doutrina da virtude em Aristóteles, 234

Décima quarta lição
Felicidade, amor e moral segundo Erich Fromm; o reconhecimento
segundo Hegel; o que motiva para a atitude moral?, 246

Décima quinta lição
A ampliação do conceito kantiano em conexão com Adam Smith:
atitudes intersubjetivas universalmente aprovadas, 264

Décima sexta lição
Continuação dos problemas da quinta lição: motivação
e plausibilização; o utilitarismo; questões de aplicação, 290

Décima sétima lição
Direitos humanos, 315

Décima oitava lição
Justiça, 341

Bibliografia, 365

Índices
Onomástico, 371
Analítico, 373

—— **ADVERTÊNCIA PRELIMINAR**[1] ——

Faz alguns anos que me ocupo em tentar compreender a problemática ética, e vejo-me sempre de novo fadado ao fracasso. Em cada nova tentativa, reiniciava lá onde a tentativa anterior havia esbarrado em um beco sem saída. Eu apresentei um relato do processo evolutivo desses ensaios no meu livro *Problemen der ethik* (1983, p. 5-8) e no *Philosophischen aufsätzen* (1992, p. 15-18). Penso agora caminhar sobre um terreno mais firme desde o meu singelo trabalho da década de 1990, que apareceu no volume *Moral und person* (1993), publicado por W. Edelstein e G. Nunner-Winkler. Nos dois anos seguintes tive oportunidade de apresentar esta concepção em conferências em diversos países, e deste modo corrigi-la, confirmá-la e complementá-la. O último curso que eu dei na Universidade Livre de Berlim, no semestre de inverno de 1991/1992, antes de minha jubilação, forma a base do presente texto. O modo como eu apresento agora – especialmente na quinta lição – o problema da fundamentação da moral, o qual desde o começo me ofereceu muitas dificuldades, parece-me, no essencial, ser correto, embora eu ache que muita coisa, mesmo no marco dessas "lições", precisa ser melhorada.

De princípio hesitei em publicar novamente um livro composto por lições fictícias. Porém depois percebi que este é o modo de comunicação mais adequado para mim.

Santiago do Chile, janeiro de 1993.

---

1. Tradução de Enio Paulo Giachini.

PRIMEIRA LIÇÃO
A POSIÇÃO DO PROBLEMA[2]

Por que ética? E o que é a ética? Não poderemos nos contentar com uma representação qualquer ou indeterminada[3]. Da mesma forma, pressupondo uma pré-compreensão completamente indeterminada, desde o início podemos nos perguntar: Por que afinal devemos nos ocupar com a ética? Na filosofia, mas também nos *curricula* das escolas, a ética parece ser um fenômeno da moda. Entre os jovens intelectuais, antigamente havia interesse mais pelas assim chamadas teorias críticas da sociedade. Ao contrário disso, na ética supõe-se uma reflexão sobre valores reduzida ao individual e ao inter-humano. E teme-se que aqui, contudo, não seria possível encontrar nada de obrigatório, a não ser remontando-se a tradições cristãs ou de outras religiões. É o ético, ou então, ao contrário, as relações de poder, que são determinantes na vida social? E estas não determinam, por sua vez, as representações éticas de um tempo? E se isto é assim, ao se pretender lidar diretamente com a ética – não a partir de uma perspectiva de crítica da ideologia –, não representaria isto um retorno a uma ingenuidade hoje insustentável?

Por outro lado, não podemos desconsiderar que, tanto no âmbito das relações humanas quanto no político, constantemente julgamos de forma moral. No que diz respeito às relações humanas, basta observar que um grande espaço nas discussões entre amigos, na família ou no trabalho abrange aqueles sentimentos que pressupõem juízos morais: rancor e indignação, sentimentos de culpa e de vergonha. Também no domínio político julga-se moralmente de forma contínua, e valeria a pena considerar qual seria a aparência de uma disputa política não conduzida pelo menos por categorias morais. O lugar de des-

---

2. Tradução de Róbson Ramos dos Reis.
3. Cf. segunda e terceira lições.

taque que os conceitos de democracia e de direitos humanos assumiram nas discussões políticas atuais também é, mesmo que não exclusivamente, de caráter moral. A discussão sobre a justiça social, seja em âmbito nacional ou mundial, é também uma discussão moral. Quem rejeita a reivindicação de um certo conceito de justiça quase nem o pode fazer sem lhe contrapor um outro conceito de justiça. Em verdade, as relações de poder de fato são determinantes, mas é digno de nota que elas necessitem do revestimento moral.

Por fim, existe uma série de discussões políticas relativas aos direitos de grupos particulares ou marginalizados, as quais devem ser vistas como questões puramente morais: a questão acerca de uma lei de imigração limitada ou ilimitada, a questão do asilo, os direitos dos estrangeiros, a questão sobre se e em que medida nos deve ser permitida ou proibida a eutanásia e o aborto; os direitos dos deficientes; a questão de se também temos obrigações morais perante os animais (e quais). Acrescentam-se aqui as questões da ecologia e da nossa responsabilidade moral para com as gerações que nos sucederão. Uma nova dimensão moralmente desconcertante é a da tecnologia genética.

O complexo de questões acima mencionado diz respeito a estados de coisas que em parte são novas (por exemplo, a tecnologia genética) e em parte alcançaram, por meio do avanço tecnológico, um lugar de destaque até agora não existente (por exemplo, a responsabilidade para com as gerações futuras e algumas questões da eutanásia). Outras questões já estavam desde antigamente presentes, mas encontram-se fortemente colocadas na consciência geral – e podemos nos perguntar por quê: por exemplo, problemas relacionados a minorias, aborto, animais. Não se encontra aqui pelo menos uma das razões pelas quais a ética novamente é tomada de forma importante? A maioria das éticas antigas – por exemplo, as kantianas – tinha em vista apenas aquelas normas que desempenhavam um papel na vida intersubjetiva de adultos contemporâneos situados em uma proximidade espaçotemporal; e de repente sentimo-nos desorientados em confronto com, por exemplo, os problemas do aborto, da pobreza no mundo, das próximas gerações ou da tecnologia genética.

Ou então, na discussão destas questões, nos remontamos explícita ou implicitamente a tradições religiosas. Isso, porém, é ainda possível para nós? A dificuldade não é a de que estas questões, que podem ser resolvidas com normas fundadas na religião, envelheceram, mas sim a de que se deve pôr em dúvida a possibilidade de ainda hoje fundamentarem, sobretudo religiosamente, as normas morais. Uma tal fundamentação pressupõe que se é crente. Seria intelectualmente desonesto manter-se ligado a respostas religiosas para as questões morais, apenas porque elas permitem soluções simples, o que não corresponderia nem à seriedade das questões, nem à seriedade exigida pela crença religiosa. Entretanto, também o crente não pode mais fundar suas normas morais em sua crença religiosa, pelo menos se ele leva a sério o não crente e aquele que tem uma crença diferente da sua. Pois a observância de normas morais é algo que podemos exigir de todos (de qualquer forma, assim parece ser); e, para podermos fazê-lo, devemos também esperar que isso possa ser tornado compreensível para todos.

Desta forma chegamos à questão fundamental destas lições, se existe uma compreensibilidade de normas morais que seja independente de tradições religiosas. Pode-se dizer que esta é a questão da compreensibilidade de uma moral moderna. Ou então devem existir outras morais modernas?

Certamente que isto contradiria, então, a validade universal, aparentemente inerente à pretensão das normas morais.

Podemos, naturalmente, ser partidários da concepção de Nietzsche, segundo a qual a moral, em sentido comum, acabou depois que a fundamentação religiosa foi rejeitada, também depois que outras tentativas de fundamentação não religiosa – como a kantiana – fracassaram.

Aqui nos deparamos com uma outra razão do interesse atual pela ética, uma razão que certamente não é de agora, e remonta ao século XVIII e até mesmo ao XVII: a desorientação ética que resulta do declínio da fundamentação religiosa. Como podemos e como devemos nos posicionar em relação à ética depois que a fundamentação religiosa deixou de existir? Esta será a pergunta fundamental destas lições. Se o julgamento moral é um ingrediente inevitável da nossa vida, então deveria resultar em um dilema, no caso de que o julgamento moral implicasse, por um lado, validade universal e, por outro, devesse evidenciar-se como histórico e socialmente relativo. É possível julgar moralmente sem acreditar que o seu julgamento está justificado? Uma tal fundamentação absoluta, entretanto, para a qual isto parece conduzir, parecerá hoje inverossímil.

É possível tornar compreensível esta incredibilidade por meio de uma reflexão simples, que certamente exige um *minimum* de aparato conceitual filosófico. Nossos juízos normais – portanto, juízos de que isto e isto é o caso, sejam singulares ou universais – são empíricos, no caso de não se referirem a algo matemático ou lógico; isto é, fundam a sua pretensão de verdade na experiência. Entretanto, um juízo moral, isto é, um juízo de que um certo tipo de agir é bom ou mau – e, neste sentido, de que algo deve ser permitido ou proibido – não se deixa justificar empiricamente. A experiência jamais nos mostrará que torturar um homem é algo mau, nem sequer poderíamos dizer o que significaria pretender fundamentar empiricamente algo assim. A única coisa que podemos fundamentar empiricamente é um juízo que diz que homens deste ou daquele círculo cultural, desta ou daquela classe social consideram (ou consideraram) um tal tipo de ação como má ou censurável. No entanto, disso não se segue que tal ação seja má ou censurável.

Mas como então devemos nos comportar judicativamente se nós mesmos pertencemos a este contexto cultural? Suponhamos que você e eu consideramos a tortura censurável. Neste caso, podemos constatar (outros ou nós mesmos) que opinamos assim; isto é empiricamente constatável. Entretanto, no que nos diz respeito, não podemos nos dar por satisfeitos com isto, já que não podemos nos contentar em fazer enunciados empíricos a partir de algum tipo de reflexão psicológica ou sociológica sobre nosso julgamento moral, já que no caso de não considerarmos estes juízos morais como corretos, nós nem sequer os teríamos mais. Portanto, se chegamos a nos comunicar sobre seres humanos na terceira pessoa, podemos nos satisfazer em constatar o que eles opinam ("XY considera tal e tal como mau"), mas quando se trata de nós mesmos, na primeira pessoa, não podemos evitar de enunciar juízos morais. E isto também vale para a segunda pessoa, quando nos entendemos, ou discutimos, com outros sobre a correção de juízos morais.

Em primeiro lugar, portanto, aparentemente não podemos evitar de enunciar juízos morais e, em segundo lugar, até quanto se pode observar, estes juízos não se apoiam na experiência; não são juízos empíricos. Filósofos como Kant, que viram isto claramente, concluíram que estes juízos devem valer na concepção daquele que julga de forma não empírica, isto é, independentemente de toda a experiência – e a isto chamamos de *a priori*.

Tão rápido parece que caímos numa aporia filosófica: juízos morais parecem ser verdadeiros *a priori*, no caso de serem verdadeiros (e naturalmente que eles sempre o são a partir da perspectiva daquele que julga), porque eles não são empiricamente verdadeiros. Ora, apenas para filósofos que acreditavam que a nossa consciência tinha uma dimensão pré ou supraempírica, como Platão ou Kant, poderia aparecer como compreensível que pudéssemos compreender algo *a priori*, não empiricamente. Não é sugestivo que, quando temos que recusar uma fundamentação religiosa, tenhamos que rejeitar também uma justificação *a priori* ("metafísica")? Poder-se-ia pensar que uma tal justificação *a priori* é uma fundamentação pseudorreligiosa, uma tentativa de secularizar a fundamentação religiosa. Mas se recusamos uma tal fundamentação, se a aceitação da suposição de uma dimensão transcendental da nossa consciência já não é mais esclarecedora, e se nós não podemos mais pressupô-la como algo evidente entre todos os outros, por mais que nós mesmos já tenhamos acreditado nisso, e se ao mesmo tempo é correto que um juízo moral não pode ser fundamentado empiricamente, então parece que caímos em um profundo dilema. A partir de seu próprio sentido os juízos morais teriam que ser sem sentido. Mas o que fazer se o julgamento moral nos é inevitável?

Mais tarde veremos que era apressada a conclusão kantiana de que juízos morais que, como bem foi visto por ele, não são empíricos, possam ser fundamentados apenas de forma *a priori*, por mais sugestivo que isto pareça. Para finalizar estas reflexões aporéticas prévias, eu gostaria ainda de retornar à questão de se não seria esclarecedor, e também em razão das dificuldades acima mencionadas, ter em vista uma teoria crítica da sociedade no lugar de uma ética.

O que devemos nos representar por crítica em uma teoria crítica da sociedade? Talvez seja possível indicar aqui dois aspectos: primeiro, uma teoria crítica da sociedade, tal como Adorno e Horkheimer tinham em vista, distingue-se de uma teoria social empírica habitual pelo fato de que ela coloca a sociedade em questão normativamente. Mas isto só é possível, em segundo lugar, pelo fato de que ela questiona ideologicamente os juízos morais dos membros desta sociedade, isto é, na direção de suas condições socioeconômicas.

Aqui se deve constatar, entretanto, uma confusão conceitual. No que tange ao primeiro ponto, o questionamento normativo de um sistema socioeconômico – por exemplo, o capitalismo – pressupõe que este sistema seja medido a partir de certos juízos morais que devem, eles mesmos, ser considerados por nós corretos. Não se pode colocar o sistema em questão do ponto de vista normativo, na medida em que simplesmente questionamos os juízos morais presentes no interior deste sistema com base nas suas condições socioeconômicas.

Isto leva ao segundo ponto. Jamais podemos questionar normativamente um juízo moral por meio da mera constatação de suas condições socioeconômicas. Um juízo moral pode ser colocado em questão apenas normativamente (isto é, moralmente). Em si e por si, a mera constatação de uma conexão entre determinados juízos morais (por exemplo, que a justiça consiste na distribuição segundo a produção de cada um) com determinadas condições socioeconômicas não pode conduzir à rejeição ou limitação destes juízos. Isto é possível somente quando for mostrado que, no caso de não se encontrar mais sob estas condições socioeconômicas, tais juízos morais não se fariam mais; e isto pressupõe que se possa mostrar que, caso estas condições deixem de subsistir, uma outra perspectiva moral, eventualmente mais abrangente (por exemplo, um conceito de justiça mais abrangente, não relacionado ao rendimento), será determinante. Isto significa que a exibição de uma conexão empírica entre determinado juízo moral e certas condições econômicas, em verdade, remete a uma crítica normativa, mas que, em si e por si, ela jamais pode contê-la. Um juízo moral pode ser criticado normativamente apenas por um outro juízo moral. De todos os modos a isto chegamos apenas se podemos ampliar ou variar o marco das condições socioeconômicas[4].

Se isto é correto, então é errônea a concepção usual entre os teóricos críticos da sociedade, de que eles possam criticar normativamente a própria sociedade ao analisá-la. A mistura de análise empírica e crítica normativa remonta em grande parte a Marx, apesar de que ele próprio tenha se livrado desta mistura, em sua obra tardia, ao deixar o máximo possível de lado sua própria concepção normativa, não oferecendo mais uma aparência normativa em sua análise do sistema econômico atual. Ele considerava todas as opiniões acerca da questão de algo ser justo ou injusto como "superestrutura". Para ele, tais opiniões deveriam aparecer apenas ainda no objeto de sua investigação; além disso, elas não deveriam desempenhar mais nenhum papel em seu próprio julgamento. Disso resultou, entretanto, na tradição marxista, uma dupla consciência: de um lado, pensava-se poder proceder de uma forma puramente empírica; do outro, tinha-se determinadas representações de justiça, sobre as quais, entretanto, não mais se refletiu. A extensa ascese normativa no interior do marxismo conduziu a que se pensasse poder rejeitar como meras ideologias burguesas temas normativos tão importantes, como o da democracia e o dos direitos humanos.

Aquelas formas de crítica da sociedade que não fizeram isso e admitiram juízos normativos observaram tão pouco quanto Marx a independência do juízo normativo diante dos juízos empíricos. Eu creio, portanto, que se deve concluir que uma teoria crítica da sociedade, por mais importante que seja, não pode entrar no lugar de uma ética, senão que deve pressupor uma moral. Reflexões de crítica da ideologia podem questionar princípios morais na terceira pessoa, mas uma tal crítica pode obter um sentido normativo apenas quando, por sua vez, princípios

---

4. Sobre isso, cf. a segunda das "Três lições" no meu *Probleme der ethik.*

morais forem pressupostos na "primeira pessoa". Mas de onde podemos obtê-los se eles não podem ser empíricos e não podemos nos facultá-los com o recurso da reflexão *a priori*, para não falar de uma tradição religiosa?

O dilema diante do qual nos encontramos hoje perante o juízo moral parece ser, portanto, complexo. Muitos sentem aqui apenas um certo mal-estar. Em relação ao núcleo central do juízo moral, nos encontramos no plano de um *common sense*: uma vaga concordância com os juízos morais da maioria dos outros nos engana sobre a torturante insegurança de que não compreendemos o lugar de valor destes juízos. Quase todos nós julgamos moralmente de forma absoluta, mas em relação à validade destes juízos tendemos a considerá-los relativos. Em geral não nos tornamos conscientes de que então sequer poderíamos continuar a emitir tais juízos. No seu lugar deveriam aparecer explicitamente juízos relativos. Eu não poderia mais dizer "a tortura é má", nem mesmo "eu considero a tortura má", pois com tal proposição estaria dito apenas que eu não estou seguro da verdade deste juízo, não que um juízo de tal tipo não pode mais ter qualquer pretensão de verdade. Antes disso, eu somente poderia dizer algo como "a tortura não me agrada" ou então "a tortura me repugna". Geralmente é válido afirmar que todo julgar – seja no âmbito teórico ou prático – é pensado em sentido "absoluto", significando que o julgamento tem um sentido pessoalmente não relativo; sempre é possível, então, ainda mostrar-se como falso, mas isto também pressupõe que ele tenha um sentido pessoalmente não relativo[5].

---

5. Por meio de Habermas surgiu a concepção de que juízos morais não têm "pretensão de verdade", mas sim uma "pretensão de correção". Parece-me que, por meio deste deslocamento verbal, o problema é obscurecido. "Correta" deve ser a "pretensão de validade" de normas, mas no que consiste, pois, a "pretensão de validade" de normas? E o que significa então "correto"? No uso normal da linguagem empregamos a palavra "correto" seja para ações – a fim de dizer que elas correspondem a normas pressupostas –, seja de enunciados – no lugar de "verdadeiro" –, e este segundo caso pode ser subsumido sob o primeiro. Daí é possível compreender forçosamente o discurso acerca da correção de uma norma: significaria meramente que é verdadeiro que se deve agir de tal maneira. Correção, assim entendida, reduz-se, portanto, à verdade. Por outro lado, empregamos de uma dupla maneira a palavra "validade": para o valer de leis positivas e para a verdade de enunciados. Uma norma é válida quando "vale" no

Portanto, teríamos que mudar a nossa linguagem. Isso, em princípio, pode naturalmente ser feito. Muitas vezes se fala como se a nossa linguagem nos coagisse a certos comportamentos, mas isto não é correto. O nosso espaço de liberdade é, de princípio, grande. Mas, antes de nos prepararmos para mudar a nossa linguagem, deveríamos nos esclarecer acerca de quão profundamente a nossa vida encontra-se impregnada por juízos morais. Já apontei antes para os assim chamados afetos morais: rancor e indignação, sentimento de culpa e vergonha. Para todos os afetos vale aquilo que Aristóteles mostrou em uma clareza determinante para toda a tradição (*Retórica*, livro II), a saber, que aquilo que chamamos de afetos sempre se trata de sentimentos negativos ou positivos (prazer e desprazer), que em conformidade com seu próprio sentido constroem-se sobre um juízo, e em verdade um juízo de valor. Assim o temor é, por exemplo, o sentimento de desprazer que alguém sente quando tem consciência de um acontecimento futuro ameaçador do seu bem-estar; inveja é o sentimento de desprazer que tenho diante da circunstância de que outrem possui ou faz algo de valor, o qual por minha vez eu gostaria de ter ou fazer. Aqui os valores são valores para pessoas particulares ("bom para..."), referidos ao seu bem-estar. Ao contrário, os sentimentos morais são definidos como sentimentos de desprazer construídos sobre o juízo acerca do desvalor moral: sentimos indignação quando reagi-

---

interior de um sistema de normas, portanto, quando "subsiste", isto é, quando está sancionada. No entanto, quando estas normas aparecem em enunciados, nos quais é dito que agir de tal forma é bom ou mau (ou que devemos agir assim, em um sentido especial da palavra "deve", que será esclarecido na próxima lição), ou seja, de uma forma não relativa a determinado sistema de normas, estes enunciados levantam também a mesma pretensão de objetividade, como qualquer outro enunciado, e isto significa a pretensão de objetividade como qualquer outro enunciado, e isto significa a pretensão de estar fundamentados; isto está simplesmente no sentido de um enunciado. Enunciados morais levantam, portanto, de acordo com a sua forma linguística, uma pretensão de estar fundamentados, mas pode ser que esta pretensão seja incorreta. Este é o dilema simples de que se fala no texto acima, e que não pode ser apagado com pretensas distinções verbais. Ou estes juízos podem ser fundamentados, ou, de acordo com seu próprio sentido, não o podem (e isto significaria que este tipo de discurso deve ser abandonado); ou, em terceiro lugar, como veremos, eles podem ser fundamentados de uma forma parcial, uma forma que se tornará compreensível somente no decorrer das lições (quarta e quinta lições).

mos afetiva e negativamente diante da ação de outros, avaliada como má segundo nosso juízo; sentimos ressentimento quando uma ação avaliada como má prejudica a mim mesmo; e culpa, ou determinado tipo de vergonha, diante de uma ação minha que, segundo meu juízo, é má.

Estes sentimentos deixariam de existir caso não julgássemos mais moralmente. Não teríamos nenhuma justificação para nos indignarmos com a ação de um outro ou sentirmos ressentimento; poderíamos até mesmo nem compreender estes sentimentos, caso não avaliássemos seu agir como mau. O filósofo inglês Peter Strawson refletiu sobre a conexão interna destes sentimentos em um famoso artigo, "Freedom and resentment"[6] e fez notar uma relação similar de condicionamento, tal como a de que se trata aqui: estes sentimentos pressupõem que consideremos nós mesmos e nossos semelhantes como livres (imputáveis). As garras destes sentimentos nós mostramos, segundo Strawson, quando vemos alguém como não imputável; então não vemos o outro como um ser autônomo, por exemplo, como psicopata – de forma passageira ou duradoura. No entanto, é difícil pensar que pudéssemos nos comportar assim diante de todos os nossos semelhantes. Strawson quer mostrar o quão profundamente a aceitação da liberdade penetra nossas relações intersubjetivas.

Tais reflexões referem-se também ao julgamento moral. Que julguemos moralmente o próprio agir e o agir do outro é uma pressuposição para estes sentimentos, da mesma forma que a aceitação da capacidade de imputação. Strawson pressupõe que avaliamos positivamente a possibilidade de ter tais sentimentos. Em seminários já tive a experiência de que nem todos os leitores de seu texto concordam com ele, ao menos à primeira vista. Todos estes sentimentos são negativos. Assim, caso não mais os tivéssemos, isto poderia ser visto como um alívio. Quem pensa assim poderia desejar para si um tratamento psicoterapêutico no qual fosse liberado não apenas dos sentimentos de culpa irracionais, mas também da sua capacidade de sentir culpa em geral,e isto significa também liberar-se de sua capacidade de indignar-se.

---

6. STRAWSON, P. Freedom and resentment. *Proceedings of the British Academy*, [s. l.], v. 48, p. 187-211, 1962.

Podemos deixar em aberto se isto é possível; por que em princípio isto não poderia ser? Trata-se aqui apenas da questão de se isto seria desejável.

Aqui também devemos considerar que, com o desaparecimento dos juízos morais, também deixaria de existir a possibilidade de repreensão e de se fazer censuras. À primeira vista também isto poderia aparecer como positivo. No entanto, talvez quem pense assim não esteja suficientemente esclarecido sobre o significado e a amplitude destas atitudes. Então apenas tomaríamos como perigo aquilo que agora julgamos como não moral, veríamos nossos semelhantes apenas como um tipo de animal selvagem (algumas vezes também como mansos). Eles não seriam mais sujeitos com os quais poderíamos discutir moralmente, mas objetos diante dos quais teríamos que eventualmente nos precaver. Se vermos isso negativamente, como Strawson ou não, de todo modo as possibilidades de nossas relações intersubjetivas mudariam fundamentalmente: poderíamos nos relacionar uns com os outros apenas instrumentalmente.

Esta mudança fundamental em nossas relações intersubjetivas é talvez o ponto mais profundo a que chegamos com a pergunta sobre o que mudaria caso não julgássemos mais moralmente. No entanto, vocês poderiam objetar, é esta uma pergunta sobre a qual nós mesmos podemos decidir? Como ainda veremos: em princípio, sim. Antes disso, não se trata da questão de se podemos decidir sobre isso, mas simplesmente das consequências que resultariam forçosamente, se não pudéssemos mais julgar moralmente. Não poderíamos mais julgar moralmente se não pudéssemos sustentar a pretensão objetiva, isto é, independentemente de pessoas, inerente ao juízo moral e a todo juízo. Certamente deve ser nomeada aqui a outra condição: a saber, caso nós não queiramos nos enganar e possa ser suficiente para a maioria continuar julgando moralmente, não obstante mantendo-se vaga a justificabilidade destes juízos.

Vocês poderiam objetar: Esta outra pressuposição da honestidade intelectual não é, ela mesma, uma exigência moral, e nesta medida não estaria eu girando em círculos? Não creio que a ideia de honestidade intelectual – obter clareza sobre si mesmo e sobre o próprio comportamento – seja uma exigência moral. Ela vincula-se apenas com o desejo de não ser irracional – inconsistente.

Posso esclarecer agora a posição do problema destas lições. Em primeiro lugar, não abordarei a pergunta pelo ético de certa forma direta, tal como usualmente ocorre na literatura ética, ao dizer precisamente quais conteúdos ou princípios morais considero justificados, ou o que é isto, acerca do que penso, que é tomado como moral por todos[7], pois um tal recurso a "todos nós" deve mostrar-se como questionável na situação histórica atual. Ao contrário, parto da nossa situação histórica determinada, que é caracterizada pelo fato de ter se tornado a-histórica, no sentido de que justificações religiosas (transcendentes ou tradicionalistas de alguma maneira), não podem mais ser válidas para nós. Por uma fundamentação tradicionalista de uma moral, entendo uma cuja base de fundamentação é uma autoridade (tal como nos "dez mandamentos") ou uma autoridade implícita em uma tradição. Nossa situação é determinada pelo fato de que ou caímos em um relativismo das convicções morais – e isto significa, como procurei mostrar anteriormente, que deveríamos abandonar a moral em sentido habitual, caso não quiséssemos nos iludir –, ou então devemos procurar uma compreensão não transcendental da fundamentação de juízos morais.

Que devemos justificar juízos morais de uma forma distinta da tradicionalista, se quisermos mantê-los, está pressuposto tanto no esclarecimento grego do século IV a.C. quanto no esclarecimento moderno desde os séculos XVII e XVIII.

No entanto, por seu lado, com isto quase não se problematizou o modo do próprio estar fundamentado, o modo como pode ser entendido o "estar fundamentado" de juízos morais. Podemos facilmente esclarecer antecipadamente esta dificuldade. Enquanto juízos empíricos e teorias empíricas podem ser fundamentados apenas "de baixo", a partir de suas consequências empíricas – e isto quer dizer, a partir da experiência –, juízos morais e, respectivamente, uma moral podem ser funda-

---

7. O livro de Gert é apenas a versão extrema desse método direto. GERT, B. *The moral rules*. [*S. l.*]: Harper, 1996 (nova edição inglesa: GERT, B. *Morality*. Oxford: [*s. n.*], 1988).

mentados no todo apenas e em certa medida "de cima", de um princípio superior. Um tal tipo de fundamentação é facilmente compreensível quando vinculado a uma autoridade. A fundamentação não é, então, absoluta, mas apenas hipotética, pois a premissa superior, portanto, este princípio mesmo e respectivamente a autoridade que contém este princípio, devem ser pressupostas como aceitas pela crença. No entanto, esta é uma circunstância que fica oculta na própria crença. Caso tenhamos nos liberado de um tal tipo tradicionalista de fundamentação, parece sugestivo em primeiro lugar fundamentar em princípio os juízos morais de forma semelhante, quer dizer, a partir de um princípio superior, que não pode mais ser agora do tipo de uma autoridade; e também parece sugestivo não pensar mais a fundamentação como hipotética, pois uma fundamentação hipotética não é suficiente quando as premissas superiores não estão ligadas em uma crença. Dessa forma, parece surgir um dilema, pois se uma fundamentação a partir de baixo fica inteiramente excluída, e uma fundamentação a partir de cima deve pressupor uma premissa que deve, por sua vez, ser acreditada, uma fundamentação de juízos morais parece excluída já a partir de razões formais; isto significa que o sentido de "fundamentação", por mais que seja empregado, parece não proporcionar o que se precisa.

Kant pensou poder solucionar o problema como o ovo de Colombo, ao propor fundamentar o juízo moral em uma premissa que simplesmente representa a própria ideia do estar fundamentado, a razão. Seria possível resumir sua ideia do seguinte modo: caso sejamos racionais de um modo geral, então deveríamos reconhecer a validade dos juízos morais, daqueles juízos morais que Kant considera corretos. Veremos que esta ideia, que também é representada atualmente e de forma modificada pela ética do discurso, é em verdade genial, mas isso é um equívoco. Da ideia do estar fundamentado enquanto tal, caso se possa imaginar algo por isso, não pode derivar nada de conteúdo. Além disso, também veremos que é igualmente absurda não apenas a ideia de um estar fundamentado "de cima", não mais condicionado, mas também a ideia de que o dever ou o "ter de" moral tenha um sentido não condicionado, que pesaria sobre nós de alguma forma absoluta, como uma voz secularizada de

Deus. Naturalizar Deus – e a ideia de Kant de uma razão não relativa conduz aproximadamente a isto – não é possível.

Daqui se pode compreender a circunstância peculiar na qual se encontra hoje a ética – a reflexão filosófica sobre a moral. Alguns filósofos (sobretudo alguns filósofos alemães) continuam acreditando respectivamente em novas variantes, que há uma fundamentação simples do juízo moral; e já que, como eu tentei mostrar, é uma necessidade compreensível o fundamentar a moral de modo simples, e assim, permanecendo ligado a ela de uma forma indiscutida, tal como se nos encontrássemos ainda em uma religião, eles desfrutam de grande popularidade, e nos vemos jogados nesta situação nos mais simples sofismas, uma tendência que sempre ocorre quando necessidades fortes estão em jogo. De outro lado, grande parte dos filósofos da ética atuais (especialmente os anglo-saxões) é da concepção de que a pergunta pela fundamentação dos nossos juízos morais não tem nenhum sentido. Eles acreditam[8], por isso, que o negócio do filósofo moral reside apenas em refletir e ordenar as próprias "intuições" morais, colocando-as sob um princípio, que, por sua vez, pode, então, ser deixado sem fundamento ao lado de outros princípios morais sustentados por outros. Com isso é desconsiderado que estas intuições deveriam se dissolver enquanto juízos que levantam uma pretensão objetiva, caso se renuncie à sua pretensão de fundamentação.

Toda a ética atual parece cometer dois erros fundamentais. Primeiro, aceita-se que ou há apenas uma fundamentação simples (absoluta), ou nenhuma (por sua vez, a fundamentação hipotética não é uma fundamentação, pois ela significa que o princípio, por sua vez, não pode ser fundamentado). Segundo, e vinculando-se nisso, o problema da moral sempre é tratado "diretamente": o *Kodex* moral ou em qualquer caso o princípio moral parece correto. Este é, entretanto, um procedimento desaconselhável, caso sejamos conscientes da situação histórica

---

8. Esta posição é sustentada de uma forma particularmente explícita por John Rawls. Cf. RAWLS, J. *A theory of the justice*. [*S. l.*]: Harvard Business Press, 1971. § 9; RAWLS, J. Justice as fairness: political not metaphysical. *Philosophy and Public Affairs*, [*s. l.*], v. 14, n. 3, p. 223-251, 1985. p. 223s.

na qual nos encontramos, uma situação caracterizada pela abertura e desorientação; haveria muitos princípios tradicionalistas, e a reflexão moderna sobre a moral conduziu, por seu lado, a muitos princípios, que em parte se sobrepõem, mas que, como tais, concorrem uns com os outros.

A reação adequada a esta situação não é a de que cada um reflita sobre sua própria intuição, da qual ele esperaria (como Rawls) que muitos partilhassem, mas sim que, antes de uma elucidação direta de um conceito determinado de moral, iniciemos com uma consideração prévia formal, na qual seja clarificado de antemão como deve ser entendido um juízo moral e, com isto, um conceito de moral em geral. Em uma situação histórica como a nossa, na qual não estamos mais seguros de uma fundamentação determinada de moral e, portanto, também de uma concepção determinada de moral, na qual muitas concepções de moral concorrem entre si, devemos antecipadamente nos assegurar do que deve ser compreendido por uma moral.

É uma falha fundamental das éticas correntes que elas sempre vejam como conflito moral fundamental aquele que se dá entre quem quer se compreender moralmente e aqueles que não querem assim se compreender (o "egoísta"). O conflito moral fundamental no qual propriamente nos encontramos hoje é o que subsiste entre as diferentes concepções de moral. Fundamentar uma concepção de moral não significa apenas fundamentá-la diante do egoísta, mas sobretudo fundamentá-la diante de outras concepções de moral. Este é o problema moral fundamental de nosso tempo, e também deve ser, portanto, a tarefa principal destas lições.

O pressuposto para que possamos comparar diferentes conceitos de moral nas suas pretensões de fundamentação é de que tenhamos previamente esclarecido o que em geral os faz a todos concepções de moral. O modo usual de tratamento direto de uma concepção de moral (aquela considerada como correta) tem por consequência que não se pode mais conduzir a discussão entre dois conceitos de moral. Veremos que será importante, já na definição do que seja uma moral, cuidar para que se possa discutir com as outras a partir de diferentes posições morais, em vez de contestar implícita e reciprocamente a existência de uma só moral, decidindo assim, de antemão e de forma definitória (semanticamente), um debate que deve ser propriamente moral. É esta consideração formal prévia que nos ocupará nas próximas lições. Veremos que aquilo que é tão facilmente compreendido por juízo moral implica pressupostos mais complexos do que usualmente se imagina. Na quarta lição chegarei, então, à pergunta da fundamentação e a uma primeira orientação acerca de como foi compreendida, nas concepções tradicionalistas, a fundamentação, e como ela é compreendida nos diferentes pontos de partida modernos, feitos desde o esclarecimento.

Na quinta lição passarei, então, à elucidação "direta" da moral, parcialmente elaborada na quarta lição. Entretanto ela será uma tal, que a concepção própria de moral sempre permanecerá confrontada, em sua pretensão de fundamentação, por outras concepções. A sua pretensão terá o sentido de estar mais bem fundamentada do que as outras.

Em relação aos conteúdos, resultarão dois níveis de moral fundamentada, dito metaforicamente, um superior e um inferior. O inferior é o do contratualismo moral. Veremos que este plano inferior é fortemente justificado, mas que é de pouco alcance e sequer satisfaz o sentido previamente destacado de "uma moral". A fundamentação forte, possível aqui, não será a dos juízos, mas de motivos. Ao contrário, o plano superior alcançará, de acordo com a forma, o sentido anteriormente destacado de "uma moral"; além disso, de um ponto de vista do conteúdo, de início se ligará estreitamente ao conceito contratualista, diferenciando-se dele apenas por meio de que as regras, que no contratualismo estão fundadas apenas instrumentalmente, perdem este caráter instrumental. Assim, resulta uma concepção de moral que concorda em conteúdo com o conceito kantiano de moral em seu princípio fundamental: "Tu deves respeitar igualmente a cada um e não instrumentalizar ninguém!" Posteriormente se mostrará que, com isto, estará obtido um princípio de fundamentação que vai além, em conteúdo, ao conceito kantiano[9].

---

9. Décima quinta e décima sétima lições.

Entretanto ele se diferencia da ideia kantiana já inicialmente pelo fato de que não se pretende mais uma fundamentação absoluta. Eu creio que, do ponto de vista do conteúdo, o conceito corresponde amplamente à consciência moral existente, mais precisamente àquela que, por um lado, renuncia a pressuposições tradicionalistas, e, por outro, vai além do contratualismo. O que podemos fazer na filosofia nada mais é do que precisamente tornar compreensível em suas pressuposições esta consciência moral habitual. Será mostrado que estas são mais complexas do que habitualmente é aceito, e que esta é a razão por que foi tão difícil até agora explicitá-las. A filosofia não pode fazer nada mais do que analisar adequadamente, em suas pressuposições, uma pré-compreensão existente; ela não tem nenhum ponto de referência extramundano, próprio[10]. No entanto, esta explicação do previamente exposto não é apenas a reprodução de uma intuição fechada em si mesma e não sustentável por justificações, mas trata-se de uma consciência moral que conta com bons fundamentos e motivos, a favor de se distinguir tanto da posição do amoralista quanto das posições de outras concepções de moral.

Esta consciência moral não se sustenta, portanto, em um fundamento absoluto, mas sobre um tecido complexo de fundamentos e motivos, os quais tentarei tornar um pouco mais explícitos. A diferenciação entre, por um lado, motivos e, por outro, fundamentos é o primeiro passo. Fundamentos são fundamentos para a verdade de enunciados; motivos são fundamentos de outro tipo, são fundamentos que justificam uma ação ou, mais genericamente, um modo de ação – ou, de uma forma mais geral ainda, pela aceitação de um sistema moral. Como veremos, o contratualista não faz nenhum juízo moral, pois para ele há apenas fundamentos no sentido de motivos. Ao contrário, no plano que chamei de superior, são feitos juízos morais, nos quais é dito que algo é bom ou mau. Como veremos, os diferentes conceitos de moral são caracterizados por diferentes conceitos de bem, os quais permitem, então, juízos de que algo é bom ou mau. Cada um de tais conceitos de bem contém um conceito

---

10. Cf. o meu *Philosophische aufsätze*. TUGENDHAT, E. *Philosophische aufsätze*. Frankfurt: [s. n.], 1992. p. 270.

do que significa ser um bom homem ou, respectivamente, um parceiro social, significando isto alguém que é um bom membro desta ou de alguma sociedade.

Aqui resultará uma certa ingerência de motivos e fundamentos, uns nos outros. Que em geral desejamos ser bons membros da sociedade, e isto significa que desejamos pertencer a uma comunidade moral enquanto tal (que queiramos fazer juízos morais em geral), é, em última instância, um ato de nossa autonomia, para o qual pode haver apenas bons motivos, mas nenhum fundamento. Como veremos, temos os mais fortes motivos pensáveis para o plano do contratualismo – um plano que ainda é o do amoralista – e temos finalmente bons motivos (mas não obrigatórios) para assumir, para além deste, também o plano da própria moral. Portanto, a discussão com o amoralista pode ser conduzida apenas pela indicação de motivos. A discussão com outras concepções da moral não pode ser conduzida assim. Aqui estão juízos contra juízos. Aqui e somente aqui se pode falar de fundamentos. Mas neste domínio não pode haver nenhuma fundamentação absoluta. A moral do respeito universal e igual, a moral da não instrumentalização, de fato, de certa forma não tem sustentação. Não é mais possível mostrar que ela é o conceito de bem plausível (mais bem fundamentado) quanto aos conteúdos, e isto pressupõe, por sua vez, que se queira poder julgar moralmente.

Isto significa, portanto, que a objetividade dos juízos pertencentes a esta moral pode pretender meramente a plausibilidade. Isto é menos do que o simples estar fundamentado. Entretanto é mais do que uma intuição sem fundamentação e sem discussão com outros conceitos. Vocês poderiam sentir isto como desapontador, mas, como filósofos, não devemos nos desculpar diante da consciência moral existente, por não podermos fazer isto mais forte do que é; veremos, particularmente, que uma fundamentação mais forte não apenas não está disponível, senão que seria absurda. Isto é como a afirmação feita por Freud certa vez, diante de um paciente desapontado, que se queixou da maldade das mulheres: infelizmente não temos nada melhor para oferecer.

Para quem isto possa valer como um consolo, pode refletir aqui que, também nas teorias empíricas, não se pode alcançar mais do que plausibilidade. É meramente plausível que o sol nasça amanhã, apesar de que façamos tal pressuposição com certeza. É meramente plausível compreender o discurso sobre "bem" e "mal" assim, apesar de que seja bastante para reagir com toda nossa seriedade afetiva – e isto quer dizer "com indignação ou sentimento de culpa" – diante daquilo que nos parece mau – censurável – em um sentido plausivelmente fundamentado.

Ao tecido de motivos e fundamentos que constituem a nossa consciência moral, também pertence o fato de que a pergunta pelos motivos não apenas esteja no princípio – queremos pertencer a uma comunidade moral como tal? – mas também no final, e aqui ela ocorre em dois níveis: primeiro, temos bons motivos para querer pertencer à comunidade moral, determinada por esta concepção de conteúdo? E, segundo, temos bons motivos para agir moralmente em conformidade com este conceito?

Em especial na quinta lição, tentarei clarificar estas conexões. Entretanto, mesmo até lá ainda não terei chegado ao fim por três razões: primeira, o conceito de moral que resultar deve ser esclarecido mais de perto, no que toca a seu conteúdo, além disso deixando-se ampliar[11]. Segundo, a tese da limitação do ser fundamentado exige: a) a prova de que as tentativas de fundamentar absolutamente esta concepção devem ser vistas como fracassadas[12], e b) a prova de que outras concepções modernas da moral devem ser vistas como não plausíveis[13]. Terceiro, a pergunta pelos motivos exige, como já viram Platão e Aristóteles, um imbricamento da moral na pergunta pelo sentir-se bem, ou, como é hoje frequentemente formulado, na pergunta pela vida boa[14].

---

11. Décima quinta e décima sétima lições.
12. Sexta a oitava lições.
13. Nona, décima e décima sexta lições.
14. Décima terceira e décima quarta lições.

SEGUNDA LIÇÃO
PRIMEIRO ESCLARECIMENTO CONCEITUAL: JUÍZO MORAL, OBRIGAÇÃO MORAL[15]

Até agora, na discussão sobre o juízo moral, apenas antecipei uma vaga compreensão preliminar. Precisamos agora, em primeiro lugar, deixar claro o que queremos propriamente dizer com um juízo moral, isto é, qual deve ser o critério de reconhecimento de um tal juízo. Reconhecer um juízo moral como tal, contudo, ainda não significa compreendê-lo. A pergunta pelo sentido – ou pela "essência" – de um juízo moral será o segundo passo desta primeira parte de nossas investigações, na qual apenas esclarecemos o sentido formal de uma moral. Com o primeiro passo apenas deve ser assegurado que saibamos de que se está tratando. Posso elucidar como se distinguem estes dois passos em um exemplo semelhante ao da pergunta: O que é uma sentença assertórica? Também aqui perguntamos primeiro por um critério de reconhecimento. O critério de reconhecimento para uma sentença assertórica – diferentemente de para uma sentença imperativa –, em voga desde Aristóteles, é o fato de ser uma sentença que pode ser verdadeira ou falsa. O segundo passo é, então, a pergunta, o que significa compreender as sentenças assertóricas identificadas apenas por meio deste critério. Enunciados morais, nos quais se expressam juízos morais, são um tipo de enunciado.

Perguntamos, por conseguinte: Quando um juízo é moral e quando não o é? Isto sempre deve significar: quando ele é tal a partir da perspectiva de quem julga; portanto, quando ele é entendido como moral? Para alguém, em um dado contexto cultural, pode ser moral um juízo que não é moral para uma pessoa de um outro contexto cultural. Nisto está colocada desde logo a pergunta: Em que reconhecemos uma moral ou um conceito

---

15. Tradução de Aloísio Ruedell.

moral? Pode-se compreender "uma moral" como o conjunto de juízos morais de que alguém ou um grupo dispõe. A pergunta "o que é um juízo moral?" – ou "o que é neste sentido uma moral?" – corresponde ao conceito formal de moral, do qual falei na lição anterior. Um sociólogo ou antropólogo também necessita de um tal conceito, por exemplo, se quiser examinar a moral de determinada sociedade ou de uma certa tribo. Aliás, esta primeira parte de nossas investigações, que também engloba o segundo passo na direção do sentido dos juízos morais, não se distingue do conceito de moral usado por um antropólogo.

Dissemos há pouco: devemos deixar claro o que queremos compreender com um juízo moral, pois obviamente pode-se compreender a palavra "moral" de maneira diversa, e ela de fato foi compreendida de modo diferente. A palavra "moral" nada tem de sagrado, e nem mesmo é muito antiga. Na filosofia devemos sempre ter como ponto de partida que não faz sentido discutir sobre o verdadeiro significado das palavras. O que interessa é distinguir os diversos significados possíveis de uma palavra e ter bem claro para si com que significado se quer empregá-la. A respeito disso precisa-se de fato cuidar, no caso de palavras filosoficamente importantes (como é a palavra "moral"), para que se atinja com elas o que realmente é característico e disponível na compreensão humana, sendo indiferente em que termos isto se expressa nas diversas culturas. Assim, por exemplo, não seria razoável (eu não digo "falso", uma vez que aqui não se pode falar em "falso") designar como morais apenas aqueles juízos que nós mesmos consideramos como moralmente corretos, porque então não poderíamos discutir com outros sobre os juízos morais corretos. Precisamos definir a palavra "moral" de tal maneira que possamos distinguir e comparar diversos conceitos de moral.

Talvez vocês tenham se dado conta que na lição precedente praticamente empreguei os termos "ética" e "moral" como intercambiáveis. Existem, contudo, autores contemporâneos que fazem uma diferença entre "ética" e "moral". Mas também neste caso é preciso ver certamente que não se trata de uma distinção necessária. É claro que também então esperamos – ao distinguirmos ética e moral entre si, de uma ou de outra maneira –

chegar a uma distinção importante, distinção que já esteja previamente dada na compreensão humana. Estas diferenças então não residem propriamente nestes *termos*. A pergunta sobre em que consiste em si a diferença entre ética e moral seria absurda. Ela soa como se a gente quisesse perguntar sobre a diferença entre veados e cervos.

Realmente os termos "ética" e "moral" não são particularmente apropriados para nos orientarmos. Cabe aqui uma observação sobre sua origem, antes de mais nada provavelmente curiosa. Aristóteles tinha designado suas investigações teórico-morais – depois denominadas como "éticas" – como investigações "sobre o *ethos*", "sobre as propriedades do caráter", porque a apresentação das propriedades do caráter, boas e más (das assim denominadas virtudes e vícios) era uma parte integrante essencial destas investigações. A procedência do termo "ética", portanto, nada tem a ver com aquilo que entendemos por "ética". No latim, o termo grego *ethicos* foi depois traduzido para *moralis*. *Mores* significa usos e costumes. Isto novamente não corresponde nem à nossa compreensão de ética, nem à de moral. Além disso, ocorre aqui um erro de tradução, pois na *ética* aristotélica não apenas ocorre o termo *ethos* (com *e* longo), que significa "propriedade do caráter", mas também o termo *ethos* (com *e* curto), que significa "costume", e é a este segundo termo que corresponde a tradução latina.

Na filosofia escrita em latim, a palavra *moralis* veio então a ser quase um termo técnico que não permite mais pensar muito em costumes, mas que foi empregado exclusivamente em nosso sentido de "moral". A partir daí pode-se compreender a estranha tradução alemã *sitten* (costumes), como encontramos, por exemplo, no título do livro de Kant, *Metafísica dos costumes*. Kant aí nem sequer pensou em costumes no sentido usual (usos), mas simplesmente empregou o termo como tradução para *mores*, que, por sua vez, não era mais compreendido no seu sentido original, mas como pretensa tradução de uma palavra grega. Somente Hegel então aproveitou-se do sentido original do termo *sitten* (costumes) para construir, em oposição à moral kantiana, uma forma de moral pretensamente superior, denominada moralidade, e que se deveria caracterizar como sendo fundada nos usos e nas tradições (cf. décima lição).

Portanto, não podemos tirar nenhuma conclusão para os termos "moral" e "ética" a partir de sua origem. Tornaram-se termos técnicos, que na tradição filosófica foram por muito tempo empregados como equivalentes (assim como *sittlich* em alemão). No entanto, a palavra "moral" – sobretudo em sua forma negativa ("imoral") – foi introduzida no uso normal da linguagem das modernas línguas europeias, enquanto a palavra "ético" não tem um emprego preciso na linguagem normal; por isso ficou disponível para outros significados, que se procurou dar a ela a partir da filosofia.

Entretanto, pelo fato de originalmente terem outro sentido, e porque depois foram introduzidos como título para a disciplina filosófica, os dois termos não são bem apropriados como elemento de orientação para esclarecimento daquilo que queremos dizer com moral ou juízo moral. Aqui faz mais sentido referir--se a uma peculiaridade do uso linguístico, que tem raízes mais profundas e a partir da qual podemos pressupor que algo semelhante também se encontra em outras culturas. Naturalmente, não deve com isto ser afirmado dogmaticamente um universal linguístico; pelo contrário, como em todos os casos análogos na filosofia[16], apenas deve ser dito: o quanto eu posso ver, isto vale para as línguas por mim conhecidas; se forem identificadas culturas que não conhecem este ou algum uso semelhante de linguagem, então a possível modificação do conceito deve ser esclarecida caso a caso.

Vinculo este uso de linguagem a determinado emprego do grupo das palavras "ter de"/"não pode"/"deve" e do grupo das palavras "bom"/"mau". Os dois grupos de palavras podem ser empregados de muitas maneiras[17], mas os dois têm um significado particular quando gramaticalmente empregados no senti-

---

16. Cf. o meu *Philosophische aufsätze*. TUGENDHAT, E. *Philosophische aufsätze*. Frankfurt: [*s. n.*], 1992. p. 271.

17. Para "bom", o melhor trabalho ainda é: VON WRIGHT, G. H. *The varieties of goodness*. Londres: [*s. n.*], 1963. Para "ter de" e "dever", cf. MACKIE, J. L. H. *Ethics*. [*S. l.*]: Penguin, 1977. cap. 3.

do absoluto; neste caso eles são empregados como equivalentes, e assim se pode definir o discurso dos juízos morais por meio do emprego absoluto destes dois grupos de palavras.

No grupo de palavras de "ter de" etc., requer-se de fato primeiro o emprego teórico. Diz-se, por exemplo, "diante de tais e tais condições deveria chover amanhã" ou "o vidro tem de cair se eu o soltar"; neste caso temos o discurso teórico da necessidade. Nós falamos da necessidade prática, de um "ter de" prático, quando, por exemplo, dizemos: "Se queres alcançar o último trem, tens de partir agora".

"Dever" é empregado – tanto no discurso teórico quanto no prático – como um "ter de" enfraquecido, um "ter de" que admite exceções[18]. "Deveria chover amanhã" é um exemplo, ou no prático: "tu não tens de partir agora, mas deverias sair, seria recomendável". Não é feliz o fato de uma grande parte da filosofia, sobretudo Kant, empregar a palavra "dever" para as normas morais. "A gente não apenas deve manter sua promessa, mas tem de mantê-la".

Em geral falamos de uma necessidade prática quando podemos estabelecê-la numa relação com algo, como no meu exemplo com o trem. Se eu simplesmente digo a alguém: "Tu tens de agir assim", é óbvio, se ele não compreende o contexto, que ele devolve a pergunta: "Para quê?" ou "O que acontece se eu não o fizer?" Exemplos: "Então tu não alcançarás o trem", ou "então passarás mal", ou "então tu não observas as regras do jogo". Existe, todavia, um emprego de "ter de" em que a devolução da pergunta seria rejeitada. Dizemos, por exemplo, a alguém que humilha um outro: "Isto tu não podes fazer" não com referência a algo, mas simplesmente "não podes"; ou "tu tens de cumprir tua promessa", não quando tu queres alcançar isto ou aquilo, mas "tu simplesmente tens de", e este é o modo de emprego moral.

Um modo semelhante de emprego distinto encontramos em "bom" e "ruim". Estas palavras, que ainda precisam ser esclarecidas com mais precisão, são igualmente empregadas em geral de maneira relativa. Por exemplo: algo é bom em vista de

---

18. Cf. MACKIE, J. L. H. *Ethics*. [*S. l.*]: Penguin, 1977.

determinado objetivo; ou é bom ou mau para alguém (para o seu bem-estar); ou é uma boa coisa, por exemplo, um bom carro, um bom relógio, um bom cantor. Mas também existe um caso em que a palavra "bom" é empregada gramaticalmente como absoluta, como puro predicado, sem complementação, por exemplo: "Humilhar alguém é mau"; não entendemos com isto que é ruim para a vítima da humilhação, e também não que seja ruim, por exemplo, para a sociedade, mas é simplesmente ruim, e o que isto significa ainda se deverá esclarecer.

Com isto estaria posto agora um critério para "juízos morais", um critério bem disponível e, pelo visto, profundamente enraizado na linguagem. Todos os enunciados nos quais ocorrem, explícita ou implicitamente, e com sentido gramatical absoluto, o "ter de" prático ou uma expressão valorativa ("bom" ou "mau") expressam juízos morais neste sentido; e uso a expressão "neste sentido", pois eu não afirmo que não se poderia definir também de outra maneira a palavra "moral". De fato, este emprego absoluto de "ruim" corresponde de maneira bastante exata ao nosso emprego de "imoral": "Tu não podes fazer isto", "isto é ruim", "isto é imoral" – todas estas sentenças parecem significar mais ou menos o mesmo.

Isto significa que as frases compreendidas como absolutas ("não se pode" e "isto é mau") têm o mesmo sentido? Não sem mais nem menos. Veremos mais tarde que as expressões de necessidade e as expressões valorativas correspondem a nuanças diversas dos juízos morais.

A este critério parecem corresponder também exatamente os sentimentos morais, dos quais já falei na lição anterior. Os sentimentos morais se constroem na base de juízos, e exatamente de juízos nos quais algo é tido como ruim (não apenas relativamente). Ao analisarmos os juízos definidos conforme o critério por mim proposto, analisaremos, por conseguinte, exatamente aqueles juízos com base nos quais se constroem estes afetos.

Podemos agora ver novamente que juízos morais não são entendidos em relação às pessoas, e sim objetivamente. Nestes juízos não se faz referência ao que emite o juízo, como se fosse dito (sendo eu quem faz o juízo) que algo me desagrada.

O critério proposto parece servir bem para o que na tradição filosófica é tematizado por juízos morais. Naturalmente a correspondência não pode ser exata; para isso a tradição não está suficientemente determinada. A partir de agora passarei a empregar a palavra "moral" no sentido aqui definido.

Eu deveria agora também mencionar uma proposição feita recentemente por Bernard Williams em seu livro *Ethics and the limits of philosophy* (p. 1s.). Williams compreende a palavra "moral" mais ou menos como eu, e distingue dela o "ético" como algo mais abrangente. Nisto ele se refere a uma formulação de Platão, segundo a qual, nas indagações socráticas, trata-se da pergunta: Como temos de viver (*pos bioteon*)? Este "ter/haver de" é evidentemente uma variante gramatical para "deve" ("Como nós devemos viver?"); e parece agora evidente para Williams – e nisto lhe daremos razão – que esta pergunta deve ser compreendida não apenas como moral. Quando alguém, em uma situação concreta, pergunta: "O que se deve fazer?" ou "O que eu devo fazer agora?", será devolvido para ele a pergunta: "Como tu entendes a pergunta? Qual é teu ponto de referência? É aquilo que é bom ou ruim por si mesmo – o que é moralmente correto ou incorreto – ou tu perguntas, o que é melhor para ti, referindo-se a pergunta ao teu bem-estar?" No último caso, ela é, por conseguinte, relativa, ainda que de uma maneira particular. A pergunta "Como eu devo viver?" pode ser compreendida num e noutro sentido. Isto, porém, significa que a pergunta – como a entende aparentemente Williams – tem, em si e por si, um sentido que abrange as duas interpretações. Mas que ponto de referência teria então o dever?

É verdade que nós às vezes formulamos a pergunta de maneira indefinida; neste caso ela então não tem um sentido mais abrangente; simplesmente não está clara. Um "dever" que não se compreende de nenhuma maneira, que não tem um ponto de referência definido, não tem sentido, ao menos não um sentido definido. Aqui, portanto, sempre cabe a devolução da pergunta: "Como tu entendes a tua pergunta?" Pode-se, na verdade, pensar (e eu mesmo defenderei esta concepção) que as duas perguntas – aquela que tem como ponto de referência o moral e aquela que tem como referência o bem-estar próprio – estão relacionadas entre si, mas o sentido imediato das perguntas é inicialmente diverso. Podemos, por conseguinte, se o quisermos, definir o ético diferentemente do moral, mas não se pode defini-lo como algo mais abrangente que o moral; uma tal questão não existe. O que é possível, entretanto, é definir a pergunta "Como se deve viver?" – quando ela não é compreendida como moral, mas, a título de prudência, referida ao próprio bem-estar – como uma pergunta ética. Isto então serve bem para a pergunta "ética" dos antigos filósofos, que se referiam às metas mais elevadas da vida humana (Cícero denominou seu livro correspondente a isto *De finibus*, sobre os fins) e, consequentemente, à pergunta pelo bem-estar, pela felicidade (Aristóteles: *eudaimonia*).

Uma outra definição terminológica possível do termo "ético" é, diferenciando-o do moral, compreendê-lo como a reflexão filosófica sobre a "moral". Foi neste sentido que eu entendi o termo no título destas lições, e é neste sentido que o empregarei.

Tendo agora um critério de reconhecimento para juízos morais, e isto quer dizer, para uma moral, posso passar para a pergunta: Como estes juízos devem ser compreendidos? O que significa que colocar esta questão está agora prenunciado por aquilo que resultou da pergunta precedente pelo critério de reconhecimento. Pois eu poderia, na verdade, referir-me a uma compreensão preliminar do emprego absoluto de "ter de", "deve", "não pode", bem como do emprego absoluto de "bom" e "ruim"; estava, porém, claro que não se dispunha do significado dos termos nesta maneira de emprego. Isto ocorre de modo semelhante em todas as palavras filosoficamente importantes. Wittgenstein referiu-se ao enunciado de Agostinho: "O que é o tempo? Se ninguém me pergunta, eu o sei; se me perguntarem, não sei". Isto significa: nós compreendemos tais expressões, mas não as podemos explicar sem mais nem menos. Como explicaríamos – esta é a pergunta – estes dois modos de emprego absolutos (de "ter de" etc. e de "bom" etc.)? Feito isto, teremos explicado o que devemos compreender por "um juízo moral" e por "uma moral".

Primeiro explicarei o emprego incondicional de "ter de" ("não pode", "deve"). Para isso precisamos relacionar este "ter de" com os outros modos de emprego deste grupo de palavras – e deles diferenciá-lo. O modo especial de emprego absoluto irá referir-nos espontaneamente à análise do modo de emprego absoluto do grupo de palavras "bom" e "ruim".

O esclarecimento de "ter de" ou "deve", contido nos juízos morais, é idêntico ao caráter particular de obrigação das normas morais. Que a moral tem a ver com obrigações específicas, de alguma forma absolutas, isto já sempre foi visto; mas em que exatamente consiste este caráter de obrigação, sobre isto encontramos pouco na tradição filosófica e, por assim dizer, nada na ética contemporânea. É estranha esta atitude de reserva da reflexão filosófica face ao caráter do dever; pois como pode-se tematizar algo na moral quando não se sabe o que é o moral e quando ao menos uma parte disso está claramente contida no caráter da obrigação que se expressa no "ter de"? Kant é quase o único que procurou dar uma resposta para o sentido do dever moral, a qual eu, contudo, considero completamente falsa; ainda tratarei disso.

O que deve ser dito primeiramente, de maneira bem genérica, para a compreensão do "ter de", praticamente compreendido, se ele é relativo ou não? Como primeiro ponto podemos afirmar que cada sentença concreta deste tipo, que se refere a determinada situação (por exemplo: "tu tens de cumprir esta promessa", "tu tens de ir se queres alcançar o trem"), sempre aponta para uma sentença universal de "ter de" ("a gente tem de cumprir a promessa", "se a gente quiser alcançar o trem a partir daqui, tem de partir dez minutos antes"). Nisto distinguem-se as sentenças "ter de" e "deve" dos puros imperativos, como "ide agora". Ambos são convocações para a ação. Num imperativo gramatical, porém, pode-se responder à devolução da pergunta "por quê?" ou com uma sentença universal ("ter de" ou "deve"), ou então apontando para algo que pode ser um motivo para o agente, por exemplo: "Porque senão eu te mato" ou então simplesmente "porque eu quero". O que Kant, entretanto, denominou imperativos não foram de modo algum imperativos gramaticais, mas sentenças de dever (*Sollsätze*), além disso ainda de um tipo especial.

Pode-se dizer que todas as sentenças universais com "tem de" e "deve" expressam regras ou normas, como é o caso nos dois exemplos anteriormente? Isto não estaria totalmente correto, sobretudo não na moral. Eu digo, por exemplo, a alguém: "Assim tu não podes te comportar". "Por que não?", pergunta ele. "Porque isto" – pode então ser a resposta – "não seria gentil" e pode aqui ser o caso no qual só se possa dizer isto, sem poder dar nenhuma regra. A resposta "porque isto não seria gentil" aponta para uma maneira de ser ou para uma propriedade do caráter (de não ser gentil): "Assim devemos ser, ou não ser", em vez de dizer "assim devemos agir". Tais maneiras de ser, moralmente devidas ou indevidas, são denominadas, no uso linguístico da tradição – que soa como envelhecido –, virtudes, e vícios é o nome do seu contrário. Veremos mais tarde que existem maneiras de ser – disposições para maneiras de agir – para as quais não podem ser definidas regras de ação. Também as devidas maneiras de ser se referem, na verdade, a ações; pode, porém, ser significativo designá-las sem poder indicar as respectivas ações – isto então quer dizer, as respectivas regras. Abstraio, porém, inicialmente desta possibilidade e atenho-me a regras. Toda reflexão que se segue é, por isso, delimitada nesta perspectiva, a qual apenas ampliarei nestas lições em um momento posterior[19].

Com uma regra ou norma, sempre é apresentada como (relativa ou absolutamente) devida uma maneira de agir. Distinguem-se regras e/ou leis (pode-se compreender as leis como regras sem exceção) práticas de teóricas, exatamente como já o vimos para as respectivas sentenças de "ter de" etc. Regras e leis teóricas (por exemplo, "é uma lei que o vidro tem de cair quando tu o soltas") são construídas a partir de regularidades observadas; falamos, inversamente, no prático, que é preciso *seguir* a regra; na medida em que a gente não o fizer, pode ser criticado em relação a ela[20]. Somente as regras práticas podemos, com sentido, também designar como normas. Frequentemente a palavra "norma" é definida mais restritamente; eu, contudo, quero empregá-la como sinônimo de "regra prática".

Precisamos, pois, distinguir diversos tipos de regras práticas (sentenças práticas "ter de"). Nisso serão particularmente im-

---

19. Cf. décima primeira lição.
20. Cf. HART, H. L. A. *The concept of law*. Oxford: [s. n.], 1961. p. 79s.

portantes para mim aquelas regras que eu quero designar como regras da razão e aquelas que designarei como normas sociais. Destes dois grandes grupos eu ainda quero distinguir regras de jogo. Esta divisão não tem a pretensão de ser completa; ela simplesmente basta para meus objetivos. O que são, por exemplo, regras linguísticas?

Uma norma da razão eu quero definir de tal maneira que ela seja uma regra que pode ser introduzida, seja com as palavras "é razoável...", seja com a expressão "é bom (ou: o melhor)...". Por exemplo: "Seria razoável (ou bom) partir agora se tu quiseres alcançar o último trem" ou "seria razoável (ou bom/bom para ti) se parasses de fumar". No primeiro exemplo, uma ação é vista como praticamente necessária para alcançar uma meta estabelecida (neste caso: pegar o último trem); no segundo exemplo, o ponto de referência é o bem-estar da pessoa.

Pode-se agora dizer que nos dois casos, quando a pessoa não age como neste sentido ela deve/tem de agir, então ela agiria irracionalmente. Esta é a razão por que parece ter sentido designar este tipo de regras de ação como regras da razão. Desta explicação podemos ao mesmo tempo tirar uma máxima, de como geralmente se deve perguntar pelo sentido de uma respectiva necessidade prática. Pois a expressão "tem de", em seu uso prático, poderia primeiro parecer propriamente inconcebível em seu significado. Ao reduzi-la agora àquilo que acontece quando a pessoa não age assim, nós temos uma sentença que se refere a algo empiricamente disponível. Ao mesmo tempo já podemos agora antecipar que a cada sentença "tem de" a uma sanção correspondente, algo que seria negativo para aquele que age, caso ele não agisse assim. Não se pode ver que sentido poderia ter falar de uma necessidade prática (do "ter de" ou do "deve"), se não pressupomos em sua base esta sanção – neste sentido amplo. Portanto, é de se esperar que também o "ter de" das normas morais, gramaticalmente absoluto, é relativo no sentido de ser relativo a uma sanção.

Sentenças com "ter de" que se referem a regras de jogo distinguem-se essencialmente de normas da razão. Se no xadrez eu faço os mesmos movimentos com a torre e o bispo, então isto não é irracional, mas contradiz as regras do jogo. Poderíamos nos imaginar em outro jogo que funcionasse desta maneira. Dir-se-á, contudo, logo àquele que quer jogar desta maneira: "Assim tu não podes". "Por que não?"; "porque então tu não jogas este jogo, pois este jogo é definido por estas regras, estes são os movimentos possíveis".

As regras da razão são o que Kant denominou imperativos. Meu primeiro exemplo corresponde aos assim denominados imperativos hipotéticos de Kant; o segundo corresponde mais ou menos ao que ele denominou imperativo assertórico[21]. Ora Kant pensou em ainda poder distinguir destes dois tipos um terceiro tipo de normas da razão, os assim denominados imperativos categóricos, e a sua tese era que as normas morais são imperativos categóricos. Entende-se por imperativo categórico uma regra da razão sem ponto de referência; seria então racional fazer algo não com referência a determinado objetivo e também não em vista do bem-estar de quem age (ou faz) ou de um outro ser, mas em si mesmo. Kant aproveita-se nisto do fato de normas morais poderem ser formuladas como juízos de valor absolutos ("É bom/mau fazer x"), e assim pensa em poder reformular estes, de maneira bem análoga aos imperativos hipotéticos e assertóricos: "É racional/irracional fazer x".

Contradiz, porém, a nossa compreensão normal dizer que aquele que se comporta de maneira imoral também é irracional. Além dessa, isto parece contradizer o sentido da racionalidade em geral; designar certas ações como em e por si racionais, sendo indiferente se isto então ainda é compreendido como moral. Nós somos irracionais quando somos inconsistentes em nossos pensamentos e metas, ou quando não podemos fundamentá-los; somos, portanto, praticamente irracionais quando somos inconsistentes em nossas metas ou quando não podemos justificar nossas ações com relação às nossas metas. Aqui precisamos admitir com Hume que nossas metas ou objetivos já estão sempre pré-dadas – a partir de nossa afetividade, de nossos sentimentos – e, como tais, fornecem os pontos de referência para

---

21. KANT, I. *Grundlegung zur metaphysik der sitten*. Edição acadêmica, IV, p. 414s.

uma conduta racional e/ou irracional. Não é possível ver o que deve ser uma ação que seja em si e por si racional. Esta maneira de falar parece um contrassenso.

Com isto parece, portanto, certo que Kant, quando afirma que existe um sentido absoluto da razão, não entende o sentido comum de racionalidade. Kant poderia naturalmente objetar contra este argumento que ele, quando fala de um imperativo categórico, considera um conceito particular de razão, e que isto também é a razão por que o imoral pode parecer racional; que ele é, no caso, razoável, naturalmente no sentido comum de "racional", mas não no sentido particular. A esta altura preciso interromper provisoriamente a discussão, porque somente é possível prosseguir se examinarmos a efetiva proposição de Kant, como a razão deve ser compreendida neste sentido particular; e isto eu quero fazer quando apresentar a ética de Kant; da mesma forma quero examinar outro tipo de proposição de Apel e de Habermas, que igualmente pressupõem um discurso não relativo de "racional".

O que podemos dizer agora, no entanto, é isso: em primeiro lugar, este conceito de razão, que não se orienta mais pelo sentido comum de racionalidade, seria então uma invenção filosófica. Poder-se-ia agora falar de razão com maiúsculas. Em segundo lugar, o que então também estaria ganho, se realmente se mostrasse que o moral seria em e por si racional? Os adeptos desta concepção acreditam desta maneira ter a moral comprovada e particularmente bem fundamentada. Mas seria isto em um sentido prático? Seria a irracionalidade, neste sentido, uma sanção? Nas regras costumeiras da razão é prejudicial ser irracional, porque a irracionalidade somente é uma sanção em relação aos objetivos de quem age. O fato de o imoral levar a etiqueta complementar da irracionalidade (além disso ainda em maiúsculas) não nos deveria atingir, se não tivéssemos já um outro motivo para evitá-lo, que só pode residir num sentimento pelo qual nós zelamos.

Retornarei a este assunto. Por enquanto eu pressuponho mais do que já está provado definitivamente, isto é, que este é um beco sem saída.

Voltemo-nos agora àquelas regras práticas que eu chamo de normas sociais. Defino este termo da seguinte maneira: aquele que não age conforme uma norma social sofre uma sanção social. Contra a distinção de normas sociais e normas da razão pode-se objetar que aquele que – mediante uma sanção social – age conforme determinada regra também tem determinado objetivo (negativo), e conquanto estas normas sejam, por sua vez, regras hipotéticas da razão. Isto é correto[22], mas há aspectos complementares tão importantes ligados ao fato de que o objetivo a ser evitado é uma sanção, que faz sentido distingui-las como uma espécie própria de regras. Regras de jogo também podem ser compreendidas formalmente como imperativos hipotéticos.

Eu distingo, pois, três tipos de normas sociais. O primeiro tipo deve ser compreendido como o mais simples: são normas do direito penal. Aqui a sanção é um castigo externo estabelecido no interior de uma jurisdição. O critério para tal, para que exista uma norma deste tipo – e, por conseguinte, exista certa lei em um país –, é que ações do tipo especificado no critério são castigadas.

Eu distingo das normas legais aquelas normas sociais cuja sanção consiste em uma pressão social difusa. Nesta perspectiva, portanto, as normas morais são hoje de fato definidas em grande parte nas ciências sociais (*social pressure*), enquanto filósofos costumam passar simplesmente adiante nesta concepção. Isto tem a ver com o fato de a ética filosófica ainda não ter compreendido até aqui a importância da problemática do conceito formal de uma moralidade (ou, no plural, moralidades). É um argumento para a concepção sociológica, apenas é significativo que ela dê uma resposta – ainda que não satisfatória – à pergunta, como deve ser compreendido o dever específico em juízos morais. Aqui naturalmente reside a razão decisiva, porque não basta a subsunção nos imperativos hipotéticos; não se atingiria desta maneira o específico da sanção social.

---

22. Uma vez que mostrarei que as normas morais são um tipo de norma social, concordo nesta medida também com a tese de Philippa Foot, de que normas morais são um certo tipo de imperativo hipotético. Cf. FOOT, P. Morality as a system of hypothetical imperatives. *Philosophical Review*, [*s. l.*], v. 81, n. 3, p. 305-316, 1972.

A concepção sociológica precisa ser diferenciada mais amplamente. Precisaremos atender a dois aspectos. Em primeiro lugar precisa-se ver que aqui a sanção, diferentemente das normas jurídicas, é uma sanção interna. O que isto significa mostrarei apenas na próxima lição.

Em segundo lugar, um ponto fraco importante da concepção sociológica indiferenciada é que ela não distingue entre convenções e normas morais. Podem existir culturas que não fazem esta distinção, tampouco precisam ter estabelecida uma regulamentação legal para o castigo, que seja distinta da pressão social difusa. Para as culturas próximas a nós, entretanto, é dada a distinção tanto entre as regras convencionais e morais quanto entre estas duas, de um lado; e as normas legais, de outro. Naturalmente as normas do direito penal podem, por sua vez, ser julgadas moralmente boas e ruins; contudo, as normas jurídicas são independentes de tal julgamento.

Como se deve conceber a diferença entre o convencional e o moral? Se eu tivesse vindo nu aqui para o auditório vocês sem dúvida teriam achado isto não apenas estranho, mas também inadequado. Se então lhes tivesse perguntado por que reagem desta maneira, vocês então poderiam ter respondido: "Isto não se faz" ou "conosco, nesta cultura, isto não é costume". Mas vocês mal poderiam ter dito o que haveriam de dizer, se eu tivesse humilhado alguém: "Isto é mau".

—— PRIMEIRO ESCLARECIMENTO —— CONCEITUAL...

Isto fica claro com a explicação da distinção que segue. Em uma convenção social, a rejeição de uma conduta pelo grupo é a última instância. Que entre nós não se age desta maneira (isto é, não se deve, não se pode agir assim), isto simplesmente está fundamentado no fato de esta conduta ser rejeitada por nós. Esta rejeição já é a fundamentação e não tem a pretensão de, por sua vez, ainda ser fundamentada. A rejeição na infração de uma norma moral, ao contrário, fundamenta-se obviamente, por sua vez, no fato de acharmos mau um modo semelhante de agir.

Assim a análise do sentido definido, que tem o "ter de", gramaticalmente absoluto, requer agora, por si mesmo, também a explicação do sentido definido do emprego gramaticalmente absoluto do outro grupo de palavras – "bom" e "mau".

Deve-se dizer que o convencional está relacionado com o moral, ao menos enquanto ele também implica um "ter de" absoluto? Seu caráter absoluto será, contudo, retido ao se relativizar sua pretensão à rejeição de determinados grupos (*"nós rejeitamos isto"*). Na medida em que um "ter de" prático, como tal, não é pensável sem sanção, já se pode antecipar que também na moral a forma gramaticalmente absoluta está contida na sanção, um ponto de vista relativizador.

TERCEIRA LIÇÃO
"BOM" E "MAU"[23]

O que queremos dizer quando simplesmente dizemos que um ato ou comportamento é bom ou mau? De modo análogo ao caso da questão sobre o que significa dizer de uma maneira absoluta de um ato ou comportamento, segundo o qual se tem de agir ou não se pode agir, teremos de inserir esta questão na clarificação geral do emprego destas palavras, aqui, portanto, das palavras "bom" e "mau".

Pode-se em primeiro lugar dizer, do modo mais geral, que quando empregamos a palavra "bom" damos de algum modo a entender que somos a favor. A palavra "bom" já foi denominada uma "palavra-pró"[24].

O próximo passo é o de que se deve atentar a que a palavra, em quase todos os seus empregos, implica uma pretensão objetiva, universalmente válida. Esta também se dá quando se diz "vai-me bem", isto é, "vou bem"[25]. A relativização contida neste dativo é apenas uma relativização que indica [a] quem vai bem; não há aí relativização alguma do juízo sobre o ir-bem. Podemos perguntar exatamente do mesmo modo, por exemplo, se uma planta vai bem. Para isso temos critérios objetivos e não queremos dizer que depende do respectivo julgador se é dito que um ser vai bem ou mal. Certamente, no caso de uma planta, sentimentos não desempenham papel algum, enquanto no caso de um ser humano, se ele vai bem, depende em boa parte, ainda que não exclusivamente, de se ele se sente bem. Quando perguntamos a alguém "como vais?"[26] (pense-se no caso em que fazemos a pergunta a alguém, cuja situação independente dos

---

23. Tradução de Fernando Pio de Almeida Fleck.
24. Cf. NOWELL-SMITH, P. H. *Ethics*. [*S. l.*]: Pelican, 1954. § 12.
25. Em alemão, *"esgehtmirgut"* [N.T.].
26. Em alemão, *"wiegehtesdir?"* [N.T.].

sentimentos seja má, por exemplo, um doente), frequentemente se tem em vista até mesmo exclusivamente seu estado emocional. Mas também este é então algo dado objetivamente, sobre o que se pode julgar correta ou incorretamente.

Apenas excepcionalmente a palavra "bom" é empregada sem pretensão objetiva, e, sobretudo, em dois casos: em primeiro lugar, quando dizemos "agrada-me"[27]; aqui a palavra "bom" está inserida em um contexto linguístico subjetivo; em segundo lugar, especialmente, quando usamos a palavra isoladamente como resposta a um convite. Alguém me diz, por exemplo: "Vamos hoje à noite ao cinema", e respondo "está bem"[28]. Neste emprego isolado, a palavra é simplesmente entendida como a expressão "com prazer" (*gerne*) ou como o "sim", entendido em sentido prático, e expressa apenas uma atitude pró-subjetiva: "sou a favor". Para a negação não empregamos neste caso nenhuma palavra análoga ("mau"), mas dizemos simplesmente "não". No primeiro caso, a referência subjetiva é expressamente indicada; no segundo, ela constitui o contexto. Não se trata de um estado-de-coisas objetivo sobre cujo julgamento correto ou incorreto se poderia discutir.

Em contrapartida, a palavra é entendida objetivamente, tanto nos empregos que expressam normas racionais ("é bom..." = "é racional...") como em seus diferentes empregos atributivos. Por emprego atributivo entendem-se todos os casos em que se fala de um "bom X", por exemplo, de um bom relógio ou de um bom violinista.

Consideremos agora ainda outro aspecto de todos os empregos de "bom", mesmo os subjetivos. Quando se fala de "bom" estamos diante de uma escolha, e quase sempre que estamos diante de uma escolha não se trata de uma resposta-sim-ou-não, mas de uma escala[29]. Assim como se chama escala de comprimento à escala em que se ordenam objetos, de tal modo que se produza uma série em que um objeto é mais longo do que outro

---

27. *"Es gefällt mir gut"*, literalmente "cai-me bem" [N.T.].

28. *"Gut"*, literalmente "bom" [N.T.].

29. O artigo clássico é: URMSON, J. O. On grading. *In*: FLEW, A. *Logic and language*. 2. ed. Oxford: [*s. n.*], 1953. p. 159-186.

mais curto do que ele, assim também ordenamos em situações de escolha as possibilidades, segundo uma escala de "melhor" e "pior". Podemos chamar esta escala de escala de preferência e, quando a palavra "bom" é empregada objetivamente, de escala de preferenciabilidade: o melhor é o que se deve preferir, o que é preferido de modo fundamentado. "Excelência" já implica objetividade, mas podemos acentuar expressamente tal objetividade dizendo que "bom" é (exceto nos raros empregos subjetivos) uma palavra para a excelência objetiva. Por "excelência objetiva" deve ser entendido que o designado como melhor não é apenas de fato preferido (como quando diante da pergunta se quero ir ao cinema hoje à noite, respondo "melhor amanhã" – aqui "melhor" significa o mesmo que "gostaria mais", mas que é digno de preferência, que há fundamentos objetivos para preferi-lo).

Deve-se dizer que fundamentos objetivos são sempre fundamentos racionais? Assim pensava Kant[30], e desde logo depõe em favor desta concepção o fato de que seguir pontos de vista considerados objetivamente fundamentados constitui, segundo o seu sentido, o que se entende por agir racional. Esta foi também a razão por que Kant julgava que, quando "bom" é empregado de modo absoluto, somente pode ser entendido no sentido de uma fundamentação racional absoluta. Isto era certamente pensado como consistentemente. Apenas não se pode ver, como tentei mostrar (na lição anterior), como uma ação pode ser fundamentada de modo absoluto, isto é, não somente de modo relativo a alguma outra coisa. E não tem isto de parecer ainda mais estranho do que na última lição, se agora é claro que o que aqui deve ser fundamentado é algo absolutamente digno de preferência? Como se deve poder fundamentar que algo é digno de preferência, senão relativamente a um querer, a algo, portanto, que, por sua vez, é um preferir preeminente? Teremos, portanto, de esperar que, onde temos a ver com o digno de preferência, sua objetividade fracassa ou contém ainda outros fatores que não o da racionalidade.

---

30. *Fundamentação*, IV 413: "Praticamente bom é, porém, o que determina a vontade por meio das representações da razão, portanto, não por causas subjetivas, mas objetivas, isto é, por fundamentos válidos para todo ser racional".

Os empregos atributivos de "bom" já apontam nesta direção. No caso do emprego atributivo, trata-se sempre de ordenar objetos a que um predicado se aplica em uma escala de "melhor" e "pior", de tal modo que, se alguém tem um X a escolher, preferirá, baseado em fundamentos objetivos, o X melhor frente ao pior. Poderá, naturalmente, preferir Y, embora julgue X melhor, mas então não prefere baseado em fundamentos objetivos.

Von Wright[31] distinguiu aqui especialmente dois empregos que na tradição aristotélica foram geralmente considerados indistintamente sob o título "excelência" (*areté*): em primeiro lugar, o emprego instrumental, onde julgamos a excelência de um objeto que é útil para algo, isto é, que tem uma função, como um relógio, e, em segundo lugar, o que Von Wright denomina "excelência técnica", com o que se tem em mira o sentido grego antigo de "técnico", de técnica, portanto, no sentido de uma arte, e aqui se trata de excelências humanas, como a de um esquiador ou a de um músico, uma excelência que é constatada por meio de um concurso.

Podemos ordenar relógios inequivocamente em uma escala de excelência objetiva? Somente se for fixada a perspectiva. Posso ordenar relógios inequivocamente em mais exatos e menos exatos tão inequivocamente como posso ordená-los segundo a intensidade do ruído que fazem ao funcionar etc. No caso da questão de como, por sua vez, se pesa a excelência das diferentes perspectivas, acrescenta-se, todavia, um aspecto subjetivo irredutível.

No caso de uma excelência, que Von Wright denomina técnica, aspectos objetivos sempre desempenham também um papel. Um violinista que comete erros ao tocar é desde logo eliminado em um concurso. Caso se deva conceder um prêmio entre finalistas, isto é, decidir quem é o melhor, faz-se com que um júri decida por votação. A votação introduz um momento subjetivo irredutível. Por outro lado, somente se aceitará no júri conhecedores experimentados.

Tem-se também em vista este tipo de procedimento quando se diz que um objeto artístico é bom ou que é melhor que outro.

---

31. VON WRIGHT, G. H. *The varieties of goodness*. Londres: [*s. n.*], 1963. cap. 2.

O próprio Kant defendia aqui a concepção de que juízos estéticos são universalmente válidos e neste sentido têm um estatuto efetivo, embora não sejam fundamentáveis[32]; aqui se tem, em lugar de uma fundamentabilidade, a mera igualdade do subjetivo, a igualdade no tomar-como-agradável, no preferir. Isto não significava para Kant que todos os homens de fato julgam igualmente, no domínio estético, mas que o que julga sustenta a pretensão de que todos deveriam julgar igualmente. O que significa este "deveriam" se não pode ser apoiado em fundamentos? Sem entrar nas particularidades da teoria kantiana, isto significa para Kant que – talvez se possa formular assim – todos têm uma receptividade, igual em princípio, para o esteticamente satisfatório. Este modo de explicar uma igualdade no juízo corresponde aproximadamente ao que disse antes quanto ao julgamento das excelências humanas: o que dá o padrão é o que os experimentados preferem. Isto permanece difícil, mas deixa entrever a possibilidade de uma excelência válida em geral, que, contudo, não se apoia em razões.

No caso de juízos morais não nos é permitido esperar exatamente este tipo de excelência válida em geral e, contudo, não fundamentada de modo empírico-objetivo, como se dá no estético e no "técnico". Basta, porém, em primeiro lugar, que o sentido de tal possibilidade não seja excluído de antemão, e, em segundo lugar, tem-se de insistir em que aqui não se trata de sim ou não, mas de que o sentido reduzido de uma validade geral, eventualmente possível, tem de ser reconhecida em cada caso em seu sentido preciso.

Que sentido poderia ter o emprego gramaticalmente absoluto da palavra "bom"? O significado que Kant lhe atribuiu tem de ser rejeitado, porque uma fundamentação absoluta se choca tanto contra o sentido de racionalidade quanto contra o sentido de excelência: o digno de preferência não pode ser simplesmente sobreposto ao preferir, tem de ser uma possibilidade preeminente do próprio preferir. Se não se segue simplesmente a interpretação particular de Kant, que tem de ser encarada como

---

32. Cf. *Crítica do juízo*, § 8s. Na verdade, Kant emprega, quanto a juízos estéticos, a palavra "belo", e não a palavra "bom".

uma construção filosófica, então poderia parecer que a palavra "bom" nesta posição gramatical – como um mero predicado não relativo – a princípio não tem nenhum sentido claro.

Poder-se-ia procurá-lo em duas direções. Em primeiro lugar poder-se-ia dizer como Hume: bom, neste sentido, é o que todos os homens de fato preferem e nesta medida aprovam; mau o que, de modo correspondente, censuram. Esta concepção teria uma certa semelhança com a concepção de Kant acerca dos juízos estéticos, mas aqui não nos faz avançar.

A proposta de Hume é boa até onde alcança, mas tem-se de fazer a ela duas objeções: em primeiro lugar apresenta o que na ética foi chamado falácia naturalística: na ética simplesmente constataríamos o que os homens de fato aprovam, e tem-se de perceber diante disso que juízos sobre haver juízos morais são empíricos, mas que a pretensão dos próprios juízos morais não é empírica (cf. primeira lição). Ora, isto é precisamente negado por Hume, e ele nos faria refletir que não temos nenhuma outra via que não a naturalística, injustamente denominada de falácia. Deve-se, aliás, considerar que Hume somente se pôde dar por satisfeito com esta concepção porque admitia que todos os homens julgam moralmente de modo idêntico. Um conceito de moralidade que não deixe aberta a possibilidade de vários conceitos morais, contudo, parece-nos hoje inaceitável.

A segunda objeção parece-me ainda mais coercitiva e também nos conduz adiante: afirmei antecipadamente, ao fim da lição anterior, que as normas morais se distinguem das convencionais por ser a valoração positiva, no caso de um juízo moral, fundamentável. Esta fundamentação, assim o afirmei, refere-se exatamente ao julgamento de um estado-de-coisas (ou de uma ação, ou também da norma) como bom/mau. A aprovação que Hume com razão invoca não é simplesmente um assentimento prático, mas nele se faz referência a um ser-bom afirmado (*ein behauptetes Gutsein*) a que se recorre como fundamentado. O aprovar consiste no julgamento de um ato como preferível, e isso não pode ser invertido (o ato não é bom porque aprovado, pois então o aprovar perderia o sentido). Isto significa que estes juízos se apoiam em um critério, em um fundamento.

O recurso de Hume ao julgamento subjetivo na explicação do bom gramaticalmente absoluto é, portanto, insuficiente. Se o juízo tem um conteúdo objetivo, o bom tem de ser encontrado neste. Como então se deve entendê-lo? Empreendi certa vez uma tentativa de responder diretamente a esta questão[33], julgando que este sentido gramaticalmente absoluto de "bom" deve ser entendido no sentido de "bom na mesma medida para todos". Mas, abstraindo do resultado absurdo de que então determinado conceito moral com conteúdo se seguiria de um mero sentido de "bom", logo percebi que era mera postulação (uma construção filosófica), e que "bom" aqui poderia ser entendido assim, por exemplo, no sentido da moral utilitarista ou também no sentido do hegelianismo como "bom para o todo". Visto assim, em vez de "bom" poderia até mesmo estar um "outro predicado de fundamentação", por exemplo: "santo"[34]. Este passo foi importante para mim, porque desde então compreendi que precisamos de um conceito moral formal que admita diferentes conceitos com conteúdo. Mas, em primeiro lugar, tornando-se possíveis também outros "predicados de fundamentação", os predicados "bom" e "mau" perderam o seu lugar de honra que parecem ter nos juízos morais. Em segundo lugar, porém – e esta é a dificuldade em que agora estamos –, tornou-se-me com isso claro que toda tentativa de determinar diretamente o ser-bom desta maneira seria uma mera construção filosófica e, como tal, arbitrária.

Desde minhas "Retraktationen", de 1983[35], defendo, por isso, a concepção de que não há um significado do emprego gramaticalmente absoluto de "bom" passível de ser compreendido diretamente, mas que este remete a um emprego atributivo preeminente em que dizemos que alguém é bom não como violinista ou cozinheiro, mas como homem ou membro da comunidade,

---

33. Cf. meu artigo "Sprache und ethik", reproduzido em meus *Philosophische aufsätze*. TUGENDHAT, E. Sprache und ethic. *In*: TUGENDHAT, E. *Philosophische aufsätze*. Frankfurt: [*s. n.*], 1992.

34. Cf. a primeira de minhas "Drei vorlesungen" em *Probleme der ethik*. TUGENDHAT, E. Drei vorlesungen über probleme der ethik. *In*: TUGENDHAT, E. *Probleme der ethik*. Stuttgart: [*s. n.*], 1984.

35. TUGENDHAT, E. Retraktationen. *In*: TUGENDHAT, E. *Probleme der ethik*. Stuttgart: [*s. n.*], 1984. p. 132s.

como parceiro social ou parceiro cooperador. Isto significaria que "bom" neste sentido não está relacionado primariamente a ações, mas a pessoas. Já Aristóteles concebia que "bom" no sentido moral deve ser entendido desta maneira. Não posso provar este passo. Veremos, porém, que ele permite um esclarecimento efetivo da valoração gramaticalmente absoluta. Uma ação é boa, como o entende Aristóteles, quando é a ação de um homem bom. Com o conceito de homem bom temos o que faltava em Hume: um ponto de vista de fundamentação para aprovar e censurar, que é, contudo, suficientemente formal para estar aberto a diferentes conceitos de moral.

Uma vez que se trata de um emprego implicitamente atributivo de "bom", somente o podemos esclarecer pondo-o no contexto de outros empregos atributivos que se relacionam a seres humanos, portanto, no das capacidades denominadas por Von Wright como "excelências técnicas".

Desejo aqui, em primeiro lugar, chamar atenção para o fato de que uma grande parte da socialização de uma criança consiste em ser apoiada no desenvolvimento de um conjunto de capacidades que estão todas em uma escala de "melhor" e "pior". Assim, aprendemos em primeiro lugar a desenvolver capacidades corporais: andar e correr, nadar, dançar etc.; do mesmo modo, capacidades instrumentais de produzir coisas: construir, cozinhar, costurar etc.; capacidades técnicas: cantar, tocar violino, pintar etc.; e papéis (como crianças, em primeiro lugar em brincadeiras): ser advogado, professor, mãe, e tudo isto pode-se desenvolver, sob o aplauso dos adultos, não tão bem, melhor ou, enfim, excelentemente.

Ser bom em tais capacidades é, então, naturalmente também importante, em especial para a vida adulta, tanto que se pode dizer que o sentimento de autoestima de uma pessoa consiste em grande extensão (ou totalmente?) em ter consciência de ser bom em suas capacidades. Entretanto, capacidades particulares podem ser mais ou menos importantes para alguém; conforme isto seja o caso, a questão de se uma pessoa é boa quanto a tais capacidades será importante para seu sentimento de autoestima. Posso, por exemplo, ser um mau cozinheiro, mas se não me compreendo como cozinheiro (ou, pelo menos, não também como cozinheiro), isto não atingirá especialmente meu sentimento de autoestima. Compreender-me como cozinheiro ou violinista (ou também como tal), significa que isto é uma parte de minha identidade. Identifico-me com qualidades desta espécie quando me é importante ser um tal-e-tal. O fato de me ser importante significa que torno uma parte de meu sentimento de autoestima dependente de ser bom nesta capacidade.

Se alguém se mostra mau em uma capacidade que lhe é importante, a reação é de vergonha. Isto corresponde à definição de vergonha que G. Taylor ofereceu em seu livro *Pride, shame and guilt* (Oxford, 1985): vergonha é o sentimento de perda de autoestima aos olhos dos possíveis outros. Sentimos vergonha de um modo especialmente agudo quando outros efetivamente estão presentes e quando os consideramos competentes, por exemplo: um violinista quando toca mal em um concerto. Mas também quando se exercita sozinho, se tocar mal, se envergonhará – face aos olhos, ou aos ouvidos, de um público possível.

À diferença destas capacidades especiais que temos de desenvolver, em geral de um modo apenas rudimentar – e bem apenas se associamos a elas nosso sentimento de autoestima – há uma capacidade central para a socialização, e esta é a capacidade de ser um ente socialmente tratável, cooperador, ou, em uma sociedade primitiva, corresponder ao padrão para ser membro desta sociedade, e gostaria agora de afirmar que as normas morais de uma sociedade são exatamente aquelas que fixam tais padrões, isto é, que definem o que significa ser um bom ente cooperador. Nos juízos em que dizemos que pessoas e ações são boas ou más, julgamos as pessoas não relativamente a capacidades especiais, mas com respeito a esta capacidade central.

Harmoniza-se bem com tal concepção o fato de que podemos nos envergonhar não apenas quando fracassamos em uma capacidade determinada e importante para nós, mas vergonha é também a reação emocional quando fracassamos moralmente (face a normas, portanto, que a partir da perspectiva da pessoa em questão definem o seu ser-bom como ente cooperador). Aristóteles considerara até mesmo em sua discussão da vergonha (*Retórica* B 6) apenas a vergonha moral.

Se, por um lado, a vergonha moral se insere no fenômeno mais abrangente da vergonha também face a outros fracassos (ou supostos fracassos), por outro lado, todavia, ela se distingue claramente da vergonha não moral. Isto é especialmente visível quando nos perguntamos como é a reação emocional de quem está diante de nós em ambos os casos. No caso usual, ou o público não participa emocionalmente, ou, se sente uma emoção, esta consiste em rir-se da pessoa em questão. Se, em contrapartida, uma pessoa fracassa moralmente, quem está diante dela nunca permanece emocionalmente neutro, nem se diverte, mas reage indignado e com censura.

A censura é o fenômeno estruturalmente mais simples, enquanto o afeto da indignação, do mesmo modo que a vergonha, se ergue, como vimos (primeira lição), apoiado no juízo moral. Aprovar e censurar é o julgamento valorativo aparentemente ainda desprovido de afeto sobre uma pessoa que, respectivamente, corresponde ou não corresponde ao padrão de valor. Tais comportamentos também não se dão no caso das demais capacidades. Quanto a estas, pode-se falar de aplauso e crítica, não de aprovação e censura. A diferença funda-se em que para o que aprova ou censura trata-se da base normativa comum. No convívio como tal, participam igualmente o agente e aquele que está diante dele. Aquele que se choca contra esta base comum de certo modo puxa o tapete de sob os pés do outro, e por isso a indignação também já está sempre contida na censura. O que distingue a censura da crítica é este afeto de indignação implicitamente existente.

A isso se liga imediatamente o fato de que os membros de uma sociedade exigem uns dos outros não serem maus neste sentido. No caso das demais capacidades – se alguém quer ser um bom cozinheiro, um bom violinista etc. –, depende de que faça do bom desenvolvimento destas capacidades uma parte de seu sentimento de autoestima, isto é, de sua identidade. Ninguém exige de alguém que seja um cozinheiro, um violinista etc. e, portanto, não se lhe exige também que seja um bom violinista etc.; criticamos apenas ou rimos de alguém se quer ser um violinista e não logra bom êxito. Na verdade, o bom desempenho dos papéis que se tem pode, por sua vez, ser elevado a norma moral e, além disso, de acordo com a formação da sociedade, ter determinados papéis pode ser algo mais ou menos prescrito; em uma sociedade tradicional, o bom desempenho de um papel do ser-bom moral não se distingue tão claramente como o por mim descrito.

O fato de que todos exijam reciprocamente o comportamento moral significa que cada um tem de (*muss*) ser assim, como membro da sociedade, independentemente de se quer ser assim. O "tem de" gramaticalmente absoluto é, portanto, precisamente neste sentido, também realmente (*sachlich*) um "tem de" incondicional; "precisamente neste sentido" significa: independentemente de se querer ser assim. Isto não pode significar, naturalmente, que este sentido é em si e por si incondicional, mas também esta exigência recíproca e o "ter de" correspondente – como todo "ter de" – somente pode ser entendido com base em uma sanção que ocorre quando se age contra ela. Agora tornou-se claro em que consiste esta sanção: na vergonha da pessoa em questão e na correlativa indignação dos outros (e mediante tal correlação pode-se distinguir conceitualmente a vergonha moral da não moral).

Com isto se esclarece agora o que queria dizer por sanção interna. Somente é sensível à determinada sanção da indignação quem a internalizou na vergonha. Pode-se chamar isto também de formação da consciência moral (*Gewissen*).

A formação da consciência moral, segundo vejo a conexão, consiste em que o indivíduo, de sua parte, se queira entender como membro da comunidade. Este "eu quero" é naturalmente diferente daquele de que se falava no caso das capacidades especiais. Nele está implicado, em primeiro lugar, que o indivíduo assume em sua identidade (isto é, naquilo com o qual ele se quer entender) este ser-assim (*So-sein*) como membro da sociedade ou parceiro cooperador, a que pertence a escala do "bom" e "mau" entendidos de modo gramaticalmente absoluto; e, em segundo lugar, isto significa então que ele se entende como pertencente a uma totalidade de pessoas que, mediante a sanção interna da indignação e da vergonha, exigem reciprocamente umas das outras que estas normas constitutivas da identidade não sejam feridas.

O indivíduo tem, portanto, de ter assumido em sua identidade (e isto significa: em seu querer-ser-assim) o ser-assim e o ser-bom a ele associado. Com este ato de vontade não se quer dizer que o indivíduo já queira diretamente ser bom, mas certamente que se quer considerar como pertencente a este mundo moral ("a este mundo moral" que se define mediante o fato de que todos exigem de todos – relativamente à sanção interna – serem bons membros da sociedade, em determinado sentido de "bom"). Sem este querer-pertencer ele não pode sentir vergonha quando fere as normas correspondentes, nem indignação quando outros as ferem. Com este ato de vontade, o "ter de" gramaticalmente absoluto é mais uma vez relativizado. Ele o fora primeiramente (e forçosamente; sem isto não pode haver nenhum "tem de") pela sanção, e esta segunda relativização, a de que a este "tem de" precede um eu-quero, é necessária se a sanção deve ser interna; e a sanção pertencente ao cosmos moral tem de ser interna, já que a indignação não pode ocorrer sem a internalização por meio da vergonha.

A conexão pode ser elucidada com o auxílio de uma intuição correspondente de Freud[36]. Freud denominou a consciência moral de superego e viu mais ou menos claramente que um superego somente se pode formar caso se forme (estruturalmente antes de, factualmente simultâneo a) o que ele denominou de ideal do ego. Para o menino, o pai é, segundo Freud, o ideal do ego, isto é, a criança diz para si mesma: "Quero ser assim". Introjetando em si desse modo a imagem do pai, tem de necessariamente assumir igualmente o pai como instância punitiva na própria identidade, e assim se forma o superego. Parece ser logicamente forçoso que somente se alguém se identifica pode dizer "sim" à instância punitiva, e somente então esta se pode tornar uma sanção interna.

---

36. FREUD, S. *Gesammelte werke*. Frankfurt: [*s. n.*], 1960. v. XIII. p. 259. Obras completas.

À base do "ter de" situa-se, portanto, um "eu quero" (certamente quase nunca explícito e consciente). Este "eu quero" distingue-se naturalmente de modo essencial do "eu quero" do querer formar capacidades determinadas, pois agora o querer--ser-assim significa que se quer ser membro de um cosmos moral que é definido mediante exigências recíprocas com relação a um conceito de ser-bom, e somente pelo caminho indireto sobre este cosmos se pode (porém não se tem de) querer ser bom de fato nesta perspectiva. Caso se entenda como pertencente a este cosmos, mesmo aquele que age mal, no sentido de sua moral, pertence a ele. A vergonha revela se alguém se reconhece como tal.

Um indício importante para esta conexão é o fenômeno do *"lack of moral sense"* conhecido na psicopatologia[37]. Na psicopatologia esta falta da consciência moral é encarada apenas como um fenômeno patológico que remonta manifestamente a determinados danos autísticos na primeira infância; enquanto surgido na socialização é, de fato, um fenômeno patológico. Mas veremos ainda, em primeiro lugar, que esta possibilidade de não se querer entender como membro do cosmos moral é uma possibilidade que, como "eu não quero", nos acompanha permanentemente. Em segundo lugar, o "eu não quero" da primeira infância, embora bastante raro, mostra que um "eu quero" está efetivamente à base da assunção da consciência moral. Quem não tem senso moral não se pode envergonhar moralmente nem se indignar com outrem. Pode apenas desenvolver um comportamento instrumental para com as normas morais. Veremos que esta possibilidade corresponde filosoficamente ao contratualismo moral.

No desenvolvimento de minhas reflexões morais, um passo importante foi conceber que não se pode considerar o *lack of moral sense* apenas como um acidente. Compreendendo que a consciência moral é somente o resultado de um "eu quero" – naturalmente não imotivado –, superamos a suposição feita por quase todas as éticas tradicionais – especialmente pela kantiana –, de que a consciência moral seria algo fixado em nossa consciên-

---

37. Cf. WINNICOTT, D. W. *The maturational processes and the facilitating environment*. Londres: [s. n.], 1965. p. 25s.

cia pela natureza. Foi esta suposição que levou a querer de algum modo deduzir a moral, seja da "natureza" humana, seja de um aspecto dela, como a "razão". Considero a ideia de um tal ser-fixado um resíduo teológico. Somos na realidade mais livres, nossa autonomia vai mais longe do que é visto por tais abordagens, e veremos que esta circunstância tornará essencialmente mais complicada a questão da fundamentação de uma consciência moral em geral e de uma moral moderna em particular. O que se tem de compreender aqui, sobretudo, é que um "eu tenho de" não apoiado em um "eu quero" sempre implícito é, se encarado logicamente, um absurdo (*unding*).

O próximo passo será clarificar o que pode significar fundamentar determinada moral e o que isto pode significar especialmente para nós hoje, quando tal fundamentação não mais se pode fixar tradicionalisticamente.

Hoje quero ainda apenas tratar antecipadamente de uma objeção natural: Uma inserção tão fundamental da consciência moral em exigências recíprocas não leva a uma compreensão conservadora da moral ou, antes, a uma moral da adaptação social?

Suponhamos que seja assim. Somente podemos criticar um raciocínio (*Gedankengang*) filosófico em suas raízes, não apontando para suas consequências desagradáveis. Quem quiser pôr em questão meu raciocínio teria, portanto, de pôr em questão minha tentativa de clarificar o sentido da obrigatoriedade (*Verbindlichkeit*) moral; teria de mostrar como se pode entender de outro modo o "tem de", empregado de maneira gramaticalmente absoluta, dos juízos morais.

Mas a consequência temida não se segue. Julgar que pudesse seguir-se é, na verdade, uma reação compreensível ao dito até aqui, não tendo eu ainda tratado da pretensão de serem objetivamente fundamentados, contida nos juízos morais. É nesta pretensão de serem fundamentados que está contida a força explosiva (*Sprengkraft*) que os juízos morais potencialmente contêm, e é nela que podem conduzir para além de um conceito existente de moral, pressuposto como dado.

Ainda não posso tratar disso agora. Desejo, todavia, oferecer dois exemplos para que se torne claro em qual sentido minha compreensão de uma moral está socialmente vinculada, e em qual sentido não está. Pensemos em um reformador moral, como Jesus de Nazaré. Jesus relativizou e suplementou a moral então existente de seu povo. Mas mesmo que a tivesse rejeitado inteiramente e posto outra em seu lugar, não teria podido fazer o que fez – e o que todo reformador faz – se tivesse retirado a nova moral estruturalmente do social; pois então a nova moral não mais teria sido moral alguma. O que o reformador diz é o seguinte: os conteúdos sobre os quais vos indignais e envergonhais não são aqueles que merecem estes sentimentos; os novos conteúdos que exijo são aqueles cuja observação deveríeis exigir uns dos outros reciprocamente.

Isso pode tornar-se ainda mais claro em um exemplo contemporâneo. Um conteúdo sobre o qual se discutiu antagonicamente tanto na filosofia quanto na consciência pública é o da ética animal. Temos também diante dos animais uma obrigação moral? Isto é hoje mais ou menos negado por uma maioria e apaixonadamente afirmado por uma minoria. Esta minoria quer, portanto, reformar ou estender a moral existente. Há pessoas que dizem: os outros podem fazer e deixar de fazer o que quiserem; eu, de minha parte, não suporto que animais sejam maltratados. É importante ver que quem fala assim não defende uma posição moral. Somente defende uma posição moral quem exige que os outros achem o mesmo (para isso necessita das palavras "bom" e "mau"). Tal pessoa exigirá dos outros que se indignem contra os que maltratam animais e exigirá de todos que se indignem do mesmo modo, isto é, que também assumam o novo conteúdo em sua consciência moral. É, portanto, exatamente a quem não compreende a moral estruturalmente de modo social que falta um componente essencial em sua compreensão da moral – se o quiséssemos assim falsamente designar –, que torna possível uma reforma. Uma reforma pressupõe esta estrutura. Uma atitude que não se situa na estrutura intersubjetiva da exigência não é uma atitude moral. Pode-se, neste caso, apenas dizer que não se suporta algo, mas não que seja imoral.

Poderiam ainda perguntar-me agora se o "deveria" (*sollte*), que o reformador usa quando diz que nos "deveríamos" indignar com o conteúdo A em vez de com o conteúdo B, não cai necessariamente fora do "ter de" (*müssen*), tal como o expliquei. Este "deveria" não tem de fato nada a ver com o "ter de" que se encontra, segundo minha explicação, explícita ou implicitamente (no emprego da palavra "bom") em um juízo moral, mas também não remete a outra compreensão do moral independente à do social. Neste "deveria" não há nenhum matiz especificamente moral. Ele tem o mesmo sentido que o "deveria", empregado quando alguém é corrigido em uma opinião, prática ou teórica: "Ele acredita P, mas deveria acreditar Q, porque Q é mais bem fundamentado".

QUARTA LIÇÃO
JUSTIFICAÇÃO NA MORAL: CONCEITOS TRADICIONAIS E NATURAIS DE MORAL[38]

Na discussão com Hume mostrei que o bem, como o objetivamente preferível, já não pode consistir apenas em ser aceito por todos, porque a aprovação e a censura não são simplesmente um ser-atraído e um ser-rejeitado sensitivo, que fosse apenas idêntico em todos. Mas a afirmação geral prática, quando compreendida como aprovação, requer ser justificada. O que, pois, está na base como justificação da aprovação é sempre um conceito de ser-bom: "por isso" pode-se dizer então "todos exigem de todos, que sejam assim".

Como isso deve ser pensado pode mostrar-se primeiro com facilidade nos conceitos morais religiosos e tradicionalistas em geral. "Tradicional" irá sempre significar: onde a tradição – ou a determinante autoridade nela inerente – serve como fundamentação última. Pensemos no caso mais próximo de nós: a moral cristã. Consideremos que uma criança socializada nesta moral seja particularmente lúcida e pergunte a seus pais: "Por que vocês sempre reagem com este afeto tão negativo, quando a gente faz isto e aquilo?" (Quer se dizer a indignação, ainda não compreendida.) Os pais responderão: "Porque nós somos filhos de Deus e porque Deus nos proibiu agir desta maneira". Que nós somos filhos de Deus constitui, em síntese, a identidade da comunidade cristã. É desta maneira que se compreende aqui o bem. Mal é o que não agrada a Deus. "Por isso", assim, por conseguinte, poder-se-ia prosseguir, "todos exigem de todos – todos os cristãos – que sejam assim, e nós nos indignamos quando se age contra a vontade de Deus".

Suponhamos que a criança prossiga: "E como vocês sabem que nós somos filhos de Deus e que Deus existe etc.?"; então se

---

38. Tradução de Aloísio Ruedell.

dará a entender a ela que isto é uma blasfêmia. Com isso está precisamente caracterizado qual o alcance da fundamentação na moral tradicionalista. A própria tradição é: a Palavra de Deus é o fundamento último, não mais questionável.

Por isso uma moral religiosa é, em princípio, também incapaz de discutir com outros conceitos morais; ela somente pode afirmar sua própria superioridade a partir da fé, portanto, dogmaticamente ou fechando-se para os outros.

Nisso reside não apenas uma delimitação do caráter da fundamentação, mas também uma delimitação na compreensão da preferência objetiva; portanto, uma delimitação no conceito de bom. Até onde mesmo os juízos morais podem satisfazer, no interior desta tradição ou comunidade, a pretensão de validade universal, que eles têm enquanto juízos, se aquilo que é bom somente pode ser justificado com recurso à identidade definida desta comunidade ("porque nós somos filhos de Deus")? Bom então não é como ser preferível, na perspectiva de todos os seres humanos, mas como ser preferível, por exemplo, na perspectiva da fé de todos os cristãos. Nas morais tradicionalistas houve reações diversas em relação ao problema que aqui se mostra. O exemplo do cristianismo, na perspectiva do universalismo, sugerido pelo próprio conceito de bom, ainda é dos mais favoráveis. Na visão cristã, aquilo que no recurso à filiação divina aparece como bom é bom para todos os seres humanos; nisso, porém, está implicado que todos têm que acreditar em Deus.

O judaísmo é, nesta perspectiva, mais ambivalente. Como outros conceitos morais tradicionalistas veem o seu alcance, isto precisaria ser esclarecido empiricamente. Não é convincente a posição de Lessing – hoje mais ou menos compartilhada por muitos outros crentes esclarecidos –, segundo a qual é possível reconhecer o bom a partir de muitas perspectivas. Pois, para uma fé ser essencial para a moral, ela exclui outro acesso religioso ou não religioso. Se houvesse um fundamento comum a todas as crenças, isto seria decisivo, e não a fé mesma. Na posição de Lessing existe uma incerteza entre moral religiosa e moral esclarecida.

A estas considerações liga-se a pergunta: Até que ponto é feita, nas diversas morais tradicionalisticamente fundamentadas, uma distinção entre normas válidas para todos os seres humanos e aquelas que somente valem para a própria comunidade? Isto é igualmente uma pergunta empírica, que, com relação a diversas tradições, deverá com certeza ser respondida também diversamente. Existe, porém, um problema conceitual, no qual deveríamos nos deter: Que critério de justificação tem uma moral tradicional para aquelas normas que extrapolam a comunidade? Talvez, por fim, apenas seja um critério empírico; verifica-se que também em outras culturas são observadas certas normas; este fato por si só já poderia lhes dar esta característica particular. E este fato empírico poderia levar os que meditam nas tradições religiosas a procurar uma justificação independente da identidade religiosa. Veremos que o contratualismo fornece em parte uma justificação independente em relação às normas que resultam da assim denominada "regra de ouro". A regra de ouro aparece por isso como um núcleo comum em todos os conceitos morais.

Para o resto temos que sustentar que o potencial de justificação de uma moral tradicional é limitado pelo estabelecimento, pela fé ou pelo dogma de um conceito de bom e que está relacionado ao fato de a ideia de bom – de uma preferência objetiva – ser delimitada de tal maneira que propriamente entra em choque com o seu próprio sentido e com o sentido dos juízos morais. O fato de que apesar disso também hoje ainda muitos sejam da opinião de que uma moral somente pode ser fundamentada pela religião pode provir da circunstância de muitos de nós termos sido socializados desta maneira, e sobretudo da circunstância de até hoje não existir uma fundamentação não religiosa da moral que tenha encontrado um reconhecimento universal. Desta maneira, melhor do que nenhum, parece para muitos o reconhecimento de conceitos morais religiosos, limitado conforme seu sentido.

Como eu disse na primeira lição, nossa situação histórica – uma situação na qual vivemos mais ou menos conscientes já há mais de duzentos anos – é determinada de tal maneira que temos que colocar na nossa mira uma moral que não seja mais justificada de modo transcendente. A necessidade de se chegar a um acordo sobre um tal conceito resulta não apenas do fato de hoje muitos não terem uma crença religiosa e porque cada vez mais formamos uma comunidade mundial, na qual precisamos nos entender moralmente para além dos limites religiosos, mas já resulta da percepção dos limites de cada potencial de justificação tradicional e dos limites do conceito de uma preferência objetiva aí contida, que contradiz ao sentido do discurso de "bom" e "mau" em enunciados morais.

Poderia parecer natural também responder previamente e de maneira genérica à pergunta: "Como se deve compreender um ser-justificado em um conceito moral não tradicional?", da mesma forma como se resolvia a questão em relação aos conceitos morais tradicionais. Não posso fazer isto porque, com as diversas tentativas filosóficas de justificar um conceito moral não tradicional, o sentido de ser-justificado também sempre era visto, explícita ou implicitamente, de outra maneira. Poderíamos antecipar ao menos isso: a justificação, agora que ela não está mais ligada a uma premissa previamente dada por uma crença – que, por sua vez, não precisaria mais ser justificada –, teria que ser uma fundamentação absoluta. No entanto, já vimos que uma fundamentação absoluta de um "ter de" não pode de maneira alguma ser compreendida; na presente perspectiva, isto ainda deve ser tornado claro a partir de um outro lado: na fundamentação religiosa, a premissa na qual é denominada a identidade moral naturalmente não podia, por sua vez, ser justificada, mas deduzi-la a partir de uma premissa superior igualmente não teria sentido, porque esta premissa já precisaria, por sua vez, ser justificada etc.

Isso significa que uma justificação não tradicional precisa retomar estruturalmente o modelo tradicional? Veremos (apenas na próxima lição) que este não é o caso, mas que os limites da justificação em uma perspectiva não tradicional adquirem um sentido bem diverso do que tinham para as morais tradicionais.

Contudo, isso é um estado de coisas que até aqui não foi visto. Ele tem a ver com o fato de a pergunta pelo significado do ser-justificado no âmbito moral nunca ter sido radicalmente colocada, mas sempre respondida de uma ou de outra maneira, ou também tida como impossível de ser respondida. É por isso realmente que a suposição de que agora somente poderia existir uma fundamentação absoluta ou então absolutamente nenhuma tinha de parecer evidente.

Agora quero citar as tentativas feitas na Modernidade, que me parecem mais importantes. Apenas mais tarde tratarei mais detalhadamente algumas delas.

No Iluminismo moderno foram trilhados sobretudo dois caminhos. Um foi o da escola empirista escocesa do século XVIII, sobretudo de Hume: nela se tinha a concepção de que a filosofia apenas precisa reunir sistematicamente aquilo que supostamente todos aprovam e criticam. Com isto se abandonava toda a pretensão de justificação. A fraqueza desta corrente citada na última lição, que toma como óbvio que a consciência moral seja unitária e que absolutamente não existem conceitos morais diversos que se pudessem confrontar mutuamente, também afeta as outras posições modernas. Kant também crê que somente existe uma consciência moral – embora ele a compreenda de maneira diferente de Hume. Para ele, porém, ela pode ser justificada. Que em Hume não ocorra, nem absoluta, nem relativamente, algo como justificação, contradiz ao sentido dos juízos morais que tem uma pretensão objetiva e, por conseguinte, também contradiz os conceitos aprovação e crítica, dos quais Hume parte. Quanto ao conteúdo, Hutcheson e (sobretudo) Hume preparam o utilitarismo. Voltarei a isto mais tarde[39].

O outro caminho consiste em procurar uma fundamentação não religiosa. Esta, em oposição à justificação transcendente da religião, parecia agora ter de ser de alguma forma natural. E isto parecia significar que de uma ou de outra maneira se teria que recorrer à natureza do ser humano ou a uma parte dela.

Devia-se obviamente dizer: se uma parte da natureza do ser humano deve fornecer a justificação para a moral, então isto não pode ser uma parte qualquer, mas ela precisa, por sua vez, ser algo melhor, uma parte que indique a direção; e aqui o recurso a uma razão com "R" maiúsculo é o mais plausível. Este foi o caminho do racionalismo moderno, o qual teve o seu maior desenvolvimento na ética de Kant. Eu já disse por que, segundo minha concepção, este caminho não pode ser trilhado. Darei mais tarde minha interpretação mais detalhada de Kant[40].

---

39. Décima sexta lição.
40. Sexta e sétima lições.

Aqui, inicialmente, interessa apenas a importância estrutural que tem para Kant a fundamentação do elemento moral. Ele procura uma fundamentação não apenas relativa, mas absoluta. Isto, na verdade, não tem a forma – anteriormente lembrada – do retorno a uma premissa superior, o que teria conduzido a um regresso por demais notório. Ao contrário, a moral, segundo Kant, já está contida em conteúdo e forma (por "forma" eu entendo o imperativo) no sentido do ser-racional (compreendido no sentido absoluto). Veladamente, se a gente olha o elemento moral como ordem para a vontade, está pressuposta aqui uma premissa que implica na vontade, a qual teria que soar desta maneira: "Se tu queres ser racional..." Mas Kant não viu isso como premissa; o imperativo da razão é para ele simplesmente pressuposto, perfeitamente análogo ao mandamento de Deus para o cristão. Por meio do passe de mágica genial, de vincular a moral com o ser racional como tal, mesmo que o querer-ser-racional ainda seja concebido como premissa, mesmo assim Kant evitou em todo caso o perigo de um regresso. Minha crítica também não está aqui; ela consiste, porém, nisso: primeiro, que não existe uma tal razão e, segundo (esta é a objeção mais fundamental e universal), que não pode existir um "ter de" absoluto. Com isso, aliás, também já está rejeitada a ideia de uma fundamentação absoluta como tal. O empreendimento de Kant foi certamente a tentativa mais magnífica de dar um sentido à ideia de uma justificação absoluta do elemento moral.

Segundo a ideia de uma fundamentação absoluta, também fazem parte aqui todos os recursos diretos à natureza do ser humano (sem fazer referência à razão), conhecidos desde Aristóteles e ainda hoje empregados, porque também estes, conforme sua pretensão, apresentariam uma fundamentação absoluta. O erro notório de uma tal forma de argumentação reside no fato de, em um sentido comum de "natural", todo o comportamento humano ser natural. Se, portanto, o discurso sobre a natureza designa, em um eminente sentido, como natural determinada possibilidade do procedimento humano, então está aí uma velada determinação normativa, a qual, por sua vez, então não está fundamentada. Por isso todo o recurso a uma suposta natureza do ser humano é veladamente circular; implicitamente se estabelece algo normativo, de onde então se deduz o normativo. Esta maneira de falar é, por exemplo, ainda hoje frequentemente usada pela Igreja Católica como um argumento adicional aparentemente terreno, que completa o argumento religioso. O religioso é o mais sincero. Poderíamos estar inclinados a designar como repugnante a argumentação com a natureza do ser humano por causa do truque que aí existe: procede-se como se apenas se recorresse a algo fático, ao passo que realmente se pressupõe algo normativo. Isto, na verdade, é apenas um erro lógico; torna-se, porém, imoral quando empregado para condenar tipos de comportamento que, conforme outros critérios, são inocentes, como ocorre, por exemplo, em relação aos tipos de comportamento sexual (homossexualidade etc.). Com esta argumentação absolutamente tudo pode parecer imoral, desde que antes se tenha definido adequadamente a natureza. Esta argumentação às vezes adquire uma aparente plausibilidade, pelo fato de, para alguns, parecer convincente ver como natural o até aqui habitual. Isto parece ser muito importante na recusa de novas possibilidades da medicina, particularmente em questões sobre reprodução e na prevenção genética.

Na presente visão de conjunto poderíamos deixar completamente de lado este recurso à natureza do ser humano, porque esta natureza de modo algum é algo natural, e sim um postulado metafísico. Diante disso, o retorno à razão fica mais inocente, porque, afinal, nós todos, como seres empíricos, somos racionais. Kant de fato viu que, tão logo se recorra a esta razão com "R" maiúsculo, precisa-se igualmente pressupor algo sobrenatural. Os dois outros caminhos, trilhados com recurso ao natural, apresentam, entretanto, apelos a dados reais prévios de nossa existência empírica. O primeiro é o apelo a um sentimento natural, a compaixão, e este caminho foi escolhido de maneira mais decisiva por Schopenhauer[41].

---

41. Entretanto, o recurso a um assim denominado sentimento moral ou um sentido moral, feito por Hutcheson, não apresenta outra proposta de fundamentação como entendia Kant (*Fundamentação*, 442); pois o sentido moral não serve a Hutcheson para uma fundamentação; ele apenas será aceito como base na fundamentação empírica da moral.

Tratarei mais tarde de Schopenhauer[42], mas agora eu já posso adiantar: um sentimento natural apenas alcança exatamente até onde ele alcança; em alguns, ele é mais forte e desenvolvido de modo mais geral; em outros são os sentimentos opostos de prazer na crueldade e de satisfação no mal alheio que são mais desenvolvidos. E se a gente quisesse estabelecer uma ordem, que a compaixão deve ser referida a todos os seres humanos que sofrem, ou também a todos os animais, então este dever não poderá ser extraído do próprio sentimento. De modo algum pode-se esclarecer o caráter de obrigação da moral – o "ter de" – a partir de um sentimento natural. Significativamente neste conceito nem sequer ocorre o conceito de "bom". Portanto, a afirmação que aqui está fundada uma moral precisa ser recusada.

O segundo caminho é mais importante. É o do contratualismo. Quando hoje na ética se fala de contratualismo pode-se de fato entender duas coisas (e frequentemente confundem-se as duas). Existe a concepção – defendida sobretudo por Rawls –, segundo a qual se pode compreender o elemento moral (ou especialmente o justo) como aquilo que resulta de um contrato ideal, que todos fariam com todos quando se encontrassem em uma situação ideal de igualdade e ignorância: em Rawls pressupõe-se aí, completamente consciente, uma premissa moral decisiva, e Rawls também não pretende uma justificação da moral. Somente podemos falar de um contrato como base de justificação para a moral quando se trata de um pacto implícito, que é pressuposto em nossa vida normal – sem a suposição de condições ideais. O filósofo contemporâneo da ética mais eminente que defendeu este tipo de conceito foi J. L. H. Mackie[43]. Nesta concepção pode-se efetivamente referir agora a um estado de coisas natural inquestionável: que todos os homens, na medida em que estão interessados na cooperação com outros, têm nisto um interesse, que todos se entendam com todos em observar um certo sistema de normas.

---

42. Nona lição.
43. MACKIE, J. L. H. *Ethics*: inventing right and wrong. [*S. l.*]: Penguin, 1975. Cf. também GAUTHIER, D. *Morals by agreement*. Oxford: [*s. n.*], 1986.

Quais são estas normas? Em grande parte elas correspondem àquelas normas que resultam da chamada regra de ouro, as quais encontramos em diversas culturas, entre outras também na Bíblia[44]: comporte-se de tal maneira em relação aos outros como tu desejas que eles se comportem em relação a ti. Podemos dividir as regras que daí resultam em três grupos: primeiro, as regras de não prejudicar os outros (as assim denominadas obrigações negativas, isto é, as obrigações de não fazer certas coisas); em segundo lugar, a regra de ajudar os outros (obrigação positiva) (eventualmente sob certas condições); em terceiro lugar, as regras especificamente cooperativas, sobretudo as de não mentir e de não faltar com suas promessas; estas comumente são incluídas nas regras negativas.

Uma vez que cada um tem mais a ganhar do que a perder com a observância geral destas regras, seria irracional não se submeter a elas, pressupondo-se que os outros também o façam, por isso é evidente compreender este domínio nuclear da moral como tendo em sua base um pacto implícito. Ao entender que seria irracional não aceitar um tal convênio, emprega-se naturalmente agora o discurso da razão no seu sentido normal. Ele, por conseguinte, não pode ser criticado. Não assumir tal contrato significaria ferir mais os interesses próprios do que favorecê-los, e isto seria no sentido comum irracional.

Mackie mostra com razão, no prefácio de seu livro – como também outros fizeram –, que este tipo de regras é tão fundamental para toda cooperação humana, que, inclusive, um bando de ladrões somente pode existir se eles forem neste sentido morais. Também um grupo que para fora não reconhece estas obrigações precisa, contudo, aceitá-las interiormente, porque sem elas não pode existir cooperação. Entretanto, reconhecemos por meio desta indicação também uma primeira fraqueza desta posição: sendo a moral compreendida contratualisticamente, seria irracional observá-las não apenas em relação àqueles com os quais se está interessado em cooperar. Nem mesmo se mantém a pretensão de universalidade limitada que encontramos nas morais tradicionais.

---

44. Cf. HRUSCHKA, J. Die Konkurrenz von Goldener Regel und Prinzip der Verallgemeinerung […]. *Juristen Zeitung*, [s. l.], v. 42, n. 20, p. 941-952, 1987. p. 941s.

Reconhecemos mais claramente os limites estruturais do contratualismo como de um possível conceito moral, considerando o seu contra-argumento, já dirigido por Platão, no segundo livro de *A república*, contra esta concepção; comporta-se mais racionalmente aquele que observa as regras morais segundo a aparência, violando-as, porém, onde lhe for útil e puder fazê-lo sem ser identificado.

A isso relaciona-se um problema, com o qual o contratualismo já sempre teve de se enfrentar: Como é possível garantir a observância das regras? Hobbes acreditava somente consegui-lo por meio do Estado, por onde então se introduz o direito penal no lugar da moral, o que, aliás, na sua extensão possível tem um sentido positivo. Certamente, um sistema cooperativo sob condições normais assegura-se em boa parte a si mesmo. A maior parte das ações é visível e não pode ser escondida; além disso, se alguém não observa as regras, brevemente os outros não cooperarão mais com ele.

Estranhamente Mackie fez uma proposta de um alcance maior: para garantir a observância das regras morais, parece bom desenvolver atitudes e/ou virtudes correspondentes; aqui, voltando-se à exposição de Protágoras, no diálogo homônimo de Platão, ele cita sobretudo a vergonha, que é exatamente o ponto que, como veremos na próxima lição, aponta para além do contratualismo como tal. Sentir vergonha ao ferir as normas significaria ter desenvolvido uma consciência, e isto seria uma sanção interna. Eu então seria impedido de violar as regras, não pelo interesse na cooperação como tal ou por pressão externa (no caso do direito penal), mas por mim mesmo. Mas por que eu devo fazer isto, se no nível contratualístico isto é irracional?

Não é possível justificar a partir da base contratualística a formação de uma consciência. Em verdade tenho um interesse nisto: que os outros sejam impedidos de violar as regras por meio de um fator adicional de uma consciência; e o contratualista aceitará naturalmente e agradecido um tal fator complementar como sendo para ele uma consequência útil desta – no seu sentido – não esclarecida consciência dos outros. É, contudo, impossível justificar uma consciência própria a partir de uma base contratualista. A consciência não se deixa instrumentalizar. Seria irracional, no sentido da prudência egoística, recusar eventuais vantagens quando posso tê-las sem sofrer sanção externa. E seria, ao contrário, racional destruir os resíduos da consciência que encontramos em nós como frutos de uma educação neste sentido, ou então pelo menos não se deixar determinar por eles nas ações.

Uma vez que o querer-ter uma sanção interna não pode ser fundamentado a partir do ponto de vista contratualista, não o podem igualmente todos os outros fatores relacionados com esta sanção: desaparece a emoção da indignação tanto quanto a da vergonha (seria somente racional fingir indignação em um contexto neste sentido não esclarecido), e a vergonha desapareceu, porque não se compreende mais uma parte da própria identidade a partir de um conceito de bom. A isto se liga que não é possível fazer juízos morais: os termos "bom" e "mau", em seu sentido gramaticalmente absoluto, não podem adquirir sentido algum a partir de uma base contratualista. Em outros termos: desaparecem todos os aspectos estruturais que eu apresentei na lição anterior, no esclarecimento daquilo que significa "uma moral". O característico determinante do contratualismo é que ele não tem um conceito de "bom"; constrói-se simplesmente na base do conceito relativo "bom para..."

Por isso é natural não designar o contratualismo como uma moral; não se pode incluir a posição do contratualismo na classe dos conceitos morais, que defini na lição anterior como uma moral e para a qual é essencial ter um conceito de "bom". Quem quer pode naturalmente seguir falando de uma moral contratualista; a palavra, como sempre, não tem importância alguma; precisa-se, porém, dar-se conta de que este que se posiciona consequentemente sobre o terreno desta "moral" não pode mais empregar as palavras "bom" e "mau" em seu significado gramatical absoluto e que não pode ter nenhuma emoção moral. Por isso eu quero designar o contratualismo como "quase-moral".

O contratualismo é, portanto, uma posição minimalista, perfeitamente correto e em condições de se manter, só que não alcança muito longe. Esta posição não pode ser colocada em dúvida e, sem dúvida, também apresenta no interior de cada autêntico conceito moral um componente adicional (por mais diversos que sejam os resultados de conteúdo dos diversos conceitos morais com relação à regra de ouro; eles se sobrepõem, e em relação a ela o ponto de vista contratualista contém uma fundamentação adicional). O contratualismo contém também um sentido válido de justificação – cada qual justifica para si que é racional se submeter a um tal sistema de normas ou ao menos parecer se submeter, contanto que os outros também estejam preparados para tal –, mas isto não é a justificação de uma moral.

Apresentei de maneira mais precisa a posição contratualista do que as outras tentativas modernas de fundamentação, pois assim não necessito voltar a ela depois. A posição contratualista, contudo, seguirá nos acompanhando como possibilidade. Para aquele que tem um *lack of moral sense* (falta de sentimento moral), seja por motivos patológicos, seja por decisão própria, a quase-moral contratualista permanece naturalmente sempre possível e necessária, uma vez que ela não pressupõe uma consciência. Pode-se assim dizer que ela é a moral daquele que não tem um sentido moral.

Posso agora resumir o modo como as diversas posições filosóficas modernas compreendem o ser-justificado de um juízo moral.

1) Em Hume, e em todos os seus seguidores, a pergunta pelo ser-bom é respondida exclusivamente com recurso à efetiva aceitação geral; isto contradiz o sentido daquela aceitação da qual se trata aqui e que Hume mesmo compreendeu como aprovação.

2) Em Kant e em todos que o seguem, o ser-bom deve ser fundamentado absolutamente com recurso a uma razão com "R" maiúsculo. É evidente que esta é a única ideia compreensível de uma fundamentação não relativa, mas não existe uma razão absoluta; independentemente disso, é um contrassenso a ideia de uma fundamentação absoluta de regras práticas.

3) Schopenhauer dá à ética uma base que a justifica não como ela é compreendida – como obrigação –, e trata-se aqui também apenas de um fundamento, não de uma justificação (os juízos morais não têm em Schopenhauer uma pretensão de justificação; a palavra "bom" desaparece).

4) O contratualismo anuncia uma justificação compreensível e correta, só que aquilo que é justificado não é uma moral, mas uma quase-moral. Naturalmente também não pode ser um juízo o que é justificação em cada caso particular – não podem existir no contratualismo, sendo ele consequente, juízos de valor com pretensão de justificação –, mas justifica-se (apenas) porque é bom para o indivíduo seguir tais regras. É justificado um ser-bom relativo para cada um.

Como podemos explicar-nos esta situação? É evidente que o significado da justificação moral na filosofia moderna ou não foi visto ou foi malcompreendido ou ainda reinterpretado. A problemática não foi vista em Hume e reinterpretada no contratualismo e de outra maneira em Schopenhauer. Ela somente existe em Kant, mas altamente estilizada para uma fundamentação absoluta.

Uma vez que Kant é o único no qual a pretensão de fundamentação de juízos morais é ao menos vista claramente, precisaríamos poder sair do beco no qual enveredou a ética moderna com a problemática da fundamentação, comparando como Kant vê a fundamentação e como ela resultou para nós nas morais tradicionais. Em uma moral tradicional, a fundamentação era uma fundamentação relativa; relativa a uma certa ideia de ser--bom de pessoas, a qual representa a identidade desta determinada comunidade. Precisa-se agora ver que é inevitável a dependência da justificação de uma ideia de ser bom, que determina a identidade social dos participantes da comunidade e a qual estes participantes têm que poder querer. Não se pode, por sua vez, justificar o ser-bom ainda em uma outra coisa, nem se pode suprimir a relação de justificação com um ser bom. O ser-justificado, que era limitado nos conceitos morais tradicionais, não pode ser ampliado de modo que ainda fosse deduzido de outra coisa ou que, como em Kant, os juízos morais fossem deduzidos diretamente "da" razão, mas tão somente (pode ser ampliado) de tal maneira que o ser-bom possa significar a identidade social, não mais apenas de uma certa comunidade, mas de todos os seres capazes de cooperação. Somente assim o discurso sobre o "bom" pode adquirir um sentido universalmente válido.

QUINTA LIÇÃO
UM CONCEITO PLAUSÍVEL DE MORAL[45]

O fracasso das concepções de justificação dos diversos pontos de partida modernos poderia estar indicando que a questão de uma justificação de juízos morais, quando não for entendida como nas concepções tradicionais de modo relativo, é uma quimera. Poderia parecer que restariam as únicas possibilidades que seguem: não temos, como no contratualismo, de modo algum um conceito de bom capaz de ser justificado e o que é justificado consiste simplesmente em assumir um sistema de normas que é bom para os indivíduos isolados; ou nós temos a fala sobre "bom" entendida de modo absoluto do ponto de vista gramatical, e esta se deixa ou justificar relativamente em um princípio, como acontece com as concepções tradicionais, ou, então, nas concepções intuitivas modernas (como é a de Rawls), princípio que, por sua vez, não pode receber outra justificação ou que como em Kant é absoluto. A fundamentação absoluta não pode, por sua vez, resultar de um princípio superior, porque isto conduziria a um regresso ao infinito, sendo por isso compreendida por Kant como uma justificação que parte da ideia do ser fundamentado mesmo.

Contra a fundamentação relativa fala o fato de que ela é limitada em duplo sentido, de que ela pressupõe um princípio que não pode ser fundamentado e de que seu alcance é limitado, isto é, outros poderão ter uma outra compreensão do que é "bom" e contra a fundamentação absoluta fala o fato de ela ser absurda. Não estão assim esgotadas todas as possibilidades? Não será que deveríamos contentar-nos, como é habitual por esta razão, com as éticas contemporâneas, com exceção daqueles filósofos que se sustentam na tradição kantiana, ou com o contratualismo (como o faz, por exemplo, Mackie) ou com um princípio

---

45. Tradução de Ernildo Stein e Aloísio Ruedell.

intuitivo cujo caráter infundado é confesso (como acontece, por exemplo, com Rawls)?

"Que mais poderíamos pretender?", poderia ser a pergunta de vocês. É exatamente isso que temos que nos esclarecer. O que é exatamente que torna insuficiente a fundamentação relativa e que foi resolvido apenas por um passe de mágica pela solução kantiana? Procura-se um sentido de bom que seja de caráter universal, no sentido de que possa ser reconhecido por todos. Kant, ao contrário, pensava poder provar que existe um sentido de bom que teria que ser reconhecido por todos (baseado no fato de serem racionais). Se moderarmos esta pretensão, de tal modo que eventualmente se possa mostrar que existe um sentido de "bom" que não tem de ser reconhecido por todos, mas que poderia ser reconhecido, que existe este e nenhum outro, teria sido produzido um passo essencial para além das fundamentações relativas. Isto teria sido alcançado se fosse possível mostrar que existe primeiro um sentido de "bom" que se impõe como tendo de ser universalmente reconhecido, que é plausível e que, em segundo lugar, todas as outras propostas conhecidas não são plausíveis (ou então são menos plausíveis).

Esta concepção excelente de ser "bom" parece estar contida no conteúdo da concepção kantiana. É, portanto, relevante distinguir na ética de Kant entre o conceito de ser "bom", do ponto de vista do conteúdo, que ele exibe em seu imperativo categórico e a presumida justificação absoluta deste conceito na ideia da razão. Já externei diversas vezes o fato de esta tentativa de justificação me parecer falha já por razões de princípio, e posso adiar os detalhes até a exposição completa da posição kantiana que farei nas próximas duas lições. Uma vez confessado o engano da justificação, contudo, temos que perguntar de que modo a concepção do ponto de vista do conteúdo e independente de qualquer fundamentação é imediatamente evidente, quando apresentamos esta concepção na assim chamada segunda fórmula do imperativo categórico: "Age de tal modo que uses a humanidade tanto em tua pessoa como na pessoa de qualquer outro, sempre como fim, nunca apenas como meio". Não nos fixando em algumas particularidades dessa fórmula, podemos dizer que ela pode ser resumida no imperativo "não instrumentalizes ninguém". Podemos também denominar esta concepção como a moral do respeito universal.

Qual é o motivo para esta concepção parecer a tantos sem justificação natural, à primeira vista? Já apontei na primeira lição para o fato de que parece ter sentido a suposição de que existe uma consciência moral "comum", como Kant a denomina: seria aquela compreensão de "bom" que, se de fato se quiser ter uma consciência moral, permanece, quando caducam todas as premissas transcendentes e se, contudo, se quiser sustentar o conceito de bem e tudo o que está com ele implicado, o que significa uma posição mais forte do que aquela que o contratualismo gostaria de assumir. A tese seria, pois, que, como Kant mesmo pensou, abstraindo inteiramente de sua justificação da razão, que o conceito do respeito universal, há pouco referido, corresponde a esta consciência.

O que faz esta concepção parecer tão natural é precisamente sua proximidade com a posição mais fraca do contratualismo. Aqui pode nos auxiliar um outro recurso a Kant. Ainda que ele pensasse que o seu conceito somente pudesse ser justificado pela razão, ele, contudo, explicitou sua concepção de um modo que se liga estreitamente ao contratualismo. Lembremo-nos de que o contratualismo consiste no fato de eu me submeter àquelas normas (eventualmente apenas na aparência) das quais quero que também todos os outros a elas se submetam. Desde aí, é, como veremos, um passo importante, ainda que pequeno, para a primeira fórmula do imperativo categórico de Kant: "Age apenas segundo aquela máxima pela qual tu ao mesmo tempo possas querer que ela se torne uma lei universal" (*Grundlegung*, 421). Para elucidar, Kant escreve: "Quando prestamos atenção a nós mesmos em cada transgressão de um dever, achamos que efetivamente não queremos que nossa máxima se torne uma lei universal. Isto é impossível para nós. Porém achamos que o contrário deve permanecer de modo geral uma lei. Tomamos apenas a liberdade de fazermos uma exceção para nós (ou também só por esta vez), para a vantagem de nossa inclinação" (424). Nesta passagem, Kant faz falar como que o próprio contratualista. É o contratualista que não pode querer que uma tal máxima se torne uma lei universal, pois isto seria prejudicial para ele. É apenas o julgamento da exceção que um faz para si mesmo e o faz de maneira oculta, que é feito de maneira diametralmente oposta pelo contratualismo e por Kant: o contratualismo acha a exceção – que permanece oculta – inteligente; ela é *boa para* ele, o indivíduo. Kant acha esta exceção oculta má.

Isto nos faculta a definição da relação entre a concepção do ponto de vista do conteúdo de Kant e o contratualismo: são exatamente as mesmas regras que o contratualista e Kant mandam cumprir. O contratualista supõe um cumprimento apenas instrumental (observa as regras para que os outros as cumpram com relação a mim). Kant, ao contrário, exige o cumprimento absoluto e a razão que dá é a seguinte: porque é bom. Pelo fato de Kant ter percebido que se distingue exatamente nisto do contratualista, que pensa de modo instrumental, ele trouxe a segunda fórmula do imperativo categórico citada acima: sua compreensão da primeira fórmula pressupõe que não se entendam as regras de modo instrumental, o que quer dizer que não as cumpramos por amor aos fins pessoais, mas por causa delas mesmas, como Kant em geral diz, ou por causa dos outros, como ele expressa na segunda fórmula: os outros têm a partir de si um direito de que nos comportemos diante deles de certa maneira, e, enquanto reconhecemos este direito, os respeitamos, na formulação de Kant, como fins em si.

A proposta de Kant, de como se deve entender o bom, consiste, portanto, no fato de ser bom (no sentido gramatical absoluto, isto é, como homem, como ser cooperativo), aquele que conserva a ideia do bom, mas que a compreende, do ponto de vista do conteúdo, exclusivamente a partir da regra que está contida também no contratualismo e isto quer dizer na regra de ouro. Será que não podemos desde já dizer que parece ao menos plausível designar como ser cooperativo bom aquele que cumpre as regras da cooperação, e exclusivamente estas?

Antes de prosseguirmos na reflexão sobre o aspecto natural desta proposta, temos que precisá-la melhor. Diante da compreensão contratualista das regras que seguem da regra de ouro, devem resultar dois deslocamentos importantes, tão logo não mais se entendam estas regras de modo instrumental. Estes deslocamentos já aparecem em Kant. Primeiro: se não sigo as regras para minha vantagem, mas por elas mesmas ou por amor aos outros, não se pode mais compreender claramente por que o princípio destas regras é expresso no discurso da primeira pessoa (do "eu") do ponto de vista moral, como ainda ocorre na primeira fórmula do imperativo categórico. Kant ainda trouxe na continuação do texto uma outra fórmula, que em geral é denominada "a terceira fórmula do imperativo categórico" e que diz que somente é permitida aquela fórmula que é compreendida "sempre desde o ponto de vista de si mesmo e ao mesmo tempo também desde o ponto de vista de qualquer outro ser racional". Esta formulação mostra claramente que a palavra "eu" já era visada propriamente na primeira fórmula, e este "eu" serve para qualquer pessoa. Frequentemente se zombou do imperativo categórico, porque ele, quando a gente se atém estritamente ao "eu", poderia chegar a quaisquer regras que resultariam de minhas necessidades e hábitos particulares, não tendo, obviamente assim, nenhuma posição de valor moral. Este aspecto precário desaparece tão logo fique claro que somente se trata de tais regras que são queridas desde a perspectiva de qualquer um. Podemos fixar agora o imperativo categórico na seguinte fórmula (e irei a partir de agora falar sempre dele no sentido do conteúdo, não levando mais em conta a fundamentação absoluta implicada na expressão "categórico"): "Age diante de todos de tal modo como tu irias querer, a partir da perspectiva de qualquer pessoa, que os outros agissem". No contratualismo, a consideração de qualquer um não representa papel algum para a fixação das regras. As regras que valem são negociadas (implicitamente).

A segunda modificação que segue perante o contratualismo também nasce como consequência do fato de as regras não serem compreendidas instrumentalmente. Com isso desaparece a limitação constitutiva para o contratualismo, reduzida àqueles com os quais quero estabelecer uma relação de cooperação (como no caso do grupo dos bandoleiros). Se o determinante não é o que me é útil, mas sim o respeito pelos outros, não há ainda a possibilidade de eu determinar quem são os outros.

As regras se referem a todos. Elas são universais. E igualmente importa conceber as regras agora necessariamente como igualitárias, já que qualquer pessoa deve ser capaz para determinar as regras que devem valer (este aspecto da igualdade será esclarecido com mais detalhes na discussão do conceito de justiça[46]).

A concepção de bom, que temos agora como resultado, não é, portanto, de modo algum, como poderia parecer à primeira vista, um núcleo residual que permanece das concepções tradicionais de bem. Já chamei atenção de que elementos que fazem parte da regra de ouro certamente se encontram em qualquer concepção tradicionalista. Entretanto não há nenhuma razão dentre os conceitos das concepções tradicionais para que as regras valham universal e igualitariamente. Elas valem simplesmente do modo como a autoridade competente mandou. O conceito de bem que resulta da compreensão não instrumental da regra de ouro é, portanto, uma concepção moral forte e independente que pode ser distinguida das concepções tradicionalistas, particularmente por meio de uma série de proibições: a proibição de uma compreensão das regras não universal e não igualitária e também a proibição de não assumir normas no conceito de bem, que alcançam para além do imperativo categórico, o que quer dizer que particularmente devem ser excluídas as normas tão características para as concepções tradicionalistas de bem, que se relacionam com o modo de conduzir a vida (por exemplo, os códigos sexuais).

Agora, no entanto, temos que perguntar-nos por que esta concepção de bem não é simplesmente uma proposta, e isto nos leva à questão da justificação, como agora temos de entendê-la. Que razões temos para ir para além do contratualismo e, quando o fazemos, nos depararmos com esta concepção? É naturalmente esta questão que torna necessária uma justificação e que levou Kant à sua fundamentação absoluta na razão. Onde está a razão quando rejeitamos uma tal justificação simples, para que não nos pareça arbitrária e improvisada uma tal concepção?

Vemo-nos aqui confrontados com a rede de motivos e razões para os quais já foi apontado na lição um. A questão que antes

---

46. Décima oitava lição.

formulei tem dois componentes. O primeiro é a pergunta: Por que temos que ou queremos nos relacionar com um conceito de bem? A segunda é a pergunta: Como justamente esta concepção é um candidato particularmente plausível para a concepção natural de bem? A primeira pergunta eu posso corrigir imediatamente: naturalmente não temos que nos relacionar com uma concepção de bem, nem na moral atual, nem em qualquer moral, pois podemos optar ainda sempre pelo *lack of moral sense*. Portanto, a pergunta pode ter apenas a seguinte forma: Por que nós queremos? E isso é uma pergunta pelos motivos. Ao contrário, a segunda pergunta é uma pergunta por razões.

Comecemos com esta segunda questão. Ela é uma pergunta pelas razões por que nós podemos, no caso de mais concepções de "bom" estarem opostas umas às outras, perguntar: Mas qual o conceito que agora é efetivamente bom (isto quer dizer, como agir)? Minha tese de que também o conceito kantiano de bem, no que se refere ao seu conteúdo, não é cogente, tem o sentido preciso de que, segundo minha opinião, não se pode dizer que da ideia formal de uma preferência universal do homem como membro da comunidade (membro cooperativo) resulte analiticamente a concepção kantiana. Deste ponto de vista, é possível esclarecer bem a diferença entre esta segunda e a primeira questão. Suponhamos que esta concepção kantiana, como Kant evidentemente pensou, decorre necessariamente do conceito de bem; então o indivíduo a quem se faz esta objeção poderia ainda dizer: talvez até seja o caso de que apenas isto e somente isto é bom. Mas o que me importa isto? Eu apenas me preocupo por aquilo que é bom para mim e que os outros façam o mesmo. (Esta é a posição do *lack of moral sense* e da "moral" do contratualismo que sobre ela se constrói, a qual, portanto, nem mesmo, então, poderia ser superada quando fosse possível provar que a concepção enquanto relativa ao conceito de bem se revelasse analítica.)

Não vejo, entretanto, como se quer mostrar que a concepção kantiana possa resultar analiticamente do conceito de bom. É simplesmente muito natural que o discurso de "bom" (não em uma perspectiva determinada) enquanto membro da sociedade, como ser cooperativo, tenha que ser compreendido assim. Aqui podem ser aduzidas diversas razões de plausibilidade. Uma delas eu já citei: em que, de outro modo, se deveria buscar o ser bom, enquanto ser cooperativo, a não ser nas regras de cooperação e nelas, assim como elas são desejadas a partir da perspectiva de qualquer um? Comparemos, além disso, esta concepção de bem ao menos com as concepções tradicionais e então veremos que esta é a única que se pode apresentar com pretensões de validade universal e nós já vimos que a limitação das concepções tradicionais já está sempre em contradição com o discurso de "bom" que pretende validade universal.

Temos, a partir daí, boas razões de preferir a concepção kantiana contra todas as concepções tradicionais. Estas se mostram agora como candidatas não plausíveis para o bem. Com isso, no entanto, ainda não está afirmado que não possam existir outras concepções de bem não tradicionais que poderiam parecer do mesmo modo plausíveis. Não é suficiente simplesmente deixar-se a concepção kantiana aí plantada como particularmente plausível. É preciso também provar que todas as outras concepções não são plausíveis ou são menos plausíveis. Mas isso não se pode fazer de maneira global, e eu irei expor num estágio posterior dessas lições esta parte negativa da plausibilização[47]. Vamos reter apenas aqui que um tal procedimento de passo a passo é necessário na plausibilização, porque não existe uma justificação simples para o conceito de imperativo categórico que pareça tão natural e que, portanto, não existe um procedimento precipitado, nem como dedução de um princípio superior (o que seria sem sentido) nem forçando a extração desta concepção analiticamente a partir do conceito de bem. É por isso que não podemos dizer mais do que é plausível, isto é, mais bem justificado que qualquer outro; "que qualquer outro", e isto somente pode significar, enquanto qualquer outro, que pode ser proposto concretamente. Nós não devemos e não podemos impor a concepção do imperativo categórico como superior em força contra todas as propostas possíveis. Também isso seria somente possível se existisse uma simples justificação. Somente então poderíamos dizer que não pode ser proposta uma concepção ainda mais plausível.

---

47. Décima sexta lição.

São razões de plausibilidade que antes foram citadas que tornam compreensíveis os motivos pelos quais a concepção kantiana do respeito – o que significa, do não instrumentalizar e a relevância do julgamento desde a perspectiva de qualquer um – parece tão convincente e clara para uma compreensão comum de moral. Aliás, espera-se de filósofos que deduzam de algum lugar este elemento manifesto e claro de maneira semelhante como Kant imaginou. Mas por que se deveria deduzir de algum outro lugar algo que já é manifesto e claro, em lugar de a gente se esclarecer sobre as bases em que repousa a plausibilidade? Estamos inclinados a isso por causa de nossa proveniência de morais tradicionais e porque, como crianças, primeiro crescemos no contexto de uma compreensão de moral ao menos em parte autoritária. Assim, terminamos esperando de uma outra parte uma simples justificação (da razão) em analogia a um apoio pela autoridade.

Mais uma última indicação sobre a plausibilização da concepção kantiana: podemos dividir todas as concepções do ser-bom em previamente dadas de modo transcendente, de um lado (a comunidade moral recebe da autoridade aquilo a que se referem as exigências recíprocas), e aquelas que resultam da própria comunidade moral – portanto, quase imanente – de outro. Será que neste último caso não é evidente que o querer ou, como também se diz, os interesses de todos os membros da comunidade fornecem a medida para o bem, e isto numa consideração imparcial? É exatamente isso o que é formulado na concepção do imperativo categórico. Podemos também expressar isso da seguinte maneira: se o bem não é mais dado previamente de modo transcendente, parece então que é apenas o recurso aos membros da comunidade que, por sua vez, não pode ser limitada e que, portanto, deve fornecer o princípio do ser bom para todos os outros – e isso quer dizer também para seu querer e seus interesses. Formulado de maneira taxativa, a intersubjetividade assim compreendida passa a ocupar o lugar do previamente dado de maneira transcendente e parece, dessa maneira, constituir o único sentido que ainda resta de preferência objetiva. Já que as exigências recíprocas que repousam na sanção interna, exigências que se expressam na aprovação e na crítica, constituem a forma de uma moral como tal, então também se pode dizer: na medida em que o conteúdo a que se referem as exigências não é outra coisa que o levar em consideração aquilo que todos querem, então o conteúdo se adequa com a forma. Esta formulação não pretende ser uma solução mágica idealista, mas pretende apenas apontar para um singular estado de coisas.

Lembremos agora outro componente. Por mais plausível que seja este conceito como conceito de bem, por que devemos nos compreender assim? Aqui não se trata da pergunta se os juízos morais estão mais bem justificados do que outros, na forma como resultam da concepção kantiana, e sim da pergunta se enfim queremos nos compreender, primeiro, como membros de uma comunidade moral e, segundo, como membros daquela comunidade moral que é determinada por meio deste conceito de bem. Esta questão tão somente ainda pode ter o sentido de nos indagar se temos bons motivos para participar desta comunidade moral. Formulada diversamente, é a pergunta se queremos assumir em nossa identidade a participação na comunidade moral. É natural que este querer não seja normalmente um querer explícito, mas na reflexão filosófica deparamos inevitavelmente com ele como o último fundamento, pela simples razão de que não existe um "ter de" absoluto: também o gramaticalmente absoluto "ter de" não pode, como vimos, estar por um "ter de" absoluto; está de fato por um "ter de" especial, definido por meio da sanção interna da comunidade moral, a qual, porém, somente vingará quando querida.

Chegamos a conhecer este querer como um fundamento necessário de toda moral; ele foi, contudo, escondido na moral tradicional por meio da justificação autoritária do "ter de" e permanece naturalmente também oculto na apresentação de Kant, na qual a razão aparece no lugar da autoridade. A autonomia do indivíduo somente chegará à plena vigência quando o conceito de bem apenas for apresentado como possibilidade, como podemos compreender. O indivíduo, se ele refletir sobre isto, tem que poder se perguntar agora se ele quer pertencer à comunidade moral – de agora em diante justificada universalmente, não mais de modo transcendente; e todos os outros indivíduos podem fazer-se exatamente a mesma pergunta.

Não teria sentido, primeiro, argumentar a moral como tal e, segundo, argumentá-la na sua compreensão kantiana, com alguém que realmente tivesse um *lack of moral sense* (falta de sentimento moral) ou que espontaneamente estivesse decidido a desistir e voltar-se ao contratualismo. Somente podemos dizer ao nosso amigo: *take it or leave it*. E quando ele tiver feito o primeiro passo – para a comunidade moral como tal – podemos de fato dizer que no caso não apenas existem outros bons motivos para o segundo passo (a concepção kantiana), mas que, além disso, esta (concepção kantiana) – se ele se colocar no nível dos juízos morais – é a mais bem justificada ("se tu enfim queres designar algo como mau, então isto").

Não é possível excluir este momento da autonomia, mas também não o podemos imaginar como um querer decisionista, em um espaço aberto; podemos contudo nos empenhar para que nosso amigo tome boas razões no sentido de bons motivos, para se compreender assim. O contexto para o qual se apela na pergunta pelo motivo que eu tenho para me ver como membro da comunidade moral ideal e exatamente da comunidade assim compreendida naturalmente só pode ser o contexto da totalidade dos meus motivos, o mesmo que está em toda pergunta "como eu me quero compreender?" Quando nosso interlocutor pergunta por que ele deve se compreender moralmente, este "deve" é o assim denominado prudencial, referido ao próprio bem-estar. Este é, portanto, o lugar onde a pergunta pelo elemento moral tem que apelar para a pergunta pelo elemento "ético", no sentido dado por B. Williams; aí a pergunta não é "o que eu 'tenho de'?", referida à sanção interna, mas "o que eu devo?", relativo àquilo que no demais eu quero. Onde não se pergunta mais o que é bom, mas por que afinal queremos assumir em nosso querer o bem como ponto de referência, aí a pergunta pela moral, modernamente compreendida, tem que assumir novamente a questão do bem-estar ou da felicidade, já colocada pelos antigos filósofos na discussão com os céticos morais da época – os assim denominados sofistas. Platão e Aristóteles reconheceram que, a partir daquele que representa o *lack of moral sense*, somente se pode enfrentar a pergunta cética, procurando mostrar que ser bom é aquilo que também é bom para mim.

Por isso retornarei mais tarde, com Aristóteles, para a problemática da felicidade[48]; aqui apenas quero indicar o quanto já se distingue estruturalmente minha maneira de ver daquela de Platão e de Aristóteles. Primeiro, os antigos filósofos não conheciam o problema da justificação dos juízos morais como tal, e por isso não conheciam, sobretudo, o problema da discussão entre diversas concepções morais. Por esta razão a pergunta pela justificação reduzia-se de antemão, para eles, à pergunta pela motivação, de tal modo que, em toda a ética antiga, a pergunta pelo assim chamado *summum bonum* (*bonum* era compreendido como "bom para mim") – e isto significa "pelos fins mais elevados de nosso querer" – aparecia justamente no lugar da pergunta pela moral.

Em segundo lugar, eles não viram o irredutível fator da autonomia; pensavam, por isso, poder apresentar forçosamente que cada um de nós, desde que esteja claro em seus motivos, tem que compreender-se de certa maneira (e isto sobretudo também significa: moralmente).

Terceiro, penso que na pergunta pela motivação deve-se fazer uma distinção que não era vista nem na ética antiga nem naquela que de lá seguiu até hoje: para Platão e Aristóteles a pergunta pela motivação já sempre significava (e assim isto também é visto hoje): Quais motivos temos para ser e/ou agir moralmente? Por mais importante que seja esta pergunta, interessa em nosso contexto, contudo, uma pergunta precedente: Que motivos temos de compreender-nos como membros da comunidade moral, isto é, que motivos eu tenho para compreender-me como um dentre todos que mutuamente se colocam exigências recíprocas com referência ao (ou a um) conceito de bem? Pode-se dizer que as duas perguntas têm o sentido: Por que a gente não se quer compreender como egoísta? Mas, para a melhor compreensão, podemos simplesmente denominar como egoísta no sentido comum aquele que age imoralmente, e o egoísta citado em segundo lugar, propriamente na pergunta precedente, como o egoísta radical. O egoísta radical é aquele que representa o *lack of moral sense*. O egoísta comum distingue-se do egoísta radical pelo fato de poder

---

48. Décima terceira e décima quarta lições.

agir moralmente a partir de sua própria perspectiva, então sentir culpa. É, por conseguinte, importante ver que a questão da motivação – ao menos como em primeira linha a compreendo – não diz respeito à pergunta, se a gente quer agir ou ser moralmente, mas somente se normas morais devem valer para alguém – seja de modo geral, seja deste conceito.

Portanto, onde comumente apenas se enxerga uma pergunta, temos que distinguir três:

1. Quero enfim compreender-me moralmente, quero que a perspectiva do bem seja uma parte de minha identidade?
2. Quero compreender-me na perspectiva desta concepção – no caso, a concepção kantiana?
3. Quero agir moralmente?

Em todas as três questões pode-se perguntar pelos motivos. Não darei uma resposta acabada e uniforme às perguntas pela motivação, e voltarei mais vezes a elas, no curso destas lições, sobretudo na discussão da questão da felicidade[49], e depois na apresentação da questão da motivação assim como ela é colocada por Adam Smith[50]. Aqui quero apenas dar uma resposta parcial para poder exemplificar como estas perguntas pela motivação, de modo geral, devem ser compreendidas.

A uma primeira resposta evidente para a primeira das três perguntas eu já aludi na primeira lição: se não nos compreendemos como membros da comunidade moral (de qualquer que seja), desaparece a possibilidade da aprovação e da crítica, e com isto também dos sentimentos morais. Já mostrei na primeira lição que isto pode ser visto tanto positiva quanto negativamente. Para aquele que vê negativamente, assim como Strawson, é decisivo que a partir disso nossas relações com nossos semelhantes sejam apenas instrumentais. Então não poderemos mais levar a "sério", em determinado sentido do termo, tanto nós próprios quanto os outros. Então os outros não serão mais sujeitos, com os quais podemos discutir moralmente, mas tão somente objetos de nosso comportamento.

---

49. Décima terceira e décima quarta lições.
50. Décima sexta lição.

Esta consideração mostra a importância que têm as razões (no sentido de motivos), que podemos citar: chegamos a uma clareza sobre aquilo que depende da decisão, e se o nosso interlocutor disser que ele também renuncia a estes outros aspectos da vida, então o diálogo acabou.

Nisso fica claro até que ponto a autonomia é um último argumento. Não existe nada que faça parte da minha vida que me obrigue a me compreender desta maneira. Apenas existe esta obrigação relativa: se eu quero uma coisa e se ela está vinculada à outra, então também tenho que querer aquela outra coisa.

Como poderíamos, em segundo lugar, argumentar, desde a perspectiva da motivação, em favor da aceitação de determinada concepção moral, isto é, para a segunda das questões antes colocadas? Neste caso, é evidente citar um motivo que se refere simultaneamente à primeira e à segunda pergunta (e isto quer dizer: Quais são as razões para se manifestar como membro de uma comunidade moral e ao mesmo tempo justamente por uma comunidade entendida desta maneira?). Não creio que esta questão possa ser levantada no interior de uma concepção tradicionalista, na qual o perguntar como tal já é muito difícil; pois nesta concepção já sempre constitui um elemento prévio que a gente se compreenda como filho de Deus. Mas esta questão pode ser posta com sentido no que se refere à concepção kantiana.

Aqui poderíamos pedir ao nosso interlocutor para refletir mais ou menos sobre o seguinte: "Imagine que você se encontre numa bifurcação de estrada. Um caminho é o egoísmo. O egoísta consequente age exclusivamente conforme a máxima 'eu faço apenas aquilo que me agrada'. A alternativa – o outro caminho – exatamente correspondente é que também tenhamos consideração com os outros, e não apenas quando nos agrada ('altruísmo'). O egoísta não tem qualquer relação com seus semelhantes exceto o relacionamento meramente instrumental: os outros apenas lhe servem como meio para satisfação de necessidades; isto quer dizer que ele se compreende, na relação com os outros, exclusivamente como ser humano de poder. Foi, sobretudo, este ponto de vista no qual Platão, no *Górgias* e em outros diálogos, por meio de um exemplo extremo do grande tirano, fez ver a alternativa: moralidade *versus* amoralidade. Tu apenas deves cuidar para que a alternativa altruísta não permita arbitrariedades, pois na medida em que tu és aquele que determina quais dos teus semelhantes tu irás respeitar e quais não, tu estabeleces ao bel-prazer, a partir de tua perspectiva egoísta, a partir da plenitude do teu poder, o círculo daqueles que devem ser respeitados. Por isso a alternativa para o egoísmo somente pode ser formulada assim: respeito para com qualquer outro. Isto, porém, é exatamente o conteúdo do imperativo categórico".

O que aqui nos é dado ponderar é, em um sentido formal, muito semelhante ao visto anteriormente, na consideração sobre aquilo que me dá razão para me querer compreender como membro de uma comunidade moral. Apenas se pode colaborar para clarear a situação de decisão. Chamamos atenção para as implicações. Se nosso interlocutor então responde: "Tu tens plena razão: os dois caminhos têm este aspecto, e é, pois, o caminho da vontade de poder que eu escolho", então não se pode dizer mais nada contra isso. Veremos mais tarde que ainda há mais implicações nesta alternativa[51], mas estruturalmente nada mudará.

Aqui ainda gostaria de mostrar que o apoio motivacional da concepção kantiana também sustenta complementarmente a plausibilidade desta concepção de bem. Uma vez aceito que os dois caminhos citados podem ser vistos como alternativas fundamentais do querer humano (egoísmo-altruísmo), é significativo que o caminho do altruísmo conduz diretamente ao conceito kantiano.

Vocês poderiam agora perguntar: Por que eu não introduzi de saída a moral, e então logo em sua concepção kantiana, desta maneira simples, como alternativa para o egoísmo? A maneira como introduzimos algo sempre depende daquele com quem estamos discutindo. Na discussão com o egoísta de fato poderia ter omitido a etapa prévia da introdução do conceito de uma moral. Mas, considerando que há outras concepções morais, a justificação do conceito kantiano tem estes dois caminhos, a discussão com os egoístas e a discussão com as outras concepções morais; somente

---

51. Décima quarta lição.

na segunda a justificação tem sentido de justificação dos juízos morais; na primeira tem apenas o sentido de indicação de motivos.

Agora posso esclarecer a tese anunciada na primeira lição, segundo a qual normas e juízos morais de fato não são empíricos, mas que, entretanto, não valem *a priori*, o que Kant considera uma consequência óbvia. Tornemos claro primeiro para nós quão estranha já é a tese de Kant em si e para si. Ela é tanto mais estranha se a gente, como de fato fez Kant, já designa as próprias normas como *a priori* (portanto, o imperativo categórico). Que sentido poderia ter o fato de normas serem válidas *a priori* (com "validade" se quer dizer que elas são ou podem ser determinantes para nosso querer)? O que Kant compreendia por *a priori*, na *Crítica da razão pura*[52], ele o definiu exclusivamente para juízos. Um juízo é *a priori* quando ele é verdadeiro ou falso independentemente da experiência. Como, então, deve-se compreender que uma norma tenha um caráter *a priori*? E, todavia, Kant já faz isso logo no prefácio da *Fundamentação*[53], como se isso fosse a coisa mais evidente do mundo.

Aceitemos, portanto, inicialmente, que se quer dizer que os juízos morais corretos são *a priori*, isto é, são *a priori* verdadeiros. Agora, porém, se sabe que por "*a priori*" somente pode ser compreendido o "*a priori* analítico" e o "*a priori* sintético". Em que sentido os juízos morais valem *a priori*? Se no sentido sintético então o fato de que é bom agir assim ou assado deveria ser fundamentado por meio de uma terceira instância, a qual, por sua vez, vale *a priori*; é impossível descobrir que instância seria esta. Contrariamente, a tese de que eles são analíticos teria um sentido compreensível, a saber, aquilo que consideramos bom quanto ao conteúdo segue analiticamente do conceito da preferência objetiva. Isto, porém, parece, antes de mais nada, falso. Em segundo lugar, podemos esclarecer para nós mesmos que é um contrassenso querer conseguir determinada concepção moral a partir da elucidação de palavras. Terceiro, nosso interlocutor não se mostraria impressionado por este resultado: "Pode ser que esta seja a única moral pensável, mas o que isto tem a ver comigo?"

---

52. KANT, I. *Kritik der reinen vernunft*.
53. KANT, I. *Grundlegung zur metaphysik der sitten*. IV.

Kant viu perfeitamente o último ponto, e este é o motivo de ele não ter dado como *a priori* os juízos morais, mas a obrigatoriedade das próprias normas (sua "validade"). Voltarei a isto na interpretação de Kant. De fato, é impossível descobrir o que se deve aqui ainda entender por *a priori*. Porém, para onde aponta este esclarecimento de Kant, se por validade se quer dizer a importância que as normas têm para o nosso querer, é que a validade das normas não é empírica, não por existirem de forma *a priori*, mas porque dependem de meu "eu quero".

Durante muito tempo a polêmica contra a chamada "falácia naturalista" (*naturalistic fallacy*) representou um *topos* na ética. Esta falácia consistia em se pretender justificar empiricamente os juízos morais. A isso foi objetado, desde Hume (e atualmente novamente na tradição de G. E. Moore até R. Hare): do ser não segue qualquer dever. Mas o que significa isto? Pois o dever não pode ter um sentido absoluto compreensível (todo o dever e todo o "ter de" é referido a uma sanção). Retomar a recusa da falácia naturalista adquire um sentido compreensível se o reformulamos desta maneira: do ser não segue um querer. A partir das circunstâncias de que algo é assim como é (também eu mesmo), nunca se segue necessariamente que eu quero isto e aquilo. Depende de mim se eu o quero. O querer nunca poderá ser, para aquele mesmo que quer, um suporte fático prévio e empírico (um ser).

Está, portanto, correta a recusa da falácia naturalista – e isto quer dizer que a aceitação de juízos morais e a validade das normas morais sejam empíricas. Estabelecido este fato, surge, porém, a pergunta: O que, então, é o último fundamento da validade que tem para nós as normas morais? Só existem duas possibilidades: o *a priori* ou o querer. Tirado o *a priori*, só resta ainda o "eu quero"; para dizê-lo novamente, não se trata na verdade de um "eu quero" decisionista, pairando no ar, mas apoiado por meio de motivos: por estes apoiado, mas não forçado.

Quem se coloca a pergunta "quero eu fazer parte da comunidade moral?", tem de perguntar-se: "Quem, afinal, eu quero ser, em que reside para mim a vida e o que depende para mim disso, que eu me compreenda como pertencente à comunidade moral?" Por isso, o momento decisionista tem que ser simplesmente destacado, porque tudo que podemos nomear em motivos para nosso interlocutor e para nós mesmos apenas pode mostrar com base em nosso saber antropológico, somente pode mostrar quanta outra coisa seria jogada fora junto com nosso pertencimento a uma comunidade moral. Desta maneira, a decisão deixa-se apoiar racionalmente, mas não substituir. O já citado *take it or leave it* não pode ser contornado.

E não está bom assim? Não devemos perguntar ao contrário: Por que nós queremos representar nossa inserção na moral preferentemente como um prisioneiro de uma camisa de força? É a mesma necessidade que nos impele a pensar a fundamentação como absoluta, quando ela não mais depende de uma autoridade, e a pensar igualmente como absoluto o "ter de". Pode-se considerar esta necessidade como resíduo da moral religiosa, onde o "ter de" aparecia como uma realidade transcendente previamente dada, ou também como um resíduo da consciência moral infantil, onde a autoridade paterna aparecia de modo semelhante. A reflexão sobre o "eu quero", que está na base do "eu tenho que", conduz-nos no sentido de assumir a autonomia que faz parte do ser humano adulto. Pois poderíamos nós querermos que um tal "ter de" absoluto – supondo que por si não seja um contrassenso – fosse cravado em nós? Eu posso querer que uma parte do meu querer seja subtraída de mim mesmo?

A vida talvez fosse mais simples, mas também menos séria, se a moral fosse uma parte de mim, assim como meu coração ou minha coluna. Pensar para si a moral de maneira tão heterônoma é prova de uma falta de confiança, primeiro, no próprio querer-ser-assim e também no querer-ser-assim dos outros. Da mesma forma, é prova da falta de confiança na congruência dos conceitos morais, que resultam para mim e para os outros. Porém, o que quer que seja aquilo que desejamos, sua base é muito frágil – e na história se mostrou muitas vezes que nenhuma tentativa de tornar esta base mais forte por meios artificiais levou os seres humanos a se tornarem melhores do ponto de vista moral.

SEXTA LIÇÃO
A *FUNDAMENTAÇÃO DA METAFÍSICA DOS COSTUMES* DE KANT: A PRIMEIRA SEÇÃO[54]

Tentei mostrar na lição anterior que o conteúdo do programa de Kant – o imperativo categórico, como é entendido em termos de conteúdo – apresenta a concepção plausível do bem. No entanto, até aqui apresentei apenas em considerações abstratas, e ainda não a partir dos textos de Kant; minha rejeição do programa de fundamentação de Kant – uma fundamentação absoluta, e isto desde uma razão posta nas alturas. Faz sentido empreender nesta e na próxima lição uma interpretação sistemática da principal obra de ética de Kant, *Fundamentação da metafísica dos costumes*[55]. Este livrinho é, talvez, a coisa mais grandiosa que já foi escrita na história da ética; e ele é, pelo menos em suas duas primeiras seções, uma das poucas obras filosóficas significativas de que dispomos. Livre das obrigações e excentricidades formalísticas, assim chamadas "arquitetônicas", a que Kant se submeteu não somente em *Crítica da razão pura*[56], mas de novo em *Crítica da razão prática*, escrita dois anos mais tarde, Kant deixa-se conduzir aqui livremente pela riqueza de seu gênio, igualmente cheio de fantasia, como argumentando com rigor. Em uma obra deste nível aprende-se também dos seus erros.

O prefácio do livrinho tem sobretudo duas tarefas. Primeiro ele esclarece o título do escrito, depois ele diz o essencial sobre o método. No pertinente ao título, é para tratar-se "apenas" de uma "fundamentação", e isto quer dizer que Kant aqui se propôs apenas "a procura e o estabelecimento do princípio supremo da

---

54. Tradução de Joãosinho Beckenkamp.
55. KANT, I. *Grundlegung zur metaphysik der sitten*. IV.
56. KANT, I. *Kritik der reinen vernunft*.

moralidade" (*Werke* IV, 392). A execução ele pretendia já aqui reservar para uma *Metafísica dos costumes*, também escrita mais tarde (391). A palavra "costumes" Kant não esclarece, porque, como já mostra a citação anterior, ele a emprega simplesmente como equivalente a "moral" (cf. segunda lição). O que, no entanto, se entende por "uma metafísica dos costumes"? A esta pergunta Kant dedica a maior parte do prefácio. Por "metafísica", diz, há de se entender a exposição de uma esfera dos princípios *a priori* (388). Que isto também é possível e necessário para a moral, esta é a tese central do prefácio. Neste ponto ocorre a primeira decisão de conteúdo. Kant acredita poder tomá-la simplesmente "da ideia comum do dever e das leis morais" (389). "Cada um", prossegue, "tem de admitir que uma lei, se ela deve valer como moral, isto é, como fundamento de uma obrigação, precisa implicar nela mesma, necessidade absoluta", e uma tal necessidade poderia ser encontrada apenas *"a priori* tão somente em conceitos da razão pura".

Kant refere-se aqui ao mesmo fato de que também eu parti na segunda lição, que em juízos morais, e então também nos respectivos "mandamentos", expressa-se um "tem de" que parece absoluto. Todavia tentei mostrar que este modo de usar o "tem de" gramaticalmente absoluto não pode substituir uma necessidade prática efetivamente absoluta, posto que uma necessidade prática absoluta não faz sentido, desde que se considere mais de perto. Kant, no entanto, insiste sem ulterior esclarecimento nesta aparente "necessidade absoluta".

Que sentido poderia ter uma necessidade prática absoluta se realmente existisse? A isto Kant nos responde como se fosse evidente: que ela deve valer *a priori*. Mas isto não é de modo algum tão claro, como faz de conta, mesmo desde a própria perspectiva de Kant. Pois Kant mostrou em *Crítica da razão pura* apenas que uma proposição teórica (isto é, uma proposição na qual se expressa um juízo), quando é absolutamente necessária, e isto quer sempre dizer, quando sua verdade é absolutamente necessária, tem de ser verdadeira *a priori*. Mas que sentido pode ter transpor este conceito do *"a priori"* definido em função da necessidade teorética para a necessidade prática de um mandamento (no qual como tal nem se trata de verdade), e se ele então ainda tem sentido em geral, sobre isto Kant não diz nada, um fato sobremodo notável ante seu próprio programa.

Como igualmente notável terá de nos parecer que Kant, que esclareceu na primeira *Crítica* tão inequivocamente que juízos só podem ser *a priori* com base em sua analiticidade ou então valer como sintéticos *a priori*, aqui não se dedica de modo algum a esta diferença. Deverá, pois, assim temos de nos perguntar, a suposta aprioridade de mandamentos práticos ser analítica ou sintética, ou esta distinção não há de valer aqui de modo algum? Veremos mais tarde que Kant era de opinião de que uma grande parte do que se pode dizer na ética é de fato analítico *a priori*, mas que ele estava convencido de que ao mandamento moral mesmo subjaz um juízo sintético *a priori*; mas isto lhe resultará de uma problematização tão peculiar, que se deve acrescentar um ponto de interrogação à obviedade com que ele recorre já aqui no prefácio ao caráter apriorístico dos mandamentos morais. A razão mais provável pela qual Kant assumiu aqui como evidente que juízos morais têm de valer *a priori* é a que ele dá em geral: a razão por mim já mencionada anteriormente, de que eles não podem ser empíricos; mas eu já mostrei que a suposição de que isto seja uma alternativa excludente é equivocada (quinta lição).

Uma outra peculiaridade que se deve observar, e que também resulta da própria visão de Kant, é ele assumir como evidente, na passagem citada, que, se os mandamentos têm validade *a priori*, eles se devem fundar na "razão pura". Em contraposição, tinha sido a tese de *Crítica da razão pura* que os juízos sintéticos *a priori* em seu sentido não podem, de modo algum, fundar-se em algo assim como uma razão pura, mas tão somente em nossa consciência humana real: os juízos da pura geometria, por exemplo, valem *a priori*, não porque, como dizem, em função dos conceitos não poderem ser de outro modo, mas porque nós, humanos, não podemos nos representar de outra forma. Só porque existem juízos que, na opinião de Kant, valem efetivamente, independentemente da experiência, portanto, *a priori*, sem, no entanto, ter esta validade apenas em razão de fundamentos da razão, ele chegou a postular de modo geral esta curiosa existência de juízos sintéticos *a priori*, e agora os mandamentos apriorísticos da moral tinham de resultar precisamente de "conceitos da razão pura".

Retenhamos, contudo, também o positivo: que Kant chegasse tão depressa a conclusões que lhe pareciam quase evidentes, e que sem dúvida não o são, tem sua razão nisto que ele partiu do fato fenomenal indubitável do "tem de" gramaticalmente absoluto dos mandamentos morais, que ele apenas não tentou esclarecer mais de perto.

O conceito de razão, introduzido sem legitimação com o prefácio, é inicialmente deixado de lado no resto do texto de Kant. Na 1ª seção, Kant volta ocasionalmente a ele, mas se esforça por não comprometer com ele a argumentação. Apenas na 2ª seção é que o conceito de razão constituirá então o próprio fundamento; mas ali ele será introduzido novamente também, de um modo legítimo do ponto de vista formal.

No final do prefácio, Kant dá um importante esclarecimento sobre qual método pretende seguir na 1ª, e qual seguirá na 2ª seção. A 3ª seção ocupa um lugar especial, sobre o qual virei a falar mais tarde. Kant recorre aqui a uma distinção, corrente na época e proveniente da matemática, entre método analítico e sintético. Esta distinção não tem nada a ver com a diferença entre juízos analíticos e sintéticos. "Método analítico" quer dizer que se tem diante de si uma formação complexa, da qual se quer saber os fundamentos ou princípios; retorna-se a estes, e neste sentido "analisa-se". Sintético, ao contrário, é o procedimento, quando, partindo de determinados princípios, esclarece-se um dado complexo construtivamente (sinteticamente) a partir dos elementos. De modo semelhante, Kant distinguiu no prefácio de *Prolegomena*[57] o método, ali seguido como sendo analítico, do método sintético da *Crítica da razão pura*.

Na 1ª seção de *Fundamentação*, o método é para ser analítico no sentido de que a consciência moral comum constitui o dado a partir do qual Kant, como diz no fim da 1ª seção, quer chegar por

---

57. *Werke* IV, 263. Naturalmente, tanto no método sintético quanto no analítico o procedimento é analítico no outro sentido, de juízos analíticos ou relações conceituais.

análise "até seu princípio" (403). Este princípio se revelará como o imperativo categórico. Agora, se o método sintético consistisse na exata inversão da ordem de ideias analíticas, então Kant teria de partir, na 2ª seção, do imperativo categórico e mostrar como dele resulta a consciência moral comum. Mas Kant não pensa tão esquematicamente. Uma simples inversão deste tipo seria também improdutiva. Na verdade, Kant assume na 2ª seção um novo ponto de partida, a saber, a "faculdade da razão prática" como tal (412), e procura mostrar como também dela se chega ao imperativo categórico. Faz sentido caracterizar este caminho como sintético, porque ele de fato parte de algo com caráter de princípio, que, no entanto, não é óbvio para a consciência moral comum, requerendo uma compreensão e uma distinção filosóficas, enquanto a 1ª seção é corretamente caracterizada como analítica. Kant parte aqui não de uma fenomenologia geral da consciência moral natural, mas de um aspecto desta consciência, do qual ele acredita poder assumir que seria admitido por todos.

É importante esclarecer na ordem de ideias tanto da primeira quanto da 2ª seção qual é a pretensão posta pela argumentação. Nunca se deve ler textos filosóficos como se consistissem em um alinhamento de ideias e teses; não são livros ilustrados, mas são colocadas pretensões argumentativas. Poderia, por exemplo, ser que o imperativo categórico se deixasse fundamentar pelo método da 1ª seção – mas então, somente relativo à "compreensão moral comum" –, mas não pelo método da 2ª seção, ou vice-versa. Claro, nós veremos que a fundamentação não funciona em ambos os caminhos, o que, por sua vez, deixa em aberto que o imperativo categórico, como tentei mostrar na lição anterior, ainda assim mantenha seu sentido. Se não se tem sensibilidade para tais distinções, é melhor deixar de se ocupar com textos filosóficos.

A 1ª seção é uma obra-prima de construção reflexiva e argumentação filosófica e encontra-se enquanto tal como única em Kant. Este texto é de tal modo construído fora a fora, que Kant, de uma única proposição, com a qual ele abre fanfarronisticamente o primeiro parágrafo e que ele ainda modifica em algo no parágrafo 8º (397), desenvolve analiticamente três proposições, nos seguintes parágrafos (9-16), das quais resulta então no parágrafo 17, também analiticamente, a pretensão do imperativo categórico (eu pressuponho que o leitor me acompanhe no que segue com o texto numerado em parágrafos).

A primeira proposição diz: "Não é possível, em geral, pensar nada no mundo, sim, mesmo também fora deste, que pudesse ser tido por bom sem restrição, a não ser tão somente uma boa vontade" (393). Da forma como Kant começa com esta proposição poderia parecer que ela tivesse a qualidade lógica de uma tese. Mas, no parágrafo 8 (397), diz Kant que este conceito "já se encontra no bom-senso natural e não precisa tanto ser ensinado quanto apenas esclarecido"; e, depois do que ouvimos sobre o método a ser seguido nesta 1ª seção, sabemos também que a proposição nem pode ser visada de outra maneira. E eu afirmo agora: a pretensão de Kant, de ter fixado nesta proposição um aspecto essencial da compreensão comum de moral, é perfeitamente justificada. A proposição corresponde também exatamente à referência que eu mesmo fiz no começo de minhas considerações ao sentido de um juízo moral: assim como a referência, feita por Kant no prefácio, à singular "necessidade", visada com um mandamento moral, é, em princípio, idêntica à minha referência ao sentido gramaticalmente absoluto do "tem de" moral, assim o presente esclarecimento, de que em juízos morais se trata do único bem que é tal sem "restrição", é em princípio idêntico à minha referência ao sentido gramaticalmente absoluto com que nós falamos, em juízos morais, de "bom" e de "mau".

Poder-se-ia, contudo, querer objetar que eu apliquei este "bom" apenas a ações e pessoas, enquanto Kant diz que somente "uma boa vontade" é boa sem restrição. Mas ambas resultam no mesmo, e a formulação de Kant é a mais exata. Quando julgamos uma ação de modo moral, é a vontade determinadora da ação o que nós julgamos moral. Se somos forçados a uma ação, ou se ela leva a consequências imprevisíveis, sobre as quais nossa vontade não tinha influência, não somos moralmente responsáveis por ela. Quando julgamos uma pessoa como pessoa, não em função desta ou daquela realização (como cozinheiro, violinista etc.), é sempre sua vontade o que nós julgamos. Platão e Aristóteles já expressaram isso com a seguinte observação: quando um homem é bom com respeito a determinada capacidade, ele sempre tem também a capacidade do contrário. O que, por exemplo, torna um médico apto a curar, torna-o também apto a matar. Ele pode uma ou outra coisa, de acordo com o que ele quer. Aqui não é a vontade que é julgada. Em contrapartida, nós dizemos sobre um homem bom que ele é incapaz do contrário, justamente porque ele haveria então de querer o contrário. Naturalmente ele também pode o contrário a partir de suas capacidades, mas ele – sua vontade – é incapaz de tanto[58].

Pudesse ele querer também o contrário, e não teria uma disposição firme da vontade para o moral; o que apareceu como vontade, teria antes sido uma veleidade, um capricho. Uma firme disposição de querer de determinada maneira é o que se chama caráter. O caráter seria então a única coisa que poderia pôr em questão a pretensão da vontade de que só dela se pode dizer que é boa, "sem restrição". Mas esta alternativa não existe para Kant. Já na proposição seguinte do parágrafo 1, ele mesmo emprega o termo "caráter" e quer naturalmente dizer: se a vontade é a única coisa que pode ser designada como boa neste sentido determinado, então é com isto visada a firme disposição da vontade, portanto, o caráter. Isto está também por trás da minha indicação anterior de que nós não julgamos moralmente a ação singular, mas a pessoa. Agora, um bom caráter é o que se designa tradicionalmente como virtude. Seria, portanto, um mal-entendido, caso se pretendesse que em Kant a virtude não fosse um conceito fundamental. Que em Kant o discurso sobre virtudes no plural não seja importante, isso provém de outro motivo. Deve-se a que ele tem um único princípio moral e que, por isso, só há uma única disposição da vontade correspondente, portanto, somente a virtude, não virtudes. Que fosse desnecessário para Kant falar de virtudes no plural tem, todavia, ainda um outro motivo, do qual me ocuparei mais tarde.

A única coisa que se pode criticar na afirmativa de Kant é a formulação meio equívoca de que a boa vontade é a única coisa

---

58. cf. PLATÃO, *Hípias menor*; ARISTÓTELES, *Ética a Nicômaco*. VI. 1140b22-244

que pode ser tida por boa sem restrição, pois esta formulação dá margem ao mal-entendido de se compreender esta distinção no sentido de "puro", "sem mistura". Também as explicações que Kant dá, no que segue, poderiam fomentar este mal-entendido. Poderia soar como se tudo o mais que pode ser bom às vezes também pode ser mau. Kant ter-se-ia expressado de forma menos equívoca se tivesse dito que se trata de diversos modos do ser bom, como eu expressei quando disse que existe um sentido gramaticalmente absoluto de "bom" e, além disso, diversos relativos. Naturalmente não teria sido oportuno para Kant expressar-se desta maneira. Mas do que ele diz resulta ainda assim que todos os outros modos de "bom" não são apenas gradualmente inferiores, mas essencialmente diferentes, porque se trata aqui de um "bom para".

Mas estes seriam apenas possíveis mal-entendidos. A única coisa objetiva que se pode colocar aqui como objeção a Kant é que ele, da mesma forma que na necessidade absoluta, constata o ser bom, que ele caracteriza como "irrestrito" e que de forma menos equívoca seria de caracterizar como "irrelativo", "incondicional", sem tentar esclarecê-lo ulteriormente. Na presente passagem, onde ele apenas quer articular a autocompreensão do "entendimento comum", sem dúvida não se precisa exigir isso dele.

O único erro que se lhe passa é dizer no parágrafo 7 (396) que, embora a vontade seja o bem "máximo", "não (é) o único e todo (bem)". Já esta forma substantiva é notável. De "bens" nós falamos propriamente somente no caso do relativamente bom. O que Kant quer dizer aqui, e que vai retomar então na *Dialética* de *Crítica da razão prática* (3º capítulo), é que ainda existe outra coisa além da boa vontade (da virtude), que pertence a "todo o bem"; não certamente as riquezas elencadas anteriormente, que são boas apenas relativamente e também podem ser más, mas sem dúvida "a felicidade". Aqui, portanto, Kant também acaba esclarecendo que o bem moral é apenas uma parte, mesmo que importante, de um bem mais abrangente. Neste caso, o bem moral não seria, como expus, distinto já em seu conceito (e mesmo em sua gramática) de todas as outras formas de falar sobre bem. Isto pressuporia que existisse um único conceito genérico do bem, sob o qual cairia tanto o bem moral quanto a felicidade; apesar de Kant tentar mostrar isto em *Crítica da razão prática*, a tentativa se mostra um fracasso.

Que Kant tenha chegado de alguma forma a esta curiosa ideia tem a ver com o conceito tradicional de um *summum bonum* que remete a Aristóteles. Aristóteles tinha, no começo de *Ética a Nicômaco*, identificado este conceito de um bem (*agathon*) supremo e abrangente com a felicidade, definindo-o como aquilo a que um homem, em última instância e no todo, tem por objetivo. Certamente este é um conceito que faz sentido, mas na medida em que Aristóteles empregou para isto o termo "bem supremo", fez ele um uso da palavra "bom" que não se encontra na língua natural, nem na daqueles tempos, nem na de hoje. É de observar ainda que Platão, ao qual Aristóteles se liga estreitamente em termos de conteúdo, ainda não empregava a palavra desta maneira. Quando Platão perguntava pelo bem, ele perguntava o que é propício para alguém, quer dizer, para seu bem-estar, mas o próprio bem-estar ainda não era caracterizado como "o bem". Para Platão, o bem (no sentido do propício) continuou por isso um conceito relativo; o conceito gramaticalmente absoluto do bem, portanto, o conceito especificamente moral do bem, não ocorre – como conceito – nem em Platão, nem em Aristóteles, apesar de ter existido de todo no uso comum da língua grega. Isto se deve a que a estratégia de Platão e de Aristóteles em termos de filosofia moral consistia em mostrar que o moral é bom para mim; por isso parecia terminologicamente oportuno empregar para o moral como tal uma outra palavra, igualmente corriqueira no uso da língua grega: *to kalón*, o belo; cf., por exemplo, Platão, *A república* VI, 505d.

Mas não se deve naturalmente impedir Aristóteles (e as tradições antiga e posteriores que o seguiram) de introduzir como *terminus technicus* um novo emprego que não se encontra na língua natural. Importa apenas que este conceito deve então continuar claramente distinto do sentido comum do uso gramaticalmente absoluto de "bom": o novo conceito representa o que uma única pessoa quer em última instância e no todo (e pode-se então chamar isto de "o bem" ou "todo o bem" ou também não), enquanto o modo de falar de "bom" que ocorre na língua e é usado de forma absoluta representa aquilo que torna uma ação ou o caráter de uma pessoa objetivamente distinto, objeto geral de louvor. O último se enquadra, como vimos, como caso particular no significado do ser bom atributivo em geral, que também remete a uma alta consideração.

Agora, pode-se naturalmente tentar estabelecer relações entre as duas determinações, ou como Kant fez em *Crítica da razão prática* ou de outra forma, mas elas não cairão sob um mesmo conceito genérico. Que pudesse ser assim ocorreu a Kant tão somente por intermédio da tradição aristotélica, que é notável não objetiva, mas linguisticamente. Lamentável nisso é apenas que por esta razão foi aumentado o mal-entendido já sugerido pela formulação da primeira proposição da seção, que este bom irrelativo se distingue apenas gradualmente, não por princípio, de todos os outros conceitos de "bom". Como, no entanto, isto não tem consequências no resto do texto da 1ª seção, basta ter apontado para tanto. Resumindo, sou de opinião que a constatação expressa na primeira proposição da 1ª seção é uma reprodução correta de uma característica fundamental de toda consciência moral, e deve-se aguardar que se esclareça como Kant pode pensar em tirar dali somente conclusões que levem ao imperativo categórico.

Os parágrafos 1 e 2 servem, então, para o esclarecimento da ideia de que só da vontade podemos dizer que seja boa simplesmente. Apenas no parágrafo 3 é dado um outro passo, que agora analisa esta ideia fundamental um pouco mais. Aqui Kant insiste em que nós só julgamos moralmente o querer que determina uma ação, e que nosso juízo não depende de a ação ter sucesso. É bem verdade que ele salienta, para evitar mal-entendidos, que com a boa vontade não se quer aqui apenas dizer "simples desejo", mas a vontade "sob recurso a todos os meios, na medida em que estejam sob meu poder" (394). Se mesmo assim a vontade, entendida desta forma, não conseguisse nada, "assim ela ainda brilharia em si mesma" – como diz a famosa proposição – "como uma joia, como algo que encontra seu inteiro valor em si mesmo". Veremos que Kant, baseado em determinada consideração, acentuará esta concepção no parágrafo 14; apenas ali será dada a oposição ao utilitarismo. A concepção defendida no presente parágrafo é, em contrapartida, patrimônio comum de todos os programas morais em geral (com exceção daqueles primitivos que ainda sequer entenderam o valor da intenção e apenas julgam pelas consequências)[59]. Mesmo o utilitarista deveria concordar com o parágrafo 3: mesmo uma ética relativa às consequências, como o utilitarismo, só pode julgar a vontade por isto: se ele fez tudo que estava em seu poder.

Os parágrafos 4 até 7 constituem uma observação que não pertence à argumentação. Kant pressupõe aqui que todas as disposições da natureza são convenientes, o que para ele é mais uma suposição óbvia do que uma premissa fundamentada, e afirma, então, seguindo representações pessimistas de seu tempo, que a razão, em seu uso prático instrumental, produz em geral mais danos do que benefícios e que o simples instinto ter-nos-ia guiado melhor; uma vez assumidas ambas as premissas, seria evidente que "a natureza" nos deu a razão não "com outro fim, enquanto meio", mas como fim em si mesmo para a possibilitação da moral. O pensamento é, antes, abstruso e não constitui parte integrante da argumentação da seção, mas é interessante que Kant introduz aqui, como evidente, a razão, e ainda por cima em um uso absoluto, apesar de não se tratar de um tal uso nem na argumentação precedente nem na ulterior da 1ª seção.

No parágrafo 8, Kant se prepara para o procedimento analítico propriamente dito. Para tal, ele coloca o conceito de dever no lugar do conceito da boa vontade. À primeira vista, este passo pode surpreender; mas é impecável, porque o conceito do dever, como Kant diz com razão, "contém (o de) uma boa vontade, se bem que sob certas restrições e barreiras subjetivas". "Contém" quer dizer "implica logicamente". "Deve" representa a necessidade prática (obrigação) já abordada no prefácio. O que Kant diz no parágrafo 8 é simples: o bem é dever, e o que ele quer dizer com "certas restrições subjetivas", ele explica mais tarde na 2ª seção, assim: um ser santo age bem de qualquer forma, por isso não é preciso falar aqui de um "ter de". No entanto, no nosso

---

59. Cf. PIAGET, J. *Les jugements morales chez l'enfant*. Paris: [*s. n.*], 1932. cap. 2.

caso, de homens, que também podem agir de outra forma (estas são as "restrições"), o bem é aquilo a que somos obrigados. A afirmação de Kant, que o conceito do dever (naturalmente não um dever qualquer, mas o dever assim compreendido: o bem como devido) contém logicamente o conceito do bem irrestrito, é por isso exata. Além do mais, veremos que na argumentação que segue nada depende do conceito particular do dever e que os passos individuais até são mais claros quando reportados ao conceito inicial do bem.

Kant formula, então, três "proposições": a primeira nos parágrafos 9-13 (397-399), a segunda no parágrafo 14 (399s.) e a terceira nos parágrafos 15-16 (400s.). Sobre a ligação lógica destas três proposições, Kant diz apenas ser a terceira uma "conclusão das duas anteriores" (400). Não se deve entender isso em termos de silogística. A terceira proposição apenas tira o resultado das anteriores, que, por sua vez, seguiriam ambas da primeira e fundamental proposição da 1ª seção. Há de se perguntar até que ponto as conclusões são obrigatórias.

O primeiro passo diz respeito ao motivo a partir do qual uma pessoa tem de agir quando sua vontade é boa, e isto quer dizer, quando ela age moralmente. Esta pergunta é de fundamental importância, mesmo para além de Kant, e eu ainda não me dediquei a ela até agora em minha própria exposição.

Observando com mais detalhe o trecho, constata-se que Kant procede em dois passos. O primeiro se dá no parágrafo 9; o segundo, nos parágrafos 10-13, e é muito mais radical. No parágrafo 9, Kant faz a distinção, comum em toda ética desde Aristóteles, entre uma ação apenas "de acordo com o dever" e uma ação "por dever". Apenas de acordo com o dever age, por exemplo, o comerciante – assim o exemplo de Kant – que atende sua clientela honestamente, mas não por causa de "princípios da honestidade", e por isso não "por dever", senão "com propósito egoísta". Esta é a motivação do contratualista. Ele quer aparecer de forma honesta, porque isto lhe é vantajoso.

Kant pode agora reivindicar com razão que a proposição, que só o agir por dever, e não já o agir de acordo com o dever, é bom, segue imediatamente da sua proposição inicial. Não a ação como tal é boa, mas apenas aquela que é conduzida pela vontade correspondente, e isto quer dizer: pelo correspondente motivo. Devo querer agir assim (por exemplo, honestamente) por sua própria causa, se não ajo apenas quase moralmente, para exprimi-lo em minha terminologia, mas não moralmente.

Este primeiro passo mostra-se irrepreensível, também não é controverso, e Kant logra efetivamente deduzi-lo da primeira proposição – sobre o bem. O passo seguinte, ao contrário, é controverso e conduz ao famigerado "rigorismo" de Kant. Ele dá aqui três exemplos, mas basta (e faz mais sentido também pelas peculiaridades dos outros dois exemplos) nos atermos ao segundo. No exemplo do comerciante, que Kant deu no parágrafo 9, ele distinguiu, além de uma motivação "por dever" e da outra "com propósito egoísta", ainda uma terceira: "por imediata inclinação". No exemplo do comerciante pôde-se deixá-la de lado, porque aqui "não seria de presumir" que o comerciante tivesse uma inclinação imediata aos clientes, mesmo que eventualmente até possa ser assim. O exemplo do parágrafo 11 trata então de "beneficência". Aqui o propósito egoísta, tão natural no caso do comerciante, também é pensável, mas não é sequer mencionado por Kant, porque esta possibilidade não é importante para o que ele quer mostrar; ao contrário, ocorre na beneficência seguidamente que não a façamos por dever, mas "por inclinação imediata".

Aqui parece agora se dividirem as intuições morais. Muitos diriam: tão só quando ajudamos alguém por inclinação – e isto quer dizer, como diz Kant, por "simpatia" ou compaixão –, podemos dizer que nós o ajudamos, enquanto Kant defende a opinião contrária de que nossa ajuda somente então é moral quando ocorre apenas por dever, não por inclinação, ou, formulado de forma menos crassa, quando a inclinação pelo menos não exerce influência sobre nossa motivação. "Suposto, pois", escreve Kant, "que a alma daquele filantropo esteja obnubilada pela própria aflição, que toda participação no destino alheio provoca, [...] e agora, como nenhuma inclinação o leva ainda a tanto, ele se arrancasse ainda assim desta insensibilidade letal e executasse a ação, sem nenhuma inclinação, apenas por dever, somente então ela terá seu verdadeiro valor moral" (398).

É este "rigorismo" de Kant, como é muitas vezes chamado, que parece repulsivo para muitos. Mas contrapor intuições a intuições não poderá nos levar adiante no assunto. Depende de se ver onde exatamente se encontram as alternativas, e nisto será também de se perguntar se existe, como pretendia Schiller, uma alternativa dentro da posição de princípio de Kant. Eu gostaria, em primeiro lugar, de excluir uma explicação demasiado simples para as considerações aqui necessárias e mostrar então, de uma segunda, que ela ainda é muito simples e impediria que se chegasse ao núcleo da problemática aqui colocada.

A explicação que deveríamos evitar é a de que Kant é filho de seu tempo e que é um certo espírito prussiano e pietista que fala por meio dele. Não que uma explicação histórica destas não tenha também sua correção, mas em uma consideração filosófica de princípio lhe faltaria substância, porque então apenas colocaríamos de lado a concepção de Kant e por nossa parte não poderíamos aprender nada dela. Não devemos de modo algum esquecer que a tese com que nos confrontamos aqui, de acordo com a pretensão do próprio Kant, é uma consequência analítica daquela primeira proposição da seção, a qual se mostrou como descrição parcial adequada da autocompreensão moral comum.

A segunda explicação, já filosófica e sem dúvida contendo uma parte da verdade, seria que Kant se encontrava numa tradição que faz uma distinção rigorosa entre uma faculdade apetitiva, assim chamada "superior", determinada pela razão, e uma "inferior", faculdade apetitiva sensitiva (as inclinações), portanto, entre um querer racional e um sensitivo, e que a concepção de que um agir por "inclinação imediata" não pode ser considerado como um agir moralmente bom é uma simples consequência desta concepção. Não nos esqueçamos, no entanto, que Kant, pelo menos na parte rigorosa das derivações precedentes, ainda não falou de razão.

Os únicos conceitos que ocorreram até aqui são os do bem e do dever. Também no discurso sobre o dever deveríamos nos precaver contra a fácil saída de associar simplesmente a concepção de Kant com a consciência prussiana do dever. Isso teria sem dúvida também uma certa razão de ser. Mas nós devemos insistir em que, para Kant, dever significa tão somente obrigação moral e que com ele é intencionado aquele "tem de" que é ligado ao conceito do bem. Outras conotações, de acordo com as quais alguém está disposto a agir por dever, quando tem a disposição de seguir uma autoridade – pense-se no exemplo extremo de Eichmann – devem aqui ser mantidas afastadas de todo, pois o "tem de" decisivo para um executor de ordens não tem nada a ver com a necessidade prática que se segue do bem moral para alguém.

E agora podemos tornar claro por que a concepção de Kant parece efetivamente seguir concludentemente da sua primeira proposição. Irrestritamente boa, assim foi visto, somente a boa vontade pode ser. Daí seguia corretamente que só podem ser boas ações que não são apenas de acordo com o dever, mas sucedem por dever, e isto quer dizer: por causa do bem. Se agora se diz ainda não poder, o valor da ação, ser adicionalmente influenciado por inclinações, então isto quer dizer apenas justamente não poderem de modo algum outros fatores desempenhar uma função, com outras palavras, que só pode ser boa a ação cujo único motivo é o dever (o bem); formulado com mais cautela: mesmo que possam estar em jogo outros motivos (inclinações), para a avaliação moral das ações só é relevante se o motivo moral foi decisivo.

Seria esta consideração concludente? Se sim, se, portanto, a concepção de Kant, longe de ser expressão de uma idiossincrasia histórica, mostra-se como tão evidente, então devemos perguntar-nos, ao contrário, como podemos fundamentar nossas próprias intuições opostas. Do modo mais simples, estas intuições podem provavelmente ser reduzidas ao seguinte denominador comum. Quem sente a concepção das motivações morais de Kant como repulsiva e fria poderia dizer: "Quando alguém se comporta moralmente frente a um outro, nós valorizamos isto muito mais, se ele o faz por causa do outro, do que se ele o faz apenas por dever". O motivo seria, pois, a consideração pelo outro em vez do dever. Mas Kant continuaria então perguntando: "O que quer dizer que ele o faz por causa do outro?" Duas respostas parecem possíveis. Ou: "porque eu justamente simpatizo com ele ou por ele tenho compaixão". Ou: "porque ele é um ser humano". Agora, quando fala de "inclinação", Kant se refere apenas à primeira resposta. Tem-se então uma inclinação especial por esta pessoa.

A segunda resposta, por outro lado, não apresenta uma tese contrária à concepção de Kant. Pois até aqui ainda não foi dito nada sobre aquilo em que consiste o bem ou o dever, e veremos mais tarde que determinada concepção do imperativo categórico (a segunda fórmula de Kant) pode ser entendida justamente de tal forma que, se nós fazemos alguma coisa por causa do imperativo (pelo dever), nós o fazemos porque o outro é um ser humano. Antecipando (mas também já na base do dito na última lição) podemos dizer: é esta universalidade que Kant quer assegurar com sua insistência sobre o dever como motivo.

Mas com esta argumentação o adversário não se dará por satisfeito. Existem, objetará ele, duas possibilidades distintas de se comportar moralmente frente a um outro, independentemente das próprias inclinações particulares e apenas porque ele é um ser humano: ou porque eu o devo – "por dever" – ou por filantropia, quer dizer, por afeição, compaixão, inclinação, que agora, contudo, seria uma espécie de inclinação universal, também intencionada no dito cristão "ama teu próximo porque ele é como tu". O singularmente frio e rigorista da ética de Kant, prosseguirá o adversário, parece consistir no fato de Kant rejeitar não só as afeições parciais, no que tem toda razão, mas a afetividade em geral.

Com isso chegamos ao centro da controvérsia, o que se vê também no fato de eu não poder já aduzir nenhuma resposta do próprio Kant, mas de ser obrigado a incluir um terceiro no diálogo. Este fará valer que a crítica certamente atinge o exemplo de Kant (referente à beneficência) e também a posição de Kant em geral, mas que ela não pode atingir a argumentação de Kant nesta passagem nela mesma, uma vez que ela ainda deixa em aberto, se o bem não é intencionado da forma afetivamente determinada, exigida pelo adversário. O que em todo caso, assim objetará nosso amigo, pode ser dito a favor de Kant é que nós temos de insistir no dever – na obrigação – como motivo, porque este pertence ao conceito de moral (do "irrestritamente bom"). O que em todo caso deveria ficar da rejeição da inclinação por parte de Kant, se a ideia de moral deve ser preservada de algum modo, é que o ser bom é algo exigido pela vontade. Mesmo que consideremos como moralmente superior aquele que não pode agir senão moralmente, e para o qual o agir moral (quer dizer: o exigido) é algo evidente e espontâneo, a espontaneidade não poderia como tal ser o motivo do agir. A espontaneidade não poderia, ela mesma, tornar-se o princípio da ação. O que teria de ser retido incondicionalmente da rejeição de Kant seria que no agir moral não poderia ser a inclinação como tal o que nos determina. Pois ao que Kant se referiria com inclinação seria o afeto imediato, natural, que temos no momento, e ele pode ser assim ou assado e não tem, como tal em particular, o exigido caráter universal.

A única possibilidade de divergir de Kant é, portanto, não colocar o afeto no lugar do dever, como Schopenhauer então fará, mas entender o próprio agir por dever como um afetivo. A inclinação não pode, como tal, ser determinante, mas apenas na medida em que ela já é uma inclinação moralmente formada e, nesta medida, também universalizada. É esta possibilidade que tinha de parecer contraditória a Kant, por causa de sua suposição antropológica de uma separação insuperável entre uma faculdade apetitiva sensitiva e uma superior ("racional").

Para ainda assim avaliar o alcance desta possibilidade devemos tornar explícito o que, em última instância, encontra-se por trás das intuições do adversário de Kant, e isto quer dizer, antes de mais, por que nós consideramos particularmente o agir moral afetivamente espontâneo, e depois, no que resulta a concepção kantiana, que devemos agora ver apenas como uma interpretação do que lhe resultou no seu passo analítico.

O que os críticos contemporâneos censuraram na concepção kantiana, sobretudo Schiller e então também o jovem Hegel, é que Kant teria dividido a natureza humana em duas partes, e isto não é apenas um problema filosófico, mas significa, visto moralmente, que não é mais o homem como um todo que age moralmente. Se eu ajo apenas assim porque me é ordenado, então ainda sou eu de todo, este ser afetivo, quem age?

Mas pode-se ir ainda mais longe na dúvida sobre a concepção kantiana. Se estimarmos a tese de Hume, que em geral apenas sentimentos (como inclinações) podem ser determinantes de ações, então a suposição de Kant, que o mandamento, enquanto livre de afeto, pode ser determinante de ação, revelar-se-ia como ficção, e dever-se-ia fazer valer que de qualquer modo só pode ser um afeto – poderíamos caracterizá-lo como o afeto especificamente moral – o que nos dá uma consciência do bem determinante de ações. Para explicar isto na formulação que dei na lição anterior para o imperativo categórico – consideração de outros quaisquer ou então respeitar uma pessoa simplesmente porque ela é um ser humano –, esta seria uma máxima que deveríamos ou sentir afetivamente, de tal modo que nos sentíssemos bem somente quando nos entendêssemos assim ou, caso contrário, ela não seria nada para nós: *lack of moral sense* (*sense!*).

A partir daqui, a interpretação do próprio Kant, disso que significa querer agir por dever, quando lhe é subtraída a base afetiva, deveria parecer-nos desvanecer-se em uma esfera singularmente rarefeita. O que ainda daria uma força motivacional ao dever entendido como livre de afetos? E assim se compreende que, por exemplo, a psicanálise tenha tentado analisar o dever, assim entendido, a partir de impulsos inconscientes, que lhe dariam sua força impulsiva. Kant só consegue cortar dúvidas deste tipo por ancorar motivacionalmente o dever na razão pura. O passo que Kant dá neste ponto, na 1ª seção, com sua interpretação determinada, só se compreende, pois, ultimamente, se já se fica de olho tanto na fundamentação do bem na razão pura, que ele empreende na 2ª seção, quanto também em particular na fundamentação da motivação da vontade moral nesta mesma razão pura, que até mesmo ao próprio Kant parece quase atrevida e que empreenderá então na 3ª seção de *Fundamentação*. Neste ponto posso apenas tomar nota disso. O passo de Kant, na interpretação que ele lhe dá, não é inconsistente, mas ele é, em primeiro lugar, não concludente, e podemos, em segundo, ver já agora com que enorme ônus argumentativo Kant se sobrecarrega aqui.

O decano da concepção contrária à de Kant é Aristóteles. Para Aristóteles só pode ser bom aquele que é orientado para o bem em seus afetos, portanto, dito com Kant, em suas inclinações. Esta inclinação moral, o ser humano não a tem, de acordo com Aristóteles, da natureza, mas também não de uma petição divina ou de uma simples razão, mas ele a adquire na educação, na socialização[60]. É bem verdade que Aristóteles tem de dizer "em uma educação correta", e isto parece conduzir a um círculo ou em todo caso tomar a autonomia do indivíduo. Pode-se, contudo, dizer: que o ser humano não possa atingir o bem moral sem apoios socializantes não quer dizer que ele possa, então, de acordo com a educação, ser conduzido a um bem qualquer, mas deve tratar-se de seu bem; e, se ele foi educado da forma correta, ele estará em condições de decidir por si mesmo se ele quer se entender assim. Desse modo, em todo caso, a concepção aristotélica se deixa encaixar na pergunta: "Por que quero eu pertencer a uma moral e justamente a esta moral?", como a desenvolvi.

De certa forma, entre Aristóteles e Kant encontra-se Schiller, com a concepção que desenvolveu no livro *Anmut und würde*. Schiller se compreende como kantiano e também o é em todas as suposições essenciais, como o próprio Kant lhe concedeu[61]. A posição de Schiller pode por isso mostrar, se ela for consistente, que mesmo para o kantiano ficara em aberto uma opção que Kant não percebeu. Ao contrário de Hume e de Aristóteles, acredita Schiller (com Kant) que existe uma razão prática pura que tanto decide sobre o que é bom quanto é decisiva também como motivo para a boa vontade. Que, portanto, o princípio da boa vontade não apenas não pode ser afirmado pelas inclinações, o que é evidente, mas que ele também não pode ser entendido como uma inclinação excepcional (disposição de afeto), tal qual pretende o aristotélico, tudo isso Schiller concede a Kant. Ele apenas não entende por que a razão não deve poder formar nossa afetividade de tal modo que, tanto quanto possível, "Razão e

---

60. Cf. ARISTÓTELES. *Ética a Nicômaco*. I 10 II 1.
61. *Werke* VI, 23.

sensibilidade – dever e inclinação – se conjuguem"[62], de maneira que então o homem "está em harmonia consigo mesmo" (87).

Naturalmente terá de se perguntar a Schiller, por sua vez, por que isso deve ser assim. A este respeito pode-se, a partir do texto de Schiller, dar duas possíveis respostas. Ou se supõe que para Schiller exista, ao lado do princípio moral, um segundo mandamento, a saber, o recém-citado: "Estar em harmonia consigo mesmo", e é sem dúvida este princípio que foi depois aproveitado por Hegel. Mas não se deve entender isso como um segundo princípio. Schiller escreve: "Tão certo quanto estou convencido [...] que a participação da inclinação em uma ação livre não demonstra nada sobre a pura concordância ao dever desta ação, assim eu acredito poder concluir[63] justo daí que a perfeição moral do ser humano tão somente pode resultar desta participação da inclinação em seu agir moral. Pois o homem não é determinado a executar ações morais individuais, mas a ser um ser moral". Com esta última proposição Kant teria naturalmente concordado, mas para Schiller esta proposição se compreende a partir da anterior, e isto quer dizer: o importante é ser moral com todo seu ser afetivo. O homem deve ser moral, não apenas algo nele.

Na medida em que o moral (a "razão") permeia a afetividade natural, a pessoa agirá espontaneamente como moral e, na medida em que a pessoa age moralmente de *per se*, este jogo livre das forças causa a impressão de "graça". Mas há também situações em que o moral forçosamente exige sacrifício de nossa afetividade natural, particularmente lá onde prejudica nosso "instinto de preservação". Há, pois, sentimentos sensíveis que não só não podem harmonizar com o moral, como tem de lhe permanecer opostos. O que a pessoa pode aqui atingir é o autodomínio (103), "tranquilidade no sofrimento", quer dizer, "dignidade". "Onde, pois, o dever moral ordena uma ação que necessariamente faz sofrer o sensível, ali se encontra seriedade,

---

62. SCHILLER, F. *Werke* (org. por L. Bellermann). v. 8.
63. Que isso resulte "justo daí" naturalmente não confere; a fundamentação da consequente afirmação é de que o homem (determinado afetivamente) deve agir moralmente.

não jogo, ali a desenvoltura na execução nos indignaria mais do que satisfaria; ali não pode, portanto, a graça, mas a dignidade, ser a expressão. Em geral, vale aqui a lei de que o ser humano deva fazer com graça tudo o que possa fazer nos limites de sua humanidade, e com dignidade tudo aquilo, para cuja execução ele deve ir além de sua humanidade" (107). Dependendo das possibilidades que seguem das diversas situações, indica-se, portanto, ou graça (harmonia) ou dignidade (conflito); como deve nos revoltar uma atitude ligeira em uma situação que contém em si mesma um conflito, assim aquele que realiza algo moral com dignidade, onde seria possível com espontaneidade, passa por "ridículo" e "desprezível".

A máxima de Schiller é, portanto: tanta graça quanto possível, tanta dignidade quanto necessária. A posição parece convincente, porque a ação ocorre em ambos os casos "por dever", quer dizer: o motivo determinante é sempre o moral, na esfera da dignidade exclusivamente, como em Kant, na esfera da graça não exclusivamente, mas ainda assim de tal modo que a motivação suplementar do afeto não determina o quê, apenas como.

Mas o que precisamente nós ganhamos com Schiller? Schiller introduziu na questão da motivação uma diferenciação que não se encontra nem em Kant nem em Aristóteles e que, independentemente disso, parece correta e valiosa, quer se acredite ter de estabelecer o próprio princípio moral para além da afetividade, quer se o compreenda com Aristóteles, por seu lado, como um afeto excepcional. O que Schiller traz de novo com relação a Aristóteles é esclarecer como o ser humano, quando ele é moralmente bom, deve se comportar ante a totalidade de seus afetos. É desta questão que se dá a diferenciação entre comportamento moral gracioso e comportamento moral digno. Também o que age moralmente com dignidade age, como deve agir, espontaneamente: para Kant, porque é justamente determinado pela razão; para Aristóteles (se ele tivesse visto o problema assim), porque o determina aquela parte da afetividade que constitui seu caráter moral, mesmo que isto implique que uma outra parte de sua afetividade se oponha; e também Schiller poderia ter dito, apesar de não o fazer, que o que age dignamente, sendo em última instância determinado a agir assim pela razão, é simultaneamente assim determinado por uma parte de sua afetividade (permeada pela razão).

O que em todo caso fica preservado da concepção de Kant, e no que tanto Schiller quanto Aristóteles estão de acordo com ele, porque pertence necessariamente ao conceito do agir moral (irrestritamente bom), é que pode ser caracterizado como moral e, portanto, como bom, somente o agir que é determinado exclusivamente pela motivação moral, como quer que se pretenda (apenas nisto se distinguem os três filósofos) que a motivação moral se relacione à afetividade e à totalidade.

Agora o discurso sobre "a motivação moral" continua ambíguo, e aqui nós nos confrontamos com uma outra série de questões que neste contexto podem desconcertar. Obviamente são duas coisas distintas, agir moralmente porque se quer ser bom (I) ou porque o bem é aquilo que se quer (ou mais se quer) (II). Nisto não há diferença entre Aristóteles e Kant. Para ambos só tem uma boa vontade aquele que quer imediatamente o bem. Embora ele se compreenda assim (como um que quer o bem), isto só se *mostra* em seu agir, e isto não é o que ele *quer*. O agir que tem o motivo de ser um bom (I) está próximo do agir que tem o motivo de se mostrar como um bom (III), e isto é o que se chama de farisaísmo. Apenas a motivação do agir que tem como motivo diretamente o bem deixa-se também reformular equivalentemente, de tal forma, que se designe como motivo o conteúdo determinado que se encontra na concepção do bem, assim que, por exemplo, no caso particular que se refere à moral do imperativo categórico, também se pode simplesmente dizer: ele age assim por respeito ao ser humano. É instrutivo tornar-se claro que esta reformulação não é possível no outro caso (I). Não se poderia dizer "ele age assim porque quer ser um tal que age por respeito ao ser humano", pois com o "por" é justamente designado o motivo; não se pode contudo ter o motivo (A) de ser alguém que age por um outro motivo (B) determinado, a não ser em um processo de autoeducação, no qual alguém queira (A) educar-se como um que irá agir pelo motivo B, e esta é naturalmente uma possibilidade que faz sentido. Senão só se poderia ter o motivo A: ser alguém que age como alguém que age pelo outro motivo B.

A insistência de Kant, em que só age moralmente aquele que age por dever, poderia facilmente parecer como se ele entendesse a motivação moral no sentido de (I). Mas isto seria um mal-entendido completo. De acordo com Kant, não age moralmente aquele que quer agir por dever, mas somente aquele que age por dever (na terminologia que Kant usará mais tarde, é bom somente aquele para quem a razão ou a lei é imediatamente o princípio determinante de seu agir.)

Assim como eu mesmo expus o conceito de moral, resulta ainda uma outra complicação. Vimos que o bem é algo que, de acordo com seu conceito, é exigido mutuamente – e que esta exigência (a necessidade prática) é sustentada pela sanção interior da indignação e da vergonha. Isto não pode ser visto por Kant, porque ele deixou inexplicado o conceito do dever – da necessidade prática. Mas não me meto, assim poderiam objetar-me, com esta concepção em uma complicação adicional? Pois agora surge uma outra bifurcação na motivação moral: Agirá o agente moral assim porque isto é bom ou para evitar a sanção interior? Acho difícil decidir esta questão. Também para Aristóteles alguém se mostra como moralmente motivado nisto que ele é capaz de sentir vergonha moral. Por outro lado, poder-se-ia dizer: propriamente bem só age aquele que apenas age assim, porque é bom (ou, no caso específico da moral do imperativo categórico, porque ele respeita os seres humanos), sem que a possível sanção seja importante. Observem, por outro lado, que a sanção é interior, que ela é, portanto, eficiente somente naquele para quem agir assim é ruim, que, portanto, assumiu em sua identidade não agir assim.

Devo admitir que a problemática, como a vejo, contém uma complicação adicional, mas isto se deve ao próprio objeto: não podemos torná-lo mais simples do que ele é. Adam Smith apontou com razão para o fato de que o bom não age como age, porque do contrário seria censurado e confrontar-se-ia com a indignação – a censura factual e a indignação factual não têm importância para o bom –, mas certamente pertence à motivação moral que, em caso contrário, ele mesmo considera seu agir censurável e revoltante[64]. Mas mesmo se nos parece como o mais puro aquele agir moral, no qual a sanção interior não tem importância para o respectivo, se ele, portanto, age assim simplesmente por causa do bem e, por conseguinte, somente por respeito pelos outros, ainda assim a sanção interior pertence ao conceito do bem moral; ao contrário das outras formas do bom atributivo (um bom cantor etc.), simplesmente não é possível definir este distinto bom atributivo (uma boa pessoa) de outra forma que não pela inclusão das exigências mútuas. No mais, este resultado corresponde provavelmente à realidade psicológica: não parece possível separar as duas motivações. Cumpro minha promessa porque respeito a pessoa ou porque, caso contrário, eu me envergonharia ou desprezaria? Poder-se-ia dizer que ambos são praticamente idênticos.

Depois desta longa digressão sobre a motivação moral (que naturalmente deve ser diferenciada da motivação à moral) podemos prosseguir com a interpretação do texto kantiano. No parágrafo 14 Kant coloca a 2ª proposição que, em sua opinião, segue analiticamente da fundamental primeira proposição da 1ª seção. A proposição diz: "Uma ação por dever não tem seu valor moral no objetivo a ser atingido por ela, mas na máxima, de acordo com a qual ela é decidida. Não depende, portanto, da realidade do objeto da ação, mas somente do princípio do querer, de acordo com o qual ocorreu a ação, independentemente de todos os objetos da faculdade apetitiva" (399s.).

Se Kant diz aqui "não no objetivo", então é intencionado com "objetivo" naturalmente o objetivado, o fim. Agora, poder-se-ia ser de opinião que todo agir é referido a um fim (e Kant irá mais tarde admitir isto ele mesmo, 427). A razão pela qual Kant tem de negar isto aqui, para a ação moral, é algo que ele não explicita de todo, mas de fato parece seguir de modo logicamente concludente da fundamental primeira proposição da 1ª seção. Pois se a vontade mesma é a única coisa que pode ser "boa sem restrição", então ser ela boa ou não não pode depender do fato de ela realizar determinado fim, pois então este fim – o "objeto

---

64. Cf. minha décima sexta lição.

da ação" – teria de ser bom num sentido precedente – e então em todo caso também "sem restrição" –, e isto contradiria a proposição, que não pode existir nada que seja bom sem restrição, "a não ser tão somente uma boa vontade".

Esta é também a razão por que Kant tem de introduzir nesta proposição o conceito da máxima. Em torno deste conceito levantaram-se na literatura muitas suposições, mas nem seu significado é difícil de entender, nem a necessidade de sua introdução neste ponto.

Tanto em uma nota ao parágrafo 15, que propriamente já deveria encontrar-se neste trecho, quanto em uma nota correspondente na 2ª seção (421), esclarece Kant que ele entende por máxima a regra que determina o querer (ou agir). Se deve ser possível que o querer não seja determinado por um fim, a única alternativa parece ser que ele seja determinado por uma regra, e se a regra é a do imperativo categórico, então pode-se muito bem compreender isso. Deve-se, então, dizer: às vezes a vontade é determinada por fins e às vezes por uma regra, e esta seria então a do imperativo categórico? Mas Kant apresenta ao leitor de *Fundamentação* todo agir como se ocorresse de acordo com regras. Nisto é mencionado como exemplo aproximadamente: tomo como máxima escapar de um embaraço por uma falsa promessa (402s.). Também o agir imoral, aparentemente todo o agir em geral, é para estar agora submetido a máximas. Isso pode inicialmente confundir o leitor. Perguntar-se-á como a relação do querer os fins está para sua relação às máximas.

Apenas em sua obra tardia, *A religião nos limites da simples razão*, Kant esclareceu o assunto. Aqui ele diz: "A liberdade do arbítrio é da peculiar natureza, que ela não pode ser determinada a uma ação por nenhum motivo, a não ser na medida em que a pessoa o tenha assumido em suas máximas (tenha-se feito como regra geral, de acordo com a qual ele quer se comportar)"[65]. Quer dizer: mesmo quem se deixe determinar por fins (objetivos) quaisquer, e isto quer dizer, pelo fato de ele querer agora justo isto, ainda assim deixa-se determinar antes pela re-

---

65. *Werke* VI, 23s.

gra geral de querer sempre justo aquilo que ele quer no momento, e isto quer dizer, pela máxima do "amor-próprio"[66] (do egoísmo). Kant atingiu, portanto, por causa da particular dificuldade que lhe resultou inicialmente do fato de que a vontade moral não pode ser primariamente determinada por um fim, uma nova compreensão da "natureza de todo peculiar" do querer humano, que todo querer humano, antes mesmo de querer quaisquer fins determinados, e servindo de base a este respectivo querer, sempre já se decidiu por uma ou outra máxima fundamental, no que para Kant estas máximas fundamentais só podem ser duas: a da moral e a do amor-próprio. Por isso Kant ainda mostra no tratado sobre a religião que também o agir por dever, mesmo não podendo ser determinado por um fim (por seu turno determinado pela inclinação), sempre se refere a fins, "pois sem qualquer referência a fins não pode ocorrer uma determinação da vontade no ser humano"[67].

Com isto fica esclarecida a conexão entre o modo como a vontade se reporta a máximas e o modo como ela se reporta a fins. Que todo querer em geral, antes de qualquer querer disso ou daquilo, seja um querer da maneira como eu mesmo quero me compreender, parece-me ser uma das intuições mais profundas da filosofia moral kantiana. Nisto pode-se deixar em aberto, se se deve entender a máxima fundamental do "amor-próprio" sempre como uma decisão contra a moral, como faz Kant[68]. Caso se admita a possibilidade do *lack of moral sense*, não se pode vê-lo assim, mas a tese de Kant, que só podem existir estas duas máximas fundamentais, de como se quer compreender sua vida, parece-me ter um alto grau de plausibilidade.

Voltemos à tese do parágrafo 14. Na ética anglo-saxônica das últimas décadas foi de praxe dividir os sistemas morais modernos que partem de um único princípio em deontológicos e teleológicos[69]. Por um sistema moral teleológico (do grego *télos*, fim) entende-se um que considera uma ação boa ou correta exa-

---

66. *Werke* VI, p. 36.
67. *Op. cit.*, p. 4.
68. Cf. toda a primeira parte do tratado sobre a religião.
69. Cf. FRANKENA, W. *Ethics*. [*S. l.*]: Prentice Hall, 1963. cap. 2.

tamente quando promove determinado fim. Isto pressupõe que o fim seja visto por seu lado como o único bem sem restrição (razão pela qual se chama então a boa ação de correta e não de boa, para evitar ambiguidades). O protótipo de um sistema moral assim é o utilitarismo. Por um sistema moral deontológico (do grego *déon*, dever) entende-se uma ética que não faz depender a bondade da vontade de uma pressuposta valorização de um fim. Como protótipo de um tal sistema vê-se por isto em geral o kantiano, e é no parágrafo 14 que Kant estabelece exatamente este programa. Esta posição aqui defendida por Kant pode-se designar como seu singular *formalismo*. Kant mesmo diz: se o princípio da boa vontade não reside em seu objetivo, então ele só pode "ser determinado pelo princípio formal da vontade em geral" (400).

Também a este respeito poderia a posição de Kant causar inicialmente repulsa, enquanto um princípio teleológico pode parecer o mais natural. O que poderia ser mais evidente do que o ser uma ação boa (correta) na exata medida em que ela evita danos e promove o bem? Mas o bem para quem? Esta questão se insinua imediatamente na concepção teleológica. Devemos entender esta de tal forma que o bem moral é reduzido a um bem relativo ou que o bem incondicional agora é definido de uma nova maneira? O utilitarismo faz ambos: o fim, pelo qual deve ser medido o querer moral é, em primeiro lugar, aquilo que é o melhor para a maioria e, em segundo lugar, o bem absoluto é para ser definido assim. Mas até que ponto ambos os passos não serão arbitrários? Quero deixar de lado a questão muito discutida, se isto pode concordar com o modo pelo qual nós julgamos ações individuais como boas ou ruins[70], e perguntar apenas como Kant ter-se-ia posicionado ante esta proposta (pois será outra coisa que não uma proposta?). Kant teria naturalmente dito: se alguém chama de bom um estado qualquer do mundo, isto nem pode ter outro sentido que não o de ele colocar isto como fim, quer dizer que sua inclinação aponta para sua realização. Quem julga como utilitarista diz, pois, simplesmente que é bom para ele, se todos estão melhores. Este argumento – e eu

---

70. Cf., por exemplo, WILLIAMS, B. A critique of utilitarianism. *In*: SMART, J. C. C.; WILLIAMS, B. *Utilitarianism*: for and against. Cambridge: [*s. n.*], 1973.

não vejo o que se poderia lhe objetar – diz que a concepção utilitarista não tem estruturalmente nada a ver com moral, mesmo que seja declarada como tal e concorde em seus resultados parcialmente com nossas intuições morais.

Contra o deontologismo, por seu turno, aduz-se em geral que ele conduz a um fetichismo da regra. Como exemplo-chave servem deveres tais que de fato desempenham um grande papel em Kant, como o dever de manter sua promessa. A posição de Kant parece resultar em que quem fez uma promessa a um outro deve manter esta promessa não por consideração pela outra pessoa, mas somente por causa da regra. Mas em uma tal orientação por regras particulares não se pode chegar ao núcleo da controvérsia. A posição de Kant, bem-entendida, resulta na máxima do altruísmo. Esta máxima diz: considera os interesses dos outros, respeita os direitos de cada um. Se, portanto, não se segue regras particulares, mas o princípio moral como tal – o que Kant também chama logo no parágrafo seguinte de "a lei" –, então fica evidente que a máxima é, sem dúvida, referida a um fim, como vimos justo com base no tratado sobre a religião. Kant então acolherá isto de forma a dizer que o princípio moral prescreve tratar cada ser humano como fim em si mesmo, uma formulação que sem dúvida ainda teremos de esclarecer no seu devido lugar.

Visto assim desaparece, pois, a aparente oposição entre referência a uma regra e referência aos seres humanos em questão, e a referência a uma regra, o assim chamado formalismo, apenas garante o universalismo inteiramente necessário. Em minha opinião deve-se, pois, dar razão a Kant em que sua "segunda proposição" segue analiticamente da proposição inicial da 1ª seção e que um programa moral teleológico deve ser rejeitado. Posto isto, temos, contudo, de observar ainda que o modo como Kant acredita poder desenvolver sua alternativa ao programa teleológico a partir do conceito do querer não é evidente, sim, nem sequer é inteligível. O valor da ação moral, assim reza a tentativa de Kant em dar um sentido em termos de conteúdo à sua intuição de princípio, só poderia "ser determinado pelo princípio formal do querer em geral". Não se vê, contudo, de modo algum, em que medida "o querer em geral" tem um "princípio formal". O que Kant empreende aqui é certamente muito engenhoso, pois esta proposta parece ser a única coisa que pode resultar sem premissas adicionais da proposição inicial da 1ª seção, mas o resultado é vazio.

Estamos aqui ante um passo da argumentação de Kant que deve ser observado com exatidão em sua posição metódica. Eu presumo que Kant mesmo teria admitido que o passo, como é dado aqui, ainda não é convincente em si, pois do contrário ele não precisaria ter escrito a 2ª seção de *Fundamentação*. Somente o conceito de razão, aqui completamente posto de lado por Kant, porque não contido de modo algum na compreensão moral comum, permitirá a Kant falar de um princípio formal; será o da vontade racional, não o da vontade em geral. Que a pretensa derivação do imperativo categórico na 1ª seção, como realizada com base no parágrafo 14, não é bem-sucedida ainda não é, pois, um argumento decisivo. Kant mesmo poderia ter dito que neste trecho ele só podia antecipar. Tanto mais curiosos devemos estar para saber se a fundamentação na 2ª seção, então a única decisiva, será convincente. Todo peso recai agora sobre o conceito de razão.

Com esta reserva podemos avançar para a "terceira proposição", que Kant coloca no parágrafo 15. Ele diz: "Dever é necessidade de uma ação por respeito à lei" (400). Enquanto as duas primeiras proposições resultavam cada vez analiticamente da primeira proposição da 1ª seção, a terceira proposição resultará de novo analiticamente, mas desta vez "como conclusão das duas anteriores". Isto também é fácil de se enxergar. A primeira proposição dizia: uma ação só é moralmente boa se ela é motivada pelo próprio dever (o ordenado, como o necessário praticamente). Esta motivação pura pelo moral mesmo agora é assumida no conceito do respeito. A segunda proposição dizia: o moral consiste exclusivamente "no princípio da vontade". Este "princípio formal" agora é retido na expressão "lei". Um agir é, pois, moral, se (e somente se) ocorre "por respeito à lei". A pretensão de Kant de que a terceira proposição não traz propriamente nada de novo, mas apenas liga as duas primeiras está, pois, em ordem. Para uma melhor compreensão da terceira proposição só se precisa ainda apontar para o fato de que Kant não compreende aqui "dever" quase objetivamente como o ordenado, mas quase subjetivamente como a ação por dever. Do difícil conceito do respeito, que Kant extraordinariamente reporta não primariamente a pessoas, mas à lei mesma, o que ele esclarece na perspicaz 2ª nota da página 402, não preciso me ocupar mais em nosso contexto. Basta tratar a palavra como cifra para a motivação moral.

No parágrafo 17 a argumentação da 1ª seção chega ao fim. Kant acredita poder mostrar já agora que o dito até aqui – e é no essencial o discurso, introduzido no parágrafo 14, sobre um princípio formal (de uma lei, como complementado no parágrafo 15) da vontade como tal – basta para demonstrar o imperativo categórico como o conteúdo do moral. Como, com base no parágrafo 14, não restou "nada senão a universal legalidade das ações em geral", o mandamento moral só poderia rezar, "que eu também possa querer que minha máxima deva tornar-se uma lei universal" (402).

Se esta conclusão fosse válida, então Kant teria logrado deduzir o imperativo categórico da simples premissa, tirada da compreensão moral normal, que a vontade é a única coisa que pode ser boa sem restrição. Mas naturalmente a conclusão não é válida. Primeiro, nem sabemos o que o discurso do parágrafo 14, sobre um "princípio formal do querer", quer dizer em geral, de modo que não podemos ajuizar com que direito isto agora possa ser acolhido como equivalente no discurso sobre uma "universal legalidade das ações em geral", e esta expressão é em si mesma igualmente ou ininteligível ou ambígua. E completamente arbitrário parece o passo daí, para a expressão muito mais específica "que eu também possa querer que minha máxima deva se tornar uma lei universal". No entanto, não devemos aqui tomar a argumentação com excessiva exatidão. Podemos considerá-la como simples antecipação de um argumento que Kant acreditava poder apresentar somente com a ajuda do conceito da razão prática na 2ª seção.

SÉTIMA LIÇÃO
A SEGUNDA SEÇÃO DA *FUNDAMENTAÇÃO DA METAFÍSICA DOS COSTUMES* DE KANT[71]

Pode-se considerar a primeira seção de *Fundamentação* como uma genial tentativa talvez não de deduzir, mas de tornar convincente o imperativo categórico a partir de um aspecto central da compreensão moral comum. Que uma dedução nesta base seja impossível resulta já do fato de ser o aspecto da consciência moral comum, do qual partiu Kant, um elemento de uma moral em geral e já por isso não poder ter sido derivado dele o programa moral específico do imperativo categórico. Sem dúvida não existia para Kant a diferença por mim salientada entre uma compreensão moral em geral e isto que ele dá como a compreensão moral comum, mas já é determinado programa moral. Contudo, Kant tinha consciência de que ele só poderia fundamentar o programa moral do imperativo categórico se este devesse ser absolutamente fundamentável de algum modo, com auxílio de seu conceito de uma razão prática pura. Por isso é que a parte substancial da 2ª seção de *Fundamentação* (precedida por uma longa digressão sobre a moral não poder ter seu fundamento dado empiricamente e, consequentemente, tão somente *a priori*, cf. quinta lição) começa com o plano de querer "seguir de perto e expor claramente a faculdade da razão prática desde suas regras gerais de determinação até onde nasce dela o conceito do dever" (412). O método é, pois, agora o sintético: o conceito do dever não é mais pressuposto ou derivado analiticamente de intuições dadas, e sim deve ser um resultado, desde que se investigue suficientemente a faculdade da razão prática.

O que Kant entende por faculdade da razão prática não é conceitualmente unívoco de todo, se bem que o modo como ele

---

71. Tradução de Joãosinho Beckenkamp.

quer ver entendidas proposições da razão prática seja inteiramente inequívoco. Kant parte de uma complicada sequência de proposições que tem de ser entendida com exatidão (412): "Cada coisa da natureza atua de acordo com leis. Somente um ser racional tem a faculdade de agir de acordo com a representação das leis, isto é, de acordo com princípios, quer dizer, tem uma vontade. Como para a derivação de ações a partir de leis é exigido razão, assim a vontade não é nada mais do que razão prática".

Não é tão grave que Kant não se atenha à equiparação expressa na última proposição entre vontade e razão prática. Efetivamente ele emprega em *Fundamentação* o termo "vontade" com uma ambiguidade que ele resolveu mais tarde em *Metafísica dos costumes*, na medida em que reserva o termo "vontade" para esta ideia da razão prática, e isto quer dizer "para a vontade já determinada pela razão", e emprega o termo "arbítrio" no sentido comum do querer, que pode tanto ser racional quanto não[72].

Mais difícil é entender exatamente o que Kant quer dizer quando diz que seres racionais podem "agir de acordo com a representação das leis". Isto soa como se fossem as mesmas leis (e na mesma formulação) constatadas na natureza pelo entendimento teórico, e "por cuja representação" então se pode agir. Isto já está excluído pelo simples fato de que então o imperativo categórico, que não tem equivalente em uma lei natural, não seria um caso de um princípio prático, o que, no entanto, como fica patente no que segue, é claramente intencionado.

Aos assim chamados imperativos hipotéticos corresponde uma lei natural, mas nunca na mesma formulação. As leis naturais têm em sua forma mais simples a fórmula "sempre que x, então y", por exemplo "sempre que uma pedra (de determinado tamanho) bate contra (x) uma vidraça (de determinada espécie, com determinada velocidade etc.), a vidraça quebra (y)". Somente com base em uma reformulação resulta dali o princípio prático de um imperativo hipotético "se queres quebrar a vidraça (y), atira uma pedra (desta espécie etc.) contra ela (x)". Da proposição teórica "sempre que x, então y" resulta, portanto,

---

72. *Werke* VI, 226.

a proposição prática "sempre que queres y, faças x". As leis, de acordo com "cuja representação" pode-se agir, não são, pois, leis naturais nem sequer no caso dos imperativos hipotéticos, apesar de se fundamentarem em tais. No parágrafo seguinte, Kant designa estes princípios práticos como mandamentos da razão e suas "fórmulas" – portanto, a expressão linguística – como imperativos. Por "imperativos" como por "mandamentos", Kant entende, pois, exclusivamente tais que fundam na razão. Naturalmente não se pensa no conceito ulterior do imperativo gramatical ou em ordens sociais.

Mas o que quer então dizer? Que estas regras – elas correspondem àquelas que eu designei na segunda lição como regras da razão – são "mandamentos da razão"? No 3º parágrafo desta série, diz Kant: estes mandamentos "dizem que seria bom fazer ou deixar de fazer algo" (413), e de fato: sempre podemos também reformular a fórmula "se queres y, faças x" assim: "se queres y, é bom que tu faças x" (podemos aqui abstrair com Kant da complicação de que existem em geral mais meios de atingir y, razão pela qual também ocorre a formulação "o melhor" em vez de "bom".

Kant continua, então, escrevendo nesta altura: "Praticamente bom, contudo, é o que determina a vontade por intermédio das representações da razão, portanto, não por causas subjetivas, mas objetivamente, isto é, por razões que são válidas para todo ser racional como tal" (413). Ao contrário, no início desta parte toda do texto, Kant tinha sugerido que estas leis se chamam "leis da razão", porque "para a derivação de ações a partir de leis é exigido razão" (412). Para poder posteriormente ajuizar a proposta de Kant a respeito do conteúdo do imperativo categórico é importante tornar-se explícita a diferença entre estas duas explicações.

A isto liga-se naturalmente a questão, o que se deve entender em geral por "razão" e "razão prática". Usualmente Kant caracteriza a razão como sendo a faculdade de concluir, e a esta concepção corresponde a explicação, citada por último, de que as regras práticas são leis da razão por que nós podemos delas "derivar" ações somente pela razão. Seria, então, característico da razão que ela se refira a proposições gerais e suas implicações. Mas existe um conceito geral de razão, de acordo com o qual ela seria a faculdade da fundamentação (*rationem reddere*). Este conceito é mais geral porque a fundamentação de uma proposição (ou de uma ação) por outras proposições – e isto quer dizer por uma conclusão – é apenas uma forma da fundamentação, ainda por cima relativa. Agora, é do segundo significado de razão, mais geral e também mais frequente no uso comum da linguagem (compare em particular os termos correspondentes em outras línguas: *reason, raison*), que parte Kant na proposição em que explica o termo "bom".

Agora, muito fala a favor de se entender o discurso sobre regras razoáveis ou racionais neste sentido. Pois em uma tal regra tudo depende de ela fundamentar objetivamente determinado agir, como Kant diz aqui, e não de ela ser apenas uma regra em geral, da qual podem ser derivadas ações individuais. Razão, neste último sentido, também se precisaria para empregar concretamente uma regra, como "sempre que soa o apito, deve-se apontar a espingarda", se bem que aqui nós justamente não poderíamos dizer que é uma regra da razão, e precisamente não, porque ela não é objetivamente fundamentada. Além disso, somente este sentido mais lato de razão torna compreensível o motivo pelo qual chamamos de racional não apenas o ato da aplicação, mas a própria lei. Contudo veremos que, a propósito da questão de como entender o imperativo categórico, o próprio Kant se orientou pelo outro sentido.

Antes que Kant se volte então para a questão de saber em que pode consistir o imperativo categórico em termos de conteúdo, ele deve antes dizer o que se há de entender por um tal em geral. Isto agora é de fácil compreensão, depois de ter sido introduzida a fórmula "se queres y, faça x" = "se queres y, é bom (ou o melhor) que faças x" ou (com base no exposto há pouco) "se queres y, é racional que faças x". Kant chama imperativos desta espécie de hipotéticos, porque fazer x só é racional sob a hipótese de que se queira y. Isto leva Kant, à página 414, a conceber a possibilidade de um imperativo da razão sem uma tal pressuposição. Este teria, por conseguinte, a forma "é bom fazer x" = "é racional fazer x", ponto e sem condição.

Naturalmente é fácil entender a primeira destas duas formulações, pois nossos juízos morais têm exatamente esta forma. Somente tentamos mostrar que nisto as palavras "bom" e "ruim" têm um sentido bem diferente do que no caso de regras da razão (segunda lição). Já ali mostrei que Kant exatamente não quis dizer isto, e isto ele expressa aqui ao entender uma proposição da forma "é bom fazer x" no sentido de "é racional fazer x".

Kant introduz aqui sua proposta cautelosamente no subjuntivo, mas apenas porque deixa em aberto se pode haver uma proposição desta forma. Para o leitor que ainda não foi educado com Kant, coloca-se naturalmente de início não a questão de se será encontrado um conteúdo para esta forma proposicional, mas ele perguntará até que ponto, pois, esta forma proposicional pode ter um sentido em geral. Confrontamo-nos novamente com a questão que já abordei na segunda lição. Kant estabelece aqui, sem mesmo mencionar outras alternativas, que seu discurso sobre um "bem irrestrito", abordado na primeira proposição da 1ª seção de *Fundamentação*, tem o sentido de "ordenado racionalmente", mesmo que a isto se possa objetar que este discurso sobre uma ação que é para ser racional em si mesma, e não só relativamente a algo, nem tem sentido.

Encontramo-nos aqui no ponto decisivo em que Kant acredita poder mostrar que o bem irrestrito do moral deve ser fundamentado, e isto quer dizer fundamentado absolutamente. Eu já disse na segunda lição que aqui devemos ser tolerantes e dar a Kant a chance de mostrar que ele pode dar um sentido a esta proposição, aparentemente sem sentido. O próprio Kant vê a situação metodológica naturalmente de outro modo: ele acha que a proposição é inteligível e que a questão seria apenas referente à possibilidade de lhe dar determinado conteúdo inteligível e daí naturalmente também necessário.

A esta questão Kant se dedica algumas páginas adiante e acredita poder respondê-la com uma simples consideração (420s.): "Se me represento [...] um imperativo categórico, então sei de imediato o que ele contém. Pois como o imperativo só contém além da lei a necessidade da máxima de ser conforme a esta lei e a lei não traz em si nenhuma condição, à qual ela seria restrita, assim não resta senão a universalidade de uma lei em geral, com que deve concordar a máxima da ação [...]. O imperativo categórico é, pois, um único e precisamente este: age somente de acordo com aquela máxima, pela qual podes ao mesmo tempo querer que ela se torne uma lei universal".

A resposta que Kant dá aqui é idêntica em termos de conteúdo à que deu já no parágrafo 17 da 1ª seção. Só que ali ele teve de recorrer à ideia em si mesma ininteligível de uma lei do "querer em geral", enquanto ele pode agora se apoiar no conceito de uma lei prática da razão, cujo sentido era incontestável pelo menos nos imperativos hipotéticos. Assumamos apenas agora com Kant que uma tal lei também é inteligível no caso de um imperativo categórico – no qual, pois, a lei "não traz em si nenhuma condição, à qual ela seria restrita"! A conclusão que Kant tira na segunda proposição da citação anterior, de que, se a condição (portanto, a proposição condicional) deixa de existir, somente resta "a universalidade de uma lei em geral", é então claramente um *non sequitur*. Pois seria evidentemente pensável, se tais imperativos não hipotéticos fizessem sentido de algum modo, que eles representassem diversas leis materiais, como se pode facilmente tornar claro na significativa e pretensamente equivalente forma das proposições de valor: "agir (ou ser) assim e assado é bom". Para uma ética da virtude é mesmo evidente que existam várias proposições deste tipo.

O argumento que Kant de fato dá é, portanto, certamente falso. Provavelmente, no entanto, toma parte em Kant também a representação de que, segundo um dos significados de razão acima mencionados – como faculdade de concluir – e segundo o pensamento, para ele estreitamente associado a isto, de que a razão é a faculdade dos princípios[73], da simples racionalidade resulta algo assim como "a simples legalidade em geral" (402). Esta expressão é, no entanto, em si mesma tão indeterminada que poderia significar toda e qualquer coisa, e ganha um sentido determinado apenas na formulação do imperativo categórico mesmo, que Kant dá no fim da citação acima, uma formulação que, portanto, certamente não segue do pensamento anterior.

---

73. Cf. *Crítica da razão pura*, B 356.

Lembremo-nos agora dos dois significados de "razão" que distinguimos anteriormente. Kant parece ater-se em sua fundamentação do imperativo categórico a um dos significados. Como, no entanto, se deve tratar de uma fundamentação, teria sido muito mais natural ele ter seguido o outro significado. Neste caso poder-se-ia ter fundamentado o imperativo categórico em algo como segue: "Uma ação seria irrestritamente boa se ela pudesse ser fundamentada frente a qualquer um, e isto significaria: se qualquer um pudesse com ela concordar". Uma tal versão do imperativo categórico está muito próxima da 3ª fórmula do imperativo categórico de Kant. Mas idealmente a ideia de se fundamentar o imperativo categórico desta maneira (estaria fundamentado absolutamente o que fosse possível fundamentar frente a qualquer um) faz parte da ética do discurso. O próprio Kant não teve a ideia de fundamentar o imperativo categórico por meio de um tal conceito "comunicativo" de razão, e veremos na discussão da ética do discurso na próxima lição que também esta ideia é irrealizável.

Se ficarmos, por ora, com o próprio Kant, poderemos observar agora que fracassou sua tentativa de dar determinado conteúdo à ideia de um imperativo categórico no sentido de um imperativo de pura (não relativa) razão, que já não era muito inteligível em si mesma, e com isto fracassou também – abstração feita da sugerida sombra de esperança da ética do discurso – a ideia de Kant de fundamentar a moral de modo absoluto (como resultado da ideia de uma razão pura prática).

Isto não quer dizer naturalmente que o imperativo categórico, tal como formulado por Kant na assim chamada 1ª fórmula no final do texto citado, não faça sentido. Tentamos mostrar na quinta lição que ele de fato apresenta o sentido mais evidente que se pode dar ao conceito do bem moral – da excelência objetiva do ser humano como ser cooperativo. Só que ele não se deixa fundamentar assim como Kant pensava, e com isto fechou-se a lacuna que tive que deixar em aberto em minha tese de que ele não pode ser fundamentado de modo algum, a saber, a lacuna que se referia ao conceito de razão.

Ainda tenho de apontar para uma significativa peculiaridade na formulação do imperativo categórico, que em todo caso não é derivável do texto anterior. Kant diz com razão que eu teria de poder querer que a máxima, de acordo com a qual eu ajo, se torne uma lei universal. Claro está naturalmente que o querer de que se trata aqui é o querer plenamente comum, ainda pré-moral, egoísta, pois o querer somente é moral na medida em que se deixa determinar pelo imperativo categórico. O querer que ocorre dentro da formulação do imperativo ainda não é, pois, o moral. E o que é pretendido também está claro. Por exemplo, não queremos – com base em nosso interesse próprio – que outros nos façam mal, e disso segue que não "podemos querer" que a máxima (por exemplo, seguida ou ponderada por mim no momento) de fazer mal a um outro, sempre que me convém, torne-se "uma lei universal", pois isto significaria justamente que todos me fariam mal continuamente, sempre que lhes convenha.

Para Kant, esta necessária referência no imperativo categórico, que pretende ser puramente apriorístico, ao querer empírico era evidentemente um incômodo, razão pela qual ele até mesmo a deixou de lado na *Crítica da razão prática*. Ali ele formula o imperativo categórico assim: "Age de tal forma que a máxima de tua vontade possa sempre ao mesmo tempo valer como princípio de uma legislação universal" (§ 7). Em *Fundamentação* ele procedeu de forma mais apropriada. Aqui ele esclarece que existem muitas máximas (por exemplo, não manter sua promessa) que como leis universais não podem "sequer... ser pensadas", "quanto mais que se possa ainda querer que se torne uma tal" (424). Mas no caso de outras é inteiramente possível pensar que isso ocorra geralmente (por exemplo, que seres humanos se causem mutuamente danos), mas "ainda assim impossível querer" que isto aconteça. Que Kant também pensasse em *Fundamentação* que àqueles mandamentos morais que se fundam sobre a impensabilidade de sua universalização compete uma maior dignidade, isto deve estar ligado ao fato de parecer não estar implicada neles uma referência à vontade egoísta empírica (pois, que os mandamentos assim fundamentados definam a classe dos assim chamados deveres "perfeitos"[74], este foi seu erro, como ainda veremos). A formulação de Kant "por muito

---

74. Cf. nota à p. 422.

equivocado que se possa ainda querer..." é notável. Pois por que não deveríamos poder ao menos querer (desejar) algo irrealizável? O que importa realmente, assim se terá justamente que perguntar, na avaliação moral das máximas morais até mesmo da primeira classe: que não se possa pensar sua universalização ou que não se possa querê-la? Kant parece nos dar no parágrafo seguinte uma resposta que aponta claramente para o não poder querer. É a passagem a que já me referi na quinta lição. Kant diz aqui que nós – sem distinção de qual das duas formas de dever antes mencionadas se trata – "realmente não queremos" que uma máxima imoral se torne lei universal. E agora pode-se dizer, como já fiz na quinta lição, que aqui Kant nomeia o fundamento real do imperativo categórico, enquanto a pretensa derivação da razão pura prática foi uma fundamentação fictícia. Este fundamento real consiste, como eu já disse, para Kant, em propor uma moral que corresponde, em termos de conteúdo, às regras do contratualismo, mas dele se distingue por serem as regras agora seguidas por causa delas mesmas ou por causa dos atingidos, e isto universalmente. Isto se baseia por seu turno, primeiro, em que todos nós aceitamos efetivamente o contratualismo por interesse próprio e, segundo, em que é evidente que, quando nos compreendemos de uma maneira "natural" como morais, nós nos compreendemos em função de um ser bom que é determinado assim. Que o imperativo categórico ainda permita estender também sua base material para além dos conteúdos contratualistas, veremos mais tarde na sequência de Adam Smith[75].

Com isso cheguei ao fim do confronto propriamente dito com a ética de Kant, que parecia necessário como apoio de minha própria concepção, e eu poderia concluir a interpretação de Kant, se a ulterior argumentação da 2ª seção de *Fundamentação* não trouxesse ainda pensamentos importantes, às vezes profundos e sempre, mesmo que não se possa concordar, instrutivos.

Procederei por três passos. Primeiro tratarei das duas outras fórmulas do imperativo categórico, que já mencionei brevemente na quinta lição. Depois ocupar-me-ei dos famosos qua-

---

75. Décima quinta lição.

tro exemplos, cuja correta compreensão tem uma importância fundamental, e finalmente tratarei do começo da 3ª seção, em que fica claro um outro ponto fraco da tentativa de Kant de fundamentar a moral sobre a razão na questão sobre a possibilidade de uma motivação pela razão.

A 2ª fórmula para o imperativo categórico diz: "Age de tal forma que faças da humanidade, tanto em tua pessoa quanto na pessoa de cada um dos outros, sempre ao mesmo tempo um fim e nunca simplesmente um meio" (429). Como Kant chega a esta formulação e como ela se relaciona com a primeira?

O conceito fundamental, sobre o qual Kant constrói esta segunda fórmula e que não ocorre nela mesma, é o do "fim em si mesmo". Veremos que este conceito é em última instância um não conceito, mas que ainda assim não resulta disso nenhuma desvantagem para a segunda fórmula.

A grandeza de um filósofo mostra-se muitas vezes em ele não expor um objeto da maneira mais fácil possível e também não temer contradições aparentes. Depois de Kant ter esclarecido na 1ª seção de *Fundamentação* que "uma ação por dever (não pode ter) seu valor moral no objetivo a ser atingido por isto", portanto, não no fim, mas apenas no princípio formal da vontade mesma, ele surpreende o leitor, no enrolado parágrafo que prepara a 2ª fórmula (427), com a declaração de que um fim pode também de todo ser "dado por meio de simples razão" e que por isso nós devemos distinguir entre "fins que um ser racional se propõe a bel-prazer, como efeitos de sua ação (fins materiais)" e fins "objetivos", "que valem para qualquer ser racional". Ele pressupõe aqui, portanto, o que formula explicitamente no tratado sobre a religião, de tal forma que "sem nenhuma referência a fins [...] não pode ocorrer nenhuma determinação da vontade no homem".

Mas o que temos de nos representar sob um tal "fim objetivo" em geral? A explicação costumeira que Kant dá de "fim"[76] resulta em um fim só poder ser, de acordo com seu sentido, o que ele chama aqui de fim subjetivo, o que "um ser racional se propõe a bel-prazer como efeito de sua ação". Defrontamo-nos,

---

76. Cf. *Crítica do juízo*, § 10.

portanto, com duas questões: primeira, o que temos de nos representar sob um fim objetivo em geral? E, segunda, mesmo existindo um tal fim, por que Kant se viu obrigado, tanto na 1ª seção de *Fundamentação* quanto em uma consideração análoga nos primeiros parágrafos de *Crítica da razão prática*, a recorrer à forma do querer e destacar esta, em contraposição à "matéria" (ao objeto do querer), como a única coisa moralmente relevante?

A isto Kant responde no parágrafo seguinte: "Posto, contudo, haver algo, cuja existência tenha um valor absoluto em si mesmo, que como fim em si mesmo pudesse ser um fundamento de determinadas leis..." (428), e ele continua isto no parágrafo seguinte na mesma forma ética com a afirmação: "Agora eu digo: o ser humano, e em geral todo ser racional, existe como fim em si mesmo". Ele o explica então, retomando sua famosa distinção entre pessoas e coisas, de tal modo que coisas são seres que só têm um valor relativo, a saber, para nosso querer, enquanto pessoas são seres, cuja existência tem um "valor absoluto". Kant fala mais tarde também do "valor interior, isto é, da dignidade" (435).

É notável que Kant aparentemente se sentiu incapaz de conduzir esta argumentação de outro modo que não por uma série de afirmações. O que – dever-se-á perguntar o leitor – é para ser um fim em si, um fim que não é pensado essencialmente relativo a um querer, e o que é para ser um valor absoluto que igualmente não é para ser entendido como relativo a um querer ou uma valoração? Não contradizem ambos o sentido de "fim" e "valor"?

Somente no parágrafo seguinte Kant faz uma tentativa de tornar inteligível o pensamento e, ao mesmo tempo, de dar também a fundamentação do princípio que deve resultar dali. "Assim", ele escreve – justamente como "fim em si mesmo" –, "o ser humano se representa necessariamente sua própria existência. Nesta medida ele é, pois, um princípio subjetivo de ações humanas. Mas assim também qualquer outro ser racional se representa sua existência segundo este mesmo fundamento da razão, que também vale para mim. Por conseguinte, ele é ao mesmo tempo um princípio objetivo" (429).

Este argumento é naturalmente um grandioso sofisma. Do fato de cada qual representar sua própria existência de determinada maneira e de qualquer outro ter o mesmo "princípio subjetivo", naturalmente nunca resulta um "princípio objetivo" no sentido de Kant, que deveria consistir em cada qual ter de então representar assim a existência de qualquer um (e não apenas sua própria). Além disso, como Kant chega à suposição de que cada um se representa sua própria existência como fim em si? Se "fim em si", como Kant fez até aqui, foi definido desde o início como "fim objetivo que vale para qualquer ser racional", então ninguém pode representar-se desta maneira sua própria existência antes que a de todos os outros. Baseado em quê – devemos perguntar – com razão Kant pôde recorrer a uma espécie particular de relação de um indivíduo à sua própria existência? O que Kant tinha em vista aqui, de forma obscura, contudo, era que para todo ser humano o fim último é sua própria existência. O fenômeno a que Kant aponta aqui é o que Heidegger (e Aristóteles antes dele) tinha em mente quando disse tratar-se para um ser humano em última instância de seu próprio ser. Mas este fim último, por mais que se distinga de outros fins, sempre ainda é um fim subjetivo, e é por isso designado com razão por Kant como "princípio subjetivo": ele é objeto de nosso querer. Agora, do fato de que para cada ser humano seu fim último (subjetivo) seja sua própria existência não resulta em si mesmo qualquer princípio objetivo, e com fim último justamente não é visado o que Kant quer dizer quando fala de "fim em si".

Por mais detalhadas que sejam as afirmações de Kant, ainda não sabemos o que é um fim em si e por que dele resulta um princípio prático da razão. Assim teremos de trilhar um outro caminho para a compreensão, sugerido por Kant tanto no fim do primeiro parágrafo desta série (p. 428) quanto também no fim do terceiro parágrafo (428) e finalmente mais uma vez ainda no início do quarto. Aqui Kant argumenta sempre de tal modo que termina dizendo: temos de pressupor um fim em si, temos de pressupor que o ser humano tenha um valor absoluto, porque, caso contrário, o imperativo categórico – e sem dúvida podemos aqui complementar: o imperativo categórico em sua primeira fórmula – não poderia valer. Visto assim, torna-se inteligível os motivos pelos quais as tentativas de Kant de fundamentar diretamente a 2ª fórmula do imperativo categórico mantiveram tanto o caráter de tese. A fundamentação propriamente dita da 2ª fórmula é que ela está implícita na 1ª fórmula. Isto Kant diz explicitamente em uma passagem posterior (438): "Pois que eu deva, no uso dos meios para qualquer fim, restringir minhas máximas à condição de sua universalidade como uma lei (1ª fórmula), diz o equivalente a: o sujeito dos fins, isto é, o ser racional mesmo, nunca deve ser tomado por base de todas as máximas das ações somente como meio, mas como suprema condição restritiva, no uso de todos os meios, isto é, sempre ao mesmo tempo como fim" (2ª fórmula) (438).

Kant chama, pois, atenção para o fato de que, se não se compreende o imperativo categórico em sua 1ª fórmula de modo contratualista, mas como princípio moral, nele está implicado que os outros são ultimamente determinantes para nós, que nós agimos por sua causa (2ª fórmula).

No entanto, o discurso sobre um fim em si ainda parece enigmático. Kant dá, porém, uma indicação na mesma seção em que se encontra a proposição recém-citada: um fim em si não deve "ser pensado" como um "fim a ser realizado", mas como "fim independente, portanto, apenas negativamente" (437). Também isso continua, sem dúvida, obscuro. Não contradiz a ideia de um fim independente, o conceito de um fim? O esclarecimento de que o fim deve aqui "ser pensado apenas negativamente" pode, contudo, ajudar-nos a ir adiante. Basta agora deixar de lado a expressão "fim em si", em si mesma dispensável, e podemos limitar-nos a formular negativamente o imperativo na 2ª fórmula: "Nunca use o ser humano apenas como meio". O que Kant quer, pois, dizer, quando diz que o imperativo na 1ª fórmula implica a 2ª fórmula, é que, quando nos relacionamos com outros no modo da 1ª fórmula, isto implica que nós não os instrumentalizamos. Como mostrei também em minha própria exposição na quinta lição, o imperativo categórico vai desembocar no seguinte mandamento: não instrumentalizes ninguém! Pode-se também verter isto positivamente, dizendo: respeita-o como sujeito de direito! Ou com Kant pode-se dizer: respeita-o em sua "dignidade"!

Mas não podemos, então, dizer igualmente: respeita-o como um fim em si, ou como um ser que tem um valor absoluto? Com estas expressões, contudo, aquilo que nos é ordenado é aparentemente fundamentado por uma pretensa qualidade, que conviria aos seres humanos já em si mesmos, e com isso o mandamento é falsamente ontologizado. Não faz sentido dizer: é próprio aos homens em si mesmos serem fim em si ou terem um valor absoluto, e isto quer dizer dignidade. São palavras vazias, cujo sentido não pode ser mostrado. Pode-se dizer ao contrário: na medida em que nós respeitamos um ser humano como um sujeito de direito – e isto quer dizer: como um ser – para com o qual temos deveres absolutos, nós lhe conferimos dignidade e um valor absoluto. Então "valor absoluto" e "dignidade" são definidos desta maneira, não pressupostos como algo existente. E agora se pode naturalmente definir assim também a expressão "fim em si". Mas certamente é melhor deixá-lo inteiramente fora. Daquilo que Kant quer dizer não se perde nada com isto.

Dediquemo-nos agora à 2ª fórmula do imperativo categórico em sua enunciação particular! Por que Kant diz que devemos agir de tal forma que usemos os outros (dos deveres para consigo mesmo, quero por enquanto abstrair) "sempre ao mesmo tempo como fim, nunca simplesmente como meio"? Não se concede aqui demais, na medida em que está implicado que nós certamente podemos tratar os outros como meio, desde que o consideremos ao mesmo tempo como fim? Eu sou de opinião, no entanto, que Kant logrou aqui uma magistral formulação. Não usar alguém de modo algum como meio seria uma exigência absurda. Quando, por exemplo, firmo um contrato com um outro ou dele compro algo, eu o uso como meio para meus fins. Por que deveria isto ser proibido, desde que eu o use ao mesmo tempo como... – sim, como o quê? Aqui se insinua novamente a formulação imprópria "como fim em si". Mas ela é, em si mesma, sem valor, porque não indica nenhum critério de como eu devo então agir. Apenas nos exemplos que Kant dá fica claro o que temos de inserir aqui. No segundo grupo de exemplos, Kant diz que o outro deve poder "concordar com meu modo de me comportar com relação a ele" (430), e é esta formulação que podemos inserir acima. Posso usar alguém como meio para meus fins, se ele, por sua vez, pode concordar com a ação, assim, por exemplo, quando o contrato é honesto. No quarto exemplo, Kant diz: "O sujeito, que é fim em si mesmo, seus fins devem... também ser o mais possível meus fins" (430). Podemos inverter isto de modo a definir: nós nos compreendemos frente a um ser humano como fim em si, precisamente então quando levamos em consideração seus fins (certamente fica em aberto: em que medida). Quer dizer então que a expressão "fim em si" pode agora ficar de lado, e também não precisamos mais empregar agora apenas o mandamento vago e negativo "não instrumentalizes o outro!", mas ele tem agora o sentido positivo: leva em consideração os fins dos outros. Assim resulta: todos os fins são, a cada vez, fins subjetivos, os meus ou os de um outro, mas também o imperativo categórico se refere a fins, não à ficção de fins em si, mas aos fins subjetivos bem comuns dos outros, e agora se trata do "fim objetivo (moralmente ordenado)", que consiste em levar em consideração os fins dos outros. Este fim é de fato, como pretende Kant, "formal", porque resulta do princípio formal do imperativo categórico na 1ª fórmula.

A 3ª fórmula do imperativo categórico apresenta-se de duas formas, que H. J. Paton designou de "fórmula 3" e "fórmula 3a"[77]. Na primeira destas duas fórmulas é enfatizado o aspecto da "autonomia da vontade" (433), e ela diz: "Fazer tudo pela máxima de sua vontade, como uma (vontade) que pudesse ao mesmo tempo ter-se por objeto enquanto universalmente legisladora" (432). Esta é propriamente apenas uma variante da 1ª fórmula, mas agora com a particular ênfase de um aspecto, estabelecido desde o parágrafo 14 da 1ª seção, de que o imperativo categórico resulta da forma da própria vontade (quer dizer, da vontade racional). Kant ressalta agora o particular detalhe de que a vontade racional não obedece a uma instância estranha, mas tão somente a si mesma. Mas se Kant fala aqui da autonomia da vontade, devemos lembrar-nos de que Kant tem dois conceitos de vontade. Quando destaquei na quinta lição a importância da autonomia do indivíduo frente à moral, era visa-

---

77. PATON, H. J. *The categorical imperative*. Londres: [*s. n.*], 1947. cap. 17 e 18.

da naturalmente apenas a independência do querer no sentido comum, portanto, daquele querer que Kant chama de arbítrio. O discurso de Kant sobre uma autonomia (autolegislação) da vontade refere-se, contudo, ao querer no outro sentido, em que é intencionada a vontade "racional". Assim não é propriamente o homem que é autônomo neste sentido, mas apenas algo no homem; certamente, se este algo é de fato "a razão", como pensava Kant, pode-se talvez dizer ser ele "nossa melhor parte". Mas esta concepção de liberdade, que só se é livre quando se satisfaz determinadas condições, a assim chamada liberdade positiva, pode muito facilmente obscurecer o sentido próprio de liberdade e autonomia.

Portanto, a fórmula 3 não me parece trazer nada de essencialmente novo, e ao discurso especificamente kantiano sobre autonomia deve-se acrescentar um ponto de interrogação. Muito mais importante parece a fórmula 3a, que Kant trata um tanto desorientadoramente como uma variante da fórmula 3. Ele introduz aqui o conceito de um "reino dos fins", pelo que ele entende o "ideal" de uma "associação sistemática" de todos os seres racionais, na medida em que estes "nunca se tratam apenas como meio, mas sempre ao mesmo tempo como fim em si mesmo" (433). Isto torna possível a Kant uma reformulação do imperativo categórico, de acordo com a qual "cada ser racional (deve) agir como se ele fosse por meio de suas máximas sempre um membro legislador no reino universal dos fins" (438). Até que ponto se ganha com isto um novo aspecto, torna-se claro, quando se presta atenção na explicação que Kant dá, dizendo que o imperativo categórico assim entendido ordena "ter de tomar sua máxima sempre do seu próprio ponto de vista, mas ao mesmo tempo também do de qualquer outro ser racional enquanto legislador" (438). É esta formulação que conduz imediatamente à concepção que já propus na quinta lição: "Age com relação a cada um do modo como uma pessoa qualquer haveria de querer que todos agissem". Pode-se dizer que isto é apenas uma reformulação da 1ª fórmula, porém agora de forma a ser a questão sobre como eu posso querer que todos ajam, substituída pela questão sobre como qualquer um pode querer que todos ajam. Certamente se pode dizer que Kant já queria ver também a 1ª fórmula entendida propriamente assim, de modo a ficarem suprimidas as particulares armadilhas que se armava, insistindo especialmente neste "eu".

Em resumo, pode-se dizer que as fórmulas 3 e 3a apenas sublinham certas nuanças da 1ª fórmula, assim que as únicas duas fórmulas realmente distintas são a primeira e a segunda, as quais, contudo, Kant mostrou de forma convincente serem equivalentes. Mesmo assim Kant enfatizou que se faz bem em proceder "no ajuizamento moral sempre pelo método mais rigoroso", e isto quer dizer pela 1ª fórmula (ou então 3a) (436). Isto se torna particularmente claro quando se considera um problema, que Kant por certas razões praticamente deixou de lado, a saber, o das colisões de deveres. Por exemplo, ordena-se salvar a vida de alguém, quando em perigo, e é igualmente ordenado não mentir. O que eu faço, se posso salvar a vida de alguém somente se eu mentir? A isto R. M. Hare deu uma resposta de princípio, a meu ver convincente[78]: ao invés de aplicar a questão, como uma pessoa qualquer haveria de querer que se agisse geralmente, a cada uma das máximas, deve-se agora aplicá-la a ambas em seu conjunto. Hare fez aqui a importante distinção entre universalidade e generalidade. Toda questão moral, por mais concreta que seja, é universal no sentido que se pergunta: Como haveria qualquer um de querer que se agisse em uma situação deste tipo? Na educação e na experiência moral nós começamos, como diz Hare com razão, com ordens simples das mais gerais; quanto mais experientes nos tornamos, tanto mais teremos aprendido a aplicar o princípio da universalidade a situações que não são mais gerais no sentido de abstratas, mas ainda assim universais no sentido de que se trata sempre do tipo de situação que sempre deve ser julgada da perspectiva de qualquer um. Nisto, portanto, é fundamental sempre a 1ª fórmula, enquanto a 2ª fórmula, mesmo indicando uma condição fundamental, não fornece nenhum critério de aplicação. O assassino potencial que procura sua vítima é tratado por nós apenas como meio, quando mentimos a ele (ele não pode "concordar" com nossa ação) como meio de salvar o

---

78. HARE, R. M. *Freedom and reason*. Oxford: [*s. n.*], 1963. I. 3.

outro, e que se deva proceder exatamente assim e não contrariamente, só se pode decidir por meio da 1ª fórmula[79].

Chego agora aos quatro exemplos de Kant. Ele os discutiu duas vezes, uma vez segundo a 1ª fórmula e depois ainda uma vez segundo a 2ª fórmula do imperativo categórico. A função desta discussão dos exemplos é que Kant quer, com eles, mostrar que do princípio único do imperativo categórico resultam efetivamente todos os mandamentos que são reconhecidos pela consciência moral comum. Esta parte é, portanto, conservadora em sua intenção; ela pressupõe que os deveres reconhecidos pela consciência comum também valem realmente. Deve-se, no entanto, dizer que o sentido do imperativo categórico também é crítico e progressivo: nem todos os mandamentos que a consciência comum do tempo de Kant (ou como Kant a registrou) tinha por válidos se sustentam frente ao imperativo categórico.

Kant divide todos os deveres, por um lado, em negativos e positivos (assim chamados perfeitos e imperfeitos) e, por outro, em deveres para consigo mesmo e para com outros[80]. Daí resultam quatro classes de deveres, e cada exemplo representa uma destas classes. Na segunda discussão do segundo exemplo, Kant se refere explicitamente a uma classe inteira de exemplos.

---

79. Sem dúvida o próprio Kant resolveu a questão mencionada exatamente ao contrário, com uma argumentação bastante curiosa, cf. seu pequeno tratado "Über ein vermeintes Recht aus Menschenliebe zu lügen", *Werke* VIII, 423-430. A razão de princípio, pela qual para Kant colisões de deveres quase não tinham importância, era a pressuposição de que deveres negativos sempre têm primazia sobre deveres positivos. Desta maneira, não pode surgir nenhuma colisão, a não ser entre deveres positivos conflitantes, uma vez que o dever negativo já é sempre também cumprido, quando a pessoa não faz nada. Entre deveres negativos não podem por isto surgir colisões, e toda colisão entre um dever negativo e um positivo já está para Kant decidida em favor do negativo. Que aos deveres negativos deva em geral ser dada mais importância que aos positivos, pode resultar, na perspectiva de Kant, partir em princípio do imperativo categórico, somente da aplicação (indicada por Hare) do imperativo categórico em sua 1ª fórmula a toda a complexa situação, mas deste mesmo imperativo categórico pode resultar também que um dever positivo tem primazia sobre um negativo, como mostra o exemplo do assassino, se entendido corretamente. Voltarei a esta problemática na décima sexta lição.

80. Cf., além da nota à página 421 da *Fundamentação*, especialmente a "Introdução à doutrina da virtude", na *Metafísica dos costumes*, *Werke* VI, 379s.

Eu começo com os deveres para com os outros. O segundo exemplo é dedicado aos deveres negativos para com os outros; o quarto, ao dever positivo (Kant conhece aqui apenas um único). O segundo exemplo é aquele em que o método de Kant encontra menor dificuldade. Ele toma como exemplo a máxima: "Quando acredito encontrar-me em dificuldade financeira, então quero emprestar dinheiro e prometer devolvê-lo, mesmo sabendo que isto nunca acontecerá" (422). Kant afirma, então, que a universalização desta máxima deveria se "contradizer", como ele o expressa. Não se pode falar propriamente de uma contradição, e Kant se expressa mais claramente quando diz que isto tornaria as promessas impossíveis, porque, se a máxima fosse seguida universalmente, ninguém mais acreditaria na promessa de alguém. Kant pensava, portanto, que neste caso a universalização satisfaria mesmo o critério mais restrito, de que nós não só não poderíamos querê-la, mas que ela não seria mesmo possível. Isto não parece muito plausível. A instituição da promessa não poderia mais existir apenas quando cada um ao bel-prazer ora mantivesse sua promessa, ora a quebrasse. Se, ao contrário, sua máxima prega que ele a quer quebrar só quando acredita se encontrar em particular necessidade, cuja extensão o outro eventualmente não conhece, então a universalização desta máxima não levaria a que não mais se acreditasse, em geral, em promessas, mas tão somente a que nelas se acreditasse apenas com cautela. Mas exatamente isto é o que acontece, e não obstante a instituição da promessa funciona mais ou menos bem. Em contraposição, Kant poderia ter dito com razão que nós não podemos querer a universalização da mencionada máxima, pois cada um quer poder confiar nas promessas que lhe são feitas. Se esta consideração está correta, então Kant teria se enganado na opinião de que o critério, na sua opinião, mais rigoroso, da impensabilidade funcione pelo menos em alguns casos.

Mas, com certeza, Kant se enganou também com relação à classe, à qual este critério é aplicável, caso seja aplicável de algum modo. Ele pensava que valesse para todos os deveres "perfeitos", quer dizer, negativos. Deveres desta espécie são todos os deveres que consistem em não se dever fazer algo; por exemplo: o prejudicar a outros. O próprio Kant menciona, na segunda discussão do segundo exemplo, "agressão à liberdade e propriedade de outros" (430). Nestes casos, é claro, contudo, que, por mais exagerada que fosse a formulação da máxima do malfeitor, nunca resultaria algo impensável com a universalização. Uma guerra de todos contra todos não é desejável, mas é inteiramente pensável. O que Kant deixou de ver aqui é que seu critério da impensabilidade só pode funcionar com aqueles deveres que se referem a instituições. Isto são particularmente os deveres de manter sua promessa, de não mentir e de não roubar. São estas instituições que sempre implicam uma confiança mútua que desapareceria se fossem universalmente lesadas.

O quarto exemplo é dedicado ao dever positivo da ajuda em caso de necessidade. Aqui a tese de Kant diz que eu não posso querer que a máxima do não ajudar seja universalizada, porque então não se ajudaria também a mim, se alguma vez acabasse em necessidade. Contra este argumento há duas objeções. A primeira diz que Kant argumenta de forma contratualista, e neste caso não seria uma regra moral, mas uma regra da prudência. Mas isto é um mal-entendido[81]: Kant justamente não diz ser aconselhável ajudar outros que se encontram em necessidade, porque eles então provavelmente também ajudariam a mim em situações semelhantes; mas que seja ordenado com necessidade moral ajudá-los, resultaria de ficar claro para mim que, em situações semelhantes, eu não haveria de querer ser descurado desta forma.

No entanto, a segunda objeção é antes acertada. Poder-se-ia fazer valer que muitos, que se sabem em situação segura, não precisam temer a universalização da máxima do não ajudar. Ou, se isto ainda soa demasiado pragmático: existe gente que é orgulhosa demais para aceitar ajuda, mesmo quando vai muito mal. Não vale então para eles o mandamento?

Este é o ponto no qual podemos tornar claro quão importante é a correção feita por Kant com a fórmula 3a. A recém-

---

81. O que foi elucidado particularmente por J. Ebbinghaus em seu artigo "Deutung und missdeutung des kategorischen imperativs" (cf. seus *Gesammelte aufsaetze*). EBBINGHAUS, J. Deutung und missdeutung des kategorischen imperativs. *In*: EBBINGHAUS, J. *Gesammelte aufsätze*. [*S. l.: s. n.*], 1968. p. 80-96.

-mencionada objeção valeria somente para alguns indivíduos, quando se perguntam: "Haveria eu de querer que esta máxima se tornasse uma lei universal?" Ela deixa de ser válida, caso se pergunte: "Haveria qualquer um de querê-lo?"

O primeiro e o terceiro exemplos são dedicados aos pretensos deveres para consigo. O primeiro se refere à proibição de matar a si mesmo. Aqui o argumento de Kant diz "que uma natureza, cuja lei fosse destruir a própria vida por meio do mesmo sentimento que tem por finalidade incitar à promoção da vida, contradir-se-ia e não poderia, portanto, subsistir como natureza" (422). Este argumento não só é obviamente inválido[82]; para além disso pode-se esclarecer em princípio que, do imperativo categórico, pelo menos na 1ª fórmula, não se deixam de modo algum derivar deveres para consigo mesmo, pois é justamente o sentido de o imperativo ordenar ações e omissões para com outros, com base na consideração de que não se poderia querer que outros se comportassem assim para com a gente. Isto fica particularmente claro com a explicação, apoiada no contratualismo, que Kant dá na página 424 e que foi discutida acima.

O terceiro exemplo de Kant deve ser rejeitado por ser igualmente sofístico. O resultado é que, do modo como Kant entende o imperativo categórico, não podem existir deveres para consigo mesmo. Deve-se certamente admitir que a argumentação dada por Kant para seu primeiro exemplo em sua segunda discussão, com base na 2ª fórmula do imperativo categórico, parece bastante plausível à primeira vista. Ele escreve (429): se um ho-

---

82. Causa estranheza o uso enfático do conceito da natureza neste argumento. Paton foi de opinião (*The categorical imperative*, cap. 15) que determinado conceito teleológico de natureza foi decisivo para Kant, e ele interpreta desta maneira a assim chamada 1ª fórmula, mas Kant introduziu esta fórmula ("Age de tal forma, como se a máxima de tuas ações devesse se tornar por meio da tua vontade lei natural universal") como simples variante da 1ª fórmula e apenas para melhor ilustrá-la. Ele se vale aqui da concepção defendida em seus escritos teoréticos, de que por natureza no sentido "formal" se deva entender legalidade universal. Representar-se que a máxima se torne lei natural universal é, pois, apenas uma variante de sua representação como lei universal. Qualquer outra interpretação imputaria a Kant o erro crasso de ter infiltrado na passagem da primeira para a segunda variante da 1ª fórmula um fator adicional, em parte alguma mencionado.

mem, "para fugir de uma situação penosa, destrói-se a si mesmo, então ele se vale de sua pessoa apenas como de um meio para a preservação de uma situação suportável até o fim da vida. O homem, contudo, não é uma coisa, portanto, não é algo que possa ser usado apenas como meio, mas deve ser visto em todas as suas ações sempre como fim em si mesmo. Assim, não posso dispor do ser humano em minha pessoa para mutilá-lo, arruiná-lo ou matá-lo".

Este argumento de não poder "dispor" de si mesmo deve parecer convincente aos que pensam de modo cristão, e sem dúvida Kant também o fazia. Mas deve-se duvidar que o argumento cristão, de que minha vida me foi dada por Deus e que, por isto, eu não posso dispor livremente dela, ainda mantenha um sentido quando secularizado. Vê-se aqui que Kant de fato opera com um dúbio conceito de "fim em si". Aqui ele o emprega como se significasse indisponibilidade. Mas nós vimos que Kant o emprega no segundo e quarto exemplos de forma tal que tratar alguém como fim em si significa levar em consideração seus fins subjetivos. Estes dois conceitos não se deixam reduzir a um denominador comum, e o primeiro teria sentido apenas em um contexto teológico. Ainda que este segundo argumento para a proibição do suicídio possa, pois, à diferença do primeiro, parecer plausível à primeira vista, ele deve ser igualmente rejeitado.

Neste ponto pode ser oportuna uma observação de princípio sobre a posição dos deveres para consigo mesmo, dentro da ideia de moral em geral. Muitos estudiosos da ética de hoje, entre eles, por exemplo, Mackie e Habermas, definem "moral" de forma tal que ela, em termos de conteúdo, refere-se apenas a relações intersubjetivas, portanto, a deveres para com os outros. Naturalmente cada um pode, em princípio, definir uma palavra como quer. Mas quem define o conceito da moral de forma a excluir deveres para consigo mesmo torna, com isto, impossível argumentar contra as morais que – por exemplo, a cristã – contêm, mesmo como um elemento essencial, os deveres para consigo mesmo. Tentei mostrar na terceira lição que o programa plausível do ser bom, reclamado por uma moral não transcendente, exclui deveres para consigo mesmo, mas isto repousa sobre uma argumentação moral. Caso se defina mesmo o conceito de uma moral de forma a serem excluídos deveres para consigo mesmo, torna-se impossível uma discussão com todos aqueles que consideram imorais determinadas maneiras de se relacionar consigo mesmo.

Concluindo, quero agora ainda tornar inteligível o sentido da questão que Kant põe na 3ª seção da *Fundamentação*. Na 2ª seção, tinha ele inicialmente esclarecido o conceito de um imperativo categórico – quer dizer, de um mandamento puro da razão – e então também, nas três fórmulas, o conteúdo que somente pode ter o imperativo categórico. Mas, mesmo antes da passagem à 1ª fórmula, ele havia apontado para o fato de ainda ser completamente obscuro se e como este imperativo é possível.

O que visa Kant com esta questão sobre a possibilidade? Ele a introduz à página 417 e se dedica inicialmente à questão de como é possível um imperativo hipotético. Trata-se, diz, da questão de "como poderia ser pensada a obrigação da vontade, expressa pelo imperativo". A questão de Kant é, portanto, ligeiramente equívoca, pois a pergunta não é como o imperativo poderia ser pensado como mandamento, mas como ele poderia ser entendido para que se torne decisivo para a vontade.

De acordo com Kant, esta questão não causa dificuldade no caso de imperativos hipotéticos. Pois "quem quer o fim, quer (na medida em que a razão tem influência decisiva sobre suas ações) também o meio, para tanto imprescindivelmente necessário, que se encontra em seu poder. Esta proposição é, no que diz respeito ao querer, analítica" (417). Para depois poder compreender melhor por que a questão correspondente no imperativo categórico causa, de acordo com Kant, tanta dificuldade, é importante que tornemos bem clara a estrutura da proposição que Kant diz ser analítica. Se chamamos de P a pessoa, X a ação ordenada e Y o fim, então resulta: "P (se ele se deixa determinar exclusivamente pela razão) quer necessariamente X, se ele quer Y" (dos outros acréscimos aqui necessários, que seja pressuposto não ter P razões para não querer X, e que seja abstraído ao mesmo tempo de todas as demais intenções de P, podemos abstrair com Kant). Naturalmente, a condição que Kant formula na proposição entre parênteses é obrigatoriamente necessária; isto diferencia exatamente uma ação racional de uma irracional, que a pessoa (abstraindo-se sempre de outras condições suplementares), se ela quer o fim, também quer o meio necessário, caso ela se deixe determinar pela razão.

Vemos, pois, que Kant retoma, com a questão sobre a "possibilidade" dos imperativos, a questão sobre a motivação da vontade, tratada na 1ª seção, apenas que ali ela foi esclarecida tão só em termos de conteúdo, enquanto agora ele pergunta pela possibilidade de uma tal motivação. É esta questão que não causa dificuldade no caso de imperativos hipotéticos, pois um ser racional é exatamente definido por querer, em querendo um fim e em se deixando determinar por sua racionalidade, também o meio. Naturalmente, ele não precisa se deixar determinar pela racionalidade; fala-se então de "fraqueza da vontade".

Mas por que então a questão, assim colocada, causa particular dificuldade no caso do imperativo categórico? Podemos aqui, como na introdução do imperativo categórico, deixar de lado a proposição condicional ("se ele quer Y") da caracterização acima mencionada da situação nos imperativos hipotéticos, e chegamos assim à proposição: "P, se ele se deixar determinar exclusivamente pela razão, quer necessariamente X". Por que esta proposição não é para ser analítica do mesmo modo que a que vale para os imperativos hipotéticos? Certamente entende--se por razão, nesta proposição, a razão pura prática, enquanto antes a razão era entendida no sentido comum, mas esta diferença também não teve importância na introdução de ambos os tipos de imperativos, e há que se espantar porque Kant encontra dificuldade em dizer: se o homem é determinado por pura razão, ele age assim como ordena a razão pura, portanto, moralmente.

Logo veremos que a 3ª seção também não traz maior clareza, a isto é exclusivamente de uma nota, que Kant acrescenta ao trecho na 2ª seção, que se pode ver, onde ele encontra a dificuldade. Nela se diz: "Eu ligo à vontade, sem condição pressuposta de uma inclinação qualquer, o ato *a priori*, portanto, necessariamente [...]. Isto é, pois, uma proposição prática que não deriva analiticamente o querer de uma ação de um outro já pressuposto [...], mas o liga imediatamente ao conceito da vontade de um ser racional, como algo que não está contido nele" (420). Também este texto ainda não esclarece completamente o problema, pois na primeira proposição e na primeira oração da segunda Kant apenas descreve o que nós já sabemos, e a última oração não é de todo exata, pois, por que não se deve dizer, uma vez posta a possibilidade de uma razão pura prática, estar exatamente isto contido "no conceito da vontade de um ser racional"?

Apesar disso, é a primeira proposição desta nota que causa dificuldade a Kant. Do que de fato se trata aqui, é de uma pressuposição antropológica, a saber, que seres humanos só agem em virtude de inclinações. Pode espantar que Kant compartilhe este pensamento, portanto, a pressuposição de Hume de que só sentimentos podem ser determinantes de ações. Hume tirou dali a consequência natural, que a razão como tal nunca pode ser determinante de ações. Mas Kant quer que a razão como tal possa ser determinante de ações, e assim ele logra, como já na *Crítica da razão pura* com relação ao princípio de causalidade, uma aparente superação de Hume com o simultâneo reconhecimento da intuição deste, apenas por meio de um *salto mortale*, e na verdade em ambos os casos com o recurso a uma pretensa proposição *sintética a priori*.

Se consideramos agora uma vez mais a proposição formalizada, como a que apresentei há pouco: "P, se se deixa determinar exclusivamente pela razão, quer necessariamente X", então podemos ver agora que Kant nem contesta esta proposição, mas que ele apenas questiona pela possibilidade de P deixar-se determinar exclusivamente pela razão – sem inclinações. Que o ser humano, quando se deixa determinar pela razão pura, necessariamente vai querer X é de fato analítico, o que foi justamente mostrado na 2ª seção. Mas que ele pode se deixar determinar pela razão pura, isto deve parecer um prodígio, em virtude da concepção de Hume (e não poderíamos completar: em virtude da única inteligível?) sobre a motivação humana. Vemos com que incrível ônus argumentativo teórico Kant se sobrecarregou com a ideia de um agir pela razão pura prática, um ônus, que os atuais representantes de uma moral da razão nem enxergam mais: não só, que é tão difícil (e, na minha opinião, impossível) tornar inteligível uma proposição que pretende que fazer algo seja racional em si, não apenas relativamente, mas ainda também que a motivação correspondente vai contra o antropologicamente compreensível e faz Kant apelar a uma proposição sintética *a priori*, que o obrigará, por sua vez, então à suposição de que o homem só pode ser moral se ele é, ao mesmo tempo, compreendido como membro de um mundo suprassensível. Kant pelo menos sabia claramente quão abstrusas são as premissas adicionais que uma moral da razão (abstração feita de ser esta ideia além do mais absurda) deve pressupor.

A proposição prática sintética *a priori*, da qual Kant fala duas vezes na 2ª seção de *Fundamentação* (420 e 440), deve, pois, consistir em mostrar, do ser sensível homem, que ele pode ainda assim ser determinado por pura razão. É a esta tarefa que Kant se volta na 3ª seção. Mas no início do terceiro parágrafo da 3ª seção esta tarefa começa por ser descrita de forma completamente errônea (447): "Enquanto o último é sempre uma proposição sintética: uma vontade simplesmente boa é aquela cuja máxima pode sempre conter a si mesma, considerada como lei universal; pois, por análise do conceito de uma vontade simplesmente boa, não pode ser encontrada aquela propriedade da máxima". Esta proposição mostra quão inseguro Kant estava com relação a esta questão, em última instância central para ele, pois precisamente isto, que ele nesta citação diz não ser possível, foi feito por ele na 1ª seção: pela análise do conceito de uma vontade simplesmente boa, ele tentou fundamentar aquela propriedade da máxima de "se considerar a si mesma como lei universal". Esta exatamente era para ser a parte analítica do empreendimento ético, abrangendo, inclusive, a 2ª seção.

Felizmente este lapso não tem influência sobre o resto do texto. Na proposição seguinte, Kant aponta para o fato de que o próprio de uma proposição sintética é dever existir um terceiro, por meio do qual o conceito do sujeito e o do predicado têm de ser ligados. O conceito do sujeito e o do predicado são, em nosso caso, o ser humano, por um lado, e a razão pura prática, por outro, e agora Kant esclarece ser o "conceito positivo da liberdade" o que representa este terceiro e torna possível a ligação exigida. Nos dois primeiros parágrafos da 3ª seção Kant esclareceu ser a vontade negativamente livre, quando ela "pode ser atuante independentemente de causas estranhas a determiná-la", e ser esta liberdade, então, ao mesmo tempo positiva, quando contivesse uma legalidade própria, sendo, portanto, neste sentido, autônoma. A vontade é, pois, livre neste sentido quando ela é livre da sensibilidade (das inclinações) e ao mesmo tempo é determinada por uma legalidade própria – da razão pura.

O resultado é, pois: só se o homem for pensado como livre neste sentido um tanto fantástico, poderia ele ser determinado por pura razão. Como não existe no mundo da experiência uma liberdade deste tipo, deve-se então supor que o homem, na medida em que deve poder agir moralmente, é membro de um mundo suprassensível, e Kant acredita ter mostrado em *Crítica da razão pura* a possibilidade que isto seja assim.

Mas terá Kant com isto mostrado propriamente o que ele acreditava ter de mostrar? Até mesmo nos imperativos hipotéticos o ser humano era livre para se deixar determinar pela razão ou não. O que deveria ter sido mostrado para o imperativo categórico era que o ser humano pode ser determinado por pura razão. Mas o que Kant mostrou agora é: se o ser humano é livre (no sentido particular de Kant, portanto, livre de influências dos sentidos), ele é determinado por pura razão e tem de ser determinado por ela. Aparentemente pode-se então apenas acrescentar: e se ele não o é, ele não pode ser determinado por pura razão. O ser humano se divide agora em duas partes: ser racional e ser sensível.

Não se perde com isto aquele "pode", aquela liberdade que é uma liberdade de ser moral ou não moral? O conceito de liberdade empregado por Kant na 3ª seção de *Fundamentação* é a liberdade da assim chamada vontade, não do assim chamado arbítrio, e isto não é o que nós entendemos comumente por liberdade, uma liberdade do sim-não, mas um "ser livre de" (da sensibilidade), que é ao mesmo tempo um "ser livre para" (para a razão). Não pertence mais ao contexto de nossa problemática que Kant tenha com isto também obstruído o próprio problema da liberdade, que não diz respeito (em sua terminologia) à "vontade", mas ao "arbítrio". No tratado sobre a religião, Kant viu o problema que ele comprou aqui, de como ele pode incluir a liberdade, no sentido comum, em sua liberdade "intelectual", mas sem resolvê-lo (cf. também a *Crítica da razão pura*, B 570-585). Quanto se pode abusar do conceito "positivo" de liberdade, mostrou-se então sobretudo em Hegel, para quem a verdadeira liberdade tornou-se a verdadeira necessidade[83], um pensamento que já está preparado no programa de Kant. Antes de tudo, porém, é preciso ter claro que toda esta problemática de uma liberdade da razão como um estar livre das inclinações é um problema que é exclusivamente consequente (então sem dúvida uma consequência necessária) da ideia de se pensar o programa moral destacado por Kant como fundamentado em uma razão pura.

---

83. Cf. meu *Selbstbewusstsein und selbstbestimmung*. TUGENDHAT, E. *Selbstbewusstsein und Selbstbestimmung*. Frankfurt: [*s. n.*], 1979. p. 349s.

OITAVA LIÇÃO
A ÉTICA DO DISCURSO[84]

Na segunda lição defendi a ideia de que regras morais não podem ser compreendidas como regras da razão; na quarta e na quinta lição procurei demonstrar que regras morais não se deixam fundamentar de modo algum em sentido absoluto e particularmente não por meio do recurso a um conceito de razão supostamente absoluto. Na lição anterior procurei mostrar que, por mais valiosa que seja a ideia do imperativo categórico, a tentativa de Kant de compreendê-lo como um princípio da razão e lhe dar uma fundamentação racional absoluta deve ser vista como fracassada. Com isso, naturalmente, não está excluído que se possam provar as regras morais como fundadas na razão, de um outro modo que o de Kant, ainda que isso se mostre improvável diante das restrições de princípio apresentadas antes.

Existem atualmente algumas tentativas deste tipo. Uma é a de A. Gewirth[85], que, no entanto, está construída sobre uma falácia particularmente fácil de ser descoberta e à qual, por isto, autores anglo-saxões que querem desacreditar o ponto de partida da razão se referem com particular prazer[86]. A tentativa contemporânea mais interessante de uma fundamentação racional absoluta da moral que também alcançou a maior popularidade é, entretanto, a ética do discurso. Já tive ocasião na lição anterior de chamar atenção para uma tal variante. A ética do discurso, particularmente na forma que ela adquiriu por meio de Apel e Habermas, é, entrementes, discutida em todo o mundo e merece, já por isto, uma análise. A ética do discurso (ou comunicativa) é um fenômeno especificamente alemão do fim dos anos

---

84. Tradução de Ernildo Stein.

85. GEWIRTH, A. *Reason and morality*. Chicago: [s. n.], 1978.

86. Cf., por exemplo, WILLIAMS, B. *Ethics and the limits of philosophy*. Londres: [s. n.], 1985. p. 55s.; MACINTYRE, A. *After virtue*. Londres: [s. n.], 1981. p. 66.

de 1960 e dos anos de 1970. Além de Apel e Habermas e seus discípulos (Wellmer, Böhler, Kuhlmann e outros), foram também apresentadas concepções semelhantes por F. Kambartel e na assim chamada escola de Erlangen, P. Lorenzen e W. Kamlah e seus discípulos (Mittelstrass, Lorenz, Schwemmer e outros[87]).

Limitar-me-ei aqui, no entanto, a Apel e Habermas e me aterei aos dois ensaios de Habermas mais importantes para este tema: "Teorias da verdade"[88] e "Ética do discurso – Notas para um programa de fundamentação"[89]. Não consigo ver com clareza qual foi a influência exata de Apel e Habermas reciprocamente exercida. Apel parece antes ter sido o pioneiro, particularmente com seu ensaio "O *a priori* da comunidade de comunicação e os fundamentos da ética" (1967), mas ele sobrecarregou o conceito com pretensões transcendentais que foram recusadas por Habermas. As análises de Habermas me parecem mais claras e de contornos mais definidos.

No ensaio "Teorias da verdade", Habermas situou seu conceito no quadro de uma teoria geral da verdade, segundo a qual o critério da verdade é o consenso dos que argumentam. Eu já critiquei exaustivamente esta teoria em geral e em sua aplicação particular ao universo ético[90] e não quero repetir as críticas aqui. O importante é que Habermas defende a ideia de que argumentar é uma tarefa eminentemente comunicativa. Por isso o

---

87. Em janeiro de 1970 realizou-se em Erlangen um encontro, em que tomaram parte, além dos erlangianos, Habermas, Apel, Wellmer, Kambartel e alguns outros (também eu), no qual nos confirmamos consensualmente no modo fundamental de ver. Eu também, em minha primeira aula sobre ética (em Heidelberg no semestre de inverno de 1967-1968), defendi um conceito comunicativo de fundamentação, cujos efeitos ainda se podem notar na terceira de minhas conferências em *Probleme der ethik*.

88. HABERMAS, J. Wahrheitstheorien. *In*: FAHRENBACH, H. (org.). *Wirklichkeit und reflexion*: festschrift für W. Schulz. Pfullingen: [*s. n.*], 1973.

89. HABERMAS, J. Diskursethik – Notizen zu einem Begründungsprogramm. *In*: HABERMAS, J. *Moralbewusstsein und kommunikatives Handeln*. Frankfurt: [*s. n.*], 1983. p. 53-126.

90. Da maneira mais extensiva em meu ensaio "Sprache und ethic", escrito em 1978, mas publicado no original alemão apenas em meus *Philosophische aufsätze*. TUGENDHAT, E. Sprache und ethic. *In*: TUGENDHAT, E. *Philosophische aufsätze*. Frankfurt: [*s. n.*], 1992. p. 295-314.

discurso intersubjetivo é, para ele, o lugar próprio da argumentação. Habermas denomina de "regras pragmáticas" as regras da linguagem que fazem, especialmente, parte da comunicação e, sobretudo, do discurso, para diferenciá-las das regras semânticas (das regras do significado). Ele defende, então, a ideia de que todas as regras não puramente lógicas (estas são fundamentadas semanticamente), que são determinantes para uma argumentação, têm um caráter especificamente pragmático.

A objeção mais imediata contra uma teoria consensual da verdade consiste no fato de que um consenso qualquer não pode ser considerado como critério da verdade, mas somente um consenso qualificado. Isto é reconhecido por Habermas. Mas enquanto se puder pensar que as regras que constituem esta qualificação são as regras semânticas que são determinantes para o significado e, por isto também para a verificação, sua tese é de que as regras relevantes para a verificação são regras do consenso mesmo, portanto, regras que têm caráter pragmático. Somente se poderia aceitar como critério de verdade aquele consenso que se estabelece sob condições ideais que Habermas designa condições da "situação ideal de fala". A razão é, então, definida pragmaticamente de tal modo que um consenso é racional quando é estabelecido numa situação ideal de fala[91]. A situação ideal de fala é definida por Habermas por meio de uma série de regras básicas cuja observação é condição para que se possa falar de um autêntico discurso[92].

É claro que se irá perguntar pelo que constitui um discurso autêntico. Isto é decretado ou tem, por sua vez, critérios? Habermas dá uma certa resposta por meio da distinção entre condições triviais e não triviais. Como condições triviais são enumeradas, em primeiro lugar, que todos os participantes tenham as mesmas chances de participar no diálogo, e segundo, que devem ter chance igual para a crítica etc. Penso que isto são, efetivamente, autênticas regras do discurso, mas somente

---

91. HABERMAS, J. Wahrheitstheorien. *In*: FAHRENBACH, H. (org.). *Wirklichkeit und Reflexion*: Festschrift für W. Schulz. Pfullingen: [*s. n.*], 1973. p. 257.

92. HABERMAS, *op. cit.*, p. 255s.

o são pelo fato de, quando uma argumentação tem lugar entre várias pessoas, da qual não vejo que ela seja em si discursiva (comunicativa), garantirem que fatores de poder, que poderiam perturbar a argumentação, sejam eliminados. As regras válidas para o discurso autêntico consistiriam no fato de elas garantirem que a situação inter-humana não perturbe a argumentação. As regras especificamente pragmáticas teriam, portanto, apenas um caráter proibitivo, eliminativo e a medida pela qual seriam mensuradas seria a argumentação não pragmática.

Habermas designa como "não triviais" duas outras condições que são particularmente importantes para o discurso moral. Também elas servem para eliminar fatores de poder. Conforme a terceira condição, todos os falantes devem "ter chances iguais [...] para expressar suas atitudes, sentimentos e intenções". Decisiva é, porém, a quarta condição, de acordo com a qual "são apenas admitidos ao discurso falantes que tenham as mesmas chances enquanto agentes [...] para dar ordens e se opor, permitir e proibir" etc. Um diálogo sobre questões morais entre senhores e escravos, empregadores e empregados, pai e filho, por exemplo, violaria, portanto, as condições da situação ideal de fala.

Mas tais discursos, poder-se-ia objetar, acontecem certamente. No entanto, eles não seriam, assim nos responderiam, discursos autênticos (em uma "situação ideal de fala"). Uma tal definição de discurso autêntico tem, naturalmente, um bom sentido, só que ela termina por definir: nós queremos apenas denominar "discurso autêntico" aquele discurso que ocorre entre pessoas em situação igual, sob condições igualitárias. As condições são agora não apenas igualitárias do ponto de vista da participação no discurso, mas pressupõe-se que as pessoas sejam postas em situação igual na vida prática. Mas isto quer dizer que sejam pressupostas regras morais bem-determinadas, a saber, regras igualitárias universalísticas. Podemos nós, entretanto, pressupor determinada moral como condição para discursos em geral e para discursos morais em particular? Podemos naturalmente fazer isto, mas então é trivial que aquele princípio moral, que resulta de um discurso assim institucionalizado, por sua vez, deve ser igualitário etc. Se quisermos designar como racionais, de acordo com a definição da razão por meio da situação ideal de fala, aqueles resultados morais a que assim chegamos, temos uma circularidade. O que deve ser compreendido por razão é, neste caso, posto pelas condições da situação ideal de fala. Habermas pensou poder deste modo fundamentar uma ética no sentido do conceito kantiano, para o qual o princípio da universalização é básico, mas na verdade ele o pressupôs. Além disso, é preciso recusar o caráter especificamente pragmático e discursivo desta prova circular. Pois a mesma condição que Habermas postula para o seu "autêntico discurso" poderia ser pretendida para "qualquer argumentação moral". Uma argumentação moral seria então autêntica se pressupusesse o conceito moral kantiano.

Examinemos agora o resultado, talvez um pouco apressado, discutindo a versão algo modificada do ensaio posterior. Nele, Habermas se propõe uma dupla tarefa: primeiro deve ser fundamentado como obrigatoriamente válido em bases pragmáticas aquilo que ele novamente denomina "princípio da universalização" (abreviado "U"). O que ele denomina como princípio da universalização é aproximadamente idêntico ao imperativo categórico de Kant[93], de tal modo que eu, portanto, no que se refere ao conceito de conteúdo de Habermas, concorde com ele e apenas duvide que para isso se possa dar uma fundamenta-

---

93. Esta concepção sobre o que se quer dizer com princípio de universalização não é evidente. R. M. Hare colocou um tal princípio em um sentido muito mais fraco, segundo o qual alguém que emite um juízo moral deve ajuizar situações morais iguais de modo igual. Este princípio baseado na pura semântica das expressões normativas, como em geral todos os predicados, vale, contudo, para qualquer moral como tal. Ele não exclui de modo algum que seres humanos de diversos tipos sejam julgados desigualmente ou a norma, neste sentido, não seja aplicável universalmente, que as regras morais estejam apenas referidas ao grupo. Hare, contudo, supôs equivocadamente que já este princípio, que apenas garante consistência, leva a uma moral igualitária e universal, no sentido do imperativo categórico, evidentemente com uma maior diferenciação que aqui omito. Esta moral contém um princípio substancial que tampouco pode ser fundamentado por regras linguísticas puramente semânticas, quando os defensores da ética do discurso podem fundamentar pelas assim chamadas regras pragmáticas linguísticas. Sobre a crítica a Hare, cf. meu ensaio "Sprache und ethic". TUGENDHAT, Sprache und ethic. *In*: TUGENDHAT, E. *Philosophische aufsätze*. Frankfurt: [*s. n.*], 1992. p. 292-299. Uma clara distinção entre os dois modos de universalidade se encontra em: MACKIE, J. L. H. *Ethics*. [*S. l.*]: Penguin, 1977. I 4.

ção por meio de uma razão definida comunicativamente. Em segundo lugar, se quer mostrar que também vale um princípio "D" com caráter específico de ética do discurso, de acordo com o qual todas as questões morais de conteúdo devem ser resolvidas na base de um consenso que deve se realizar em um discurso real dos envolvidos[94].

O primeiro passo se distingue do procedimento do ensaio anterior pelo fato de as condições da situação ideal de fala não serem mais introduzidas tão postulatoriamente. Habermas quer mostrar que "nas regras do discurso não se trata de convenções, mas de pressuposições inevitáveis" da argumentação como tal (p. 100). Habermas se liga aqui estreitamente a Apel e o segue na afirmação de que praticamos uma "contradição performativa" se não "supormos" estas regras.

O tema da contradição performativa foi introduzido na filosofia analítica para caracterizar um tipo especial de contradição que aparece em sentenças como: "Chove, mas eu não acredito". Se esta proposição for pronunciada por determinada pessoa, expressa efetivamente uma contradição: a pessoa afirma algo e retira na segunda parte da proposição sua afirmação. Mas isto naturalmente está articulado com o uso da palavra "eu". Se supusermos, por exemplo, que é Peter L. que justamente aqui fala, então ambos os estados de coisas que se expressam nas duas partes da proposição, quando são formulados por uma outra pessoa, não levam a nenhuma contradição: "Chove, mas Peter L. não acredita".

De modo semelhante – confesso que não entendo bem como – pensavam evidentemente Apel e Habermas que existem também contradições especificamente pragmáticas que também se deveriam denominar "contradições performativas". Como exemplo, Habermas traz a seguinte proposição: "Depois de excluirmos A, B, C da discussão, poderíamos convencer-nos finalmente de que N se sustenta com razão" (101). Duvido que isto seja uma contradição, performativa ou não. Isto, no entanto, depende de como exatamente se compreende a palavra "convencer-se". Se,

---

94. HABERMAS, J. Diskursethik – Notizen zu einem Bergründungsprogramm. *In*: HABERMAS, J. *Moralbewusstsein und kommunikatives Handeln*. Frankfurt: [s. n.], 1983. p. 76-101.

porém, aceitarmos que Habermas tem razão nisso, então a contradição, naturalmente, se dá do mesmo modo quando reproduzimos a presumida situação pragmática de um discurso na forma de uma simples argumentação: "Depois que eu excluí de minhas análises as razões de A, B, C, pude finalmente convencer-me do fato de que N se sustenta com razão". A contradição, caso persista, depende, portanto, simplesmente do significado da palavra "se convencer"; ela é uma simples contradição semântica e não depende de nada especificamente pragmático.

Deixemos, no entanto, estas ponderações de lado. A tese propriamente dita de Apel e Habermas é que as condições da situação ideal de fala, portanto, do modo como já eram denominados em "Teorias da verdade", têm a dignidade de regras que, quando feridas, dão como resultado uma contradição performativa. Suposto que se possa mostrar isto, então estaria exposto de modo mais radical do que ocorreu no ensaio anterior, em que medida um discurso que fere estas regras é irracional. Seria do mesmo modo irracional como seria irracional, contraditória e inconsistente minha proposição "chove, mas eu não acredito". Uma vez aceito isto, então o princípio U, se resultasse obrigatoriamente destas regras, deveria valer de fato como fundamentado de maneira absoluta, pois isto significaria que qualquer pessoa que fosse negar o princípio em meio ao discurso se contradiria pragmaticamente. Se fosse possível mostrar isso, então o imperativo categórico estaria fundamentado de um modo ainda mais coercitivo do que o próprio Kant teria sonhado, pois, então, estaria demonstrado que este princípio moral procede do próprio princípio da não contradição (naturalmente compreendido pragmaticamente).

Este, portanto, é o programa. Vamos agora dar uma olhada na sua realização. Habermas enumera novamente as diversas regras do discurso, respectivamente condições do discurso, que foram enumeradas para a caracterização da situação ideal de fala (p. 97-99). Nisto, aliás, ele se atém a uma reprodução de sua própria posição, que R. Alexy havia apresentado em um ensaio, e isto provavelmente levou Habermas a abandonar aquela posição que tinha sido a mais importante em "Teorias da verdade". Mas também é possível que Habermas agora tenha tido consciência de que esta condição seria tão forte que se tornaria inevitável a objeção de circularidade como a por mim apresentada.

A única regra relevante para o elemento moral é agora assim formulada: "A cada um é permitido exteriorizar suas atitudes, desejos e necessidades" (p. 99). Esta condição corresponde apenas à terceira condição enumerada em "Teorias da verdade". Será que a gente deve realmente dizer que em um discurso no qual esta regra é violada se pratica uma contradição (pragmática)?

Podemos, no entanto, deixar isto como está. O decisivo é que logo se veja que esta condição, seja qual for o *status* que ela sempre teve, é muito fraca para conduzir a quaisquer princípios morais, muito menos ao U. Suponhamos que um potentado esteja sentado no círculo de seus escravos e não apenas lhes dê todos os outros direitos de falar (particularmente os citados por Habermas sob 3.1 e 3.2), mas também o direito 3.3, de exteriorizar suas "atitudes, desejos e necessidades". Disso, em absoluto nada pode resultar e se o potentado, depois que todos se manifestaram, quiser fixar normas, estas podem levar em consideração ou não os desejos de seus subordinados tanto quanto ele quer.

Talvez vocês tomem isto como puro detalhe enganador. O que Habermas quer dizer é naturalmente que o potentado não tem nenhum direito para a fixação de normas, respectivamente que não existe nenhum potentado, mas que as normas deveriam ser estabelecidas coletivamente por todos os participantes que manifestaram seus desejos. Todavia, então se levanta a questão acerca de como se dividem as relações de poder nesta fixação? Se for pressuposto que estas relações são iguais, então temos a quarta condição de "Teorias da verdade" e, neste caso, de fato, resulta a moral igualitária.

Desse modo, torna-se claro o dilema diante do qual se situa a presumida fundamentação ético-discursiva da moral igualitária. Ou é deixada de lado a quarta condição de "Teorias da verdade" e, então, não resulta nada de normativo; ou ela é assumida "explícita ou implicitamente de novo". Então o argumento é um círculo. Uma terceira possibilidade não existe.

Vejamos, no entanto, como Habermas mesmo procede! Ele chega à seguinte inferência: "Se cada um que entra no universo da argumentação for obrigado a fazer, entre outras, pressuposições, cujo conteúdo pode ser representado na forma de regras do discurso de 3.1 até 3.3; e se além disso ligamos a normas justificadas o sentido de que elas regulam matérias sociais no sentido coletivo de todos os possivelmente atingidos, então cada um que empreende uma tentativa séria de dar conta discursivamente de pretensões normativas de validade se coloca em condições de procedimento que são iguais a um implícito reconhecimento de U" (p. 103).

Como premissas não devem, portanto, valer agora apenas as regras de discurso de 3.1 a 3.3, mas é infiltrada como mais uma premissa a proposição que eu destaquei. Mas esta proposição é simplesmente uma reformulação de U mesmo. A inferência que Habermas faz tem, portanto, a seguinte forma lógica: "De primeiro 3.1 até 3.3 e de segundo U segue U". Se riscarmos a proposição grifada, não segue nada. Se nós a deixarmos, então resulta uma tautologia com a forma de "se P, então P", e nisto as pressuposições tomadas como inevitavelmente pragmáticas 3.1 até 3.3 não representam mais papel algum.

Desta argumentação, Habermas se volta imediatamente para seu princípio D. Não vejo bem claro se ele pensa poder deduzir este princípio do discurso real de condições que ele considera com semelhante poder de coerção como as condições que, segundo sua opinião, levam ao princípio U. Mas nenhuma destas condições é citada. Habermas apenas constata: "Todos os conteúdos, mesmo que toquem normas de ação absolutamente fundamentais, devem ser afirmados como dependentes de discursos reais (ou discursos assumidos como substitutos e realizados advocatoriamente). Uma teoria moral que se estende a esferas de conteúdo deve ser entendida como uma contribuição a um discurso levado a cabo entre cidadãos" (p. 104).

Já apontei em meu ensaio "Sprache und ethic" que Habermas mistura aqui duas esferas que devem ser separadas: a esfera moral e a esfera política. Se ele fala de "um discurso levado a cabo entre cidadãos", trata-se sem dúvida de um discurso democrático como nós o exigimos, e isto sem dúvida nenhuma na base de convicções morais, sempre onde diversos seres humanos devem chegar a um acordo sobre regras atinentes a seu agir coletivo. Aqui domina o princípio da maioria. O consenso pleno, em geral, não é possível, e o resultado tem o caráter de uma decisão coletiva para a qual vale o princípio moralmente fundado de que os votos de todos os participantes valem o mesmo.

Seria estranho que este procedimento devesse valer também para as normas morais. Sem dúvida nenhuma nos vemos muitas vezes forçados a decidir por votação sobre questões morais – naturalmente estas devem passar a ter um valor político ou jurídico, como a questão do aborto. E, naturalmente, pode também ser decidido sobre a constituição de um Estado apenas por meio de uma votação "por causa de sua importância eventualmente qualificada". Todas estas decisões têm assim, porém, o sentido de um compromisso, e compromissos também são exigíveis no convívio cotidiano. Mas isto quer, então, dizer que os participantes definam as questões ou como não morais, ou tenham reconhecido que do ponto de vista moral não conseguem chegar a um acordo. Mas Habermas parece ser da opinião de que questões morais podem ou devem ser decididas por meio de um consenso que de um lado tem a forma de um consenso político, mas de outro lado não deve representar um compromisso e uma decisão coletiva, mas um consenso perfeito. Considero isto um absurdo.

A suposição de que questões morais concretas podem ser decididas ou mesmo devem ser decididas por meio de um discurso real não apenas parece infundada, mas também sem sentido. Certamente é importante examinar as próprias convicções morais, pondo-as em discussão exatamente como se faz com suas convicções teóricas. Aqui vale o simples princípio de que outros podem me fazer notar erros e eventualmente perspectivas que eu não vi. Mas Habermas pensa que o discurso deve ser realizado com aqueles que são atingidos pela decisão moral, quando justamente é o inverso que está em questão. Pois aqueles que são atingidos pela decisão moral são invencivelmente partidários, enquanto nós devemos estar interessados em um esclarecimento imparcial.

Quero dar agora dois exemplos. Suponhamos que entre um casal existe um dever de fidelidade recíproca e um deles, apesar disso, tornou-se infiel ao outro. Surge, portanto, para aquele que praticou a infidelidade o dilema moral, se por respeito deve dizê--lo ao outro ou se para poupá-lo deve silenciar sobre o fato. Irá ele agora em um "discurso real" discutir com o outro qual caminho a seguir? Vê-se que, neste caso, em um discurso real, é até impossível, porque, com a decisão de incluir o outro na reflexão moral, o dilema já está decidido a favor de uma das duas alternativas.

Para o segundo exemplo pode servir uma situação imaginária que muitas vezes é utilizada para criticar o utilitarismo. Em uma clínica se encontram cinco pacientes e todos eles necessitam com urgência do transplante de um órgão para poder sobreviver; além disso está ali um paciente fazendo seu *check-up*, e este tem todos os órgãos exigidos. O médico está impossibilitado de conseguir os órgãos de outro lugar. Será que se deve discutir com os seis interessados a questão se o paciente sadio deve ser sacrificado em favor dos outros cinco? Aqui se mostra como é problemática a decisão moral com a participação dos afetados. Cada um dos seis quer continuar vivendo e se cada um partir de seus interesses dar-se-á uma decisão de maioria que é evidentemente imoral. Agora é naturalmente possível que os cinco que necessitam dos transplantes também pensem de modo tão moral que renunciem à decisão imoral da maioria. Mas a este resultado também se poderia chegar de modo muito mais indiscutível sozinho – ou, se ainda estivesse em dúvida, ele teria preferido convocar outros que não estivessem afetados para se aconselhar.

Será que existem situações nas quais podem ser tomadas, em um discurso real, melhores decisões morais com os envolvidos? Parece que existe uma razão realmente importante, mas também é a única, a saber, que frequentemente torna necessário o apelo aos envolvidos, a saber, quando não conhecemos seus desejos e necessidades. Este é o aspecto que é citado por Habermas na regra 3.3 do segundo ensaio. Existe uma razão moral que não pode ser analisada, por sua vez, discursivamente, mas que resulta do imperativo categórico que nos obriga a deixar que os próprios afetados em caso de prestação de auxílio decidam o que querem e a compreender, além disso, o auxílio como auxílio à autoajuda:

é o imperativo do reconhecimento da autonomia. Mas se estou posto diante de um dilema moral, estou certamente obrigado, na medida em que estão em questão desejos e necessidades particulares de outros, a informar-me sobre eles com os outros (na medida em que isto é possível; no caso do meu exemplo do casal, isto não é possível), mas a decisão moral deve ser tomada por mim. Somente no caso de um empreendimento comum com implicações morais (e o estado é o caso exemplar de um tal), nenhum particular tem naturalmente o direito de desqualificar os outros e decidir por eles; a decisão é, portanto, política e deve ser tomada coletivamente e, em certos casos, por meio de um compromisso. Isto é justamente a consequência de uma norma moral que, por sua vez, está tão pouco fundamentada discursivamente quanto qualquer outra norma moral.

Com isso estão refutadas as duas afirmações de Habermas: primeiro, que o imperativo categórico pode ser fundamentado a partir de uma razão compreensiva especificamente discursiva (caso tal razão existisse); segundo, que também a aplicação do imperativo categórico deve resultar no discurso com os afetados, não apenas como ele apresentou faticamente estas afirmações, mas também fica demonstrado de princípio que uma tal fundamentação é impossível e que as máximas de aplicação discursiva são de modo geral falsas.

Existe, contudo, ainda um argumento para uma moral fundamental comunicativamente que não aparece em Habermas (por boas razões, como logo veremos) que parece ter, à primeira vista, forte plausibilidade. Quero dizer aquele argumento que já destaquei na interpretação de Kant. Poderia parecer claro que no âmbito do elemento moral não devêssemos fundamentar (demonstrar) simplesmente proposições (enunciados), mas ações, podendo-se, portanto, pensar que neste caso uma ação está somente então fundamentada (no sentido de demonstrada) quando podemos fundamentá-la face aos envolvidos e isto quer dizer, em última instância, diante de qualquer um.

Além do mais, poderíamos dizer que uma ação (e então também a proposição correspondente) somente está demonstrada se puder ser fundamentada diante dos afetados, e isto quer dizer:

se eles puderem concordar com a ação (ou a respectiva proposição). Existiria, portanto, um ser-fundamentado que teria seu sentido em ser um ser-fundamentado-em-face de Y e este teria seu sentido a partir da correlativa concordância de X.

Podemos esclarecer esta ideia em um exemplo que tem um caráter básico. Algumas pessoas se juntam cooperativamente, por exemplo, em um Estado e excluem algumas pessoas que se encontram em sua esfera de poder de alguns ou de todos os direitos que reconhecem para si mesmos; se excluírem os outros de todos os direitos, eles são escravos. Agora podemos dizer: os deserdados – mesmo que fossem apenas prejudicados (pensemos em alguma minoria) – terão que aceitar esta situação simplesmente com base nas relações de poder, mas não concordarão com isto. Esta situação de eles não concordarem com isto significa que ela não pode ser fundamentada diante deles e, nesta medida, é ilegítima; se quiséssemos definir enfaticamente a razão, desta maneira isso seria sem sentido, irracional.

Esta reflexão parece estimulante, mas tem, contudo, seu ponto fraco no uso ambíguo de "concordância". Mas devemos agora, contudo, perguntar que tipo de concordância entendemos. Será que falamos apenas daquela não concordância dos prejudicados que implicaria que eles concordassem exatamente então quando não estivessem prejudicados? Nesse caso, contudo, os prejudicados têm em mira determinado padrão moral que constituiria a condição para sua concordância, e isto, por sua vez, significaria que a situação não é ilegítima pelo fato de não concordarem com ela, mas eles não concordam com ela porque é ilegítimo (prejudicial). Nesse caso, porém, o critério não é a concordância como tal, mas a moral igualitária.

Se, ao contrário, estivesse em questão uma concordância simplesmente, o que iria impedir os prejudicados de exigirem mais do que o que é justo? Cada um poderia dizer que só concorda, em última instância, com a situação que para ele é ótima, portanto, por exemplo, com aquela em que teria todo o poder. Se, ao contrário, os prejudicados não querem ser os novos senhores, mas exigem apenas igualdade, já se trata de uma concordância qualificada.

Isto quer dizer que a concordância como tal não tem importância para o julgamento da situação como injusta, como prejuízo. Todo não envolvido pode reconhecê-lo como injusto tão bem como o envolvido. Que as injustiças chamam primeiro (e com mais sensibilidade) a atenção dos afetados, mesmo faticamente (mas não sempre), é evidentemente um fato empírico e tem a mesma razão, porque os afetados, no caso antes discutido, estão menos adequados para a avaliação na decisão dos dilemas morais em que eles mesmos estão enredados: nos dois casos é importante que o afetado seja parte interessada, e parece tão evidente que um prejuízo chame mais rapidamente (e com mais sensibilidade) a atenção e que ele é menos adequado como não afetado para avaliar seu prejuízo diante do prejuízo de um outro.

O fato de os prejudicados reconhecerem mais facilmente a injustiça em comparação aos favorecidos, porque eles mesmos a sentem, nos faz compreender que é aparentemente plausível dizer que um comportamento é injusto se o afetado não puder concordar com ele. Mas é também inteiramente razoável dizer que então nós somos incapazes de fundamentar o comportamento perante ele. Mas isso perdeu agora o significado básico que primeiro parecia ter, pois as equivalências definidoras não vão mais na direção como o argumento as colocou, mas na direção oposta. Conforme o argumento, uma ação está fundamentada em face de X exatamente, então, quando X pode concordar com ela, a possibilidade da concordância decide, portanto, sobre a justiça. Na realidade, porém, a concordância legítima é definida, por sua vez, pela justiça, e esta define, então, também quando a ação pode ser fundamentada diante de X.

Posso exprimir isso também da seguinte maneira: uma ação se deixa fundamentar diante de X (de acordo com determinado conceito moral) exatamente então quando a ação se refere (é atinente) a X e (para este conceito moral) está fundamentada. A esperança de que por meio do conceito de fundamentar-em--face-de-X, contudo, seja possível uma fundamentação prática absoluta, fracassa, portanto, no fato de que este conceito, por sua vez – quer direta, quer indiretamente –, pressupõe por meio de uma concordância qualificada um conceito de justiça.

Vale também a pena atentar para o fato de que mesmo o recurso à concordância nem mesmo dá preferência ao conceito igualitário de justiça em detrimento dos outros. Em uma sociedade na qual um conceito igualitário de justiça não é apenas praticado faticamente, mas em que é mesmo considerado correto pelos afetados (está ancorado no conceito de bem em que creem), mesmo aquele que, medido em um conceito igualitário de justiça, é prejudicado concordará com esta situação. O fato de que parece tão natural que o afetado justamente não possa concordar moralmente, quando ele se considera julgado injustamente com base em um conceito igualitário de justiça, não depende, portanto, desta situação comunicativa como tal, mas segue como consequência do fato de o conceito igualitário de justiça fazer parte daquele conceito de bem que pelas razões apontadas na quinta lição parece tão natural. Além disso, ainda veremos no esclarecimento do conceito de justiça que se deve atribuir à igualdade (ao igualitário) um primado de que o conceito igualitário de justiça é, portanto, aquilo que resta, quando todos os outros pontos de vista (mesmo transcendentes) capazes de fundamentar uma desigualdade desaparecem. Isto nada tem a ver com a situação especificamente comunicativa.

A razão por que o argumento por uma fundamentação especificamente comunicativa, que na superfície parece tão plausível, também fracassa, reside na ambiguidade do conceito de concordância. Esta talvez seja a razão por que este argumento não aparece em Habermas e, quando muito, *é tocada de leve. Pois nós vimos que Habermas*, já em "Teorias da verdade", reconheceu que o consenso do qual se deve tratar precisa ser um consenso qualificado. Uma vez reconhecido isso, e querendo, apesar disso, alcançar uma fundamentação especificamente discursiva, é necessário um passo como o que encontramos em Habermas – o recurso a uma situação ideal de fala –, o qual, evidentemente, reproduz em um nível superior, se assim quisermos, os mesmos raciocínios circulares que estão contidos no argumento há pouco analisado.

NONA LIÇÃO
A ÉTICA DA COMPAIXÃO; ANIMAIS, CRIANÇAS, VIDA PRÉ-NATAL[95]

A crítica que fiz a Kant e à ética do discurso nas três últimas lições refere-se apenas à pretensão de poder justificar o conceito de conteúdo do imperativo categórico, e isto mediante um apelo à "razão", sempre diversamente compreendido. Eu estou de acordo com Kant e com a ética do discurso acerca de como devemos pensar a moral na representação do conteúdo; aqui apenas me distingo destes filósofos no sentido de que eles falam da moral como de algo óbvio, enquanto eu penso que se trata daquela moral que se mostra como a mais plausível, se a gente evita premissas tradicionais e, contudo, não se quer dar por satisfeito com o contratualismo, que não é uma moral no verdadeiro sentido.

Deve-se naturalmente distinguir entre a crítica das falsas tentativas de justificar aquele conceito moral que eu considero o mais plausível e a crítica dos conceitos de moral que eu não considero plausíveis. Das diversas tentativas modernas, que citei na quarta lição, eu apenas referi brevemente tanto a ética da compaixão de Schopenhauer como também o utilitarismo proveniente de Hume. Mostrei na quinta lição que uma parte essencial de uma argumentação que torne plausível o princípio de conteúdo que eu julgo defensável, e que se identifica com o de Kant, consiste em mostrar que e por que outras propostas modernas não são plausíveis. Na lição de hoje discutirei a ética de Schopenhauer, uma vez que ela, partindo de uma emoção natural, é diametralmente oposta à ética kantiana, e isto também vale para a sua pretensão de justificação, se nela afinal se pode falar em justificação. Embora eu vá defender a posição que

---

95. Tradução de A. Ruedell.

o conceito de Schopenhauer não apenas não é plausível, mas que de forma alguma é um conceito moral, sua insistência com a compaixão contém uma contribuição importante. Também o utilitarismo pode ser compreendido a partir deste fundamento, ainda que historicamente ele tenha se originado de outra maneira (cf. décima sexta lição). É comum às duas éticas a orientação exclusiva a partir dos sentimentos daqueles em relação aos quais existem obrigações morais, e com isto está relacionado que as duas éticas também incluem os animais.

Ao final de sua *Preisschrift über die grundlage der moral*, Schopenhauer apresenta ao leitor um exemplo como *experimentum crucis* (§ 19). Alguém queria matar um outro, mas no último momento desiste de seu intento, não por motivos prudentes, mas por motivos morais. A pergunta que Schopenhauer coloca para o leitor é: Que motivação moral ele acha convincente? Pareceria convincente se ele nos dissesse que ele não o teria feito porque então a máxima de seu comportamento não se deixaria universalizar? Ou por que então não teria tratado o outro igualmente como fim em si? Schopenhauer ainda cita uma série de outros motivos que se referem a outros conceitos morais, e então contrapõe a todos a resposta: eu não o fiz porque "fui tomado de compaixão... ele causa-me dó". "Agora pergunto a todo leitor honesto e desembaraçado: Qual é o ser humano melhor? [...] Quem foi contido por um motivo mais puro? Onde reside, segundo isto, o fundamento da moral?"

Conforme Schopenhauer, o fundamento exclusivo da moral é a compaixão. Precisaremos esclarecer se, afinal, ainda podemos designar como moral o que daí resulta; é, em todo caso, em oposição ao contratualismo e analogamente a Kant, uma posição do altruísmo desinteressado. Schopenhauer, à semelhança do que eu fiz na quinta lição, vê no egoísmo e no altruísmo as duas possibilidades contraditórias da ação do ser humano (§ 14-15). Schopenhauer sem dúvida também defende uma posição iluminista, especificamente moderna: ele condena toda justificação transcendente e as obrigações para consigo mesmo. Parece evidente para ele que, quanto ao conteúdo – o que ele denomina o "princípio" da ética – os dois únicos princípios da moral são os dois imperativos estreitamente interligados: *neminem laede;*

immo omnes, quantum potes, juva ("não prejudica ninguém, mas ajuda a todos quanto tu podes"). Com razão, ele os estabelece em relação estreita com a regra de ouro (§ 7). Ele concorda com Kant: é preciso distinguir entre agir por obrigação e agir por motivos morais – mais vezes seguimos os dois imperativos, seja por motivo da "ordem legal", seja "por causa do bom nome" (§ 13) –, e assim a pergunta para ele decisiva é: Como deve ser compreendida a motivação moral?

Como razão, dizia Kant; como compaixão, diz Schopenhauer. Na crítica a Kant, que é a maior parte de seu escrito, ele condena, mais ou menos como eu o fiz, tanto a ideia de uma pura razão prática – aqui ele igualmente se coloca no ponto de vista de Hume, como eu o fiz – quanto também o discurso de um dever absoluto, que ele designa como uma *contradictio in adjecto*, cuja "origem se encontraria na moral teológica" (§ 3). No entanto, ele também condena o imperativo categórico quanto ao conteúdo, porque este residiria pretensamente sobre o egoísmo. Esta parte de sua crítica está indubitavelmente errada; ela está baseada naquela confusão novamente desfeita por Ebbinghaus.

Resulta em todo caso que Schopenhauer, já no que diz respeito ao conteúdo da moral, somente concorda em parte com Kant. Isto pode ser visto em primeiro lugar no fato de o imperativo categórico ter um alcance maior do que o princípio *neminem laede* etc. Isto se mostra, sobretudo, naquelas normas que eu designei em sentido mais restrito como "regras de cooperação": deve-se cumprir a promessa, não se deve mentir. Poder-se-ia argumentar aqui a favor de Schopenhauer e contra Kant, que estas normas de fato só valem se concretamente prejudicam alguém. Isto, contudo, é questionável. Acaso não é imoral, por exemplo, sonegar furtivamente impostos?

Permaneçamos, contudo, nas ações e omissões referidas a determinada pessoa. Acaso não lesamos a alguém quando o logramos e ele não o percebe, e, além disso, de fato não lhe sobrévém um prejuízo real? Em todo caso não, se bem-estar e prejuízo são compreendidos no sentido de "bem-estar e dor" (§ 16, ponto 3); portanto, se é prejuízo só é concebido como sofrimento. Como é, por exemplo, quando eu passo alguém para trás sem que ele o perceba? Não pode satisfazer aí a informação que ele haveria de sofrer se o soubesse. Isto, porém, não é o decisivo. Por que então ele haveria de sofrer? Deve-se evidentemente dizer: porque não se sentiria respeitado. Isto, pois, também é a razão, porque ainda é pior para o outro, quando ele se tem que imaginar: eu o passei para trás e ele não o percebeu. Neste caso, porém, sofre o outro, porque ele não tem sido respeitado, e isto quer dizer, porque tem sido lesado em seus direitos. Portanto, este sofrimento e o correspondente prejuízo já pressupõem a norma moral, e não a fundamentam. A norma de respeitar os outros tem um alcance maior do que não prejudicá-los e não lhes causar dor.

Também diz respeito, por exemplo, à obrigação de cumprir uma promessa feita no leito de morte.

Se em tais comparações de fato não queremos apoiar em pressuposições intuitivas o que é visto como imoral, poder-se-ia dizer: a comparação somente mostra que os dois princípios conduzem em parte a normas distintas. Então poder-se-ia afirmar como schopenhauerianas aquelas regras que se dão a partir do imperativo categórico (ou da regra de ouro); elas não são "verdadeiros" princípios morais na medida em que extrapolam o princípio de não deixar ninguém sofrer. Teríamos simplesmente duas interpretações distintas do altruísmo.

O princípio moral de Schopenhauer enreda-se, contudo, em outras dificuldades tão logo deixamos de nos ater a normas particulares e pensemos uma situação complexa de ação, na qual estão em jogo diversas normas simples, e sempre que se trata dos interesses de várias pessoas. Aqui nós vimos que o imperativo categórico fornece o critério para que se decida de tal maneira como qualquer um haveria de querer que se agisse em uma situação deste tipo. É neste contexto que se mostram as forças do princípio kantiano, que, por conseguinte, de nenhuma maneira – como entendia Schopenhauer – se deixa reduzir a um formalismo vazio, que resultaria do princípio da razão. O princípio de Schopenhauer, *neminem laede* etc., ao contrário, absolutamente não oferece um critério de ponderação. Nesta relação, o seu alcance não é maior do que a 2ª fórmula de Kant (cf. sétima lição).

As duas dificuldades também mostram que o princípio de Schopenhauer (como então naturalmente também sua concepção de motivação) é completamente sem serventia para uma ética política. Na ética política trata-se quase sempre de ter que ponderar entre os interesses de muitos; trata-se, além disso, de direitos, os quais novamente são pressupostos, ao se afirmar que alguém sofre quando estes não lhe são garantidos; assim, por exemplo, no direito à participação política.

Aqui teremos que nos perguntar o que, então, ao contrário, favorece ao princípio de conteúdo de Schopenhauer – sua concepção específica de altruísmo –, pois de início apenas o introduziu à maneira de uma tese. (Semelhantemente teremos que proceder quando formos comparar a concepção kantiana de altruísmo com a de utilitarismo.) A resposta naturalmente só pode ser formulada de tal modo que se veja no *experimentum crucis* aquilo que aleguei no início. Se julgamos como moral uma ação boa ou a abstenção de uma má, somente quando ela ocorre por compaixão, então parece resultar daí que somente podem ser morais, quanto ao conteúdo, aqueles tipos de ações que ocorrem por este motivo.

Se com o princípio de Schopenhauer fosse possível evidenciar o fundamento da moral com o apelo à compaixão, então seria possível dizer que o seu princípio, não obstante todas as dificuldades quanto ao conteúdo, sobrepuja o de Kant, pois então estaria encontrada uma base "natural" da moral.

Seria naturalmente simples demais se a gente quisesse opor o princípio de Schopenhauer ao de Kant como se opusesse aqui um princípio de base racional a outro baseado no sentimento. Vimos que o princípio kantiano mantém seu sentido quando se omite seu fundamento pretensamente racional e, de outro lado, o princípio de Schopenhauer não está suficientemente caracterizado quando o descrevemos como sensitivo. Aqui se requerem duas distinções. Primeiramente aquela entre um princípio moral que nos motiva sensitivamente e um princípio moral que é mesmo definido a partir de determinado sentimento. No primeiro caso, o sentimento moral, do qual se trata, é exatamente aquele que é afirmado pelo princípio moral: assim foi em Aristóteles, assim em Hutcheson, o qual Kant tinha em vista ao polemizar contra a ideia de um sentimento moral, e assim também comigo: alguém trata de "uma" moral por motivos morais, conforme minha concepção geral, se o sentimento que o conduz é o sentimento para o bom no sentido desta moral e, conforme minha concepção especial, se age por respeito aos seres humanos. Para Schopenhauer, desaparece o conceito de bom; o sentimento, para o qual ele apela, não é nem um sentimento pelo elemento moral, nem um sentimento moral pelos seres humanos. É um sentimento que, independentemente da moral, é empiricamente pré-dado e determina, por sua vez, o que deve ser visto como moral. Se um sentimento pode assumir esta função, parece natural que seja a compaixão, ainda que isto não seja compulsório; em Adam Smith a compaixão é apenas um sentimento simpático particular. Schopenhauer tem consciência desta restrição ao negativo – comiseração pelo sofrimento – e ela parece ser plausível, se o sentimento de compaixão natural como tal já é o fundamento da moral (o que não será o caso em Adam Smith).

A verdadeira dificuldade deste princípio é que, como já disse na quarta lição, a compaixão, enquanto sentimento natural, somente existe mais ou menos. Existem, na verdade, seres humanos que, diante de qualquer sofrimento, reagem espontaneamente com compaixão, mas a maioria faz isto apenas parcialmente, e em alguns existe, mais forte do que a compaixão, o seu sentimento contrário, a satisfação pelo mal alheio e o prazer na crueldade.

Pode um tal sentimento, naturalmente pré-dado e existente em graus diversos, ser fundamento para uma obrigação? Somos nós obrigados por compaixão? Pode-se sem dúvida dizer que devemos desenvolver esta emoção como generalizada. Mas o que nos motivaria para tal, se já não pressupomos uma visão moral?

Neste ponto Schopenhauer não é bem consistente. Ele fala, sobretudo no § 17, de uma máxima e de um princípio; também emprega aqui os termos "direito" e "obrigação", e o seu princípio *neminem laede* etc. é de fato um princípio formulado imperativamente. De outro lado, escreve ele no § 13: "Talvez alguém me queira criticar, que a ética não trata como os seres humanos efetivamente agem, mas que ela é a ciência que indica como eles devem agir. Este, porém, é exatamente o princípio que eu nego, uma vez que provei suficientemente, na parte crítica deste ensaio, que o conceito do dever, a forma imperativa da ética, somente vale na moral teológica e fora dela perde todo sentido e significado". Portanto, Schopenhauer não pode falar de um dever moral, primeiro porque condena corretamente o conceito de dever de Kant e, segundo, só permanecem para ele formas de dever determinadas por sanções externas, como as religiosas, contratualistas ou jurídicas; ele não conhece a ideia de uma sanção interna, assumida em base a um conceito geral de ser-bom. Isto parece mais consequente do que quando ele por vezes fala de máximas e de princípios. Isto, contudo, significa: a ética, segundo Schopenhauer, deve simplesmente restringir-se a constatar que, ao lado das ações egoístas, também existem as altruístas, que são exatamente aquelas movidas por compaixão.

Podemos chamar isto ainda de moral? Naturalmente o podemos, se quisermos. Entretanto não o podemos mais, se a moral é compreendida como um sistema de normas, como o é inclusive o contratualismo; e não o podemos absolutamente, se para a moral é fundamental um conceito de bom. Não faz mais sentido dizer que se deve ou tem de ser desta maneira; e não podemos mais falar que algo é reciprocamente exigido. Também não faz mais sentido criticar e aprovar. Parece que Schopenhauer mesmo considera isto pelo fato de não falar de justificação, mas do "fundamento" da moral. O comportamento moral não é justificado, mas, quando ocorre, tem somente a compaixão como fundamento.

Mas então o conceito de Schopenhauer afastou-se tanto da compreensão comum de moral, que haveremos de perguntar: Como ela, contudo, parece ter uma plausibilidade tão forte, como no exemplo denominado *experimentum crucis*? Não tem razão Schopenhauer ao dizer que nós só vemos como "autenticamente morais" aquelas ações que não são resultado de um princípio, mas que seguem espontaneamente da participação direta?

Isto nos reconduz ao problema que vimos em Kant, na sexta lição. Agora já sabemos que, quando comparamos Schopenhauer e Kant, não se trata de uma simples oposição entre razão e emoção. Em Kant eu tinha que condenar a razão tanto como conteúdo quanto como motivo do elemento moral; permanecia, contudo, o deixar-se determinar pelo ser-bom e pelo princípio moral, uma perspectiva que na verdade tinha que ser compreendida como emocional e que ao mesmo tempo, conforme a segunda fórmula do imperativo categórico, podia ser compreendida como respeito aos seres humanos. Respeito significa reconhecimento como sujeito de direitos; mas o próprio respeito é algo afetivo, quando se o leva a sério, é algo que se dá a entender ao outro afetivamente (mais claramente compreensível na atitude oposta, quando rebaixamos o outro e também lhe damos a entender isto). Ora, se a preocupação é especialmente de abrandar ou de evitar um sofrimento do outro, então o respeito implica que, ao menos normalmente, assumamos uma atitude afetiva em relação a este sofrimento, isto é, uma atitude de compaixão.

Aqui está, portanto, a base para a plausibilidade do exemplo de Schopenhauer – uma pessoa sem compaixão não pode ser boa –, mas também para os limites de sua plausibilidade. Pois se a compaixão como tal é determinante e se ela não é apoiada no respeito afetivo pelo ser humano – que é ao mesmo tempo um respeito para com todos os seres humanos, e nesta medida uma postura de princípio – então ela somente é um sentimento mais ou menos forte, que existe naturalmente e que como tal está moralmente desnorteado. O problema não é só de a compaixão nos abandonar aí onde temos a ver com direitos morais que não se fundamentam no sofrimento, mas sobre os quais, quando muito, pode-se, por sua vez, justificar o sofrimento; ela também não pode dar nenhum tipo de orientação onde, mesmo em meio ao seu próprio domínio, temos a ver com várias pessoas. E assim naturalmente também é possível que por compaixão procedamos moralmente errados: se nos deixamos conduzir exclusivamente pelo sofrimento do outro, podemos ir contra os seus outros direitos e podemos, sobretudo, ir contra os direitos dos outros.

A recusa das "inclinações", por Kant, também se fundamentava no fato de que a perspectiva da afetividade natural, que não é determinada por algo, não contém em si uma medida. Por isso, também naqueles tipos de comportamento moral, que podem ser decididamente determinados por compaixão, teremos que esperar que não se trate de uma compaixão qualquer, mas de compaixão como uma disposição geral, exatamente aquela, segundo a qual dizemos de alguém que ele é um ser humano compassivo, uma pessoa compassiva (*a compassionate person*). É aquela disposição da qual se pode dizer que faz parte da educação moral e com esta deve ser desenvolvida.

Uma proposta estreitamente ligada a Schopenhauer, mas afastando-se, contudo, dele significativamente, foi feita recentemente por Ursula Wolf. Ela quer compreender o ponto de vista moral como o da "compaixão generalizada"[96]. Permanece, contudo, sem medida, também uma compaixão generalizada para todas as questões morais que não são apenas, pelo menos não em primeira linha, relacionadas com o sofrimento, mas também para aquelas questões que dizem respeito a vários ou diversos indivíduos. Aqui apenas retomam-se as mesmas dificuldades como em Schopenhauer.

Como, afinal, é possível chegar a declarar a ideia de uma compaixão generalizada como ponto de vista moral? A compaixão, enquanto emoção (*affekt*) natural, não produz a universalização, à qual Wolf se refere aqui, embora naturalmente existam seres humanos que a partir de sua disposição natural são de modo geral compassivos, da mesma forma como outros são de modo geral sem compaixão. Mas o que Wolf quer é evidente: não se satisfazer com a concepção de Schopenhauer, que no mundo de fato existe uma certa medida de compaixão e da mesma forma uma certa medida de indiferença e de crueldade; ela quer que o ter compaixão seja um ponto de vista moral "generalizado": devemos agir por compaixão. Ela, porém, somente chega a esta perspectiva universalista porque, primeiro – na primeira parte do capítulo 3 –, ela parte de princípios já existentes para uma moral do respeito universal, para então, em prosseguimento a argumentações de J. Shklar, considerar a capacidade do sofrimento "como a única coisa que realmente partilhamos com todos os seres humanos" (p. 73). A pergunta, porém, não é o que temos em comum com todos os seres humanos (poderíamos também examinar outras coisas que são em comum), mas o que é aquilo pelo qual uma moral nos obriga em relação a todos os seres humanos. Em uma moral do respeito universal, o que nos obriga é a ideia do bom, não mais limitada por premissas trans-

---

96. WOLF, U. *Das tier in der moral*. Frankfurt: [*s. n.*], 1990. III § 5-6.

cendentes. Esta moral do respeito universal é em si referida à universalidade, a compaixão, ao contrário, não; e não se pode impor tão simplesmente a universalidade à compaixão. Por isso o conceito de Schopenhauer é mais consistente do que a posição de Wolf. A compaixão tem um valor muito grande, se já temos um ponto de vista normativo-universal (um critério universal), mas dela mesma não podemos extrair magicamente nada de universal e de normativo.

A orientação a partir da compaixão conduziu, tanto em Schopenhauer como também em Wolf, a uma situação em que também os animais são incluídos na moral. Em Wolf isto se dá de tal maneira que ela desenvolve a proposição na qual ela diz que a capacidade de sofrimento é aquilo que compartilhamos com todos os seres humanos, de modo que também compartilhamos esta mesma capacidade com todos os animais. Isto naturalmente é o caso. Mas, uma vez que a suposição de Wolf, de que o fato da capacidade do sofrimento já é em e por si moralmente decisivo, é falsa, e uma vez que a compaixão de modo algum tem a partir de si uma perspectiva que se universaliza normativamente, podendo sua universalização apenas ser exigida a partir de um ponto de vista moral, teríamos que repensar novamente a questão da inclusão dos animais no universo da moral, sem querer decidi-la dogmaticamente a partir de nossas intuições. Estas, pois, vão neste ponto, em muitos casos, sem compromisso para uma ou para outra direção.

Procuramos mostrar na quinta lição que, com a perda das premissas transcendentes, universaliza-se a compreensão daquilo que significa ser bom. Esta universalização, porém, precisa naturalmente estar relacionada com um predicado: não podemos dizer que somos moralmente obrigados em relação a todos (isto, então, significaria em relação a todos os seres em geral), mas somente em relação a todos que são de tal-e-tal-maneira. Significa isto, em relação a todos os seres humanos? É moralmente decisivo fazer parte de uma espécie biológica? Isto só podia ocorrer com base em determinadas premissas transcendentes, como a da história bíblica da criação (o homem foi criado em um dia próprio; ele não era uma espécie) e da tese, nela contida, da imagem-e-semelhança-de-Deus. Do curso do pensamento na quinta lição resultou: esta obrigação universal existe para com todos os seres capazes de cooperação. Isto também conduz a dificuldades, das quais ainda falarei em breve; parece, contudo, correto como primeiro passo. Assim, determinado conforme a regra de ouro, a moral podia ser compreendida sem seu conteúdo como o conceito de bom, e neste sentido eu pude dizer que na moral universal assim compreendida forma e conteúdo coincidem: a totalidade daqueles que mutuamente podem cobrar-se exigências um ao outro – os "sujeitos" da moral – é idêntica à totalidade daqueles face aos quais somos moralmente obrigados – os "objetos" da moral. O respeito somente é possível em relação a estes seres. É tautológico dizer: a moral do respeito universal estende-se a todos os seres que podemos respeitar. Também Kant defendeu quase esta mesma concepção, uma vez que para ele são "fim em si" aqueles seres que podem agir moralmente; por isso a moral, para ele, refere-se, tanto subjetiva quanto objetivamente, a todos os "seres-de-razão", e estende-se nesta medida em princípio para além da classe dos seres humanos (ele pensava em anjos; hoje fala-se de marcianos ou assemelhados). Que ela então também pudesse ser vista mais restrita do que a classe dos seres humanos (à qual também pertencem crianças pequenas, idiotas, fetos) é um agravante do problema que Kant não se colocou.

Deixemos primeiro de lado os seres humanos que não são capazes de cooperação e que, portanto, também não são sujeitos de moral, e concentremo-nos no caso dos animais, conceitualmente mais simples. O utilitarismo, Schopenhauer e filósofos atuais como Wolf dizem: os animais devem ser incluídos, porque também eles são capazes de sofrimento[97].

---

97. O utilitarismo, ao menos na versão de Bentham, foi aqui ainda mais claro do que a moral da compaixão, porque ele define diretamente o elemento moral de tal maneira que ele consiste da maior redução possível do sofrimento, em que Bentham podia dizer: *"The question is not, can they reason? Nor, can they talk, but can they suffer?"* (Em: BENTHAM, J. *An introduction to the principles of morals and legislation*. Londres: [s. n.], 1970. cap. 17). Não me parece evidente que em todos os casos nos quais, a partir de razões teóricas, podemos admitir que um animal sofre, também possamos ter compaixão com ele, e a norma então não se estabeleceria por compaixão. Ter compaixão parece somente possível em animais que têm uma reação diante da dor, a qual seja

Isto, porém, permanece puramente como uma tese – exceto em Schopenhauer, que não quer desenvolver uma moral em seu verdadeiro sentido. A partir da minha posição dever-se-ia argumentar, em um primeiro passo: a moral do respeito universal exige que nos comportemos universalmente de modo compassivo. No segundo passo: se desenvolvemos a compaixão universalmente, temos que referi-la a todos os seres dos quais é possível se compadecer. O segundo passo parece livre de objeções: se desenvolvemos a compaixão universalmente, então também precisamos referi-la aos animais (ou em todo caso àqueles com os quais podemos sentir; cf. nota 97). No entanto, do primeiro passo logicamente somente se conclui que devemos ampliar tanto a disposição para a compaixão quanto o exige o universo do respeito universal.

Se, porém, a disposição para a compaixão é, primeiro, desenvolvida universalmente no interior do mundo do respeito, pode-se dizer que é somente natural não se manter nos limites deste mundo, mas estendê-la a todos os seres capazes de sofrer. Por isso também parece quase evidente não limitar aos seres humanos a exigência de não ser cruel; um ser humano que não tem compaixão para com os animais é um ser humano sem compaixão. Esta extensão é, portanto, extremamente natural, mas temos que ver que ela é uma extensão, e ela não segue do imperativo categórico. Eu não vejo como se pode dizer mais do que dizer que ela é bem natural. Não se pode mostrar, a partir de uma moral do respeito, que ela é compulsória.

Parece-me que estas considerações mostram tanto em que sentido muitos tendem a estender a moral sem fronteiras aos animais como também porque muitos outros o negam. A proposição frequente dos filósofos da ética dos animais, que a resistência a esta extensão seja análoga à antiga recusa da supressão da escra-

---

identificável para nós, portanto, em animais vertebrados e sobretudo mamíferos. Já com insetos será mais difícil. Cf., contudo, MUSIL, R. Das Fliegenpapier. *In*: MUSIL, R. *Nachlass zu Lebzeiten*. Hamburgo: [*s. n.*], 1957. p. 11-13. Parece-me questionável a ampliação sem fronteiras da moral da compaixão em Wolf, estendendo-se a todos os animais, dos quais, com base no conhecimento teórico do seu sistema nervoso, somente podemos admitir que são capazes de sofrer.

vidão ou ao racismo e ao sexismo, somente teria um peso se pudesse ser mostrado, a partir da questão, que uma tal extensão é compulsória; isto somente é possível a partir dos duvidosos princípios do utilitarismo e da moral da compaixão, e não a partir da moral do respeito universal, quanto ao conteúdo, estreitamente relacionada com a regra de ouro e com o contratualismo.

Da reflexão há pouco apresentada resulta um esclarecimento natural, que e como se discute sobre a ética dos animais. (Veremos mais tarde várias vezes que, embora a moral do respeito universal tenha um núcleo indiscutível, seria ingênuo esperar-se que todas as questões morais pudessem ser resolvidas de uma ou de outra maneira, como se fosse possível encontrar simplesmente a resposta já pronta no céu.) É em primeiro lugar natural que a formação geral para a disposição para a compaixão no interior do mundo moral estende-se para além dele mesmo, mas não se pode justificar que tenha que ser assim. Segundo, é evidente que seres humanos, que por natureza são geralmente compassivos, também queiram incluir os animais na moral. Enfim, em terceiro lugar, devemos lembrar que certos seres humanos, sobretudo certas crianças, até têm mais compaixão com os animais do que com seres humanos (em muitas outras crianças verifica-se exatamente o contrário: uma desenfreada brutalidade para com os animais). Talvez seja porque se identificam particularmente com a criatura indefesa[98]. Então é compreensível que nos seres humanos geralmente compassivos surja o desejo de querer convencer a todos os outros seres humanos que não partilham com tal força este sentimento, que eles não podem deixar animais sofrer, e isto de agora em diante por motivos morais, isto é, com a sanção moral.

No entanto, o que nos impede de deixar animais sofrer parece em realidade a sanção deste sentimento natural, e não a sanção especificamente moral. Esta somente pode ser desejada como com-

---

98. Assim relata L. Kohlberg de seu filho de 4 anos de idade: *"One night I read to him a book of Eskimo life involving a seal-killing expedition. He got angry during the story and said: 'You know, there is one kind of meat I would eat. Eskimo meat. It's bad to kill animals, so it's all right to eat them'"*. (KOHLBERG, L. From is to ought. *In*: MISCHEL, T. *Cognitive development and epistemology*. Nova York: [*s. n.*], 1971.)

plemento, exatamente como podem ser desejados complementarmente outras proibições e como de modo geral estavam contidos nos conceitos morais tradicionais muitos conteúdos (e objetos morais) que excediam ao domínio nuclear da moral. Enquanto isso, naquela moral que mantém um conceito de bom, o qual somente se refere ao querer igual (com o mesmo peso) daqueles que pertencem à comunidade moral, pode parecer como arbitrário introduzir conteúdos (e objetos morais) complementares.

Isto é, do meu ponto de vista, o argumento decisivo. Uma moral tradicional podia legitimar, a partir de suas respectivas fontes fundadoras transcendentes, quaisquer conteúdos complementares. Na moral que só apela ainda ao conceito natural de bom, a coadmissão de seres que de nenhuma maneira podem ser compreendidos como membros de uma comunidade moral é compreensível como objeto de obrigações, mas não pode ser forçada. É exatamente daí que resulta a situação que temos na consciência moral de nosso tempo: alguns o desejam (considerar os animais na obrigação moral), outros não o reconhecem. Se forem exigidos estes conteúdos complementares, será diluído, sem dúvida, todo o sentido de uma ideia natural (plausível) de bom, a qual seria universalmente compreensiva, se não se tem um *lack of moral sense* e nem se fazem suposições transcendentes. Daí apenas poderia resultar um novo relativismo; este pode ser evitado se aqueles que exigem a admissão dos animais para a moral como objetos de obrigação deixam bem claro para si o fundamento de sua exigência e do estatuto desta exigência: embora a compaixão faça parte da moral, não pode ela como tal, como tentei mostrar, ser o fundamento da moral, a não ser que mudemos de tal maneira o sentido de "moral", que a admissão dos animais para "a moral" precisamente não atinja o objetivo almejado, porque então não fariam mais parte da moral as exigências recíprocas.

O ser humano compassivo não se dará por satisfeito com esta argumentação e eu também não acredito que ela seja o suficiente. Parece evidente que a brutalidade é um fenômeno unitário e que, como tal (como "vício"), deve ser moralmente proscrito. A relação homem-animal teria que receber um novo esclarecimento. Pertencemos a uma comunidade mais abrangente de criaturas capazes de sofrimento e também da natureza em geral. Esta comunidade não é moral, mas pode ter consequências para a nossa compreensão da moral, as quais não poderão ser suficientemente esclarecidas antes que seja suficientemente esclarecido o caráter desta comunidade. Aqui ainda estamos diante de um enigma da nossa autocompreensão; não deveríamos tentar resolvê-lo por meio de um ato de violência para uma ou outra direção, porque isto igualmente só pode convencer aqueles que já pensam da mesma forma.

Em seu artigo "Precisamos de uma ética ecológica?", Ursula Wolf explica que a consideração da natureza em sentido mais amplo só pode ser compreendida instrumentalmente, e não moralmente, porque o "domínio dos objetos" da moral "são os seres capazes de sofrer"[99]. Com isso deparamos com a mesma tese apodítica que Wolf defende em seu livro. Desta maneira, se opõe aqui simplesmente intuição contra intuição. Albert Schweitzer defendeu com o seu conceito do "respeito pela vida"[100] (*Achtung vor dem leben*) uma tese mais abrangente e diferenciada em graus. Wolf não vê que ela se encontra na mesma necessidade de justificação que aquelas teses que querem ampliar o domínio do objeto da moral ainda para além dos animais. Que a compaixão seja o fundamento da moral, isto não é apenas irreconciliável com o imperativo categórico – o conceito "plausível" de bom. Ela também não se deixa esclarecer a partir de nenhum outro conceito de moral diversamente definido, a não ser que se defina o elemento moral diretamente por meio da compaixão. Vimos em Schopenhauer o que daí resulta.

Por fim preciso voltar-me à pergunta: Qual o *status* moral que temos que admitir para aqueles seres humanos que não são, ou ainda não são, capazes de cooperação, e nesta medida ainda não são possíveis sujeitos no interior da comunidade moral? Quero nisto restringir-me a crianças pequenas e a fetos. Convenhamos que é este o caso mais simples.

Na ética contemporânea, que se ocupa com as questões dos animais, das crianças pequenas e dos fetos, sobressai-se uma

---

99. WOLF, U. Brauchen wir eine ökologische Ethik? *Prokla*: Zeitschriftfürpolitische Ökonomieundsozialistische Politik, v. 17, n. 69, p. 148-173, 1987. p. 166.
100. SCHWEITZER, A. *Verfall und Wiederaufbau der Kultur*. [*S. l.: s. n.*], 1923.

concepção segundo a qual a questão, se um ser deve ser visto como objeto de obrigações morais e, no caso, de que obrigações, depende de certas propriedades, de modo que então resultem determinadas classes: a classe dos seres que podem sentir, a classe daqueles que não podem sentir, a classe daqueles que são racionais e autônomos. Acredita-se que este recurso a propriedades seja a única alternativa para o princípio que define a classe daqueles em relação aos quais somos moralmente obrigados por meio da participação na espécie biológica ser-humano.

Se, entretanto, partimos da ideia que já a partir de sua forma (a exigência recíproca de ser bom) pertence à essência de uma moral em geral, uma comunidade de seres cooperativos e que, ligado a isto, também se refere a uma comunidade, a comunidade de todos os seres capazes de cooperação – aquilo que eu denominei o conceito plausível de bom –, então é evidente que também se compreende a inclusão na moral daqueles seres humanos não capazes de cooperação a partir de sua participação parcial desta comunidade. A capacidade para a cooperação é naturalmente também uma propriedade; ela, contudo, se distingue daquelas há pouco citadas, no sentido de que ela simplesmente menciona a condição para pertencer a uma comunidade, no caso, comunidade moral.

Entretanto, também foi uma propriedade (não relacionada com uma comunidade) a pertença à espécie – em contraste com a simples pertença ou pertença parcial a uma ou à comunidade. Nesta orientação com base nas qualidades, a questão se somos possíveis objetos de obrigações morais é considerada separada da questão se somos possíveis sujeitos de obrigações. Esta orientação nos teria que levar a um beco sem saída, sobretudo com as crianças. Pois, neste caso, nos veríamos diante da alternativa: excluir crianças pequenas como objetos da moral porque ainda não podem cooperar, ou, se devem ser incluídas, isso teria um único fundamento: porque pertencem à espécie ser-humano; ou, porque são seres capazes de sofrer.

Outra orientação ligada à comunidade que é tão mais natural vista desde o sentido de uma moral, e sobretudo de uma moral não transcendente, permite conceber de maneira bem diversa o *status* moral das crianças. Pois é evidente que agora se diga: cada comunidade, na base do estado de coisas biológico e cultural, do gradual crescimento e da aculturação dos descendentes, consiste em parte de membros e em parte daqueles que vão se encontrando pelo caminho. Também a criança pequena, desde o momento do seu nascimento, entra em um processo de comunicação com os membros da comunidade, processo que aos poucos e sem cortes a leva, por fim, a ser capaz de cooperação e a poder compreender-se como membro da comunidade e com responsabilidade própria. O início deste processo ainda não é verbal, mas conduz para uma comunicação verbal, e isto novamente de uma maneira gradual, intuitivamente compreensível mas difícil de conceitualizar. Também animais podem realizar conosco processos de comunicação não verbal, os quais, porém, não desembocam em comunicação verbal e absolutamente não, na capacidade de cooperação. Enquanto isso, crianças pequenas, que já bem cedo realizam formas bem específicas de comunicação, como o sorrir, morrem quando falta esta comunicação[101]. Por isso, crianças são sujeitos da comunidade moral que se desenvolvem gradualmente desde o nascimento, e por este motivo devem ser vistas desde o início como objetos plenamente válidos da obrigação moral. A ideia comum, de que o nascimento é o corte decisivo, é tão natural, porque aí de fato começa em seguida o processo de comunicação ("não em seguida, imediatamente", poder-se-ia dizer, porque isso deixaria aberto o infanticídio imediatamente depois do nascimento).

A diferença entre crianças nascidas e não nascidas parece consistir no fato de a criança não nascida efetivamente já se encontrar em um processo de crescimento, o qual ao final chegará à capacidade de cooperação, mas que este processo ainda não tem um caráter comunicativo; a criança ainda não faz parte de nós, no sentido de ser socializada. Ela está a caminho para nascer, e nesta medida indiretamente, e mesmo só indiretamente, para ser em seu pleno sentido membro da sociedade. Enquanto uma criança já é "um de nós", um membro que está se socializando, a criança não nascida é isto apenas nesta maneira indire-

---

101. Cf. as pesquisas conhecidas de René A. Spitz.

ta. A mesma ambiguidade também existe para a mãe. Ela pode dizer: "é meu filho", mas também: "será meu filho". Designamos a mãe e ela se sente como "tornando-se" mãe[102].

Isto tem a ver com o fato de que a identidade consciente de cada pessoa adulta em um certo sentido só retrocede até o nascimento. "Então" ("naquele tempo"), assim costuma-se dizer, "começava minha vida". Na continuidade espaçotemporal eu naturalmente sou idêntico ao feto precedente, mas "minha história" começou com o nascimento. Eu não posso querer, que eu tivesse sido morto quando já estava "no mundo"; de igual maneira como não posso querer que eu tivesse sido morto ontem ou no ano passado (sempre pressupondo que agora eu queria viver). E considerando que isto (e agora sem a restrição feita há pouco entre parênteses) comumente vale, segue do imperativo categórico, segundo o qual nenhuma vida nascida pode ser morta. Se o feto, ao contrário, tivesse sido abortado, pareceria estranho dizer: então eu teria estado morto. Parece mais correto dizer: então se teria impedido que esta criança, desde então em continuidade com minha pessoa, tivesse nascido.

Por isso parece correto que julguemos a morte de um feto diferentemente da morte de um bebê. É igualmente evidente que isto, por sua vez, resulta em gradações, porque o feto aproxima-se gradativamente daquele do qual nós podemos dizer: é um de nós.

Este modo de falar "é um de nós" é decisivo para a maneira de reflexão moral, se for correto que moral é algo essencialmente relacionado à comunidade. É falso considerar este discurso como sendo em princípio parcial. Ele é parcial se a comunidade é pressuposta como uma comunidade particular, e não é se for universalizada, isto é, englobando todos os seres capazes de cooperação; e isto então também compreende os diversos grupos marginais daqueles que vão se tornando, ou já são membros lesados. Também estes são membros. Este discurso, porém, não

---

102. Foi-me objetado que (ainda) tornando-se mãe a gente já se comunica com a criança não nascida. Eu penso que então "comunicação" é empregado metaforicamente, um jogo de ação e reação, que parece fundamentalmente diverso da maneira como a mãe se comunica com o filho após o nascimento.

pode ser abandonado, porque moral, a partir do seu conceito, é um *kosmos* de exigências recíprocas, de modo que então se fale de todos os seres com determinada propriedade. E não obstante, tenha sentido falar da comunidade de todos os seres capazes de sofrer, ou de todos os seres vivos (*lebewesen*), ou de todos os seres naturais, e aos quais, neste sentido, nós podemos perfeitamente nos sentir "pertencentes", isto não é uma comunidade moral, ou seja, uma comunidade que se poderia compreender como moral.

Fazem parte da comunidade moral não apenas os seres humanos, mas também outros seres capazes de cooperação, se é que estes existem. No entanto, está sempre pressuposto que eles fariam parte da comunidade em um sentido que possibilitaria, a eles e a nós, nos compreendermos como pertencentes a uma comunidade de cooperação.

DÉCIMA LIÇÃO
O ANTI-ILUMINISMO ÉTICO: HEGEL E A ESCOLA DE RITTER; *AFTER VIRTUE*, DE ALASDAIR MACINTYRE

A parte principal desta lição será dedicada a uma discussão de *After virtue*, de Alasdair MacIntyre. Terá isto o sentido construtivo de que, na medida em que seguirmos a MacIntyre, seremos levados a Aristóteles e com ele aos conceitos descurados por mim até aqui e fundamentais para a ética da virtude, por um lado, para a ética da felicidade, por outro. A discussão do livro de MacIntyre tem, contudo, em primeiro plano uma função crítica. Este livro é talvez o mais rigorosamente pensado de todo um gênero que rejeita não só o programa kantiano, mas todas as tentativas de uma moral iluminista.

Uma discussão ética como a que apresento nestas lições depende essencialmente de um confronto com outros (em princípio todos os outros) programas, porque ela não quer apenas defender uma posição, como se ela fosse ou simplesmente justificada ou de modo algum justificada, mas quer esclarecê-la em sua pretensão à plausibilidade. Podemos tornar-nos claro agora que este confronto tem de se dar em diversos níveis, que, por sua vez, estão ligados à nossa específica situação histórica. A situação iluminista é, em primeiro lugar, um resultado de um ter-se-tornado-implausíveis das éticas tradicionais. Isto levou, em um segundo momento, a uma pluralidade de novas tentativas de justificação, que podem ser denominadas todas de éticas iluministas. Em terceiro lugar, isto tinha de conduzir, por sua vez, a uma literatura ética que reflete sobre as falhas (supostas ou reais) das éticas iluministas e sobre as vantagens (supostas ou reais) daquelas morais que eram dadas como tradicionais aos homens, e nas quais o significado do sujeito singular como indivíduo ainda não ocupava o primeiro plano.

A sustentação crítica à proposta por mim apresentada como programa moderno plausível, ou também simplesmente como o programa plausível, que expus na quinta lição, deve ter lugar, por conseguinte, contra toda uma série de projetos distintos entre si. Como já ressaltei mais vezes, a implausibilização de todas as alternativas é um momento essencial do tornar compreensível a plausibilidade de uma moral que não recorre simplesmente a uma evidência apriorística.

Resultam as seguintes linhas de críticas a serem claramente distintas entre si:

Um lugar especial ocupa o confronto com as diversas tentativas que – como Kant e a ética do discurso – não se satisfazem com a plausibilidade do imperativo categórico, mas querem recorrer por ele a uma fundamentação absoluta, ainda por cima com a ajuda de um singular conceito de razão. Neste nível do confronto, o programa das outras posições não é rejeitado em termos de conteúdo, mas apenas as exageradas representações de fundamentação.

Todos os outros confrontos, ao contrário, resultam em uma refutação em termos de conteúdo dos outros tipos de posição, em mostrá-los como implausíveis. Aqui são dados então três diferentes níveis:

1. As morais tradicionais já se mostraram como desacreditadas. Como elas só podem recorrer entre seus possíveis recursos de justificação a uma autoridade, limita-se sua extensão à esfera de validade daqueles que acreditam nesta autoridade. Isto contradiz o alcance do discurso de "bom", o qual segundo seu sentido é ilimitado. Além disso parece irracional (no sentido normal da palavra) deixar a uma autoridade o poder decretar como conteúdo moral tudo o que quer (e se ainda assim devessem valer limites para a autoridade, estes teriam de ser determinados de outro lugar). Isto não é um argumento contra a fé como tal, mas parece mesmo assim ser um argumento concludente, não poder apoiar as exigências mútuas, que nós fazemos na moral, sobre uma fé. Constitui um sério problema, do qual eu não tratarei nestas lições, a questão acerca de como devemos nos comportar com relação a pessoas que mesmo assim pensam

de maneira moral, ainda que tradicionalmente – em última instância é um problema da educação adequada, na qual é preciso questionar sempre também a si mesmo, como em toda educação correta –, mas uma posição tradicional como tal deve agora ser tida como fundamentalmente desacreditada.

2. O desafio mais importante com que se defronta o programa kantiano, corretamente entendido, é o confronto com outros programas iluministas, quer dizer, com aqueles que não fazem suposições transcendentais e que não obstante não se satisfazem com o contratualismo, que de certa maneira é a posição iluminista mínima. Este confronto é o mais importante, porque somente tais programas poderiam disputar com o programa kantiano sua pretensão de ser o mais plausível, o melhor justificado. Neste nível deve-se entender meu confronto com a moral da compaixão e a ele voltarei de forma geral na décima sexta lição, em que considerarei também particularmente o utilitarismo.

3. Mas existem também tentativas modernas e contemporâneas de recusar em bloco as éticas e os conceitos morais iluministas. Estas posições antimodernas têm todas o sentido de chamar a atenção para falhas que parecem dadas em uma moral especificamente moderna, iluminista, como tal em relação a uma moral tradicional. Designarei as posições éticas deste tipo de conservadoras, ainda que a palavra "reacionário" coubesse melhor ao objeto em questão, mas esta maneira de falar teria uma conotação pejorativa inoportuna: pertence ao sentido destas posições não tanto conservar programas tradicionais ou torná-los, por sua vez, fortes, mas criticar os projetos iluministas em função de falhas que eles têm ou parecem ter com relação aos programas morais tradicionais.

É importante tornar-se clara a diferença entre o que chamo de posições tradicionais e o que quero dizer com posições conservadoras. Quem tem uma moral tradicional acredita na autoridade para ela vigente. A posição conservadora, ao contrário, é, por sua vez, um fenômeno especificamente moderno, porque ela, tampouco quanto as posições iluministas, não acredita em uma autoridade, mas apenas reflete sobre as vantagens do autoritário; daí ser ela ou instrumentalista ou nostálgica. As posições conservadoras não são pré-iluministas como as tradicionais, mas anti-iluministas, e como as vantagens por elas apontadas se encontram no enquadramento em uma moral e pressupõem por seu turno a fé, é difícil ver o que elas têm em vista positivamente, na medida em que não querem simplesmente voltar à fé.

Na Alemanha existe uma tradição ininterrupta deste tipo desde Hegel, e ela foi retomada em sua variante especificamente hegeliana particularmente por Joachim Ritter e seus discípulos (sobretudo O. Marquard e H. Lübbe). Na ética anglo-saxônica orientações deste tipo não tiveram muita representação dos anos de 1950 aos de 1970, tendo a ética em grande parte ou sido utilitarista ou representada por autores próximos a Kant como Hare, Rawls, Dworkin e Ackerman, mas nos anos de 1980 fez-se valer uma corrente que também deve ser caracterizada como conservadora e cuja palavra-chave é *"communitarianism"*. Ela se mantém em estreita discussão com a tradição liberal de Rawls e outros e não tomou a peculiar direção instrumentalizadora, constatável particularmente na Escola de Ritter. Como representantes, bastante diferentes entre si, pode-se nomear especificamente M. Sandel, Ch. Taylor e talvez como a figura de maior destaque A. MacIntyre.

Esclareçamos de saída no que consistem as compreensíveis dificuldades em que se encontram o conceito kantiano e também as demais posições iluministas frente a uma moral tradicional. Em uma moral tradicional o indivíduo encontra-se protegido como a criança na família. Ele não se vê entregue a si mesmo como indivíduo. Ele não precisa refletir sobre as normas morais, mas elas lhe são dadas. Isto explica por que para todos os críticos do iluminismo ético estes três pontos de vista ocupam o primeiro plano: 1. O indivíduo parece pertencer de uma forma "natural" à comunidade. 2. A autonomia do indivíduo não ocupa uma posição de destaque. 3. O que é bom é dado de antemão. Além disso, autores como MacIntyre farão valer que o indivíduo nem tem recursos de justificação para um conceito de moral; e a deplorável situação relativista em que nos encontramos hoje não mostra, assim se pode perguntar, que o projeto iluminista de fato fracassou?

Dedicar-me-ei a esta pergunta seguindo MacIntyre. Reflitamos, contudo, inicialmente sobre os três pontos recém-mencionados. Todos eles parecem resultar em que uma moral tradicional é mais fácil e incontestada para o fiel. Não teremos de contrapor a isto que, embora seja verdade, contradiria ainda assim o sentido tanto do discurso de "bom" quanto de todas as afirmações com pretensão à universalidade, não estar disposto a questioná-las? Até pode ser de fato, e sob vários aspectos, uma existência mais incontestada, viver em uma moral quase infantil, em que podemos acreditar ser já prescrito como se deve ser, mas nós somos ainda assim seres autônomos, e tanto no processo histórico quanto no desenvolvimento individual atingimos um estágio no qual nos defrontamos com a escolha de assumir nossa situação, como ela é, ou de regredir. Mesmo que fosse viável mostrar que no Iluminismo seria possível ainda apenas o contratualismo e nenhuma moral no sentido próprio, seria então esta nossa situação. A fé não se deixa instrumentalizar.

Como fica agora a crítica conservadora, como feita já por Hegel, mas também no comunitarismo, de que a moral iluminista é individualista? Há autores que põem em questão a pressuposição individualista do ponto de vista sócio-histórico, e é naturalmente certo que o individualismo é um fenômeno moderno e está ligado ao sistema socioeconômico do capitalismo. Se, porém, com esta indicação, se quer colocar em questão o ponto de partida principal baseado no querer dos indivíduos na moral iluminista – a objeção soaria igual contra todas estas morais, independentemente de se pensar de modo kantiano, utilitarista ou schopenhaueriano –, comete-se um sofisma genético. Da mesma maneira é verdade que determinadas condições socioeconômicas podem ser pressupostos empíricos para que possamos colocar fundamentalmente as questões éticas, assim como devem estar satisfeitas determinadas condições genéticas, se um indivíduo, por exemplo, deve poder aprender a contar. O fato de que uma criança precisa ter uma certa idade para poder contar não relativiza o conceito de número. Tampouco relativiza-se o discurso de "bom", uma vez entendido que a isto está ligado não só um exigir mútuo, mas uma pretensão universal, e que o recurso último de todos os confrontos morais somente pode reportar-se à vontade dos indivíduos.

A objeção de que se pressupõe determinada, eventualmente modificada, imagem de homem, quando se coloca a questão ética fundamentalmente – sem premissas transcendentes –, parece correta se se tem ante os olhos como único resultado pensável o contratualismo (este pressupõe de fato que cada um se interesse apenas por si mesmo). A objeção não vale, porém, se o recurso à vontade e em última instância à autonomia do indivíduo tem aquele sentido metodológico sem o qual normas dadas não podem de maneira alguma ser questionadas. Em geral se imputa aqui falsamente que o recurso à autonomia do indivíduo implica assumir-se ser o indivíduo um ser pré-social e como se o social então só fosse pensável, como é o caso no contratualismo, como uma cooperação instrumental. O sentido metodológico do recurso à vontade dos indivíduos – todos os indivíduos – e sua autonomia é apenas de que não se aceite nada como simplesmente dado; o indivíduo deve poder apropriar-se conscientemente de seu ser social, do qual é admitido inteiramente pertencer essencialmente a ele, mas ele deve também poder recusá-lo na medida mesmo em que o reconhece como ilegítimo ou não pode identificar-se com ele. O significado metodológico do recurso iluminista aos indivíduos repousa apenas em ser a vontade dos indivíduos a única base não transcendente de apelação pensável, a partir da qual pode ser fundamentado algo prático. Não reside nisto que os indivíduos não possam justamente conhecer que relações sociais e intersubjetivas pertencem à sua própria autocompreensão última. A única coisa que é excluída em termos de conteúdo para uma posição iluminista é que os indivíduos reconheçam, como quer Hegel, uma entidade supraindividual, valiosa em si e somente da qual eles, os indivíduos, deveriam receber seu valor; isto está excluído, pois desde onde poderia, sem premissas transcendentes, ser legitimado em sua validez o pretenso valor próprio deste todo, que seria mais do que a soma das partes? Como tal ele só poderia ser posto arbitrariamente, e o argumento, de que uma concepção assim beneficiaria justo os indivíduos, porque sua vida, ao se entenderem como parte de um todo, seria mais fácil, porque mais protegida e inquestionada, é peculiarmente torto, porque neste caso novamente seria justo determinado valor dos indivíduos mesmos, a que se apelaria, mas que, por sua vez, não seria legitimado.

Com isso não se quer negar as consideráveis dificuldades que o Iluminismo acarreta, sobretudo quando ele determina a consciência geral e a cultura como um todo, dificuldades que poderiam tornar-se tão grandes, a ponto de poder destruir a cultura. Mas não se pode anular o Iluminismo, ainda menos com argumentos instrumentais, que são, por sua vez, iluministas, mas não mais morais. Como, porém, o Iluminismo acarreta estas dificuldades, e um equilíbrio do indivíduo em sua relação consigo e com as normas na fase da autonomia, só é possível em um nível mais elevado da reflexão, os argumentos conservadores voltam sempre de novo como ondas e encontram uma compreensível ressonância.

Antes de me dedicar ao livro de MacIntyre, apresentarei rapidamente, com base em algumas palavras-chave, as posições de Hegel e da Escola de Ritter, porque uma real interpretação no caso de Hegel nos levaria demasiado longe e com relação à Escola de Ritter não parece suficientemente produtiva[103].

A grande palavra-chave de Hegel é "eticidade". A palavra "moralidade" ele a reservou para o conceito moral kantiano, cuja característica particular ele via no fato de ela ter seu ponto de partida na simples "subjetividade". Em contraposição, a eticidade representa para Hegel uma moralidade, cujas normas são vistas pelos membros da comunidade, essencialmente como dadas em sua validade. Na *Fenomenologia do espírito* Hegel ainda via a eticidade ligando-se à consciência moral grega pré-sofística, aproximadamente no sentido daquilo que chamei de moral tradicional. Mas em suas obras tardias, a *Filosofia do direito* e a *Enciclopédia*, a "eticidade" se encontra sistematicamente atrás da "moralidade", com o que ele quer dizer ao mesmo tempo que pode existir uma eticidade superior à moralidade no sentido kantiano e que ela passou para além. A ideia de Hegel é que a eticidade assim entendida, de acordo com seu projeto teórico, une a subjetividade da liberdade com a "objetividade" (ser dado) dos costumes. Mas ele entende o objetivo, então o Estado, como o

---

103. Com relação a Hegel, cf. minhas exposições em: TUGENDHAT, E. *Selbstbewusstsein und selbstbestimmung*. Frankfurt: [s. n.], 1979. p. 345s. Eu expus detalhadamente e critiquei as concepções éticas de Hegel, dos seus primeiros escritos até a *Filosofia do direito*, em uma prelação berlinense: *Die ethik bei Hegel und Marx* (semestre de inverno 1980-1981).

"substancial" (*Filosofia do direito*, § 257s.) e os indivíduos como seus "acidentes" (§ 145). As "instituições" do Estado são "as leis existentes em e para si", quer dizer, elas valem incondicionalmente: elas têm "uma absoluta autoridade e poder infinitamente mais sólidos do que o ser da natureza" (§ 146). O que se deve então entender ainda por liberdade, Hegel esclarece assim: "No dever o indivíduo se liberta para a liberdade substancial" (§ 149). "A verdadeira atitude moral" é "a confiança" (no Estado e suas instituições) (*Enciclopédia*, § 515). Assim a pessoa "realiza sem a reflexão seletiva (!) seu dever" (*Enciclopédia*, § 514). A "virtude" é "a simples adequação do indivíduo às obrigações do contexto social de que faz parte, honradez" (*Filosofia do direito*, § 150).

Das ideias há pouco destacadas da ética conservadora, Hegel defende, pois, primeiro – em seu conceito de eticidade e nas caracterizações daí resultantes de virtude, dever etc. –, o ser dado das normas. Em segundo lugar, ele defende uma tese extrema da prioridade do social sobre o individual, a que não se atêm mais os atuais neo-hegelianos: a) que o dado (*Vorgegebene*) não é só os costumes etc., mas "o Estado", b) que o Estado é o todo substancial, que os indivíduos devem ser concebidos como acidentes – "que o indivíduo seja, é indiferente à eticidade objetiva, sendo somente esta o permanente e o poder" (*Filosofia do direito*, § 145 adendo), c) ao contrário dos hegelianos alemães contemporâneos, Hegel nunca justifica sua posição, ao menos explicitamente, com o ganho instrumental que dela resultaria para os indivíduos. Explicitamente ele a justifica a partir de seu sistema: unidade de subjetividade e objetividade. Sem dúvida, na circunstância de a dita objetividade de fato se impor univocamente, como se pode ver nas citações, pode-se verificar certamente uma admiração adicional por poder e realidade, e é difícil ver como seria a este nível um verdadeiro equilíbrio entre subjetividade e objetividade (em um outro nível que aponta mais adiante, ainda o encontraremos mais tarde em Hegel). Hegel estava, contudo, desde o início de seu filosofar, convencido que o mundo moderno seria determinado por uma "ruptura" entre o subjetivo e o objetivo e que se trataria de "reconciliar" estes[104].

---

104. Cf. HEGEL, G. W. F. *Differenz des fichteschen und schellingschen systems der philosophie. Werke* (Suhrkamp) II. p. 20-22.

Os conceitos de ruptura e reconciliação foram então retomados em uma nova e peculiar versão por Joachim Ritter. Sua palavra-chave dizia "reconciliação de proveniência e futuro". Enquanto os opostos que Hegel acha separados e quer unificar se encontram bem-justificados em seu projeto sistemático, a posição sistemática dos conceitos de proveniência e futuro é ainda pouco clara. Deve-se ver aqui que Ritter e sua escola não pensam mais sistematicamente, mas apenas ainda historicamente, caso ainda se possa fazer isto, de algum modo, em filosofia. "Proveniência" está para tradição, "futuro" para progresso, e o progresso não é mais, como no Iluminismo, entendido moralmente, como progresso de uma consciência moral esclarecida e do bem-estar dos seres humanos, mas apenas ainda como progresso da economia moderna. As ideias políticas e sociais da Modernidade apenas são entendidas ainda como anexo da economia moderna e não são mais consideradas, por sua vez, valorativamente. Isto corresponde a uma compreensão, comum hoje em dia, de "progresso", como quando se fala de países "desenvolvidos" e "subdesenvolvidos". Mas o característico do programa de Ritter e de sua escola é terem fechado os olhos para a problemática moral especificamente moderna, o que tem como consequência que agora o valioso no todo é deslocado para a "proveniência". Este é, portanto, o sentido do discurso sobre uma "reconciliação de proveniência e futuro". A parte da relação com a proveniência é para consistir no cultivo das tradições. O cultivo das tradições é entendido como "compensação" das falhas do progresso técnico-econômico[105].

Esta concepção naturalmente já nasceu morta. Pois por mais importante que seja a mediação das muitas tradições culturais particulares com a cultura universal da Modernidade, ela

---

105. Cf. aqui especialmente MARQUARD, O. Über die unvermeidlichkeit der geisteswissenschaften. *In*: MARQUARD, O. *Apologie des Zufalls*. Stuttgart: [*s. n.*], 1986. Cf. também minha crítica em meu artigo "Die Geisteswissenschaften als Aufklärungswissenschaften": TUGENDHAT, E. Die Geisteswissenschaften als Aufklärungswissenschaften. *In*: TUGENDHAT, E. *Philosophische aufsätze*. Frankfurt: [*s. n.*], 1992. p. 453s. A propósito do conceito de compensação em Ritter, Marquard e Lübbe, cf. LOHMANN, G. Neokonservative antworten auf moderne sinnverlusterfahrungen. *In*: FABER, R. (org.). *Konservatismus in Geschichte und Gegenwart*. Wurtzburgo: [*s. n.*], 1991.

é ainda assim justamente impossibilitada, se se ignora primeiro o componente moral da Modernidade como tal e segundo, se não se vê que a tarefa moral primária da Modernidade consiste na substituição, a ser entendida, por sua vez, moralmente, não de tradições, mas de seu caráter de validade tradicional. Pois como podem as diversas culturas se entender moralmente entre si se tiverem como única fonte moral sua tradição particular?

Mas, em nosso contexto, o importante é o completo esvaziamento de conteúdo do elemento moral, implicado por esta concepção. Este esvaziamento já está esboçado no conceito hegeliano da eticidade, de acordo com a qual a virtude consiste na "simples adequação do indivíduo aos deveres da situação a que pertence". Virtude não consiste, portanto, em uma postura de princípio, independente da situação. O único recurso para determinar uma tal postura consistia para Hegel na moralidade kantiana sobre a qual ainda se deveria construir a eticidade. Faltando este recurso, resta somente o que citei há pouco de Hegel. Na medida então em que na Escola de Ritter o elemento moral ou ético não é mais de modo algum um tema sistemático em si, mas simplesmente está para o que nos é dado pela proveniência – pelas tradições –, não se contrapõe às morais iluministas uma moral conservadora, mas o dado em si é valorizado, não por ser isto ou aquilo (ou por se acreditar em uma autoridade correspondente), mas porque é dado. Como foi possível filosofar assim na Alemanha pós-nazista, permanece o segredo destes autores. Hermann Lübbe esclarece no manifesto pedagógico "9 Teses: 'Coragem de Educar'": "Voltamo-nos contra o equívoco de que a escola poderia tornar crianças 'capazes de crítica' na medida em que ela as educa para não deixarem valer sem questionar nenhum dado"[106].

Como não há, tanto quanto sei, nenhuma tentativa no âmbito da Escola de Ritter de submeter a ética iluminista – seja na específica versão kantiana, seja em um sentido mais amplo – a uma crítica, muito menos de desenvolver uma alternativa, ela não oferece nenhum ponto de referência para uma discussão sistemática. Ao contrário, encontra-se uma crítica abrangente

---

106. Cf. minha crítica detalhada em: TUGENDHAT, E. *Ethik und politik*. Frankfurt: [*s. n.*], 1992. p. 17-26.

da ética iluminista, junto com uma tentativa de chegar a uma alternativa por meio de uma reflexão histórica, no livro *After virtue*, de Alasdair MacIntyre[107]. Este livro merece uma discussão minuciosa. A discussão com MacIntyre conduzirá historicamente a Aristóteles[108] e sistematicamente ao conceito de virtude[109]. Finalmente veremos que a ética iluminista mesma deve ser ampliada com o recurso ao conceito de virtude, de um modo como ela já foi aprofundada por Adam Smith[110].

Metodologicamente, MacIntyre se encontra mais próximo da tradição alemã do que da ética anglo-saxônica: ele é da opinião, primeiro, que toda moral deve ser entendida historicamente, e, segundo, que se deve ver toda moral apenas como a moral de seu tempo e isto quer dizer sociologicamente como moral de uma constelação social determinada: duas pressuposições bastante questionáveis.

De certa forma eu também abordo a problemática ética como histórica e também concordo com a caracterização mais geral feita por MacIntyre da situação histórica em que nos encontramos: nosso presente caracteriza-se por não sermos mais – isto MacIntyre vê corretamente contra Hegel e os neo-hegelianos alemães – determinados pelo dado e nos compreendermos em última instância individualisticamente. Minha avaliação desta situação, contudo, contrapõe-se à de MacIntyre, e assim também é contraposta a consequência que resulta para a reflexão ética. Avalio positivamente a situação da autonomia individual, e precisamente só pela profundidade que a problemática da justificação da moral adquire com isto; ela nos obriga a colocar o problema da moral independentemente de premissas tradicionalmente dadas. MacIntyre a avalia negativamente porque ele é da opinião que não existe um conceito do bom moral independente de tradições e funções dadas.

---

107. MACINTYRE, A. *After virtue*. Londres: [*s. n.*], 1981. Eu cito pela segunda edição inglesa (1985)

108. Cf. décima segunda e décima terceira lições.

109. Cf. décima primeira lição.

110. Cf. décima quinta lição.

Este enquadramento social do elemento moral aparece no início do livro como simples tese, sua justificação é dada por MacIntyre mais tarde. Ela se baseia em uma interpretação específica da tradição aristotélica e em um conceito funcional de bom. Ainda teremos de voltar a isso.

MacIntyre critica, portanto, os modernos conceitos morais individualistas, não simplesmente a partir de um programa diferente, a ser então pressuposto como dogma, mas a crítica resulta para ele internamente: as respectivas éticas atuais e então também as éticas iluministas passadas mostram-se, assim pensa ele, não apenas como incoerentes em si, mas como restos de posições anteriores, que levam em última análise à tradição aristotélica. A visão de MacIntyre da história da ética é, pois, uma visão especificamente decadentista, semelhante em princípio à visão de Heidegger da história do ser.

Mesmo que eu diga que também minha visão é histórica, ainda assim ela naturalmente não o é tão fundamentalmente como a de MacIntyre. Para mim, como para qualquer ética iluminista, o específico de nossa situação histórica é que ela permite e obriga a colocar o problema da moral de forma a-histórica, uma concepção que deve naturalmente parecer absurda a MacIntyre, se toda moral é referida a tradições.

Será, pois, importante agora esclarecer a maneira como MacIntyre desenvolve sua história da decadência. Podemos ver claramente de início quão difícil é uma tese tão fundamental acerca da unidade de moral e de constelação social, bem como da moral e da história, tal qual ele a defende. Já apontei na primeira lição para o fato de ser fácil entender o que significa esclarecer sociológica e historicamente uma moral na terceira pessoa – assim ela aparentemente se deixa desmascarar e relativizar –, mas que é difícil se representar, como se pode finalmente compreender sociológica e historicamente, por seu turno, aquela moral, a que se acredita poder recorrer com justificação (na primeira pessoa).

Ainda veremos até que ponto MacIntyre pôde acreditar que pelo menos a tese sociológica poderia ser sustentada na sua argumentação (sua teoria das *practices*). Mas, quando argumenta, ele abandona (ao contrário) sem comentário a tese histórica. Na segunda parte do livro ele irá ainda assim delinear, se bem que seguindo a tradição aristotélica, um programa próprio do elemento moral, das "virtudes". Nesta modificação do historicamente dado no aristotelismo ele se deixa agora guiar à força, simplesmente por suas próprias intuições. Este último passo de sua história da decadência não é mais um passo histórico. Também nisto assemelha-se sua história da decadência certamente com aquela da decadência do ser de Heidegger. Em ambos os casos o retorno ocorre não para uma idade de ouro. A origem não é decisiva como tal e sem modificações, mas é, por sua vez, corrigida em função do presente. Este passo em MacIntyre não se mostra problemático somente no conteúdo, mas já em princípio e metodologicamente. Pois, como ele se atém, ao menos no explícito, à tese histórica, este último passo é dado sem a correspondente reflexão e expõe-se por isto à objeção de que é arbitrário.

Mas é justamente a arbitrariedade dos pontos de vista que MacIntyre acredita poder destacar como característica da consciência moral atualmente existente. A atual consciência moral e seu reflexo na filosofia é para ele a etapa final da história da decadência. Não temos mais, pensa ele, um programa moral unitário a partir do qual pudéssemos argumentar. MacIntyre procura reforçar esta tese em três níveis. No primeiro, ele dá exemplos de respostas contraditórias a questões morais de nosso tempo, que ele considera sem solução. Esta insolubilidade dos pontos de vista morais tem – este é o segundo nível – sua correspondência filosófica no emotivismo, e daí também no existencialismo. Em um terceiro nível, esta desorientação é alicerçada em uma interpretação da realidade social, na qual, segundo MacIntyre, não só todas as relações humanas se reduzem à manipulação, mas até mesmo acaba esquecida a diferença entre uma relação instrumental entre seres humanos e uma não instrumental, em que seres humanos seriam respeitados como fins (p. 23).

Quero ocupar-me rapidamente de cada uma destas três objeções. Os exemplos que MacIntyre dá como pontos de vista morais contraditórios referem-se a pacifismo, aborto e critérios opostos de justiça. Suponhamos que estas controvérsias sejam de fato tão insolúveis como pretende MacIntyre: O que estaria com isto demonstrado? A tese forte da arbitrariedade dos pontos de vista morais, MacIntyre não poderia ter demonstrado com a constatação de que algumas questões na discussão contemporânea são controversas, mas de que todas o são, ou todas as importantes. Mostrarei mais tarde que aquelas concepções opostas de justiça, na Modernidade, mencionadas por MacIntyre, repousam por seu lado sobre uma suposição de direitos iguais, que lhes é comum (à diferença de conceitos tradicionalistas de justiça)[111]. Em geral pode-se dizer: um princípio como o kantiano do respeito universal implica que uma série de possibilidades são eliminadas como imorais; ele não precisa, no entanto, conter um procedimento positivo de decisão completo. Isto significaria então que pode existir uma compreensão moral moderna inteiramente unitária, que em suas margens deixaria, porém, em aberto questões importantes. Acredito que isto corresponde à realidade da consciência moral moderna. Que exista na Modernidade um núcleo essencial da moral que em todo caso é incontroverso – antes mesmo da muito difundida suposição forte kantiana –, parece-me aliás evidente: é o do contratualismo. É típico MacIntyre não se ocupar no livro inteiro da moral contratualista. Como ela constitui um núcleo essencial comum de todas as morais, a tese de MacIntyre da historicidade fundamental de toda moral ficaria com isso pelo menos parcialmente relativizada desde o começo. Para além deste núcleo essencial parece existir ainda um largo consenso, no sentido do princípio kantiano, como se pode ver, por exemplo, na concordância, ao menos verbalmente universal, sobre pelo menos uma parte dos direitos humanos. Também os direitos humanos não são mencionados por MacIntyre em seu livro.

Curiosamente, MacIntyre ocupou-se positivamente (p. 142) do fato de uma insolúvel contradição, onde ele trata dos programas morais tradicionais, sobretudo na exposição da moral na Atenas clássica, e ele não nos revela por que ele mede neste sentido a moral moderna e a tradicional, usando duas medidas diferentes. Além do mais ter-se-ia esperado que MacIntyre, depois de ter desenvolvido seu próprio programa moral, orientado por Aristóteles, tivesse mostrado que este programa pode resolver

---

111. Décima oitava lição.

as diferenças que ficam em aberto na Modernidade. Como não o faz – e também é fácil de se mostrar que isto nem é possível –, permanecem como tais as diferenças por ele destacadas, que não ficam em aberto, só para a consciência moral contemporânea, mas representam legítimas questões abertas.

Aqui posso passar logo para o terceiro nível da crítica de MacIntyre à Modernidade. Pode-se facilmente conceder a MacIntyre que na vida moderna, como na burocratização, particularmente destacada por MacIntyre, tanto quanto na economia capitalista, tornam-se predominantes o agir instrumental e manipulativo. Mas segue disso a tese generalizadora, que MacIntyre constrói a partir daí, de que a consciência moderna perdeu o *sensorium* para a diferença entre um comportamento instrumental e outro, em que as pessoas são respeitadas como "fins em si"? O moderno discurso sobre direitos humanos, por exemplo, nem é inteligível sem esta distinção. Até que ponto pode MacIntyre assumir também que o leitor de seu livro pode entender o problema, para o qual ele aponta, perante a extensa instrumentalização de nossa vida e comportamento, se ele não deixa de ser filho do seu tempo? Em suma, por que ele mesmo o entende? Não se deve antes dizer que o que é visado na abreviada fórmula kantiana do homem como fim em si é precisamente um programa especificamente moderno? Seria apenas por acaso que nós nos entendemos a este respeito com uma fórmula proveniente de Kant? Se isto é assim, então já se pode antecipar agora que MacIntyre na realidade faz uso de um potencial moral especificamente moderno, que ele não poderá mais eliminar no retorno à tradição aristotélica.

O emotivismo, de que MacIntyre trata no segundo nível de sua crítica, consiste na tese, desenvolvida particularmente por Ayer e Stevenson, de que, quando designamos algo de bom e especial de moralmente bom, queremos com isto dizer: "Eu o aprovo; faze-o também". Juízos de valor devem, de acordo com o emotivismo, expressar, por um lado, o próprio sentimento favorável e, por outro, induzi-lo naqueles a quem se fala[112].

---

112. Cf. em especial o fundamental artigo de STEVENSON, C. L. The emotive meaning of ethical terms. *Mind*, [s. l.], v. 46, n. 181, p. 14-31, 1937.

Aqui MacIntyre objeta com razão (p. 13) que na aprovação é colocada uma pretensão objetiva de ser justificada e que aquele que julga moralmente nunca se compreende como estando a expressar uma preferência subjetiva. Injusta, ao contrário, é a objeção ulterior sempre feita ao emotivismo de negar o fato de argumentações e justificações morais. A tese subjetiva do emotivismo se refere somente aos princípios de determinado programa moral, e a questão acerca de como se pode argumentar entre os princípios de diversos programas morais é uma questão que eu considero, sem dúvida, como de fundamental importância, mas que em outras éticas quase não é considerada, e nas morais tradicionalistas a que MacIntyre recorre, de forma alguma.

MacIntyre procura então incorporar sua crítica ao emotivismo à sua crítica à compreensão moral contemporânea, de tal maneira que ele afirma dever o emotivismo ser entendido como reflexo da compreensão moral arbitrária de hoje. Ele teria, no entanto, entendido mal a si mesmo, na medida em que considera sua tese por uma interpretação adequada de juízos morais em geral, mesmo de outros tempos, em que eles ainda teriam tido sua pretensão normal à justificação. Isto não é capaz de convencer, pois da perspectiva do emotivismo se poderia objetar exatamente que todos os programas morais mais antigos tinham apenas uma pretensão parcial à justificação e pressupunham seu princípio sem fundamento.

Mas também à objeção anteriormente mencionada, e correta, de que o emotivismo interprete erroneamente o sentido dos juízos morais, poderia ser respondido pelo emotivismo com uma *error-theory* no sentido de Mackie: os que julgam moralmente acreditam falsamente em algo objetivo. Com o emotivismo MacIntyre não foi ao fundo da questão. Este não deve ser entendido simplesmente de forma descritiva, mas como teoria desmascaradora. Certamente MacIntyre tem razão em que quem concorda com o emotivismo deveria honestamente deixar de lado o discurso moral. Mas também isto iria inteiramente no sentido do emotivismo.

Se está certo o que afirmei na quinta lição, que existe uma consciência moral moderna que tem determinado princípio, a saber, o que Kant articulou, então deve-se enfraquecer a tese de MacIntyre, a ponto de o emotivismo não mais refletir a ingênua consciência moral moderna, mas apenas a desorientação da filosofia moral moderna e certamente também a desorientação do sentimento do relativismo, difundido ao lado da consciência moral determinada. E se em última análise a concepção moral do próprio MacIntyre fosse mostrar-se arbitrária, então o emotivismo teria atingido também o próprio MacIntyre.

Mas mesmo assim se deve levar a sério o emotivismo. Ele está correto na exata medida em que não se consegue dar conta da pretensão à fundamentação, contida nos juízos de valor. Para juízos estéticos ele parece em todo caso evidente, e, caso se confirmasse que a compreensão moral moderna é indeterminada em suas margens, as controvérsias morais nestas zonas devem parecer emotivas. Isto não é algo que se possa relativizar historicamente.

O desnorteamento e a arbitrariedade da atual consciência moral e da atual filosofia moral conduz então MacIntyre, em seu primeiro passo para trás na história, de volta ao suposto "desmoronamento" da filosofia iluminista. Ele começa com Kierkegaard (39s.). Ao apresentar em *Ou/Ou* o salto da existência estética para a ética como uma decisão, Kierkegaard abandonaria o caráter racional da moral, e então, na medida em que a existência ética se entende como racional, ele se contradiria a si mesmo. Ambas as objeções devem ser rejeitadas. É verdade que com Kierkegaard passa ao primeiro plano o momento voluntarista da ética. Mas não é nenhuma contradição tratar a ética imanentemente como racional e ainda assim pretender que o passo para o racional (se então se quiser entender assim o ético) deva ser tratado como voluntarista e, por sua vez, não mais como fundamentável. Seria mais um passo na ênfase do momento voluntarista também não mais tratar imanentemente o ético como racional. Esta seria a concepção que eu mesmo defendo.

MacIntyre vê corretamente que o programa ético de Kierkegaard aponta para Kant, e se dedica em seguida a este. MacIntyre simpatiza sem dúvida com a fórmula kantiana do fim em si do imperativo categórico, mas afirma que Kant não fornece boas razões para este princípio (46). Ele enumera então várias das conhecidas armadilhas contra a primeira fórmula do imperativo categórico, que estão propriamente abaixo do nível deste livro. Apenas no capítulo seguinte tenta MacIntyre mostrar, em uma crítica a A. Gewirth, que não se pode justificar a moral a partir da razão (66s.). Com esta tese eu estou naturalmente de acordo. Mas uma coisa é mostrar que não se pode justificar o programa kantiano em termos de conteúdo a partir da razão, e outra bem diferente é rejeitar o programa em termos de conteúdo como tal. Para mim foi decisivo que o programa de Kant em termos de conteúdo tem seu peso independente da justificação. É uma das fraquezas essenciais do livro de MacIntyre não discutir em absoluto o programa de Kant em termos de conteúdo.

Em vez disso, MacIntyre empreende no 6º capítulo, após uma crítica também do utilitarismo, um ataque geral contra os conceitos dos direitos e dos bens, que ele identifica corretamente como conceitos básicos da ética moderna. Ele qualifica ambos os conceitos simplesmente de "ficções". Com relação aos direitos, MacIntyre simplesmente retoma a velha objeção de Bentham. De fato não existem direitos naturais, mas direitos são postos, e nem por isso eles se tornam ficções, a não ser que se declare ser uma ficção tudo o que não é dado por natureza. Tampouco segue da acertada crítica a um conceito único dos bens, como pressuposto no utilitarismo particularmente de Bentham, que na ética se deva desistir de todo do discurso sobre bens e males. Também Kant pressupõe, claro que implicitamente, um conceito daquilo que é bom e especialmente do que é mau para seres humanos[113].

Convicto de ter demonstrado a inconsistência de todos os programas éticos do Iluminismo, MacIntyre se prepara para seu passo seguinte e decisivo em sua história da decadência: os conteúdos, pelos quais se orientavam as diversas éticas do Iluminismo, seriam, em sua origem, e, por conseguinte, em seu sentido, restos irrefletidos da tradição aristotélica, enriquecida pelo cristianismo. Eles remeteriam por isso, por si mesmos, para lá

---

113. Cf. aqui em particular também a posição de GERT, B. *The moral rules*. [*S. l.*]: Harper, 1996. Gert parte diretamente de uma lista dos males.

e só se deixam entender em seu sentido último pelo retorno a esta tradição (51s.). Esta tese, central para a argumentação histórica de MacIntyre – sua história da decadência –, é certamente a mais fracamente fundamentada de todo o livro, e MacIntyre também se contradiz a si mesmo, quando admite mais tarde que a posição antiga, a que recorreram os iluministas, foi, sobretudo, a do estoicismo. Se MacIntyre se tivesse confrontado, de algum modo, com o conteúdo em especial da posição de Kant, ele deveria ter visto que seu fundo não é de modo algum um fundo histórico, mas, como vimos, o contratualismo. Isto é no próprio Kant tão claramente tangível que é difícil entender como se pode deixar de vê-lo.

MacIntyre não dá pontos de referência concretos para sua notável tese de que a tradição aristotélica constitui o reservatório material para os programas das éticas iluministas, e certamente também não existem. Por mais grave que deva parecer este ponto fraco da perspectiva histórico-decadente do próprio MacIntyre, pode-se ainda assim levar a sério o retorno de MacIntyre ao aristotelismo, independente desta tese. Poderia ser que fosse possível mostrar, não obstante todas as ligações históricas mal-analisadas, que, como pensa MacIntyre, o programa da tradição aristotélica seja mais forte do que os programas do Iluminismo. Sem dúvida, as remissões históricas imanentes não podem então continuar sendo decisivas. Dever-se-ia então recorrer a um critério objetivo. Ainda veremos qual é este critério para MacIntyre.

Antes de mais nada, é certo para ele que o projeto iluminista fracassou tão fundamentalmente que ele nem interessa mais como alternativa à tradição aristotélica. Por isso MacIntyre dá ao 9º capítulo, que pode ser visto como o último da primeira parte do livro, o título "Nietzsche ou Aristóteles?" Nietzsche teria radicalizado o recuo à vontade, já constatável em Kierkegaard, e ele apresentaria também a posição voluntarista-subjetivista mais fundamental tanto com relação ao emotivismo quanto ao existencialismo. Também esta caracterização de Nietzsche com relação ao emotivismo parece questionável. MacIntyre pensa que só Nietzsche esteve disposto a alterar a linguagem moral. Mas nós já vimos que se pode muito mais ver a postura do emotivismo como disposição para a mudança da linguagem, e o emotivismo é a posição propriamente cética, enquanto Nietzsche manteve o discurso sobre valores e quis apenas então realizar uma "inversão de todos os valores". Certamente Nietzsche viu corretamente que não é possível uma justificação racional da moral e que nós somos remetidos ao nosso querer. Mas daí ele extraiu uma nova metafísica, como se a única coisa que ainda restasse consistisse em poder ser a vontade orientada por si mesma, quer dizer, por sua potenciação: vontade de poder, e esta seria, por seu turno, a fonte de novas valorações.

Se entendermos, ao contrário, sem preconceito, o ser remetido à própria vontade, isto então não tem o sentido de que agora a vontade como tal irá se tornar seu único conteúdo, mas que somos remetidos à questão: O que é isto que eu quero? A vontade não é devolvida a si como força isolada, mas nós somos remetidos a nossos sentimentos, desejos, motivos. A questão "o que eu quero, como quero viver?" leva de volta à velha questão, de fato já aristotélica: "O que pode me fazer feliz?" E é esta questão, como veremos mais tarde, que precisamente pode nos remeter à moral.

Nietzsche tomou a vontade de poder como base para uma moral pretensamente superior, a "moral dos senhores": "bom" é o que fortalece aos mais nobres. MacIntyre vê corretamente que nisto Nietzsche se deixou inspirar também pela moral das sagas heroicas, mas a tentativa de transportar um conceito assim para dentro da Modernidade é inconsistente, porque não temos critérios de ordem que nos sejam dados tradicionalmente, e por isto a moral dos mais nobres só pode se tornar também uma moral dos mais fortes.

A posição de Nietzsche é uma precursora do fascismo, mas mesmo como projeto ela é, quando se quer tomá-la por alternativa, como MacIntyre faz, tão somente uma alternativa para uma moral ornamentada moralmente. A alternativa não é "Nietzsche ou Aristóteles", mas "poder ou moral", como tentei mostrar ligeiramente na quinta lição. A opção pelo poder é a opção pelo *lack of moral sense*.

O recurso de MacIntyre a Nietzsche não significa naturalmente que esta posição lhe seja simpática, mas ele pôde reforçar particularmente sua concepção de que o "projeto" do Iluminismo "desmoronou", na medida em que afirma ser Nietzsche a única posição honesta que ainda resta ao individualismo. Entre Aristóteles e Nietzsche não haveria "uma terceira alternativa" (118). Então a questão-chave seria: "Ainda pode ser reivindicada a ética de Aristóteles ou algo semelhante a ela?" Este é o tema da segunda parte do livro de MacIntyre.

Na questão acima citada deve-se sublinhar a restrição "ou algo semelhante a ela". Pois inicialmente MacIntyre tem agora uma série de reservas para com o programa específico de Aristóteles (52, 162s.), sendo a mais forte delas a teleologia pretensamente metafísica de Aristóteles (veremos na décima segunda lição que isto é um equívoco e que as reais dúvidas frente a Aristóteles devem ser entendidas de outra forma). E, ainda, ele gostaria de ver a ética aristotélica apenas como o entroncamento central de uma tradição das virtudes, que MacIntyre afirma começar no período homérico ou em geral nos diversos períodos heroicos (capítulo 10) e que conduz, por meio da moral de Atenas (capítulo 11), do próprio Aristóteles (capítulo 12) e das modificações da Idade Média (capítulo 13), até o Iluminismo. Este apanhado histórico – merecedor de uma leitura em seus detalhes – tem como resultado, no entanto, para MacIntyre, de apenas existirem (183) pelo menos cinco éticas da virtude, parcialmente sobrepostas entre si, mas no todo contraditórias. É esta situação confusa que leva MacIntyre no capítulo 14 a um passo que deve parecer, desde sua perspectiva histórica, como *tour de force*: ele desenvolve um conceito próprio da "natureza das virtudes", pretensamente apoiado em Aristóteles, mas historicamente suspenso no ar.

Este programa é também, em termos de conteúdo, bastante curioso. MacIntyre não define as virtudes, tal qual Aristóteles e toda a tradição posterior, como aquelas disposições que nos tornam aptos a bem realizar o ser homem como tal no convívio de uns com os outros, mas como as disposições que nos tornam aptos a bem realizar determinadas atividades, que ele chama de *practices*. Por *practices* ele entende uma atividade cooperativa, não voltada instrumentalmente para um bem exterior a ela, mas realizada por causa dela mesma. Como exemplos são mencionados jogos como xadrez e futebol, além disso artes, ciências e também a vida familiar, finalmente "política no sentido aristotélico". Mas especialmente jogos estão em primeiro plano. Em um jogo é particularmente fácil tornar claro que é necessária em especial a virtude do não trapacear, quando se joga por causa do jogo e não por outros fins, que poderiam ser atingidos pela vitória (188). O caráter cooperativo, supostamente comum a todas estas *practices*, é mais difícil de reconhecer nas atividades do artista e do cientista. E no caso da "política no sentido aristotélico" deve-se perguntar se não entra uma outra dimensão, dado que se trata agora de uma maneira de viver uns com os outros no todo e não mais de atividades cooperativas delimitadas como jogos. Mas o específico desta dimensão não é apresentado.

É bem verdade que MacIntyre acentua que o conceito das *practices* (ainda que não definido com muita clareza) ainda não é o suficiente por si mesmo, mas que devem ser acrescentadas duas outras dimensões, apresentadas no capítulo seguinte (15): primeiro, as *practices* devem inserir-se no todo de uma vida, e, segundo, se deve ver que as instituições, em que se exercem as *practices*, seriam portadoras de tradições (222). Mas estas complementações colocam mais questões novas do que resolvem as incertezas anteriores. Por mais evidentes que sejam as considerações de MacIntyre, de que se devam ver todas as ações humanas sempre no contexto do todo de uma vida (há que concordar com a crítica de MacIntyre às usuais teorias atomísticas da ação), ainda assim esta orientação pela vida individual novamente conduz para fora do contexto do uns com os outros – da "política no sentido aristotélico" –, e, se MacIntyre enfatiza que se trata, nas atividades comuns, de um bem comum (*the common good*) e que as virtudes devem ser entendidas a partir daí (219), então isso não passa de uma simples tese, e o discurso do bem comum não é detalhado ulteriormente. O resultado é um catálogo de virtudes, primariamente orientado nas *practices*, sendo apenas complementado em pontos específicos pelas demais dimensões.

Com isto a concepção de MacIntyre parece permanecer decididamente atrás da própria concepção de Aristóteles, como veremos na décima segunda e na décima terceira lição. O que importa agora é compreender o que levou MacIntyre para esta estranha direção. Dois pontos de vista me parecem ter sido decisivos.

Vimos que MacIntyre interpretou a cultura atual como sendo apenas ainda instrumental. Isto o levou aparentemente a procurar por uma classe de atividades que executamos por causa delas mesmas. Assim terminou por partir das *practices*. Mas aqui uma ambiguidade na distinção entre o instrumental e o não instrumental teve consequências fatais. Naturalmente podemos distinguir, por um lado, as ações que realizamos somente como meio para outra coisa, daquelas que realizamos por elas mesmas, ou então, onde perseguimos fins de tal modo que queremos ao mesmo tempo os meios por eles mesmos (o violinista, por exemplo, joga para se tornar melhor, mas ele joga ao mesmo tempo simplesmente por jogar). Isto é naturalmente uma distinção importante, só que ela não é a distinção moralmente importante. Esta se refere ao uns-com-os-outros, e aqui temos de distinguir entre tratar outros homens apenas como meio e, na formulação kantiana, ao mesmo tempo como "fim em si". Nesta segunda distinção não se reporta simplesmente a primeira distinção ao uns-com-os-outros, pois, no caso da primeira, não se trata de modo algum de "fins em si", mas simplesmente de fins: estes são definidos como aquilo que um indivíduo quer por sua causa própria, ainda que se compreenda no contexto de uns-com-os-outros. Ainda que então nas *practices* outros homens também tenham paralelamente importância e assim não sejam simplesmente instrumentalizados, a ideia de respeitar outros homens como fins em si é uma ideia mais abrangente e fundamental, que não se pode de modo algum compreender a partir das *practices*. Para esta ideia é, sem dúvida, fundamental o conceito dos direitos, que MacIntyre acreditava poder dispensar em sua crítica do Iluminismo. Para aquilo que MacIntyre tinha em mente, o Iluminismo ofereceu, portanto, de fato, um esclarecimento definitivo, e o recurso a uma doutrina aristotélica das virtudes, sem falar de sua limitação a *practices*, não fornece conceitos que pudessem alcançar esta ideia.

A segunda razão por que MacIntyre acreditava ter de se aprofundar nas *practices* pode ser encontrada em um outro aspecto de sua crítica da cultura atual. Um ponto de vista central de sua crítica ao individualismo é que os homens não se definem mais pelas funções determinadas que têm na sociedade. MacIntyre não vê que tenha sido um progresso decisivo já no helenismo clássico e então em Aristóteles, como ele mesmo expõe estas posições, que eles não viam mais as virtudes como específicas de funções, mas como virtudes do homem enquanto homem (132s.). Pelo fato de o ser humano, na Modernidade – não se definir mais relativamente a funções não quer dizer que ele não se compreenda a partir de funções.

MacIntyre, no entanto, era de opinião que faz parte do conceito de bom em geral que ele deva ser entendido como específico de funções (p. 58). O que pode querer dizer que um homem é bom deveria resultar de sua respectiva função, de modo tão natural como o que pode querer dizer que um relógio é bom resulta da função de um relógio (*"man' stands to 'good man' as 'watch' stands to 'good watch'"*, p. 57). Veremos que aqui MacIntyre recorre equivocadamente a Aristóteles. Aristóteles viu corretamente que as virtudes do homem precisamente não podem ser entendidas em analogia com as virtudes de objetos ou atividades, que são entendidos em função de determinados fins. Este era, porém, o motivo por que MacIntyre acreditava ter de recorrer ainda para trás de Aristóteles à moral da cultura homérica (cf. em particular 126s.). Parece-me exagerada sua interpretação funcionalista até mesmo desta moral. É verdade que o rei guerreiro homérico desempenhava determinada função e que se tratava do bom desempenho desta função, mas esta não era uma função qualquer, e por isso Homero se refere exclusivamente às virtudes dos reis guerreiros e suas mulheres, exatamente porque estes, certamente ainda nesta função, mesmo assim já representavam exemplarmente o ser-homem como tal. Foi esta falsa orientação no conceito de função e papel que levou MacIntyre a procurar o ser-bom do homem em *practices* especificamente definidas.

Porém seria compreender mal o potencial do conceito kantiano pensar que ele não contém o dever do bom desempenho das respectivas funções. Embora seja verdade que isto não aparece em Kant mesmo, ainda assim encontramo-lo na elaboração de B. Gert sobre o conceito de *duty*[114], de todo muito próxima a Kant. Gert entende aqui por "dever" não o dever moral como tal, mas o dever de realizar bem a respectiva tarefa que alguém assumiu em um contexto cooperativo. Dever-se-á mesmo dizer que cumprimento do dever neste sentido já é uma componente necessária da quase-moral (também em um bando de ladrões exige-se de cada um que desempenhe bem a função por ele assumida ou a ele delegada). Este conceito do dever é referente a funções, mas não específico de uma função. Ele se refere à respectiva função e pode, por isso, ser formulado de forma universal. Dever neste sentido tem naturalmente um papel decisivo em todo sistema burocrático. Cada cidadão espera de acordo com o imperativo categórico, moralmente de todos os funcionários do Estado que eles desempenhem bem suas respectivas funções.

Ao contrário do otimismo ingênuo da Escola de Ritter, MacIntyre acaba em um profundo pessimismo, mesmo protestando contra esta interpretação (262). A vida moral, como lhe resultou, não poderia ser realizada em uma sociedade moderna, e assim só restaria a retirada para pequenas *communities*, e – assim a última proposição do livro – nós devemos "esperar por um novo – certamente bem diferente – São Bento" (263). O fato de MacIntyre chegar a um tal resultado não deveria, contudo, ser por si só uma objeção, apesar de uma tal objeção ser sugerida pela própria perspectiva de MacIntyre, de acordo com a qual a realidade social de uma época e sua consciência moral constituiriam uma unidade. Pois é plenamente imaginável que também a consciência moral que, na minha concepção, é a específica da Modernidade, a que encontra sua expressão no imperativo categórico, fracasse igualmente ante a realidade capitalista, burocrático-estatal e internacionalmente fragmentada da atualidade[115]. A concepção a que tende o hegelianismo, de que uma

---

114. GERT, B. *The moral rules*. [*S. l.*]: Harper, 1996. cap. 6. p. 121s.
115. Cf. meu artigo: TUGENDHAT, E. Perspektiven auf den Dritten Weltkrieg: Kurzfristige und langfristige Interessen. *In*: TUGENDHAT, E. *Nachdenken über die Atomkriegsgefahr und warum man sie nicht sieht*. 2. ed. Berlim: [*s. n.*], 1988. p. 115s.

moral seja "seu tempo apreendido em pensamentos" e que tudo o mais seja "mero dever", não pode ser, por sua vez, uma moral. Adaptação à realidade é falta de princípios e não pode ser um critério para um programa moral correto.

Portanto, só podemos criticar o programa de MacIntyre de forma imanente. Sua argumentação contra as éticas iluministas em geral e contra o programa kantiano em especial mostrou-se insustentável, com exceção do que se refere à suposta racionalidade do programa de Kant. Pude mostrar também que aparentemente é uma representação do não instrumental próxima a Kant, aquilo que está difusamente por trás da própria ideia de MacIntyre, de modo que sua própria posição se deve em última instância e de forma inconsciente ao Iluminismo. Mas a contraposição desenvolvida por MacIntyre deve ser rejeitada de todo, como projeto genuinamente moral, devido ao seu ponto de partida funcionalista. Por seu sentido a moral tem a ver com a objetiva excelência do homem enquanto ser cooperativo em geral, não com a excelência de determinadas funções ou papéis: uma moral tradicional pode sem dúvida se representar esta excelência, enquanto ser humano, diferenciada em funções, mas isto é impossível para uma moral moderna, porque ela não dispõe de nenhum potencial justificador que pudesse ordenar os diversos seres humanos em diversas posições e funções dentro de um todo social dado.

Certamente não se encontra em MacIntyre a consequência por último mencionada. Mas se nos perguntamos agora, em que medida minha metacrítica a MacIntyre poderia ser característica também para outros programas morais do tipo conservador, então um semelhante não igualitarismo seria uma consequência imediata do projeto funcionalista. Uma moral moderna, isto é, uma moral sem pressupostos tradicionais em seu potencial justificador, é forçosamente individualista e igualitária, e isto quer dizer que ela deve recusar tanto a ideia hegeliana de que o todo é mais do que a soma das partes quanto a ideia, fácil de associar a isso, de que diferentes seres humanos podem ter, de acordo com sua posição neste todo, um valor moral diferente.

DÉCIMA PRIMEIRA LIÇÃO
VIRTUDES[116]

Nas primeiras cinco lições expus minha concepção de ética e procurei mostrar como é possível tornar plausível o conceito kantiano de moral. Nas lições de 6 a 10 critiquei diversas outras abordagens, em parte por razões formais (lições 6-8) e em parte por razões de conteúdo (9-10). Toda reflexão filosófica se realiza num ir e vir entre o esclarecimento de pensamentos próprios e a discussão com pensamentos de outros: o assim chamado método hermenêutico. Contudo nas lições seguintes (12-15) inverterei a sequência: partirei de temas importantes, ainda em aberto, da interpretação de princípios existentes e historicamente pré--dados, para, a partir daí, me aproximar de explicações próprias.

Quanto ao conteúdo, tratar-se-á de dois complexos. Em primeiro lugar, apenas aflorei na quinta lição a problemática da motivação, o compreender-se como um membro da comunidade moral. Já aí eu referia que ela deverá ser assumida em conexão com a questão da felicidade, na qual ela foi colocada especialmente por Aristóteles.

A segunda questão tratará da pergunta se o conceito de imperativo categórico é suficiente assim como Kant o desenvolveu quanto ao conteúdo, partindo do contratualismo (e como eu igualmente o apresentei até agora). Assim pode-se perguntar: O princípio fundamental kantiano, o imperativo categórico, portanto – ou seja, a pergunta "Como se pretende que a partir da perspectiva de qualquer um, todos ajam (ou sejam)?" – não ultrapassa o conjunto das regras contratuais de ação? Veremos que Adam Smith, partindo de um princípio que corresponde ao kantiano, desenvolve uma tal teoria moral mais abrangente. Nisso de fato é decisivo que aquilo que é desejado na perspectiva

---

116. Tradução de Marianne Kolb e Mario Fleig.

de qualquer um não é somente determinadas ações, mas atitudes, o que quer dizer: modos de ser. Por isso formulei antes o imperativo categórico de modo a considerar esta possibilidade: Como se deseja que todos ajam ou sejam? O conceito de modos de ser, que aqui é normativo, corresponde ao conceito tradicional de caráter, e a um bom caráter corresponde tradicionalmente o termo "virtude".

No retorno de MacIntyre à tradição aristotélica, o conceito de virtude desempenhou um papel fundamental. Na lição anterior tentei mostrar como a própria tentativa de MacIntyre de compreender o conceito de virtude com o retorno ao conceito de função apresenta uma má compreensão de Aristóteles e, além disso, leva a equívocos. Mas com isso não quero desacreditar a intenção fundamental de MacIntyre, que também pode ser verificada em vários outros autores de ética contemporâneos, de retomar o conceito de virtude por muito tempo deixado de lado na ética moderna. Na verdade, não considero promissor pretender fortalecer, como MacIntyre, uma moral das virtudes em oposição às modernas morais de regras. Ao contrário, parece fazer sentido – e, como veremos, será até necessário – complementar a moral de regras mediante uma moral de virtudes. É um empreendimento deste tipo complementar que encontraremos em Adam Smith. Sobretudo será importante só considerar desde logo como capazes de integração, para o conceito kantiano, aqueles conceitos de virtude que são universalmente exigíveis e a partir da perspectiva de qualquer um.

Os dois complexos, o da felicidade e o das virtudes, deixam-se preparar de maneira mais significativa a partir de Aristóteles. Em Aristóteles formam até uma problemática unitária, porém de maneira tal que antes confunde, a partir da questão como tal se mostrará como sem sentido, embora não se possa negar relações.

Apresentar o princípio aristotélico do problema e também a sua doutrina das virtudes (décima segunda e décima terceira lições) é igualmente significativo por si mesmo, também contra os equívocos que surgiram em MacIntyre. A concepção aristotélica, no entanto, está cheia de dificuldades, e a ideia de MacIntyre de que hoje se poderia construir diretamente sobre ela mostrar-se-á como errônea. Na doutrina das virtudes de Aristóteles obteremos, contudo, um ponto de partida desde o qual terá sentido tanto assumir a problemática da felicidade, e a partir daí a relação entre bem-estar e moral ligadas a modernas colocações do problema (décima quarta lição), quanto tornar fecundo para o conceito kantiano de moral (décima quinta lição) a doutrina das virtudes a partir da base universalista que lhe deu Adam Smith.

Na lição de hoje quero examinar uma compreensão preliminar do conceito de virtude. A partir dele deve se desenvolver o sentido deste conceito, assim como aquilo que deve ser compreendido por uma moral específica da virtude ou componentes desta. A primeira pergunta deve ser: O que, afinal, distingue uma moral de virtudes de uma moral de regras? Aqui novamente surgirão diversas articulações do problema, que, por sua vez, terão que ser diferenciadas. Tal esclarecimento preliminar do conceito de virtude parece necessário mesmo para uma interpretação adequada de Aristóteles, e não pode ser alcançada a partir dela mesma, porque Aristóteles já introduz de alguma forma este conceito em *Ética a Nicômaco* I, 6, jogando com ambiguidades que normalmente não são consideradas e que precisam ser mantidas separadas.

A palavra "virtude", quando é empregada filosoficamente, serve para traduzir a palavra grega *areté*. *Areté*, estreitamente ligada com palavras que pertencem a "bom" – o superlativo grego para "bom" (*agathon*) é *ariston* – representa cada forma de propriedade preferencial. O que MacIntyre não considerou é que, em grego, *areté*, assim como *agathon* (em nossa língua, "bom"), primeiro não é usado apenas para bens em sentido funcional (e também não apenas em sentido "técnico" salientado acima) mas também para o ser-assim, que é moralmente aprovado[117]. Embora no grego não haja nada mais natural do que no caso de a "virtude" falar de um objeto de uso ou de um ginasta, isso não significa que, quando se fala das virtudes dos seres humanos enquanto seres humanos, isso seja compreendido funcionalmente; fala-se das propriedades do caráter dignas de aprovação (louváveis).

---

117. Cf., por exemplo, o uso linguístico em Teoguis, v. 147 e *passim*.

O que, no entanto, MacIntyre vê corretamente é que também as éticas modernas de regras de modo algum renunciaram ao conceito de virtude (p. 232). Também para elas a virtude existe no caráter, isto é, em uma disposição firme da vontade, e em verdade naquela disposição da vontade de querer o bem, o que de sua parte é definido por uma regra (assim como em Kant, mas também no utilitarismo). Dado que na Modernidade a virtude é definida pela disposição firme da vontade de agir segundo a regra pela qual é definido o bem, existe, por exemplo, para Kant, primeiro apenas uma virtude e, segundo, é esta a razão segundo a qual o conceito de virtude se torna secundário (estando assim correto MacIntyre, p. 233).

O que, portanto, teria que ser característico para uma ética da virtude é que o ser-bom não é redutível a regras. Quando acontece isto? Em primeiro lugar, pode-se lembrar que em éticas de virtudes sempre existe um número maior de virtudes, mas também podemos ter várias regras, sem que elas se deem a partir de um princípio unitário, como no Antigo Testamento. Teremos que distinguir, portanto, entre princípio e regra, no que agora por princípio podemos considerar sempre o ponto de vista unitário para todo conceito moral, como é, por exemplo, em Kant o imperativo categórico. Deve-se então observar que é perfeitamente pensável que sob o princípio não estejam regras ou não somente regras, mas virtudes. Exatamente isso encontraremos em Adam Smith. Smith tem no observador imparcial um princípio semelhante ao imperativo categórico: o observador imparcial aprova aquilo que é desejável a partir da perspectiva de qualquer um, e isto de modo algum precisa ser um agir dirigido por regras, mas pode ser uma qualidade, uma atitude ou uma disposição, portanto, uma virtude. Naturalmente uma qualidade também é, no sentido de uma propriedade do caráter (por exemplo, a amabilidade, a magnanimidade, a capacidade de se reconciliar) sempre uma disposição da ação. O que, então, proíbe definir uma disposição da ação por meio de uma regra?

A resposta mais simples, que também encontramos em Adam Smith[118], é: sua supercomplexidade. Veremos, contudo,

---

118. SMITH, A. *The theory of moral sentiments*. Oxford: [s. n.], 1976. pt. 3. cap. 4.

que a verdadeira razão é mais profunda e na verdade porque, como se mostrará em Aristóteles, em atitudes que podemos ter uns em relação aos outros, como a amabilidade ou a cortesia, não se trata de ações no sentido comum, definidas por resultados pretendidos, mas daquilo que Aristóteles designa como *energeiai* (atividades). Estará vinculado com isso que as virtudes são obrigações positivas. Isso vale, por exemplo, para as virtudes supracitadas, como a da generosidade (ainda veremos por que a generosidade não se deixa reduzir à regra de ajudar os outros). Somente quando se vê que para uma ética de virtudes as obrigações positivas adquirem um peso que elas não tinham para a ética de regras, compreende-se por que se forma uma supercomplexidade. Para não complicar demais as coisas já no início, quero abstrair deste aspecto complementar de atitudes, em vez de ações e das ramificações das obrigações positivas daí resultantes, e inicialmente ater-me ao simples fato da supercomplexidade. O que é moralmente correto em cada caso, escreve Adam Smith, é tão difícil e diferenciado que o simplificamos inadequadamente se tentamos submetê-lo a regras. Aqui entra o conceito, tão importante para Aristóteles, da faculdade prática do juízo (*phronesis*). Somente aquele que tem uma boa medida de avaliação, que sabe julgar bem, sabe reconhecer em um caso individual quando e como algo deve ser tratado generosamente. Pode, não obstante, este juízo estar sob um princípio, como em Adam Smith: o que aquele que julga bem reconhece de correto em cada caso particular é, se a partir da perspectiva de qualquer um, se é preciso agir ou se comportar desta maneira.

Agora parece claro que aqueles imperativos de ação que são normativos para a quase-moral do contratualismo não apresentam uma complexidade deste tipo: aqui devem ser seguidas as regras simples, de não prejudicar os outros, manter sua promessa e, quando for o caso, ajudá-los. Apenas a obrigação citada por último é indeterminada (justamente porque é uma obrigação positiva) e poderia depender da medida de avaliação. Mas uma vez que no contratualismo ela é, antes, um fenômeno marginal e os parceiros podem fixar reciprocamente seu alcance, é possível imunizar-se contra este ponto fraco. Portanto, visto que Kant construiu seu princípio sobre os conteúdos contratualistas, encontramos aqui a razão por que o conceito kantiano de moral é uma ética de regras.

No utilitarismo, isto é diferente, pois o princípio utilitarista não é apenas um princípio de julgamento, mas ele contém um cálculo de decisão (embora este é de fato inviável), qual é a ação moralmente exigida. Portanto, no utilitarismo o princípio é, ao mesmo tempo, a regra concreta, e por isso aqui as virtudes por princípio não podem ocupar nenhum lugar próprio. A moral de Kant é, entretanto, uma moral de regras, não porque ela se funda em um princípio, mas porque o princípio é pensado como um princípio que se refere aos conteúdos do contratualismo, ou, para expressá-lo mais claramente quanto ao conteúdo, porque Kant pensou o princípio como um princípio que é concretizado de uma maneira que permite enumerar as máximas ordenadas, isto é, as regras de ações proibidas. Que a moral kantiana se desenvolveu exclusivamente como uma moral de regras apoia-se no fato de que também Kant, embora não tenha pretendido considerar as situações complexas de ação, as quais, por sua vez, o utilitarismo se colocou, pensava que as ações ordenadas e proibidas se deixassem especificar. Isso quer dizer que a moral kantiana, ao contrário da opinião corrente, não é uma moral de regras por ter ela um princípio de julgamento unitário; e isto novamente quer dizer que o princípio kantiano poderia ser ampliado para além da moral de regras, como então encontraremos em Adam Smith.

No entanto, porque a moral contratualista constitui agora o conteúdo mínimo indubitável de toda moral, parece-me incontornável ver o *onus probandi*, ao contrário do que aparece em MacIntyre, a saber, de partir da moral de regras e de buscar a moral de virtudes apenas como um complemento da moral de regras. MacIntyre tinha duas razões para acreditar que deveria proceder de modo contrário. A primeira, a razão histórica, cai fora, primeiramente porque a história da decadência de MacIntyre se mostrou como falsa. Em segundo lugar, porque nossas origens históricas estão nesta perspectiva divididas: a moral grega era uma moral de virtudes; a judaica, uma moral de regras. E, em terceiro lugar, porque o historicamente anterior não precisa ser o objetivamente primeiro. A segunda e objetiva razão de MacIntyre foi a sua falsa concepção do moralmente bom como um bom funcional e, da mesma forma, a falsa suposição de que os gregos teriam compreendido as virtudes funcionalmente.

Em MacIntyre, o conceito de virtude se mostrou uma armadilha feita por ele mesmo. Se não se parte de um princípio determinado (e na medida do possível universal), o conceito de virtude leva a listas de virtudes que sempre de novo variam, e assim resulta, em MacIntyre, a desorientação historicizante que ele, então, procurou resolver por meio do ato de violência de sua nova definição de virtudes.

Uma razão a mais, porque me parece correto ver a moral de regras como fundamental, é que uma moral baseada no conceito de virtude é incapaz de julgar moralmente as leis do Estado. Leis são regras, e quaisquer filósofos da ética moderna que se inclinam a se basear primariamente de novo em um conceito de virtude, inclinam-se por isso também para uma ética exclusivamente individualista. Por isso MacIntyre também passou praticamente por alto toda a dimensão política da moral moderna. É naturalmente possível que um Estado somente pode ser bom se seus cidadãos desenvolvem determinadas virtudes – voltarei ainda a falar sobre isso –, mas isto então igualmente pode ser compreendido como complemento para a boa constituição e as boas leis, como a moral de virtudes enquanto tal apenas pode ser compreendida como complemento da moral de regras.

Mas, no conceito de virtude, surge uma outra complicação cheia de consequências. Virtude é uma boa disposição da vontade, mas isso pode ter o duplo sentido: que ela é boa para um fim, principalmente para os próprios fins, ou é boa em si, moralmente boa. Na apresentação do conceito de virtude que entre as contemporâneas me parece a mais contundente, na de Von Wright[119], as virtudes são divididas em virtudes que se referem ao bem próprio, e virtudes que se referem ao bem de outros. Esta classificação remete a Hume e encontramos similar em Philippa Foot[120]. Nesta classificação já se encontra uma

---

119. VON WRIGHT, G. H. *The varieties of goodness*. Londres: [*s. n.*], 1963. cap. 7.
120. No seu livro: FOOT, P. *Virtues and vices*: and other essays in moral philosophy. Oxford: [*s. n.*], 1978. p. 1-18.

sistematização sob um princípio que vai tão longe, que conduz ao ponto de dispensar o conceito de virtude. Para Von Wright, assim como para Hume, o princípio universal das virtudes é o princípio utilitarista de que elas são úteis: as virtudes são as disposições úteis da vontade. Como Aristóteles, Von Wright vê cada uma destas virtudes como uma atitude do domínio dos afetos correspondentes, mas, diferentemente de Aristóteles, a orientação com base no que é útil proporciona um critério unitário. Coragem e moderação resultam como as virtudes mais importantes, relacionadas com o próprio bem-estar. Como virtudes primárias relacionadas ao bem-estar de outrem estão a benevolência e a justiça.

Isso mostra então que se basear no conceito de virtude sugere que se amplie para além do aspecto moral o discurso sobre virtudes, e para especialistas hodiernos em ética, que pensam no sentido do "ético" de Bernard Williams, isto é uma atração adicional. Esta atração ainda será aumentada se nos basearmos, como MacIntyre, no ambíguo discurso aristotélico sobre o "bem", no qual não se distingue mais claramente o que é bom e o que é bom para mim.

Mesmo abstraindo de tendências seguidas por certos estudiosos da ética, como Williams e MacIntyre, agora se torna claro que o conceito de virtude, como boa qualidade do caráter, também se torna fundamental para a outra problemática anteriormente citada – a da felicidade ou do bem-estar – quando vista independentemente da moral. Isso, por exemplo, pode ser reconhecido nas virtudes anteriormente citadas: a coragem e a moderação. Visto simplesmente a partir de uma teoria da felicidade, poder-se-ia dizer: existem determinadas qualidades de caráter (assim como a coragem e a moderação) cujo cultivo é uma condição necessária para que alguém, independentemente dos objetivos que tenha individualmente, possa estar bem.

Aqui, portanto, já se anuncia a ambiguidade na qual então ocorrerá o conceito de virtude de Aristóteles. Por isso é indispensável que, para escapar da confusão que se origina em Aristóteles, diferenciemos clara e conceitualmente dois conceitos de virtudes, isto é, os dois conceitos de "boa qualidade de caráter".

O critério que citei anteriormente em referência a Von Wright e Hume não é suficiente para este intento, porque, com a distinção entre "útil para mim" e "útil para outrem", ele já pressupõe determinado conceito de moral, o conceito utilitarista, assim como já pressupõe determinado conceito do que é melhor para o ser humano individual. A caracterização formal de "uma moral" que eu desenvolvi na terceira lição permite uma definição de "virtude moral" que não deveria deixar dúvidas: uma qualidade de caráter é moralmente boa quando ela (na perspectiva daquele que assim a julga) é louvável. Podemos então distinguir, neste sentido de virtude claramente moral, as outras boas qualidades do caráter, como aquelas que (naturalmente, de novo na perspectiva daqueles que assim as avaliam) são favoráveis para a pessoa que as possui.

Uma vez realizada esta diferenciação conceitual, ficamos naturalmente livres de considerar também as qualidades propícias do caráter como morais. Agora se tornou claro que isso não é simplesmente uma consequência analítica, mas depende da circunstância de repreendermos aquele que não tem a qualidade de caráter que é útil para ele próprio. Nas morais tradicionais, isso sem dúvida era o caso, e também pode parecer-nos natural dizer que aquele que é covarde ou que não sabe se moderar, isto é, não sabe controlar seus sentimentos, merece repreensão, e no caso também o desprezo. Isto, no entanto, significaria que agora temos que reconhecer obrigações para consigo mesmo também na moral moderna. As razões por que tais obrigações não pareciam fundamentáveis, ao menos no conceito kantiano, eram: primeiro, que não parecia possível ver como elas podiam resultar do princípio que está na base do imperativo categórico e, em segundo lugar, que isto parecia chocar-se com a autonomia do indivíduo.

Vamos nos dedicar inicialmente a este segundo argumento. Aqui se apresentam dois procedimentos de pensamento. Em primeiro lugar, seria de se precaver contra um acento exagerado da ideia de autonomia. É preciso diferenciar entre o que é excluído moralmente e o que é excluído penalmente. Visto juridicamente, partindo de uma visão moderna, cada um pode fazer com sua vida o que quiser, desde que não prejudique o bem de outrem. Valerá o mesmo para o julgamento moral? Por exemplo, a pessoa que não quer se moderar, seria, pois, livre para ser como ela quer, só que seu comportamento seria repreensível. Mas soaria estranho se alguém quisesse dizer que suscita indignação quando alguém se comporta de maneira incontrolada. Talvez utilizamos a palavra "indignação" na terceira pessoa apenas quando na segunda pessoa falamos de ressentimento, quando um outro é atingido negativamente. Mas mesmo que não estivéssemos indignados com ele, haveríamos de o repreender e desprezar. Em breve poderei explicar isso de maneira mais precisa.

O segundo procedimento seria pensar que em uma moral moderna somente se poderia reconhecer aquelas virtudes e aqueles vícios em relação à vida própria, os quais têm uma pretensão de universalidade. Só podem ser aquelas qualidades de caráter que, possuídas por uma pessoa, a prejudicam ou lhe são danosas, quaisquer que sejam seus objetivos. Isso é atinente às duas virtudes cardeais autorreferidas, às quais se refere por Von Wright. Em contrapartida, dever-se-ia dizer daquelas "virtudes", como as apresenta MacIntyre, por exemplo, a partir do catálogo de virtudes de Benjamin Franklin (183), como a aplicação e a busca do sucesso, que elas são atribuíveis apenas hipoteticamente, a saber, dependente de determinadas metas que o indivíduo se coloca. Isso significaria que as metas especiais que se coloca o indivíduo são moralmente neutras. Também na perspectiva moral permanecem completamente na esfera da autonomia do indivíduo. Isso permitiria uma diferenciação significativa das virtudes e dos vícios autorreferidos: aqueles que somente representam condições necessárias para determinados conceitos de vida ou também aqueles que se referem a determinadas convenções sociais moralmente neutras, de um lado; e, do outro, aqueles que são condições necessárias para qualquer fixação de metas e para quaisquer conceitos de vida. Somente os últimos poderiam, no caso, ser vistos como morais, isto é, em caso negativo se passíveis de censura e desprezo.

Isto certamente é uma diferenciação importante. Mas ainda não foi citado um argumento porque também este grupo mais restrito de virtudes autorreferidas deveria ser visto como moral, dentro de um conceito kantiano. Aqui ainda se sugere uma revisão conceitual bem diferente. Subentendi na segunda e terceira lições que no emprego gramaticalmente absoluto do grupo de palavras de "ter de" e no emprego gramaticalmente absoluto do grupo de palavras de "bom" expressam-se na verdade nuanças diferentes, mas que são coextensivas. Porém, o uso linguístico e os modos de comportamento correspondentes parecem indicar que o emprego gramaticalmente absoluto de "bom" excede ao de "ter de". No emprego absoluto de "ter de" aloja-se sempre a exigência recíproca, e quando esta é prejudicada ficamos indignados, ressentidos e sentimos culpa. Mas é natural que julguemos alguém como bom ou mau enquanto ser humano (e não como cozinheiro etc.) sem que estes sentimentos especificamente morais estejam implicados. Parece natural definir desta maneira o sentimento de desprezo, e o sentimento positivo contrário é a admiração. Podemos, na verdade, também admirar seres humanos em sua qualidade, enquanto cozinheiros ou pianistas, mas também faz perfeitamente sentido admirar um ser humano como ser humano e, contudo, sem qualquer conotação moral. Somos, por exemplo, da opinião de que ele conduz sua vida de um modo exemplar assim que desenvolveu qualidades de caráter autorreferidas, as quais também poderíamos desejar para nós mesmos.

A partir disso podemos diferenciar significativamente também os afetos autorreferidos negativos, o sentimento básico da vergonha e o sentimento de culpa, que até agora considerei indistintos. A vergonha é o sentimento de perda da autoestima; refere-se, portanto, essencialmente à consciência de "não ser bom". Por isso este afeto atinge até onde faz sentido se sentir "não bom": começando com qualidades pelas quais não somos responsáveis – sente-se vergonha por um defeito físico, mas também sente-se vergonha por um mau comportamento daqueles aos quais estamos ligados –, com a má realização de capacidades que são importantes para alguém (o mau desempenho do violinista), e chegando até aquilo que até aqui chamei indistintamente de vergonha central e que agora pode ser formulado assim: que nós nos sentimos desprezíveis. Isto, por sua vez, permitiria duas formas: sentir o seu comportamento como moralmente mau – indignante – ou então como meramente repreensível, desprezível. O que diferencia a vergonha moral deste conceito mais amplo da vergonha é o sentimento de culpa. O correlato positivo da vergonha, nesse sentido básico, é a admiração como ser humano, e só onde a vergonha se liga com o sentimento de culpa ela tem o sentido especificamente moral. A vergonha está relacionada ao "não bom", ao sentimento de culpa, à violação do "ter de".

Mas não só esta vergonha básica tem um alcance maior do que a culpa, não só o emprego gramaticalmente absoluto do "bom" tem maior alcance que o emprego gramaticalmente absoluto do "ter de". Ocorre também o contrário; existe uma sobreposição parcial. Também o "ter de", isto quer dizer, aquilo que eu denominei de sanção interna pode ter um alcance maior do que a fundamentação por meio de "bom/mau". Foi por meio deste critério que, na segunda lição, sem tirar esta consequência ulterior, diferenciei as regras convencionais das morais. Provavelmente, também aquilo que sentimos como sentimento irracional de culpa repousa sobre uma sanção interna que nos é inexplicável, porque ela, de forma alguma, está ligada a uma avaliação ou de qualquer forma não a uma avaliação que possa ser retomada conscientemente.

Esta diferenciação entre "ter de" e "bom", ambos entendidos no sentido gramaticalmente absoluto, ou seja, entre a dimensão da admiração enquanto ser humano – à qual corresponde, no lado negativo, o desprezo – e a dimensão da censura especialmente moral – da qual fazem parte a indignação, o ressentimento e o sentimento de culpa – mantém em todo caso seu bom sentido, ainda que se possa mostrar que as virtudes cardinais autorreferidas (que não se referem a conceitos de vida especiais) devem ser compreendidas moralmente.

Podem ser efetivamente assim compreendidas? Poderíamos dizer, em primeiro lugar: quem não tem estas virtudes também não pode agir moralmente. O exemplo conhecido, que pode variar à vontade, é o do ser humano que não pode se controlar no prazer alcoólico e por isso põe em perigo a outrem. A razão por que estes vícios autorreferidos deveriam ser considerados amorais seria então indireta: quem tem qualidades de caráter que o impedem de se comportar responsavelmente também não está na condição de se comportar responsavelmente diante de outrem.

Podemos, entretanto, duvidar de que este argumento possa ser aplicado no caso de todas as virtudes autorreferidas que se pretende tomar como universais. O que acontece, por exemplo, com a virtude da ataraxia, a serenidade, que provavelmente todos desejam ter, embora não no extremo da apatia? Possivelmente também aqui se pode construir um argumento análogo indireto. Veremos, contudo, que Adam Smith desenvolveu um argumento engenhoso e, me parece, convincente, para mostrar como as virtudes universais autorreferidas são compreendidas diretamente a partir do imperativo categórico, isto é, desde o princípio como virtudes do comportamento intersubjetivo (décima quinta lição).

DÉCIMA SEGUNDA LIÇÃO
A *ÉTICA A NICÔMACO*, DE ARISTÓTELES:
AS DIFICULDADES DO PONTO DE PARTIDA[121]

Diferentemente do que ocorre no caso de *Fundamentação da metafísica dos costumes*, de Kant, não é de modo algum evidente do que propriamente trata *Ética a Nicômaco*, de Aristóteles. Já indiquei anteriormente que a expressão "ética", que em grego equivale a "doutrina do caráter", é pouco elucidativa (p. 32), mas, do modo como Aristóteles explicita seu tema nos cinco primeiros capítulos do Livro I, sua posição parece clara. A questão é a do supremo e abrangente bem para o indivíduo. Também neste modo de falar, de "o bem", há uma dificuldade linguística, a que já chamei atenção (p. 107), mas isto não nos deve preocupar. O que temos em vista é claro. Podemos reformular a questão sem empregar a expressão "o bem" da seguinte maneira: o que nós, seres humanos, queremos, em última instância e totalmente, em nossa vida? Aristóteles elucida isto explicando que a resposta trivial a esta questão é a de que queremos que nos vá bem (*eu prattein*) (1095a19). A questão é, portanto, a seguinte: Quando dizemos que alguém vai bem? Como uma resposta trivial ulterior a esta questão, Aristóteles menciona "a felicidade", *eudaimonia* (1095a18). Houve dúvida sobre se esta palavra grega é mais bem traduzida por "felicidade", mas não creio que erremos em fazê-lo, pois o que importa é que aquilo que esta palavra expressa apareça como resposta trivial evidente à questão "que quero em minha vida?" Assim, Aristóteles pretendeu ser entendido (1095a17s.). Todos, afirma, concordam em que querem ser felizes e em que querem que lhes vá bem, e a questão é, então, em que veem a felicidade – ou como se deve defini-la.

---

121. Tradução de Fernando Pio de Almeida Fleck.

Até aqui parece, portanto, claro que o tratado aristotélico sob o título *Ética* não seria uma ética ou teoria moral, mas uma teoria da felicidade. Deve-se, porém, indagar naturalmente por que era importante para Aristóteles perguntar pela felicidade? E então a moral virá imediatamente como resposta. A questão de Aristóteles é, na verdade, em que consiste a felicidade, mas tal questão não é tão inocente como soa de início, pois a intenção é mostrar que a felicidade consiste no compreender-se moralmente e, assim, naturalmente, algo também deve ser dito sobre em que consiste a moral. Não seria, portanto, falso dizer que o livro é uma ética em nosso sentido, uma filosofia da moral, mas é certamente importante perceber que (e por quê) a questão da moral é formulada deste modo indireto – por sobre a questão da felicidade.

Aristóteles é aqui inteiramente discípulo de Platão. Este contribuiu relativamente pouco para a compreensão da definição de moral, porque isto lhe parecia mais ou menos evidente a partir da tradição, e toda a problemática concentrava-se para ele na discussão com os chamados sofistas, os iluministas e céticos de seu tempo, que, contra a sujeição à moral tradicional, defendiam a vida do bem-estar, do gozo e do poder. Assim, para Platão, a questão da moral concentrou-se na questão pelos bons motivos que temos para sermos morais. Uma vez que os sofistas punham seus interlocutores diante da questão pelas razões de sua disposição em renunciar, por valores morais, à sua felicidade, Platão permitiu-se apresentar sua posição em favor da moral, ao modo de seus opositores, procurando mostrar – especialmente no *Górgias* e em *A república* – que precisamente a vida moral é a única vida feliz.

Aristóteles segue, em tese, o mesmo caminho, mas enquanto Platão, em seus diálogos de disputa, sempre diz explicitamente de antemão que se trata da relação entre felicidade e moral, o raciocínio na *Ética a Nicômaco* é menos transparente. Em vez de mostrar, como Platão, que uma é condição da outra, os dois temas são fundidos.

Na verdade, o primeiro passo de Aristóteles (no capítulo I, 3) ainda se vincula de modo estreito a Platão, e também metodologicamente; abandona-o, porém, então, para adotar, em I, 6, um ponto de partida inteiramente novo, e para ele decisivo. Em I, 3 Aristóteles segue um método que emprega frequentemente também em outros contextos, perguntando inicialmente qual é a opinião das pessoas sobre a felicidade. Se observamos os modos de vida dos homens, resultam três respostas: alguns buscam a felicidade claramente no gozo, outros na vida contemplativa, outros ainda na vida política, visando à honra, e honra remete à virtude. Platão teria examinado a dialética interna destas concepções de vida; da perspectiva de Platão deveria ser mostrado que a vida absorvida pelo gozo é um engano e que a vida virtuosa é a única que possibilita o bem-estar. Platão teria admitido as respostas de seus interlocutores e examinaria suas consequências e eventuais contradições, e – poderíamos perguntar – não é este o único caminho correto; podemos fazer algo diverso?

Aristóteles claramente o crê assim, pois renuncia a tal procedimento dialógico, deixa de lado as três concepções de vida e procura tratar do problema em I, 6 de um ponto de partida inteiramente novo, o da própria coisa, por assim dizer. Platão, o autor dos diálogos (possivelmente não Platão, o mestre da Academia), teria talvez dito ser impossível tratar do problema, partindo da própria coisa e não discutindo as opiniões existentes, e creio que teria tido razão, pois aqui não há coisa alguma por si existente; a coisa de que aqui se trata – a felicidade – nos é dada apenas subjetivamente e, por conseguinte, em opiniões.

O novo ponto de partida em I, 6 ocorre abruptamente, e a avaliação adequada deste ponto de partida filosófico-moral de Aristóteles depende da compreensão correta da ruptura entre os cinco primeiros capítulos e este sexto, e ainda da difícil sequência de passos das primeiras trinta linhas deste capítulo.

De início podemos aparentemente apenas nos espantar. Aristóteles explica que em todas as coisas que têm uma função (*ergon*), o cumprimento da função é o bem – e, pode-se completar, chamamos as coisas a este respeito de boas e más. E, uma vez que os homens não são inertes e têm evidentemente uma função, o que permite que uma vida apareça como boa tem de ser o bom desempenho desta função (1097b24-33).

Foi naturalmente esta passagem que enganou MacIntyre e o fez pensar que Aristóteles teria compreendido o moralmente bom (as virtudes) em um sentido funcional. Mas tal passagem, muito além de MacIntyre, tornou-se, em grande parte da tradição e da interpretação aristotélicas, o ponto de partida da concepção de que Aristóteles teria construído sua ideia do moral sobre o que ele considerava a natureza do homem. Neste caso, seria, portanto, a coisa a que Aristóteles, em oposição às ideias correntes, retornaria, uma concepção da função, isto é, da natureza do homem. Isto levou à ideia de que aqui se encontraria uma concepção metafísica, e já vimos (p. 68) quão obscuro é o recurso a uma suposta natureza em que clandestinamente se introduz toda sorte de elementos normativos a serem então extraídos magicamente como conclusão moral.

Na tradição aristotélica, I, 6 é a passagem decisiva em que Aristóteles apela a uma natureza humana, a "teleologia metafísica", como MacIntyre a denomina. Vejamos, pois, como o texto realmente deve ser compreendido e onde residem as reais dificuldades.

Em primeiro lugar, é inegável haver uma ruptura entre os capítulos 1-5, de um lado, e 6, de outro. Em vez de partir das opiniões dos homens sobre o seu bem (no sentido de felicidade), Aristóteles pretende, como mencionei, partir da coisa. A "coisa" deveria significar, então, o sentido de felicidade. Em vez disso, um conceito inteiramente diverso de "o bem" é sub-repticiamente introduzido. "O bem", como entendido nos primeiros capítulos, era, segundo afirma Aristóteles na primeira frase do primeiro capítulo, aquilo a que aspiramos. Seria ainda compreensível se agora, como o faz em uma passagem posterior (III, 6), Aristóteles tivesse introduzido, em vez de aquilo a que faticamente aspiramos, o "digno de aspiração", aquilo que "em verdade queremos" (1113a23). Também isto representaria um salto em que se poderia supor um constructo metafísico. Em I, 6, porém, Aristóteles recorre mesmo a um sentido inteiramente distinto de falar em "o bem": "o bem" não no sentido de aquilo a que aspiramos ou (talvez, segundo III, 6) a que deveríamos aspirar, mas "o bem" no sentido de aquilo para que algo existe.

Este passo, o qual sem dúvida poderia parecer inicialmente sofístico, remonta a uma passagem ao final do Livro I de *A república*, de Platão, no qual Sócrates confunde seu interlocutor Trasímaco com a mesma suposta identificação do bem, enquanto o querido com o bem, enquanto o visado como fim. O diálogo inicial com Trasímaco se encerra com sua aparente derrota, alcançada mediante tal identificação, mas, como Platão não retoma esta identificação, parece bastante claro se tratar de uma daquelas distorções irônicas intencionais que, nos diálogos socráticos, devem estimular o leitor à reflexão. Em Platão, trata-se, portanto, de um expediente de prestidigitação não levado a sério. Pode Aristóteles ter pretendido fazer deste sofisma a base de sua ética?

Aristóteles foi manifestamente da opinião de que poderia dar um sentido racional ao que inicialmente devia parecer um *quid pro quo*. Para isso devem-se considerar duas suposições adicionais que, para Aristóteles, mantêm-se neste contexto e das quais ao menos a primeira é mencionada nesta passagem, ainda que apenas de modo vago. Se perguntarmos pelo "para quê" da "obra" (*ergon*) de um ser vivo, esta não deve ser compreendida no sentido funcional normal, como quando dizemos que o machado existe para cortar lenha ou o olho para ver. O ser vivo não existe para algo diverso como o machado ou o olho, mas sua "função" consiste apenas na autopreservação. Se perguntarmos, no caso de um ser vivo, pelo seu "para quê", este consiste unicamente em viver (e viver bem)[122]. Esta é a suposição "metafísica" de Aristóteles, que parece, como tal, tão correta quanto inofensiva; em particular, não é atribuído (até aqui) a esta suposição nada de ocultamente normativo.

A segunda suposição adicional é a de que, segundo Aristóteles, aquilo a que um ser vivo, mas em particular o homem, aspira em última instância, é sua vida, isto é, seu ser[123]. Aquilo a que todos aspiramos é viver (e viver bem). Isto parece tão

---

122. Cf. para o que foi dito acima, especialmente quanto ao contraste entre o machado e o olho: De Anima II, 1, na *Ética a Nicômaco* I, 6, a tese de que o *ergon* – a obra – do ser vivo é a vida, mencionada apenas de modo breve, mas suficientemente unívoco (1097b33).

123. Cf. em *Ética a Nicômaco* especialmente os capítulos IX, 7 e 9.

trivial como a tese dos primeiros capítulos, segundo os quais aspiramos a que nos vá bem. Com a tese de que nisto se trata de nossa vida – uma tese que Heidegger adotou ao dizer que para o homem se trata de seu ser –, é simplesmente acentuado que o bem-estar em questão se deve referir à vida em sua totalidade. O mesmo, no entanto, também já está contido na palavra "felicidade".

Com estas duas suposições adicionais, é remediado o que inicialmente parecia uma ruptura entre os cinco primeiros capítulos e o sexto, pois se a função do ser vivo, e em particular a do homem, consiste na vida (e na vida boa) e viver (e viver bem) é aquilo a que sempre aspiramos, então o bem a cujo respeito aqui se pergunta parece ser idêntico ao bem de que anteriormente se falava. Poder-se-ia até mesmo dizer que o que Aristóteles expõe aqui é simplesmente o que subjazia implicitamente aos três modos de vida mencionados em I, 3: são três configurações da vida boa.

Esta interpretação permite integrar o novo ponto de partida de I, 6 na posição da questão dos cinco primeiros capítulos. A questão permaneceria ainda: Em que consiste a felicidade no sentido subjetivo dos primeiros capítulos? Lá a pergunta era: O que significa que alguém vai bem? Ou deve agora a felicidade ser entendida em um sentido de algum modo objetivo, de tal maneira que o sentimento do homem não decida quando ele é feliz, mas ele será feliz quando realizar bem aquilo para que existe, o que é certamente apenas sua vida para a qual sua aspiração subjetiva está de qualquer modo dirigida? Já se pode observar que a verdadeira dificuldade de I, 6 é a de que este capítulo se mantém em uma indecisão perigosa e peculiar entre a versão subjetiva inicialmente mencionada e a versão objetiva evocada pela palavra "obra". O ponto de partida com o conceito de obra nas primeiras frases do capítulo mantém as duas vias abertas; considerando ambas as suposições adicionais, ainda não se pode falar de uma ruptura, mas uma tal ruptura se tornou agora ao menos possível.

Nas frases seguintes, mediante a introdução do conceito de *logos*, é traçada a distinção entre a obra da vida especificamente humana e a da vida dos outros animais. A palavra *logos* deve ser traduzida aqui, como na maioria dos casos no decorrer da

Ética a Nicômaco, por "reflexão". Enquanto os outros animais, com relação a seu bem-estar, estão determinados unicamente por seus sentimentos de prazer e desprazer, no caso dos homens estes sentimentos podem ser dirigidos pela reflexão. Temos não apenas sentimentos e afetos, mas a possibilidade de nos conduzirmos refletidamente em relação a eles, e nosso bem-estar, nossa felicidade no sentido subjetivo, depende de que o façamos bem. Este passo parece convincente e nada julga antecipadamente em favor de um conceito de felicidade de algum modo compreendido objetivamente.

Ao conceito de reflexão vincula-se imediatamente, tanto no texto de I, 6 como no que diz respeito à própria coisa, o conceito de *areté*, e é somente agora que se tem de decidir se Aristóteles pretende realizar um giro objetivo na questão da felicidade, mediante o novo ponto de partida no conceito de obra. Inicialmente se poderia interpretar também a palavra *areté* de modo inofensivo. Afirmei anteriormente que tão logo nos comportamos refletidamente com relação a nossos afetos, devemos perguntar se o fazemos bem ou mal. Mas o que significa isto? Qual é o padrão de medida da reflexão correta? Se Aristóteles se mantivesse estritamente apegado à versão subjetiva, ter-se-ia de dizer que o padrão de medida só pode ser o de sentimentos, não mais naturalmente os sentimentos e afetos individuais com que se relaciona a reflexão, mas o bem-estar duradouro, que, por sua vez, deveria ser o efeito desta relação de reflexão com os sentimentos individuais.

No Livro II (capítulos 4 e 5), Aristóteles faz algumas indicações sobre o que se deve entender por uma *areté* psíquica. Nesta passagem é mencionada a característica já indicada de que uma *areté* psíquica tem sempre de ser entendida como uma *hexis*, como um "comportar-se" para com os afetos, e, além disso, que deve ser sempre entendida como uma firme disposição da vontade de escolher corretamente entre os sentimentos (*prohairesis*). A *prohairesis*, a escolha, é o resultado de uma reflexão (III, 4-5). Todas estas características deixam, porém, em aberto como o padrão de medida da reflexão deve ser compreendido. O que consideramos quando tomamos, no *continuum* de nossas possibilidades de afeto, um lugar determinado na *areté*? O ponto de vista é, por sua vez, o bem-estar ou algo previamente dado? Neste último caso, mas somente então, estaria decidido que há uma ruptura em I, 6, diante da posição da questão dos cinco primeiros capítulos, e então seria preciso mostrar como a ruptura deve ser exatamente compreendida, a que o outro conceito de "bom" Aristóteles tacitamente passou.

O próprio Aristóteles sugere, quando introduz, em I, 6, o conceito de *areté*, que pretende compreendê-lo objetivamente, em analogia estrita ao modo de falar de *areté*, quando esta é compreendida funcionalmente: da mesma maneira em que falamos da *areté* de um citarista, temos de falar também da *areté* do homem, enquanto homem (1098a9). Esta passagem aproxima-se ao máximo da interpretação de MacIntyre de que Aristóteles tem uma concepção funcional. Mas como devemos entender a analogia com o citarista se a atividade de que se trata no caso do homem, enquanto homem, é apenas sua realização afetiva da vida?

Uma interpretação meramente funcional parece, portanto, excluída. Um ponto de apoio para uma compreensão de algum modo objetiva poderia ser oferecido por um capítulo de *Física*, em que Aristóteles trata das virtudes da alma em analogia imediata com as virtudes do corpo (*Física* VII, 3). Virtude corporal é especialmente saúde, mas dizemos, também de outros seres vivos – animais e plantas –, não apenas que vão bem quando não estão doentes, mas quando estão, além disso, vigorosos e florescentes (*euhexia*, 246b7): tais são virtudes corporais. Aristóteles esboça em *Física* (VII, 3) um conceito análogo de excelência do corpo e da alma: analogamente à virtude da alma, que deve ser entendida como determinada constituição harmônica com relação aos próprios afetos, a excelência do corpo, com apoio evidente na medicina da época, é compreendida como determinada constituição harmônica dos humores e estados do corpo (a palavra grega *pathos* significa tanto "estado" como "afeto"). A partir daí pôde ser dito – e este é um *topos* acolhido repetidamente até à psicoterapia atual – que aquilo de que se trata para nós – em um sentido agora cambiante entre o objetivo e o subjetivo – é a saúde da alma (e do corpo). Teria uma "vida realizada"

(*Geglücktes leben*) – como se traduz por vezes a palavra *eudai-monia*, para destacar o matiz tendente ao objetivo do conceito de felicidade – quem é animicamente são. Também Platão já havia entendido a vida boa da alma como saúde da alma (*A república* 445e), mas nem para Platão, nem para Aristóteles este ponto de vista era decisivo, evidentemente porque era por demais indeterminado, pois parece muito menos claro quando alguém é animicamente são do que quando é corporalmente são. E se o próprio bem-estar não é aqui o critério último, tudo o que se possa imaginar poderia ser introduzido a título de interpretação. O recurso à saúde da alma parece quase tão perigoso quanto o recurso à natureza do homem. Componentes normativos ocultos seriam de se recear.

Teremos de entender, portanto, a referência à saúde antes como metáfora. Talvez se possa falar de um bem-estar saudável, mas ter-se-ia de decidir o que seria um bem-estar saudável a partir do próprio bem-estar. Isto nos remete a uma diferenciação no vocabulário do prazer (*Lust*), da alegria (*Freude*) e do bem-estar. Encontraremos pontos de partida para isso em Aristóteles, mas que foram aprofundados, todavia, somente por Erich Fromm. Uma teoria da felicidade em que esta é realmente entendida em sentido subjetivo – bem-estar – depende de tais diferenciações. Estas diferenciações no estado positivo de sentimentos (*positive Gefühlszuständlichkeit*) parecem necessárias se *areté* deve ser entendida neste sentido subjetivo como aquela propriedade do caráter que é a condição para que alguém vá bem.

Em I, 6 Aristóteles deixa transparecer este sentido subjetivo no vocabulário da *areté* e da felicidade; ao mesmo tempo sugere, porém, um entendimento objetivo de *areté*. Este não pode ter o sentido funcional (ou técnico, para nos expressarmos como Von Wright) sugerido pela comparação com o citarista. O sentido inteiramente natural para o ouvinte da lição de Aristóteles nesta passagem é o sentido, habitual no uso linguístico, de virtude moral. Aqui Aristóteles ainda não torna isto explícito; mas na discussão das virtudes que se segue na *Ética a Nicômaco* isto se torna inteiramente claro, pelo fato de as *aretaí* serem relacionadas a louvor e censura (1106b26 e *passim*).

Assim o realmente discutível no raciocínio deste capítulo I, 6, decisivo para toda a posição do problema da *Ética a Nicômaco*, não é nem o salto que constatei do que é querido ao "para quê" (Aristóteles pode, como vimos, integrar ambos os pontos de vista de maneira evidente), nem a orientação pelo funcional (natural já pelo ponto de partida no conceito de *ergon*, obra) em que insiste MacIntyre; e, de fato, de se supor pelo exemplo do citarista, mas a passagem tácita do que pode ser designado como virtude, no sentido de disposição para a felicidade, para virtudes no sentido moral, portanto, da questão sobre o bem, como o realmente querido, para a do bem, como o socialmente aprovado. Pode-se censurar Aristóteles por ter deixado de elaborar o conceito de virtude moral enquanto tal, como também deixou de elaborar o conceito de moral em geral. Daí decorre que toda a doutrina da virtude de Aristóteles oscila entre as duas possibilidades: Trata-se de virtudes de felicidade ou de virtudes morais? Aristóteles pretende naturalmente mostrar, exatamente como Platão pretendeu, que somente quem tem virtudes morais é feliz. Considerar-se-ia, porém, mais adequado que ambos os conceitos tivessem sido de início nitidamente separados. Então se poderia perguntar de maneira mais clara em que medida um é condição do outro.

Para nossa interpretação da doutrina da virtude de Aristóteles, segue-se que temos de manter ambas as questões diante dos olhos: O que a doutrina aristotélica da virtude oferece a uma teoria do moral e o que oferece a uma teoria da felicidade?

─── DÉCIMA TERCEIRA LIÇÃO ───
A DOUTRINA DA VIRTUDE EM ARISTÓTELES[124]

Seria natural decidir desta ou daquela maneira a dificuldade surgida na formulação da questão de Aristóteles – trata-se de virtudes de felicidade ou de virtudes morais? –, perguntando qual é para ele o padrão de medida da reflexão prática. Na reflexão prática (*phronesis*), trata-se do comportamento correto com relação aos sentimentos imediatos, aos afetos, e já indiquei que, segundo o padrão de medida deste "correto", seja a felicidade ou o louvor, as virtudes se mostrarão como virtudes de felicidade ou como virtudes morais. Como padrão de medida da reflexão, Aristóteles menciona, todavia, "o meio-termo" (*meson*), e este conceito é tão indeterminado que pode, por sua vez, ser compreendido tanto em um quanto em outro sentido.

Examinemos os textos relevantes. O conceito de meio-termo é introduzido em II, 5. Antes fora esclarecido que uma virtude consiste em uma firme disposição da vontade com referência a um domínio de afeto ou a um domínio de possibilidades de ação[125], mas, com isto, a virtude é apenas classificada na espécie propriedade do caráter, e a questão é saber de que maneira uma propriedade boa do caráter se distingue de uma propriedade má do caráter, a virtude (*areté*), do vício (*kakía*). A resposta é a de que a virtude é o meio-termo (*meson*) entre um demais e um de menos com respeito ao *continuum* de um domínio de afeto ou de um domínio de ação. Também aqui Aristóteles vale-se de uma ideia já elaborada por Platão (*Político* 283s.). Assim, a coragem, por exemplo, é o meio-termo correto entre a covardia e a teme-

---

124. Tradução de Fernando Pio de Almeida Fleck.
125. N. Hartmann fala em "âmbitos da vida" (*lebensgebiete*). Com razão, sublinha que cada virtude é a maneira correta de se comportar em um *peri ti*. Cf. HARTMANN, N. Die Wertdimensionen der Nikomachischen Ethik. *In*: SCHRIFTEN, K. (org.). *Band 2*: Abhandlungen zur Philosophie-Geschichte. Berlim: [*s. n.*], 1957. p. 191s.

ridade, isto é, o meio-termo correto com referência (*peri ti*) aos afetos medo e coragem (III, 9); e a generosidade, o meio-termo correto com referência ao domínio de ação do dar e do receber dinheiro, por oposição à prodigalidade e à avareza (IV, 1).

Aqui se põe imediatamente a questão de saber se "o meio--termo" é um princípio genuíno. Certamente não, se com "princípio" se quer dizer um critério por meio do qual é indicado onde se situa a linha entre o demais e o de menos. Pode-se então perguntar: Se o princípio não oferece tal critério, não é então uma fórmula vazia?

Aristóteles mencionou esta dificuldade em uma única passagem, que, no entanto, não pode ser desconsiderada e é sistematicamente importante. Esta passagem situa-se no início do Livro VI. Aristóteles afirma que se, por exemplo, respondêssemos à pergunta de como alguém se pode tornar são dizendo apenas: quando se encontra o meio-termo, quando não se faz nem demais, nem de menos, nada se diria, e se acrescentássemos: é o experto que decide onde está o meio-termo, também nada seria dito, uma vez que a questão é: segundo qual critério o experto decide[126]? O leitor espera aprender algo preciso sobre isto neste Livro VI, dedicado às chamadas virtudes intelectuais e especialmente à sabedoria prática (*phronesis*). Isto, todavia, não ocorre, pois o juízo do que tem a sabedoria prática (*phrónimos*) é, por sua vez, para Aristóteles o critério último[127]. Já ao introduzir o princípio do meio-termo, Aristóteles dissera (e repetira na apresentação de cada virtude individual) que o meio-termo consiste em que se sinta prazer ou desprazer, "onde se deve, com referência ao quê e com respeito a quem e em razão do quê e como se deve" (1106b21s.). Sábio ou prudente é precisamente aquele que conhece isto, e para tal não se podem dar regras. Observe-se também que na definição recém-citada, por meio da qual o meio-termo é especificado, no "deve" várias vezes repetido, são já mencionados critérios morais, que, porém, são conscientemente deixados em aberto.

---

126. Cf. todo o capítulo VI, 1 e especialmente 1138b29s.
127. Cf. 1107a1s e *passim*.

O resultado é mais insatisfatório do que Aristóteles admite, pois não pode ser suficiente dizer que o modo como se deve agir é indecidível segundo regras e que apenas pode ser indicado no caso individual, pois tal indicação é feita por aquelas pessoas capazes de julgamento no caso individual, e então se perguntará o que as determina. Evidentemente, movemo-nos aqui em círculo. O determinante em última instância é o faticamente aprovado. Não se tem de dizer então que Aristóteles simplesmente toma seu critério da moral de seu tempo? E não se decide assim também inequivocamente a questão de que parti no início desta lição, em favor da compreensão das virtudes como virtudes morais?

Esta é certamente, em boa parte, a explicação correta. Mas não se pode abandonar aqui o problema, como habitualmente se faz, pois é somente agora que ele propriamente começa. O recurso ao meio-termo entre extremos é realmente apenas uma fórmula vazia? Não tocou aqui Aristóteles em aspectos genuínos do moral ao falar de meio-termo na acepção de equilíbrio tem um sentido substancial? Certamente isto pressuporia que pudéssemos identificar os extremos por si mesmos, não apenas como demais e de menos com relação ao meio-termo.

Aqui, no que diz explicitamente, Aristóteles nos abandona. Podemos, porém, prosseguir nesta investigação, entrando no conteúdo de sua doutrina da virtude. Não basta dizer que Aristóteles é um filho de seu tempo, pois faticamente ele não parece recorrer a nenhum juízo moral realmente dependente do tempo[128]. Por isso também não se pode dizer que Aristóteles compreende a moral que nos apresenta como tradicionalista. O critério de aprovação não é uma tradição dada. Certamente ele não menciona nenhum outro critério.

Parece sensato perguntar, em primeiro lugar, em qual relação as virtudes apresentadas por Aristóteles estão para com os deveres tais como os conhecemos do contratualismo e da

---

128. Nem mesmo a coragem bélica e a megaloprepeia (magnificência) parecem constituir exceções, apenas porque as condições para elas pressupõem um certo tamanho da comunidade e um certo contexto de perigo; se estas condições se cumprirem, isto é, dados estes âmbitos da vida, tais caracteres serão efetivamente dignos de aprovação.

concepção kantiana, os conhecidos deveres negativos, positivos e cooperativos. Aqui se produz aproximadamente o seguinte quadro: exclusivamente o dever positivo do auxílio encontra correspondência em uma virtude, a generosidade. Os deveres cooperativos em sentido mais estrito (cumprir promessas) parecem faltar em Aristóteles. O dever negativo, tão fundamental para a concepção kantiana, é levado em conta por Aristóteles em um de seus conceitos de justiça (1130b30s.). MacIntyre também chamou a atenção para isso (150s.), embora diga, com razão, que as explicações correspondentes de Aristóteles são, antes, "crípticas". Em nosso contexto basta, porém, observar que Aristóteles reconhece inteiramente este domínio da moral, e podemos talvez complementar que para este domínio valem regras (são precisamente aquelas que o juiz aplica, quando compensa um ilícito cometido). Embora Aristóteles não se refira explicitamente a regras, diz que falar de "meio-termo" aqui tem um outro sentido, a saber, o da compensação (1133b32). Aqui valem regras porque são ações que se proíbem.

Segue-se daí que o domínio que Aristóteles tem em vista com as virtudes não é um equivalente talvez maldefinido dos deveres de ação e omissão da concepção kantiana, mas que as virtudes os complementam – com ou sem razão a partir de uma perspectiva universalista – e justamente nesta complementação reside, em primeiro lugar, uma ampliação essencial do positivamente mandado com relação ao dever único de auxiliar na necessidade da concepção kantiana e, em segundo lugar, o que é mandado não consiste nunca em ações, mas em atitudes.

A questão é agora como deve ser entendida esta complementação, que no interior da ética aristotélica podemos considerar uma complementação da justiça, e a questão ulterior será saber se esta complementação é estranha à perspectiva de uma moral universalista (de que se deve agir e, eventualmente, ser assim como é desejado a partir da perspectiva de qualquer um). Aqui é importante atentar que quase todas as virtudes enumeradas por Aristóteles são virtudes sociais: concernem ao modo como nos comportamos para com os outros, e não caem, portanto, sob o veredicto de que em uma ética modernamente entendida o modo como se plasma a própria vida deve ser mantido fora da moral. Isto só não vale para uma das virtudes tal como Aristóteles as apresenta, a temperança (*sophrosyne*); para uma segunda virtude, a coragem, vale apenas de modo limitado (uma vez que a coragem é aquele destemor que se deve manifestar especialmente quando se trata do bem da comunidade). O fato de Aristóteles ter em vista em primeira linha virtudes sociais torna-se também visível por ele introduzir a virtude como atitude para com os afetos e por apresentar os afetos em *Retórica*, em geral, como referidos a outros (cf. 1378a25 *epi poiois*). Na enumeração dos afetos em *Retórica*, isto somente não se aplica ao temor (cf. 1382a21s.); em *Ética a Nicômaco* (1105b21s.), o desejo também não se ajusta a este esquema; o desejo, de que Aristóteles necessita como fundamento da virtude da temperança, não se ajusta, de resto, à definição dos afetos. Recordemos aqui, todavia, que estas duas virtudes não sociais são justamente as duas virtudes cardeais para consigo mesmo, assim como as entenderam Hume e Von Wright (cf. décima primeira lição).

Além disso, deve-se agora considerar que Aristóteles, no caso da maior parte das virtudes, não diz que se referem a determinados domínios de afeto, mas a determinadas ações ou modos de se comportar (*praxeis*). Assim, a liberalidade é o justo meio-termo entre o dar e o receber dinheiro, bem como a *megaloprepeia* (magnificência). Similarmente, a *megalopsychia* (magnanimidade) – como meio-termo adequado entre vaidade e pusilanimidade com referência ao aspirar por e ao comportar-se face a honras prestadas – é primariamente referida à ação e, do mesmo modo, enfim, as virtudes do comportamento no convívio social: gentileza, veracidade (por oposição à jactância, de um lado, e à ironia, de outro) e amabilidade (*philía*, cf. II, 7). Deve-se considerar que as ações de que aqui se trata não são definidas por um estado final a que se aspira. Aristóteles distingue ações neste sentido, que ele designa como movimentos, daquelas ações que se pode designar atividades (*energeiai*) e que têm seu fim em si mesmas[129]. As ações a que se referem as virtudes em

---

129. Cf. *Metafísica* IX e meu *Selbstbewusstsein und selbstbestimmung*. TUGENDHAT, E. *Selbstbewusstsein und selbstbestimmung*. Frankfurt: [s. n.], 1979. p. 211s.

Ética a Nicômaco são todas atividades (o que Aristóteles também denomina *praxeis* em sentido mais estrito), pois de outro modo seriam referidas ao útil; e o útil, bem como o nocivo, são adjudicados por Aristóteles ao domínio da justiça (1134a8, cf. também 1129b2). Atividades e ações referidas a um fim podem naturalmente se cruzar[130]: a *praxis* do comportamento liberal, por exemplo, implica que sejam praticadas ações individuais referidas a um fim, o de auxiliar, mas o próprio comportamento liberal é uma atividade, tem um fim em si mesmo. Agora vemos por que é impossível as virtudes no sentido de Aristóteles para (de modo inteiramente diverso ao das virtudes de Hume e de Von Wright) indicar regras de ação: não apenas devido à complexidade excessiva, mas por não se referirem absolutamente a ações que possam ser definidas pela indicação de seus fins. Aristóteles reflete aqui, portanto, sobre um fato fenomênico que desde o início absolutamente não pode ser definido por regras. Agora também se pode compreender melhor até que ponto o ser-assim que se expressa na virtude é o que é em primeira linha aprovado, e as ações em que se manifesta, apenas secundariamente, e na medida em que este ser-assim se mostra nelas. Comportar-se liberalmente, por exemplo, é a *energeia* (atividade) de que se trata e que somente pode ser alcançada se determinadas ações referidas a um fim forem praticadas – quais são estas, reconhece quem é capaz de julgar –, em princípio analogamente, por exemplo, a nadar, que é uma *energeia* (atividade), que somente pode ser realizada, praticando-se com braços e pernas determinadas ações que têm fins.

Qual é, porém, o sentido de todas estas virtudes sociais como modos de ser-assim? Tomemos a liberalidade (generosidade) e as virtudes da sociabilidade como exemplos. A liberalidade é chamada "de virtude do dar e do receber". Com ela, a pessoa assume determinada atitude no *continuum* destes modos de comportamento inter-humano. O que importa ao virtuoso não é, em primeira linha, praticar esta ou aquela ação de dar ou de receber com seu fim determinado, mas tal ação com seu fim será realizada em razão de determinada atitude para com

---

130. TUGENDHAT, *op. cit.*

os outros. Esta consiste em um equilíbrio entre prodigalidade e avareza. O avaro fecha-se aos outros, o pródigo de certo modo os persegue. De maneira similar, a amabilidade é um equilíbrio em uma outra dimensão do comportamento humano entre a adulação e a grosseria.

Falar agora em equilíbrio não é mais empregar uma fórmula vazia, porque os extremos têm um sentido próprio: representam as possibilidades polares deficitárias na ponte que cada um lança aos outros nas diferentes dimensões do convívio. Todas estas virtudes sociais são excelências do comportamento em que nos abrimos ou nos fechamos diante dos outros. O comportamento para com os outros é como um ato de equilibrismo entre a perda da relação e a perda de si mesmo, entre autonomia e dependência (*Bezogenheit*). Os extremos são, de sua parte, modos de ser identificáveis, e esta é a razão por que falar de equilíbrio não é uma fórmula vazia.

Uma virtude estreitamente relacionada à amabilidade é a cortesia. Por meio dela posso elucidar mais de perto a relação entre a atitude e as ações em que se manifesta. Veremos ainda que a cortesia é um modo de dar a entender que respeitamos os outros, e nesta medida é uma virtude fundamental. Acontece-nos frequentemente de ir a outros países, onde não conhecemos os costumes de cortesia. Saúda-se com inclinação, aperto de mão, abraço, beijo, apenas verbalmente ou de outra maneira? Tais são as ações em que se expressa, em determinada sociedade, que os outros são reconhecidos. Quais são estas ações, isto varia de sociedade para sociedade. Quem conhece outras culturas sabe que nestas ações, como tais, não reside absolutamente nada, mas elas são, dentro de cada sociedade, os símbolos convencionais para expressar uma atitude que, por sua vez, não é convencional. É "quem é capaz de julgar" (*phronimos*) na respectiva sociedade que sabe quando, quem e como alguém tem de saudar. Assim se pode entender o que, nas virtudes destacadas por Aristóteles, depende dos respectivos costumes de uma sociedade e o que eventualmente é uma exigência moral atemporal. Até agora não se mostrou que ser cortês, amável, liberal etc. são exigências morais universais; provisoriamente importa apenas observar que a circunstância de sua configuração ser convencional e distinta não é uma razão contra isto.

Ambos os aspectos agora destacados, o de que o equilíbrio nas diferentes virtudes tem um sentido de conteúdo que deve ser entendido como um estar relacionado permanecendo autônomo, e que se deve distinguir entre a atitude não convencional expressa e suas configurações convencionais, não foram mencionados por Aristóteles, mas se impõem tão logo se considere mais de perto as virtudes sociais como ele as descreve. Veremos na próxima lição que somente a partir da filosofia moderna, por meio da orientação pelo esquema sujeito-objeto, surgiu um ponto de vista que permite apreender conceitualmente esta estrutura bipolar, e somente com Adam Smith encontraremos um critério que possibilita um julgamento moral-universal destas atitudes.

Podem também as demais virtudes mencionadas por Aristóteles ser incorporadas neste esquema? Não apenas no caso da temperança, mas também no da "mansidão" (temperança na ira) e no de outras reações afetivas ao comportamento, assim como no bem-estar ou não dos outros, parece decisivo nas exposições de Aristóteles que tanto o transbordamento pelo respectivo sentimento ou afeto quanto a insensibilidade em relação ao afeto – o embotamento – são desaprovados. Quem, nas situações correspondentes, não sente ira, ciúme, inveja ou prazer, não está aberto ao mundo ou não está aberto aos respectivos bens e males que na maior parte das vezes estão presentes no convívio. Também esta abertura tem uma bipolaridade, embora não, entre a pessoa e os outros. Isto torna mais difícil identificar os extremos como tais, e atribuir, assim, um sentido preciso ao equilíbrio. Não obstante, estas virtudes parecem também se conformar, ainda que de um modo não tão simples, ao esquema que resultou no caso das virtudes especificamente sociais. Ter-se-á, todavia, de dizer que estas virtudes, uma vez que não são inter-humanas, também quando contêm uma referência a outros, como no caso da ira, são autorreferidas (*selbst-bezogen*), de tal modo que, quando voltarmos à diferença entre virtudes morais e virtudes de felicidade, poderemos antes esperar que possam ser entendidas como virtudes de felicidade. Certamente nos falta provisoriamente um critério para esta distinção. Aristóteles não faz diferença alguma entre estas duas espécies de virtudes – sociais (inter-humanas) e autorreferidas –, e podemos explicar isto considerando que o moral em uma ética ainda ligada a uma moral tradicional não precisava limitar-se ao social.

Certamente teremos de nos perguntar também, inversamente, se as virtudes sociais não têm de ser compreendidas tanto como virtudes morais quanto como virtudes de felicidade. Isto nos deveria tornar agora incertos também quanto ao conteúdo, com referência à diferença aparentemente nítida entre virtude moral e virtude de felicidade, que foi teoricamente borrada pelo ponto de partida de Aristóteles.

Embora Aristóteles, quanto ao conteúdo, tenha se orientado pela moral de seu tempo sem questioná-la, e a terminologia na doutrina da virtude seja inteiramente moral, se nele se devem poder encontrar pontos de partida para uma justificação de sua doutrina da virtude e especialmente de sua orientação pela ideia de equilíbrio, tais pontos de partida devem ser procurados, antes de tudo, em sua doutrina do prazer, pois uma justificação especificamente moral inexiste em Aristóteles, até mesmo conceitualmente. Aqui seria natural supor distinções correspondentes em seus dois tratados do prazer (*Ética a Nicômaco* VII 12-15 e X 1-5). Já indiquei que a justificação de que um modo de viver seja melhor para nós do que outro somente é pensável subjetivamente e que isto apenas pode ser alcançado por uma diferenciação dentro do modo de falar de felicidade, gozo, satisfação e prazer.

As considerações de Aristóteles sobre o prazer ou gozo (*hedoné*) são merecidamente célebres e foram recentemente retomadas[131], mas se mostram insuficientes para nossa questão. O cerne da teoria aristotélica é de que o prazer não é algo a que possamos aspirar por ele mesmo, que são, muito mais, as respectivas atividades, aquilo a que aspiramos, e que o gozo é algo que então se acrescenta, mostrando que o que fazemos de bom grado (*gerne*) decorre sem impedimento (*anempodiston* 1153b11).

---

131. Cf. RYLE, G. *Dilemmas*. Oxford: [*s. n.*], 1954. cap. 4; KENNY, A. *Action, emotion and will*. Londres: [*s. n.*], 1963. cap. 6.

O que Aristóteles procura aqui, antes de tudo, é a demonstração de que não pode ser construída oposição alguma entre virtude e bem-estar. Para aquele que a pratica por ela mesma, também (e precisamente) a atividade virtuosa, é uma atividade realizada com gozo, se não for impedida, precisaríamos, todavia, de algo mais: da prova de que a atividade não virtuosa é menos prazerosa. Aristóteles dá um passo nesta direção apenas no tratado do Livro VII, e lá também somente com referência aos prazeres corporais, buscando explicar por que os prazeres corporais são, por um lado, os mais procurados pela maioria e, por outro lado, por razões subjetivas, os menos dignos de que a eles se aspire. A razão disso (1154a8s.) está em que em tais prazeres há uma gradação e, portanto, quanto a eles, de uma parte, o contraste com a dor é constitutivo e, de outra parte, sempre se pode aspirar a um prazer ainda mais intenso; para o intemperante é característico querer não o prazer corporal, como tal, mas seu excesso (1154a20). A isto se opõem os gozos em atividades em que não há dor e em que, portanto, não há possibilidade de excesso (b15s.).

É certamente uma debilidade de toda a teoria do prazer da Antiguidade ter-se orientado por uma única palavra (*hedoné*), e se poderia perguntar diante disso se há sequer sentido em empregar a mesma palavra para quando fazemos algo de bom grado e para o prazer corporal. Na próxima lição tratarei de distinções traçadas por Erich Fromm, que levam essencialmente mais adiante do que a teoria de Aristóteles. Quanto ao conteúdo, a distinção feita por Aristóteles no Livro VII não nos pode satisfazer, porque não basta para distinguir o prazer corporal do gozo em atividades, sua problemática da virtude; precisaríamos, muito mais, de uma indicação sobre o caráter-de-prazer do equilíbrio em comparação ao prazer no abandonar-se aos afetos daquele que não vive equilibradamente, e isto não apenas com referência aos prazeres corporais, mas também quanto aos sentimentos em todos os domínios da vida.

Aristóteles fez, todavia, tal distinção em outra passagem, e inteiramente na mesma perspectiva que já fora igualmente decisiva para a distinção traçada no tratado do prazer: o ser humano tem uma consciência do tempo, e, por isso, somente pode satisfazê-lo um bem-estar que tenha uma certa constância e que não seja experimentado, como o prazer corporal, no instante e pelo contraste com a dor ou com a ausência de prazer. A característica da momentaneidade aplica-se inteiramente também aos sentimentos não corporais imediatos; se nos entregamos aos sentimentos e afetos imediatos, como tais, experimentamo-nos como brinquedos dos sentimentos e das circunstâncias, resultando uma oscilação e um caos de sentimentos.

Aristóteles discute esta problemática em seu tratado da amizade, no qual, em IX, 4, suscita a questão da possibilidade de ser amigo de si mesmo. A resposta é a de que apenas o virtuoso é amigo de si mesmo, o mau não o pode ser. Aqui o critério para a amizade é o de que se compartilhe os sentimentos do amigo no positivo e no negativo (1166a7s.) e que se queira conviver com aquele de quem se é amigo (1166a7). Quem é virtuoso tem uma atitude constante (e isto torna possível também, inversamente, ser autenticamente amigo de outros, cf. 1166b29 e VIII, 4), o que significa que para tal indivíduo sempre o mesmo é agradável ou desagradável (1166a28) e ele quer, por isso, sempre conviver consigo mesmo (a23). Quem, em contrapartida, é um joguete de seus sentimentos e tem uma vida interior que se encontra em luta (b19), foge de si mesmo (14). "Se, portanto, viver assim é algo muito infeliz, tem-se de fugir à maldade com toda a força e procurar ser bom" (b27s.).

Nesta frase, Aristóteles manifesta o enlace entre moral e felicidade que até aqui faltara. Dado que Aristóteles jamais elaborou estruturalmente o moral, como tal, este enlace permanece certamente insatisfatório. Ter-se-á especialmente de dizer que a referência aqui afirmada por Aristóteles diz respeito a todas as virtudes de equilíbrio, naturalmente também àquelas em que pus em dúvida quanto à possibilidade de ser consideradas, quanto ao conteúdo, virtudes especificamente morais.

Na verdade, o conceito de meio-termo não ocorre neste capítulo, e poderíamos interpretar a tese deste capítulo igualmente de um modo mais fraco, de tal forma que cada moral, independentemente de seu conteúdo, apresentasse determinada concepção de vida e, nesta medida, algo constante diante das casualidades da vida dos sentimentos. Parece, todavia, mais adequado compreender a tese de Aristóteles de que "a virtude é algo constante" (1156b12), também no que diz respeito ao conteúdo, no sentido de sua concepção de equilíbrio. Em favor disto depõe também a passagem correspondente em *A república* (443d-e), em que Platão diz igualmente que o virtuoso "tornou-se amigo" de si mesmo. Nesta passagem, torna-se claro que também em Platão se trata da harmonia consigo mesmo e do equilíbrio. Ao tornar-se virtuoso, o homem torna-se uno consigo mesmo. Falar em "ser amigo de si mesmo" pode parecer duvidoso, caso se considere o ser distinto como constitutivo da amizade. Na verdade, no tratado da amizade, Aristóteles acentua constantemente o aspecto da igualdade, mas pode-se abstrair desta questão, uma vez que falar em ser amigo de si mesmo, tanto em Platão, como em Aristóteles, é uma metáfora para significar ser uno consigo mesmo.

Não se recusará o capítulo IX, 4, da *Ética a Nicômaco* como abstruso. A passagem correspondente em Platão representa, sem dúvida, sistematicamente, o ponto alto da doutrina da virtude em *A república*.

DÉCIMA QUARTA LIÇÃO
FELICIDADE, AMOR E MORAL SEGUNDO ERICH FROMM; O RECONHECIMENTO SEGUNDO HEGEL; O QUE MOTIVA PARA A ATITUDE MORAL?[132]

Na interpretação da teoria da virtude de Aristóteles resultaram princípios, primeiro, para a sua ampliação da moral, se as virtudes sociais podem e talvez até devem ser integradas em um princípio universalista – tratarei disso na próxima lição –, segundo, para uma teoria da felicidade. Parece ter sentido que primeiro persigamos mais este segundo componente da posição da questão, que não se encontra dividida em Aristóteles. Vimos que Aristóteles, sob o título de justiça, reconhece perfeitamente um domínio central da moral, que pode ser compreendido como uma moral de regras. Mas também vimos que, além disso, ele identificou atitudes que não podem ser referidas a regras, atitudes de equilíbrio entre um abrir-se e um fechar-se diante dos seres humanos, seus semelhantes, e diante das suas próprias emoções.

Daí resultavam sobretudo duas dificuldades, nas quais Aristóteles nos abandonara. Primeiro, falar de um abrir-se e de um fechar-se já é uma interpretação. Aristóteles mesmo não dá indicações sobre que tipo de estrutura unitária têm as diversas virtudes. E ele mesmo também não tinha um aparato conceitual para a polaridade entre autonomia e dependência para a qual eu entendia poder chamar atenção nas diversas virtudes. A segunda falta foi a prova, que ficara presa no princípio, que só nestes equilíbrios, como os pretende Aristóteles nas virtudes, a vida nos permite sermos felizes e possibilita bem-estar.

---

132. Tradução de Aloísio Ruedell e Ernildo Stein.

Em nossos dias, Erich Fromm assumiu os dois pontos. Nos anos de 1940, Fromm publicou dois trabalhos que devem ser vistos como os trabalhos fundamentais para sua concepção ética, sendo o primeiro construído mais historicamente e o segundo mais sistematicamente: *O medo da liberdade* (1941) e *Psicanálise e ética* (1949)[133]. Os dois estão estreitamente relacionados um com o outro, e Fromm mesmo também pretendeu tê-los compreendido como relacionados entre si (*PE* 7). Em *PE*, Fromm também estabelece uma ligação explícita com Aristóteles (40). Também a ética de Fromm entende-se como uma doutrina do caráter (69s.), e também Fromm vê a pergunta ética fundamental na pergunta pela felicidade (21s.). Também nele veremos que, em verdade, de uma maneira diferente de Aristóteles, ele faz uma passagem direta da felicidade para a moral. Deste passo, que se mostrará insuficiente, quero inicialmente abstrair. A concepção de Fromm pode, antes de tudo, ser compreendida como uma verdadeira teoria da felicidade, de modo que daí resulte uma base prática a partir da qual poderemos tratar da pergunta pelos motivos para o ser-moral, pergunta aberta desde a quinta lição.

A proximidade em relação a Aristóteles vai, contudo, ainda mais longe: também Fromm baseia-se em um conceito de equilíbrio, e ele o compreende quase da mesma maneira que resultou na interpretação de Aristóteles da lição anterior, como "equilíbrio" entre o homem e seu contexto (62), como unidade entre autonomia e relação (111). Além disso, Fromm dará em *PE* IV, 3, uma fenomenologia das diversas formas de satisfação subjetiva (felicidade, alegria, prazer), que – sem que isto fique nele bem explícito – antes de tudo apoia subjetivamente a doutrina do caráter apresentada mais como tese.

Podemos designar o conceito fundamental de Fromm como "polaridade entre subjetividade e objetividade". Nisto Fromm situa-se na tradição da moderna filosofia sujeito-objeto, na forma particular que esta obteve em Hegel. Hegel mudou de tal forma a filosofia do idealismo alemão que ele, por assim dizer, entendeu como "tarefa da filosofia" "suprimir a oposição da sub-

---

133. Cito os dois na tradução alemã. Ficam abreviados aqui como "ML" e "PE". Os títulos originais no inglês são: *Escape from freedom* e *Man for himself*.

jetividade e da objetividade que se tornaram fixas". "Quando a força da conciliação desaparece da vida humana e as oposições tiverem perdido sua relação e intercâmbio vivos e adquirem independência, então surge a necessidade da filosofia"[134]. Hegel trabalhou esta concepção em sua *Fenomenologia do espírito* (1806). Ainda voltarei a este assunto. Em todo caso, um caminho direto conduz, pelas reflexões sobre alienação nos *Manuscritos de Paris*, de Marx, à concepção de Fromm.

Precisa-se, contudo, perguntar se falar acerca de uma "relação e um intercâmbio" entre "sujeito e objeto" é já o discurso mais adequado para aquilo que Hegel e Marx pretendiam, e sobretudo para a própria concepção de Fromm. Pois como se tratava desta relação na tradição da teoria do conhecimento antes de Hegel, não seria possível compreender de que maneira aqui se necessitaria um equilíbrio particular. Fromm também não deu nenhum valor especial a esta terminologia e, em *ML*, ele desenvolve a questão que está em jogo, tanto sistemática quanto historicamente, mais do ponto de vista do conteúdo, e nesta medida mais adequadamente. Ele parte aqui, como também em *PE*, de um estado de coisas tomado como uma constante antropológica, que cada ser humano – excetuadas as necessidades fisiologicamente condicionadas que ele tem em comum com os outros animais –, ao crescer, liberta-se do ser-um com suas "amarras primárias" e toma consciência de sua individualidade; e tem "a necessidade de estar relacionado com o mundo fora de si próprio". É "a necessidade de evitar a solidão" (21). Um lado "do processo de crescimento da individuação" seria "o crescimento das forças do si"; por "si", Fromm entende por assim dizer "autonomia"; o outro lado "é o crescente isolamento" (29). Fromm vê isto tanto ontogeneticamente no desenvolvimento da criança como também historicamente: na Modernidade, sobretudo por meio do capitalismo, o indivíduo cai fora das relações tradicionalistas previamente dadas e chega à sua plena liberdade, que, no entanto, de início é vivida negativamente. Ele "precisa tentar evadir-se totalmente da liberdade, se não se der bem em passar

---

134. "A diferença do sistema da filosofia de Fichte e de Schelling" (1802), *Werke* (Obras) II, 22.

da liberdade negativa para a positiva" (111). É esta "fuga da liberdade" que, segundo Fromm, conduz ao "caráter autoritário", e deste, de um lado, ao fascismo e, de outro, à adaptação nas modernas democracias. Fromm trabalha a situação do homem moderno em impressionantes análises da reforma e do desenvolvimento do capitalismo. Como aspecto característico particular ele destaca o sentimento de impotência dos indivíduos, o que conduz ao caráter autoritário, cujos dois lados Fromm vê no sadismo e no masoquismo. Para cima, submissão; para baixo e para fora, sede de poder e hostilidade.

Fromm faz, portanto, de um lado, uma suposição antropológica fundamental e, por outro, situa suas análises no contexto histórico da Modernidade. Os dois aspectos estão interligados, conquanto Fromm vê o desenvolvimento do homem em direção à consciência de sua individualidade como um desenvolvimento necessário para si mesmo, que, porém, tem seus próprios riscos. O que Fromm apresenta em *ML* como as possibilidades de caráter do homem moderno são, por conseguinte, em forma precisa, simplesmente as possibilidades de caráter do homem em geral, como então são desenvolvidas mais sistematicamente em *PE*. Falar sobre uma "liberdade positiva" pode parecer problemático. Fromm expõe, porém, o que quer dizer com ela, a partir de dois conceitos: primeiro, a partir do conceito de autodesenvolvimento, do desenvolvimento de capacidades no sentido de capacidades para atividades no sentido aristotélico; segundo, enquanto estas atividades estão essencialmente relacionadas ao ambiente e, sobretudo, porque são sociais, o conceito de equilíbrio entre o aspecto do sujeito e o do objeto vem a ser decisivo. Esta terminologia alcançou agora um sentido mais específico, uma vez que o lado do sujeito é compreendido como autonomia e, o do objeto, como um tratar de homens e coisas. O que Fromm concretamente pretende fica claro nos caracteres unilaterais que ele descreve na caracterologia de *PE*.

De um lado, ele fala de uma orientação "receptiva" e "espoliadora". Com a orientação receptiva ele assume o caráter oral de Freud e, simultaneamente, com as duas orientações, o discurso do caráter masoquista e sádico, determinante em *ML*.

Fromm, antes de tudo, tem a consciência de se basear em Freud. Distingue-se, porém, dele na medida em que não compreende o caráter respectivo como a instintividade bloqueada em determinada fase de desenvolvimento, mas o compreende enquanto o modo da formação acabada da relacionalidade: para Fromm, os outros homens não são objetos dos instintos do indivíduo, mas o que interessa a este é o desenvolvimento da relação com os outros. O caráter masoquista e o sádico representam conjuntamente a orientação unilateral no polo do objeto; a realização é simbioticamente referida a ser-subsumido ou subsumir: o determinante é o poder (*macht*), isto é, submissão e dominação. Esta unilateralidade ocorre porque não é percebida a própria autonomia, nem reconhecida a do outro. Inversamente, a falha da orientação unilateral no polo do sujeito é descrita em *PE* como o retrair-se-sobre-si, com a forma extrema da destrutibilidade. É o caráter anal de Freud. Neste caso, o indivíduo se aferra exclusivamente a si e é incapaz de se relacionar. Como quarto caráter "improdutivo", Fromm destaca a "orientação do mercado". Esta é "uma categoria por si", ela não se enquadra no esquema das unilateralidades características dos demais caracteres "improdutivos" (orientação primária em apenas um polo): na "orientação do mercado", que, de alguma forma, corresponde ao *Man* de Heidegger, o ser humano, aliás, nem desenvolve um caráter específico, mas comporta-se como sempre se deseja ou como ele acredita poder apresentar-se melhor.

Naturalmente, todos esses caracteres, bem como o caráter "produtivo", são apenas tipos ideais que estão reunidos em cada um de nós em diversas proporções (*PE* 127s.). Enquanto é característico para todos os caracteres improdutivos que eles sempre são reações diversas à impotência e à solidão, o caráter produtivo consiste no fato de aqui ter êxito o movimento linear entre os dois polos, referência a si (autonomia unilateral) e relação (*PE*, capítulo 3, II B 3). Ele é denominado "produtivo" porque esta pessoa, em vez de desenvolver uma força instintiva de fuga, é "atuante" no sentido aristotélico. Disso ela somente é capaz na medida em que a atividade própria e o reconhecimento da independência do outro, a autonomia e a dependência se complementam mutuamente. Em primeiro lugar, Fromm vê isto no amor "produtivo", que ele também gosta de chamar simplesmente de "amor". Dar-se e tomar constituem uma unidade. No amor e na amizade, bem-sucedidos cada qual necessita do outro e mantém, contudo, sua independência. Ao mesmo tempo, Fromm também procura mostrar esta atitude em relação ao outro não humano, em todo o tratamento bem-sucedido de objetos. Por exemplo, pensar só é "produtivo" se, diante de seu outro (objeto), não simplesmente reflete (*abbildet*) receptivamente, nem sobreforma (*überformt*), não fica na superfície nem some (*verschwebt*) no fantástico (*PE* 104). Poderíamos complementar que toda discussão com outros e com o pensamento deles – portanto, todo interpretar – necessita buscar um ponto intermediário entre o deixar-valer e o questionamento crítico.

Como Fromm contrasta no capítulo 3 de *PE*, o caráter produtivo em confronto com os caracteres improdutivos, sua concepção pode facilmente parecer sobretudo tética, particularmente perante estas designações valorativas como "produtivo" e "improdutivo". A tese de que se trata de disposições, das quais depende se um homem pode ser feliz ou infeliz, se ele, portanto, pode estar bem subjetivamente ou não, naturalmente só pode ser sustentada por meio da prova de que nós, enquanto permanecemos enredados nas unilateralidades improdutivas, não podemos chegar a satisfação alguma. Se admitimos que também os caracteres improdutivos podem levar ao prazer ou à satisfação, a qual, no entanto, não seria "verdadeira", então precisamos, em primeiro lugar, distinguir diversas qualidades do bem-estar subjetivo, e, em segundo lugar, isso precisa dar-se de tal maneira que a medida da avaliação seja, por sua vez, subjetiva. É isto que Fromm procura mostrar em *PE* IV, 3.

Podemos ler este capítulo como tentativa de um aprofundamento dos tratados sobre o prazer de Aristóteles. Se mantemos as distinções de Aristóteles, então as explicações de Fromm adquirem uma clareza sistemática complementar. Aqui devemos recordar que Aristóteles expunha, sobretudo, a peculiaridade daquela alegria que sentimos em atividades que realizamos por elas mesmas. O filósofo havia estabelecido uma distinção entre o prazer corporal e uma alegria deste tipo. Fromm assume esta distinção. Denomina este prazer "satisfação" (*satisfaction*); à semelhança de Aristóteles, ele a compreende como "libertação de uma tensão dolorosa" (198). Entende que é característico para todas as necessidades fisiologicamente condicionadas que com a sua satisfação "também cesse a tensão" (199). "Segundo sua essência elas estão, por conseguinte, submetidas a certo ritmo" (201). Existem, entretanto, também desejos que não são condicionados fisiologicamente, e sim psiquicamente, os quais igualmente derivam de uma deficiência e que, por conseguinte, são direcionados para a "libertação de uma tensão dolorosa". Isto, porém, não se dá em reação a necessidades que surgem ritmicamente, e sim, ao contrário, estes desejos são reações a "um estar-insatisfeito no próprio ser humano" (201). Esta última colocação é naturalmente uma interpretação de avaliação, mas, como característica fenomenológica, Fromm salienta que estes desejos são "insaciáveis". Sua tese é, pois, que os desejos fundamentais específicos para os caracteres improdutivos – como o do desejo para a simbiose sádica ou masoquista – são neste sentido insaciáveis. Aqui Fromm também fala de "cobiça". Quem é ávido por poder, por dinheiro etc., sempre quer mais. Qualquer quantia determinada o deixa insatisfeito. Ao prazer análogo, a isso Fromm denomina "alegria irracional". Ela é irracional porque a meta é como uma *Fata Morgana* e, em cada satisfação, aquele que deseja permanece novamente insatisfeito. Uma função deste tipo, que não conduz a nenhuma satisfação verdadeira (isto é, a uma satisfação que não contenha ao mesmo tempo desprazer), também podemos caracterizar como coercitiva, e é neste sentido que ela é irracional[135]. O voraz não pode fazer outra coisa que seguir sempre insatisfeito. É, por conseguinte, comum à assim definida alegria irracional e à satisfação de necessidades corporais, que nos dois casos se trata de uma experiência de prazer que se dá sobre uma tensão que a precede. A diferença é que nas necessidades psíquicas a tensão nunca se resolve, mas, ao contrário, põe-se novamente em cada satisfação, de modo que o prazer sempre fica ligado ao desprazer. Fromm distingue dos dois a "verdadeira alegria",

---

135. Cf. minhas explicações em prosseguimento a L. Kubie em *Probleme der ethik*, p. 54s.

que, como Aristóteles, caracteriza como fenômeno de abundância (205). Sentimos alegria neste sentido, não quando é supressa uma deficiência, mas quando estamos ativos. E a tese que agora parece bastante plausível é que a condição da possibilidade de ser ativo dessa forma é o caráter equilibrado, porque todo o caráter cristalizado unilateralmente entre o polo subjetivo e o polo objetivo tem uma carência fundamental insaciável.

Parece-me, por conseguinte, que Fromm foi bem-sucedido em fechar duas lacunas essenciais da teoria da felicidade de Aristóteles. Primeiro, ele tem em vista, na tradição que remete a Hegel, uma estrutura da vida humana que de antemão é caracterizada como bipolar. Os dois polos podem agora ser identificados, de um lado, como ser-por-si e autonomia e, por outro, como dependência (*Angewiesenheit*), de modo que o discurso sobre equilíbrio agora definitivamente não pode mais ser compreendido como fórmula vazia. Deve se acrescentar que, quanto ao conteúdo, o conceito de equilíbrio que daí resulta está muito próximo das formas de equilíbrio que se deram em Aristóteles – equilíbrio no dar e no receber, no abrir-se e no fechar-se. Em segundo lugar, Fromm foi bem-sucedido em distinguir de tal maneira felicidade e alegria – como podem ser obtidas no equilíbrio entre autonomia e dependência – da pseudossatisfação a que podem conduzir as outras atitudes, que o caráter produtivo se mostra como subjetivamente desejável. Não se trata mais de um postulado normativo que vem de fora e que é de alguma forma objetivo. Aristóteles não tinha definido em que sentido as atitudes unilaterais são subjetivamente satisfatórias ou insatisfatórias. Apenas na *Ética a Nicômaco*, IX, 4, ele tinha esclarecido que somente no equilíbrio se pode obter uma constância no estar-satisfeito. A caracterização de Fromm de "alegria irracional" pode ser vista como uma precisão desta concepção.

Entretanto, a convicção de que o caráter equilibrado é desejável em si e por si ainda não nos leva a obtê-lo. Também para Aristóteles parecia quase não haver esperança de ter ou adquirir um caráter bom, quando a socialização era ruim (cf. *Ética a Nicômaco*, III, 7). Em Fromm, acrescenta-se que a socialização, por sua vez, depende da estrutura da sociedade, que os diversos sistemas sociais históricos sempre favorecem uma certa deformação do caráter (*PE* 94s.) e que, sob as condições sociais atuais, parece difícil – para expressá-lo em uma fórmula marxiana – existir de maneira não alienada. Fromm sempre de novo discute este problema (cf. sobretudo o anexo de *ML*). Estas questões que dizem respeito às condições e às dificuldades psicológicas e sociológicas para a formação de um caráter equilibrado, por mais decisivas que em última análise sejam, de fato extrapolam a nossa colocação do problema, pois a nossa questão era a da motivação para a moral. Estava claro que só poderíamos tratar desta questão se tivéssemos uma representação do bem-estar subjetivo. O discurso se e por que eu quero ser moral pode ser conduzido a este nível abstrato. Isto significa que é preciso partir de determinada hipótese sobre o bem-estar que pareça plausível. Nesta perspectiva, poderia ser perguntado o que não é necessário, pelas condições sociais, para este bem-estar (e, dessa forma, para a formação da motivação moral).

Se, entretanto, agora perguntamos a Fromm mesmo pela relação entre um caráter bem-sucedido e uma atitude moral, ele procurará resolver esta questão por meio de uma decisão forçada. Ele explica: "O amor por uma determinada pessoa implica no amor pelo ser humano como tal", e que daí segue: "Amor exclusivo a uma determinada pessoa é em si mesmo uma contradição" (*ML* 96)[136].

Aquele que simplesmente ama uma pessoa ama o seu próximo e é nesta medida um ser moral. Esta conclusão do raciocínio, entretanto, só deve ser referida ao amor no sentido produtivo, não a suas formas simbióticas de decadência. Fromm, contudo, não apontou em lugar algum que, quando amamos alguém, amamos nele o ser humano e, consequentemente, todos os seres humanos. Isto particularmente não se segue da definição de amor que ele dá nesta passagem: "Amor é uma afirmação apaixonada de um 'objeto'" (*ML* 96). Fromm, sem dúvida, tem razão ao rejeitar o "amor romântico" como um equívoco: a concepção de que só existiria uma única pessoa que poderíamos

---

136. Cf. também PEIV, I, e FROMM, E. *Die kunst des liebens*. Frankfurt: [*s. n.*], 1980.

amar (*AA* 12). Disso, porém, não segue que o assentimento passional de que ele fala não seja um amor deste tipo em relação a uma individualidade particular de alguém. Parece que Fromm chegou, sobretudo, à sua estranha concepção porque exagerou no acento da relação ativa no amor. Amor "é em primeira linha um dar, não um receber" (*AA* 33). Isto está em contradição com a sua própria teoria do equilíbrio, segundo a qual teríamos que dizer: amor é, ao mesmo tempo, um dar e um receber. O primeiro enunciado de Fromm em *AA* é que a maioria dos homens tem uma ideia errada do amor, porque aquilo que nele procuram é o ser-amado (11). É, contudo, um erro óbvio mudar isto para o contrário. Também para Aristóteles faz essencialmente parte da amizade a reciprocidade: a reciprocidade da benevolência e do querer-estar-junto. Enquanto crianças – como o próprio Fromm o diz mais tarde (*AA* 50s.) – inclusive experimentamos primariamente o amor como ser-amado, e também uma relação de amor madura só pode ser compreendida como reciprocidade entre amar e ser-amado. Já por este motivo, como diz Aristóteles, só podemos ser amigos de poucas pessoas e Fromm mesmo diz mais tarde do amor no sentido restrito, "que me posso unir com toda intensidade apenas com uma única pessoa" (*AA* 67).

Portanto, Fromm talvez esteja certo em sua ideia, se ele quer fundar a motivação para a moral no amor equilibrado, mas a relação certamente não deve ser apresentada de maneira tão forçada como ele a propõe. E isto não apenas para que o amor a alguém em particular não possa assim implicar imediatamente no amor ao próximo. Também parece incorreto simplesmente compreender a atitude moral como amor ao próximo. A evocação da Bíblia não ajuda mais aqui, não apenas porque não vale a evocação da autoridade, mas porque a frase da Bíblia obviamente deve ser entendida assim: "Ama o teu próximo, pois ele é como tu", e porque então ainda deveria ser esclarecido como devemos entender a palavra traduzida por "amor". Entender a atitude moral como amor ao próximo parece falso por duas razões: primeiro, porque amor com base no caráter afetivo singular é mais do que uma atitude moral e, segundo, porque, em um outro sentido, moral é mais do que amor. Como respeito ao outro, ela é uma outra forma de assentimento do outro. Isto já pode ser conhecido no fato de que problemas morais – particularmente quando mais pessoas estão implicadas – não podem ser resolvidos pelo simples mandamento do amor ao próximo. Pode, por conseguinte, ser – e isto seria o núcleo de verdade na concepção de Fromm – que aquilo que ele denomina de amor autêntico implique a atitude moral. Mas, para poder afirmar isto, precisamos primeiro reconhecer, ao lado do amor e estruturalmente diversa, a atitude moral como uma segunda forma fundamental do assentimento intersubjetivo. Em Fromm isto é dado implicitamente quando ele diz que amor verdadeiro implica "respeito" (*AA* 38s.). Ele, porém, não desenvolveu o que isto significa.

Caso esta concepção dos dois tipos de assentimento intersubjetivo a serem distinguidos estiver correta – e ela precisa estar correta se estiver correta minha descrição da atitude moral como baseada em um certo tipo de exigências recíprocas que foi feita nas primeiras lições –, então a ideia básica de Fromm, de que amor e moral pertencem um ao outro, só pode ser realizada de tal maneira que não se afirma sua identidade, mas se demonstra uma relação de implicação.

Já em Hegel encontramos um conceito deste tipo, ao qual remete a concepção básica de Fromm sobre o equilíbrio na unidade sujeito-objeto. Em *Fenomenologia do espírito*[137], Hegel apresenta uma série de "figuras de consciência", das quais ele procura mostrar que cada elemento da série contém em si uma contradição; e isto de tal maneira que cada elemento seguinte é caracterizado pelo fato de ter dissolvido esta contradição, chegando, porém, desta maneira, a uma nova contradição, e assim por diante até o "Espírito Absoluto". Existem, contudo, nesta série alguns nós decisivos, nos quais a figura seguinte pode primeiramente ser descrita de maneira tão abstrata que ela está como representante para toda a vasta série. Um nó deste tipo é a passagem, dentro da seção "consciência de si", da "cobiça" para o "reconhecimento". Hegel designa por "cobiça" a primeira forma da consciência de si prática, que também poderíamos designar de certa forma como afirmação de si. O si-mesmo procura afirmar-se contra o seu objeto, e a forma mais primitiva

---

137. Cito-a conforme a edição na *Philosophische bibliothek* (org. por Hoffmeister).

de fazê-lo consiste na destruição do outro (objeto) (139). Esta figura de consciência corresponde mais ou menos ao amor sádico de Fromm. De maneira semelhante como em Fromm, em Hegel esta consciência é de um tipo que persegue uma meta que nunca pode ser alcançada: ela procura um tipo de satisfação que sempre de novo produz a mesma insatisfação. Se a consciência de poder (Hegel não utiliza este termo neste contexto) face ao objeto consiste em destruí-lo enquanto independente, então, com a independência do objeto, também desaparece o usufruto do poder. Se a cobiça estivesse consciente disto, ela teria que mudar sua relação com o objeto.

O método de *Fenomenologia* parece ser tal que somente o filósofo, e não a própria figura, tem a ideia de que aponta para além da figura (74). Isto, porém, leva o filósofo a apresentar a figura seguinte como a consequência interna da negação da anterior. Na cobiça, isto acontece em dois níveis. O primeiro é: somente quando no outro é reconhecida uma independência é que o objeto tem autonomia, o que compensa incorporá-lo e subjugá-lo. Mas somente uma outra pessoa tem esta independência. Por isso, "a consciência de si somente obtém sua satisfação em uma outra consciência de si" (139). Mas isto conduz prontamente a um segundo passo, e apenas este fornece a nova figura: a outra consciência de si tem que ser "reconhecida" como independente (141). A relação com o outro agora não é mais de cobiça, mas de reconhecimento. Hegel usa este termo sem complemento. De que forma é reconhecido o outro que se opõe a nós? Do que segue agora se esclarecerá que, para Hegel, reconhecer significa reconhecer como livre, como autônomo. Pois ele mostra, de maneiras semelhantes como já o fez Fichte[138], que um reconhecimento somente é possível como um reconhecimento recíproco. "Eles se reconhecem enquanto se reconhecem reciprocamente" (143).

Falamos anteriormente que nesta mudança existe um nó, que em princípio caracteriza toda a série das figuras subsequentes. É isto que leva Hegel a expressar: "Com isto já está disponível para nós o conceito do Espírito. O que se amplia para a

---

138. *Werke* (org. por Medicusz), Ii 48.

consciência é a experiência do que seja o espírito, esta substância absoluta que, na perfeita liberdade e independência de sua oposição, ou seja, (na liberdade e independência) de consciências de si que são por si distintas, é a unidade destas: eu que é nós e nós que é eu" (140).

O reconhecer-se reciprocamente é designado por Hegel de maneira muito genérica como um reconhecimento da "liberdade e da independência". De moral, Hegel apenas falará em uma passagem posterior da *Fenomenologia*. Agora também não vem ao caso para nós interpretar Hegel, mas sim tornar proveitosa a sua ideia de uma passagem necessária da cobiça para o reconhecimento, para a questão de uma passagem necessária do amor pré-moral para a moral. Reconhecer alguém como livre é algo ambíguo. Quer-se dizer com isto que tomamos conhecimento de que o outro é autônomo (assim parece estar em uma continuação da *Fenomenologia*) ou entende-se que nós reconhecemos que o outro tem direito à liberdade? Fichte o tinha entendido neste último sentido, enquanto em Hegel, também em um desenvolvimento mais amplo, a ideia dos direitos dos indivíduos não desempenha um papel central, porque, como vimos, os indivíduos e o reconhecimento recíproco dos seus direitos não são para ele uma última instância, mas as relações entre um e outro são intermediadas pelos costumes e pelo Estado (cf. décima lição). Fazendo uma ligação com a ideia de Fichte podemos, no entanto, dizer: perante a cobiça e o amor simbiótico em geral, o reconhecer-se recíproco oferece uma nova estrutura do assentimento intersubjetivo, no qual cada um reconhece o outro não apenas na perspectiva de sua liberdade e também não apenas na perspectiva de seus direitos de liberdade, mas em geral como sujeito de direitos.

Pode tal passagem tornar-se psicologicamente plausível? E seria possível, a partir daí, tornar compreensível uma motivação para uma moral do respeito mútuo? Neste propósito, quero partir de um dito de Hume, segundo o qual a moral é um instrumento para a compensação de nossas limitadas simpatias. Este dito tem em Hume, e naqueles que o citam, o sentido de que o círculo das pessoas com as quais simpatizamos é limitado[139].

---

139. Cf. WARNOCK, G. H. *The object of morality*. Londres: [s. n.], 1971. p. 21s.

Mas também o podemos entender no sentido de que, naquelas pessoas que são próximas a nós e com as quais simpatizamos, não nos fiamos exclusivamente na relação afetiva. A moral, para a constância e a confiabilidade das próprias relações estreitas, parece exigir mais do que os momentos de intensidade afetiva. Já teremos que imaginar assim a gênese da atitude moral na criança. Uma criança quer já bem cedo ser respeitada em sua autonomia; por outro lado, ela precisa aprender a aceitar e respeitar como seres autônomos sua mãe e outras pessoas. Um mecanismo fundamental, com cujo auxílio a criança aprende a suportar a ausência da mãe, é a promessa. A confiabilidade afetiva da mãe é complementada pela confiança na confiabilidade na sua promessa de retornar, e isto quer dizer confiança na sua confiabilidade moral, e a criança, por sua vez, também aprende a se ater às suas próprias promessas. Isto implica respeito mútuo. Se der certo, a mãe e a criança vão treinando um comportamento não instrumentalizador, uma em relação à outra. Uma relação afetiva profunda, tão logo a criança tiver saído da fase da completa segurança unilateral, só pode ser sustentada mediante esta segunda relação intersubjetiva fundamental, mediante a relação do respeito moral. E na idade mais madura, a moral – o comportar-se de maneira não instrumental de um em relação ao outro – sempre desempenha um papel incomparavelmente mais forte em relações estreitas do que face a estranhos, porque desta maneira os pontos de divergência são muito mais fortes.

Se isto estivesse mais ou menos correto, então dois preconceitos teriam que ser condenados. Primeiro, a ideia amplamente difundida de que amor e amizade se sustentariam sem moral. O contrário parece ser o caso: como ainda veremos no contexto da interpretação de Adam Smith, o respeito moral em todas as suas sutilezas, afinal, apenas pode ser desenvolvido em relações estreitas, e ele é fundamental para estas. Em segundo lugar, dificilmente pode convencer a tese desenvolvida por Piaget em seu livro *O juízo moral na criança*, que, em relação a seus pais, crianças apenas desenvolvem um respeito unilateral – que ele entende como um misto de temor e amor, que seria, portanto, uma atitude pré--moral – e que apenas em uma idade posterior, no *peer-group*, elas desenvolvem um respeito mútuo. Em relação a muitos mandamentos não entendidos pode este ser o caso, mas parece inaceitável para questões morais tão fundamentais como o sentido para a justiça, para a manutenção da promessa e a expectativa de que os pais, por sua vez, se atenham às normas que eles exigem.

A implicação psicológica do desenvolvimento, contudo, não é o mais importante para a minha tese. Seja qual for o modo de se desenvolverem amor e moral nas crianças, um amor maduro ou uma amizade sem os componentes morais, parece sem constância e sem peso, de modo que fatores de poder e de dependência ocupam o seu lugar. Podemos agora tomar de tal forma a distinção de Fromm entre relação equilibrada de amor e as formas simbióticas, que uma relação de amor ou de amizade somente pode ser equilibrada se ela essencialmente também é determinada pela atitude moral – respeito, não instrumentalização. A assimetria das formas simbióticas determinadas por meio do domínio ou da submissão é, enquanto não respeito ou não exigência da autonomia e dos direitos, uma atitude de amoralidade.

Talvez possa parecer que esta concepção apenas se distingue verbalmente da própria concepção de Fromm. O resultado parece ser o mesmo, conquanto a relação equilibrada de amor implica respeito. Se reconhecemos a atitude moral como um fator independente, temos, no entanto, uma diferença essencial. Isto se mostra tanto para o conceito de amor quanto para o da moral, e no fim das contas, para a pergunta de partida pela ampliação da moral, estendendo-se a todos a partir das pessoas de relações estreitas.

Em relação ao conceito de amor, Fromm oscila entre um conceito universal, como se encontra em *ML* 96, e o da sempre de novo retomada afirmação, que "somente" o amor equilibrado merece o nome "amor". Conceitualmente é mais satisfatório se primeiro definimos o amor de maneira tão genérica que suas formas simbióticas também sejam reconhecidas como amor, sendo então definido o amor de Fromm, no "sentido verdadeiro", pela diferença específica do equilíbrio. E não podemos ver como isto poderia ser possível sem a inclusão da atitude moral, uma vez que o reconhecimento da autonomia e dos direitos faz essencialmente parte do equilíbrio.

Mais importante é a consequência para o conceito de moral. Pois, se a afirmação moral é uma afirmação que se distingue da afetiva, e para ser satisfatória deve apenas assumir em si a afirmação afetiva, então a extensão a todos perde o paradoxo que tinha a ideia de Fromm sobre uma extensão do amor a todos. O assentimento moral é aquele que todos os membros da comunidade moral exigem de todos, como resulta da minha explicação nas primeiras lições. Por isso, ainda em uma moral tradicional, ele de antemão refere-se inclusive a todos e amplia-se universalmente tão logo a moral seja compreendida de modo moderno. Mesmo se uma criança inicialmente apenas é introduzida na atitude moral no contexto das pessoas de relações mais estreitas, e também quando neste contexto ela se vê primeiramente motivada para a aceitação da atitude moral pelo interesse na confiabilidade destas relações, o tipo de visão moral, conforme o seu sentido, é então, contudo, referido a todos. Cada pessoa está livre para delimitar como quiser o domínio da motivação moral, mas não o da atitude moral (isto naturalmente não exclui que as obrigações se distinguem segundo a proximidade ou a distância. Que elas se distinguem assim, é exatamente o resultado do juízo sobre o modo como todos devem se comportar, proferido na perspectiva de qualquer um.)

Chegaríamos, portanto, ao seguinte resultado: que determinada forma de amor não é possível sem respeito, mas que os conceitos amor e respeito se sobrepõem parcialmente. Existe amor sem respeito, e uma vez assumida a atitude moral, o "ter de" necessariamente estende-se para além das relações afetivas. Isto naturalmente não exclui que o respeito seja, por sua vez, afetivo (cf. sexta lição), e nisto está escondido o núcleo de verdade do mandamento do amor ao próximo. Mas este afeto não pode ser mal-entendido, no sentido de que as relações exclusivas do amor e da amizade não têm limites. Podemos clarear-nos isto particularmente mudando-o para o passivo. Eu gostaria de ser respeitado por cada um, mas quem gostaria de ser amado por todos? O contrário de respeito não é ódio, mas humilhação e indiferença.

O lugar privilegiado que a postura moral tem para uma relação de amor satisfatória constitui uma razão para sermos motivados a nos compreendermos como membros da comunidade moral. Se nós só podemos estar bem em uma relação equilibrada de amor – e se a relação equilibrada de amor não é possível sem a atitude moral –, então temos uma boa razão para nos entendermos moralmente. Estas considerações teóricas são apoiadas pelo dado empírico de que aquelas crianças que aparentemente padecem sob um *lack of moral sense* não podem construir relações de intimidade.

Poderíamos encerrar esta articulação de ideias de tal modo que o motivo para o querer-ser-moral seja o não-querer-ser-só. Fromm destacou a importância central do não-querer-ser-solitário (*ML* 21s.). Ele compreende as formas de amor do domínio e da submissão como formas malogradas do não-querer-ser-solitário. Quem ama desta maneira permanece tão solitário quanto aquele que não é necessitado de amor. Observamos anteriormente que, na pergunta pelos bons motivos que temos para sermos morais, não podemos fazer nada mais do que chamar atenção daquilo a que temos que renunciar se quisermos livrar-nos da moral.

Deveríamos manter-nos isentos de uma tendência dogmática de Fromm. Fromm tende a dizer: "Porque o homem é desta e daquela maneira (por exemplo, não quer ser só), ele tem de…" Não necessitamos de uma tese antropológica tão forte, e podemos simplesmente dizer: se tu não queres ser solitário, tens de…, mas está na tua liberdade preferir uma vida solitária (ou não). Apenas podemos mostrar aquilo que está relacionado ao *lack of moral sense*. Não existe um "ter de" absoluto, nem moral, nem motivacional.

Estas explicações sobre a motivação podem ser vistas como uma ampliação direta das considerações que fizemos sobre poder e moral no final da quinta lição. Tínhamos distinguido na quinta lição duas questões de motivação:

1. Temos boas razões para nos compreendermos como membros da comunidade moral?
2. Temos boas razões para nos comportarmos moralmente?

As razões que na quinta lição citei por primeiro, as razões de se compreender como membro de uma comunidade moral em geral – porque caso contrário somente poderia ver meus semelhantes como objetos, não como sujeitos responsáveis – pertencem à primeira questão. As razões que foram citadas agora, ao contrário, fazem parte primeiramente da segunda pergunta, mas também agem igualmente sobre a primeira. Procurávamos mostrar aqui que eu de fato tenho de proceder moralmente diante das pessoas que me são próximas, se a relação afetiva que tenho com elas é para ser satisfatória. Vimos, porém, ao mesmo tempo: se procedemos moralmente em relação às pessoas que nos são próximas, entramos desta forma no mundo moral como tal em relação a todos. Mas poderia parecer natural que não me sentirei motivado de me comportar moralmente diante daquelas pessoas que me são distantes. Então, de fato, sei que diante delas deveria me comportar desta maneira, mas no caso não tenho motivo para tal. Isto explica a discrepância entre a universalidade de nosso modo moral de ver e o alcance mínimo de nossa motivação moral. Esta discrepância chama particularmente atenção em nosso tempo. Existe uma forte tendência, também para homens que pensam de maneira universalista, de limitar-se no essencial à família e ser corretos no que respeita ao resto por motivos contratualistas. A solidão também pode ser superada mesmo na esfera mais íntima[140]. Aqui mostra-se o caráter limitado deste argumento da motivação. Na décima sexta lição retornarei mais uma vez à questão da motivação a partir de uma outra perspectiva, ligando-a a Adam Smith.

---

140. Inversamente podemos comportar-nos de modo moral em uma perspectiva universal e, contudo, permanecer solitários. A moral então, caso minha argumentação esteja correta, apenas seria uma moral de princípios, e não uma moral vivenciada, sem amor, como se poderia dizer com Fromm, quem sabe repousando sobre forças motrizes irracionais.

——— DÉCIMA QUINTA LIÇÃO ———
A AMPLIAÇÃO DO CONCEITO KANTIANO EM CONEXÃO COM ADAM SMITH: ATITUDES INTERSUBJETIVAS UNIVERSALMENTE APROVADAS[141]

Na penúltima lição chamei a atenção para o fato de que a doutrina aristotélica das virtudes tem duas partes: pode-se considerar as virtudes (ou algumas delas) como aquelas disposições que servem ao bem-estar, ou pode-se considerá-las (ou algumas delas) como as disposições que são moralmente aprovadas. Se interpretarmos Aristóteles de forma imanente, então esta distinção é evidentemente artificial. Ela, contudo, se impõe pelo conteúdo. Na lição anterior interpretei um autor moderno que aprofunda a primeira linha, e na lição de hoje dedico-me a outro autor moderno, o que desenvolveu explicitamente a outra perspectiva: Adam Smith em *The theory of moral sentiments* (1976)[142]. Poderíamos pensar que as considerações da lição anterior conduzem a uma confusão na distinção entre virtudes da felicidade e virtudes morais. Não são as mesmas moderações que dispõem para o bem--estar e que são moralmente aprovadas? Para Aristóteles evidentemente foi assim, mas na questão precisamos manter clara esta distinção conceitual, mesmo que possam ocorrer sobreposições. Também na lição anterior se insistiu nesta distinção. Aí eu não falei de nenhuma virtude moral, mas apenas tentei mostrar que a virtude da felicidade, no sentido que Fromm dá à relação equilibrada entre autonomia e dependência, implica na atitude moral.

---

141. Tradução de Aloísio Ruedell.

142. Os números das páginas de minhas citações referem-se à edição de Oxford, realizada por D. D. Raphael e A. L. Macfie (1976). As cifras referem-se a parte, seção, capítulo e parágrafo (correspondendo à estrutura da edição de Oxford). SMITH, A. *The theory of moral sentiments*. Oxford: [s. n.], 1976.

Com a atitude moral não estava, contudo, implicada nenhuma virtude especificamente moral, mas simplesmente o respeito mútuo das pessoas, portanto, uma atitude moral que pode ser perfeitamente descrita por meio do conceito kantiano, sem, por conseguinte, precisar recorrer às virtudes morais.

Encontramo-nos, portanto, com a questão de saber se além dos conhecidos tipos de regras kantianas e contratualistas ainda existem, para a moral universalista, virtudes morais, a saber, virtudes que não podem ser reduzidas a condutas ou regras de conduta, isto é, que sejam atitudes, em novo terreno, que simplesmente fora preparado de forma vaga por meio da interpretação que dei das virtudes sociais (intersubjetivas) em Aristóteles. Também aqui tratava-se de equilíbrios entre ater-se-a-si e relação de dependência, de onde a proximidade de conteúdo em relação às virtudes da felicidade. Mas se atitudes deste tipo, enquanto mandamentos, devem ter um lugar em uma moral universal, então deveriam ser aquelas que em todos seriam desejadas na perspectiva de todos (ou de qualquer um). Naturalmente não se pode tratar de uma construção filosófica, e Adam Smith também é da opinião que as virtudes que ele apresenta são de fato geralmente reconhecidas no dia a dia (p. 18; I.i.3.8.). Que elas não tenham sido vistas pelo utilitarismo defendido por Hume, antecessor de Adam Smith, e no kantismo, seria então ao contrário a consequência de uma miopia filosófica, sobre cujas presumíveis razões ainda irei me pronunciar mais tarde.

Sistematicamente, Adam Smith não organizou seu livro de maneira satisfatória. Correspondendo à sua hipótese empírica um tanto estranha, que a consciência moral em geral não parte primariamente de regras, nem de princípios, mas indutivamente de experiências concretas do sentimento (159; II.4.8.), o livro parte do fato da simpatia, cujas implicações normativas apenas serão evidenciadas gradualmente.

Somente na 6ª parte da obra, que funciona quase como apêndice, Smith trata de Hume, seu antecessor, resultando daí um panorama das virtudes, que em sua maior parte – como totalmente em Hume – está relacionado à utilidade: a virtude da sabedoria prática (*prudence*) é o caráter que um indivíduo precisa para estar orientado para a própria felicidade; justiça e benevolência são as disposições para se estar orientado para a felicidade dos outros. Estas virtudes podem, afirma Smith (262; VI. Concl. I), ser explicadas, por um lado, a partir dos nossos afetos egoístas, e, por outro, a partir dos nossos afetos altruístas, como o pensa Hume. E mesmo estas virtudes não teria podido desenvolver de maneira contínua, quem não se deixasse determinar ao mesmo tempo pela consideração dos sentimentos dos outros, e na verdade de tal maneira, que com isto seja determinante o observador imparcial (*imparcial spectator*). Em última análise haveria, contudo, uma outra virtude fundamental, a do autodomínio (*self-command*), cuja formação na verdade podemos também pensar com critérios prudenciais; isto, contudo, apenas de tal forma, que os afetos excessivos simplesmente sejam reprimidos, não moderados ou transformados; isso apenas seria possibilitado por meio do sentimento da conveniência (*propriety*), cujo critério seria a possibilidade de outros imparciais poderem tomar parte neles (263; VI. Concl. 3-7).

Nas duas primeiras partes da obra encontramos, contudo, uma outra formulação, na qual este ponto de vista do observador imparcial, fundamental para Smith, é visto como determinante para a virtude geral. Aqui as virtudes são divididas em dois tipos (18, 23-25, 67; I.i.3.5-7, I.i.5 e II.i. introd.): um tipo representa as virtudes da conveniência em sentido mais restrito, e estas dizem respeito à capacidade de acompanhar afetivamente aos outros. Aqui encontraremos o núcleo da ética de Smith: este refere-se inteiramente a um estar relacionado da própria afetividade com a afetividade dos outros; refere-se à abertura afetiva para os outros, o que quer dizer, para os seus afetos e sua capacidade afetiva. O segundo (tipo) diz respeito ao mérito e seu contrário (*merit or demerit*), às qualidades, pelas quais merecemos recompensa ou castigo. É somente este segundo tipo de virtude que é referido à justiça e à benevolência (*justice and beneficence*). É o único tipo de virtude que é considerado por Hume, e também – como posso acrescentar – por Kant (são as obrigações negativas e positivas de Kant). E, na 2ª parte do livro, Smith inclusive procurará demonstrar que também estas virtudes se fundam na virtude da conveniência.

Consideremos, contudo, primeiro o núcleo de sua concepção. Esta é introduzida com hesitação no início da 1ª parte. Smith inicia com o fenômeno empírico da simpatia (*sympathy*). Por compaixão (*pity and compassion*) entendemos o sentir com a aflição dos outros. A simpatia também poderia ser compreendida neste sentido restrito, mas ela também poderia, e aqui deveria ser entendida, no sentido amplo, que consiste no sentir com todos os afetos dos outros (10; I.i,1.5). Certamente não são todos os afetos e sentimentos dos outros que despertam simpatia, por exemplo, raramente temos simpatia com sentimentos de prazeres corporais; e diante de afetos sociais negativos, como cólera e ressentimento, reagimos primeiramente de forma negativa, mas em geral todas as pessoas têm, ainda que uns mais ou outros menos, uma inclinação a reagir de maneira participativa diante da alegria e da aflição dos outros.

Até aqui o ponto de partida de Adam Smith poderia parecer semelhante ao princípio de Schopenhauer, apenas mais amplo. Mas em Smith agora se dá uma série de passos que mostram que o seu conceito é completamente diferente do que inicialmente poderia parecer – além disso, está naturalmente já de antemão claro que a simpatia com a alegria do outro não pode ser entendida como motivo para outra coisa [agir moral] (como a compaixão em Schopenhauer). Por isso, o conceito de simpatia de Smith também se distingue fundamentalmente do de Hume. Cf. 327; VII.iii.3.17.

O primeiro passo é que Smith, no 2º capítulo da I seção, observa que à tendência de simpatizar com os outros corresponde reciprocamente, por parte dos outros, o desejo de que outros simpatizem com eles: "Nada nos agrada mais que poder perceber em outras pessoas uma simpatia com todos os afetos em nosso peito; e nada nos choca mais que a percepção do contrário" (13; I.i.2.1). Esta reciprocidade no sentir-com e na dependência deste sentimento aparece nas primeiras seções como uma reciprocidade que ocorre particularmente entre amigos. "Mas se você não tem nenhum sentimento em relação aos infortúnios que me advieram, ou nenhum sentimento que esteja em uma relação correta para com minha aflição, ou se você não sente qualquer indignação diante da ofensa que eu sofri, ou nenhuma indignação que esteja em uma relação correta com o meu ressentimento, então não podemos mais falar sobre estes assuntos. Então tornamo-nos insuportáveis um ao outro. Nem eu posso suportar sua companhia, nem você a minha. Você está perturbado com meu afeto e minha veemência, assim como eu estou irritado diante da sua fria indiferença e insensibilidade" (21; I.i.4.5).

Contudo, rapidamente se torna claro que Smith de forma alguma pensa esta reciprocidade na sintonia afetiva como limitada aos que nos estão próximos, aos amigos; esperamos, sem dúvida, encontrá-la em uma porção maior entre os amigos (23; I.i.4.9), mas ela também ocorre entre estranhos. Isto antes de tudo parece como mais um fato empírico, que pode se apresentar de modo mais forte ou mais fraco. Mas em Smith acrescenta-se agora explicitamente um aspecto normativo.

Existe efetivamente desde o começo, naquele que cultiva a simpatia, um juízo sobre a conveniência dos afetos (1ª parte, 1ª seção, cap. 3 e 4). Uma primeira razão por que é assim já é dada no 1º capítulo (12; I.i.1.10): o momento que libera a simpatia não é, como em Schopenhauer, o do afeto do outro ou sua expressão, mas a situação que é a causa deste afeto. Quem, por exemplo, padece algum infortúnio físico de muita dor desperta nossa comiseração, mesmo que pessoalmente não externalize nenhuma dor; e se, ao contrário, alguém se queixa excessivamente de um pequeno infortúnio, somos incapazes de sintonizar com o seu afeto. Ou se alguém se comporta de uma maneira vergonhosa, sentimos vergonha por ele, mesmo que ele próprio não a sinta. Nesta diferença entre o nosso sentir-com e o afeto de quem aqui é referido está implicado um juízo sobre a adequação do seu afeto em relação à situação que o provocou. Qual é o critério para este juízo de avaliação?

Novamente Smith dá primeiro uma resposta que ele corrige mais tarde. Aqui, no capítulo 3, ele afirma que o único critério para o julgamento da adequação ou inadequação é se esta situação do outro pode despertar simpatia em mim, ou se eu me posso imaginar que em uma situação equivalente eu também reagiria desta forma. A objeção é evidente, que minha reação afetiva diante de uma situação deste tipo, ou minha capacidade para simpatia, pode igualmente ser inadequada. Portanto, ou ficamos na mera faticidade da sintonia entre duas pessoas, e isto então seria uma faticidade puramente subjetiva – uma alternativa que Smith em momento algum considera –, ou eu tenho que deixar em aberto, que meu tipo de reação igualmente se apresenta como inadequada, a partir da perspectiva de um terceiro e de um quarto e, em última análise, a partir da perspectiva de qualquer outro. Assim Smith chega ao seu conceito de observador imparcial.

Para compreendê-lo corretamente devemos primeiramente observar que Smith desde o princípio fala como óbvio nesta maneira objetiva do julgamento da adequação do afeto do outro. Isto se acentua pelo fato de, conforme se dá o julgamento, o afeto do outro ser aprovado ou desaprovado (*approve, disapprove*). Esta clara implicação normativa parece concordar pouco com a introdução empírica. Para entendermos agora o que Smith quer dizer com o observador imparcial, devemos perceber que ele conduz o leitor do discurso de um observador não especialmente qualificado (*spectator*), por meio de diversas pequenas modificações, que como tais não são particularmente ressaltadas até o discurso de um observador imparcial. É importante notarmos que primeiro ele simplesmente fala de observador (21; I.i.4.6). Smith, mesmo quando mais tarde fala do observador imparcial, nunca se refere a um observador teórico, mas sempre tem em vista aquele que mantém uma atitude participativa diante dos afetivamente atingidos. E disso resulta um primeiro fator, fundamental para Smith, na diferença entre o afeto do atingido e o sentimento (sentir-com) do outro (do "observador"): aquele que vivencia, ele mesmo, a emoção (alegria, dor, ressentimento etc.), vivencia anormalmente mais forte do que aquele que a sente com ele (21s.; I.4.5 e 7) como uma emoção "refletida" (cf. passagem mencionada) com base na sua capacidade de imaginação e porque se coloca no lugar do outro (22; I.i.4.8.).

Por isso, para afinal poder chegar a um acompanhamento afetivo recíproco, importam duas coisas. Tanto o que participa do afeto quanto aquele que é por ele primariamente atingido tem que ter desenvolvido uma disposição fundamental que possibilite a adequada sintonia afetiva, e as duas disposições fundamentais aqui exigidas são virtudes; são para Smith as duas virtudes fundamentais por excelência: por um lado, sensibilidade, e por outro autocontrole (*sensibility and self-command*) (I.i.5.6). Smith coloca-as, por sua vez, sob um denominador comum, quando diz: "É por isso que sentir muito para os outros e pouco para si, controlar os afetos autorreferidos e ceder aos afetos benevolentes, constitui a perfeição da natureza humana, e é o único caminho para gerar entre os homens aquela harmonia de sentimentos e afetos, em que repousa toda a sua graça e conveniência. Como a grande lei do cristianismo é amar nosso próximo como a nós mesmos, assim o grande imperativo da natureza é amar-nos tão somente quanto amamos a nosso próximo ou, o que dá na mesma, como nosso próximo é capaz de nos amar" (I.i.5.5).

Vimos anteriormente que no 6º Livro Smith compara o autocontrole resultante da motivação da conveniência, o que quer dizer, da capacidade de sintonia afetiva, com aquele que somente é desenvolvido a partir de critérios prudenciais. Quem se orienta pela conveniência procura dosar (*flatten out*) tanto a "gradação do tom natural" dos seus afetos, que os observadores podem tomar parte deles (I.i.4.7). Constantemente ele deve "se imaginar como ele seria afetado se apenas fosse um dos observadores de sua situação" (I.i.4.8).

Com "um dos observadores" já está implicitamente referido aquilo que Smith expressa mais tarde: "qualquer um". Na primeira passagem em que ocorre o termo "observador imparcial" (I.i.5.4), "imparcial" parece simplesmente significar alguém "não afetado", e aqui, além disso, ainda parece se tratar de amigo. Mas então Smith também fala do *indifferent spectator*, do observador indiferente, com que, porém, novamente se quer dizer: aquele que não é o primariamente afetado, não o insensível; mais tarde Smith emprega também o termo *bystander*, o casualmente presente. Como critério geral estabelece-se em última análise: "Estes e todos os outros afetos da natureza humana parecem convenientes e são aprovados quando o coração de qualquer (!) observador imparcial simpatizar totalmente com ele, quando qualquer um presente e indiferente (*every indifferent by-stander*) puder penetrar totalmente nestes afetos e acompanhá-los" (69; II.i.2.2). Mais adiante Smith diz: "A conversa com um amigo nos leva a um estado melhor, e com um estranho a um estado ainda melhor" (153; III.3.38).

Um critério para a sensibilidade adequada, já referido desde o início, é: que o participante "deve refazer toda a situação de seu parceiro em seus mínimos detalhes; ele deve se esforçar para tornar-se presente com a maior perfeição possível aquela imaginária mudança de situação, na qual está baseada a sua simpatia" (21; I.i.4.6.). Posteriormente, Smith assume isto de tal maneira que, nas últimas partes do livro, fala do "observador imparcial e bem-informado" (por exemplo 294; VII.ii.1.49).

É óbvio que de um amigo se espera uma outra medida de participação que de um estranho (I.i.4.9). Mas, primeiro, segue daí para a virtude do autocontrole, que aquele que é afetado pela emoção procurará diante dos estranhos um grau de serenidade ainda maior (cf. passagem mencionada) e, segundo, não segue daí que o estranho não possa julgar igualmente bem a questão da adequação do afeto. O amigo sentirá com maior intensidade, mas se é correto sentir com o outro, isto é, se o afeto do outro deve ser aprovado, isto ele decide a partir da perspectiva de um observador qualquer.

Podemos elucidar isto com base em um afeto que Smith com razão apresenta como especialmente crítico (cf. 3º capítulo de I.ii), raiva e ressentimento. Uma vez que este afeto atinge negativamente a um terceiro, o sente o amigo daquele que o expressa, de início negativamente e sem simpatia. A raiva, muitas vezes exteriorizada de uma maneira particularmente aguda, parece à primeira vista como inadequada. Apenas sentirei com ele, na medida em que eu tomar conhecimento das razões (na medida em que compreender a situação) para uma tal erupção de sentimentos do amigo: minha indignação (*indignation*) corresponde então ao seu ressentimento (*resentment*). Meu amigo, por sua vez, valorizará de modo particular que eu o acompanhe precisamente em sua raiva, ainda mais do que nos outros afetos; e é este o ponto em que Smith dizia que uma incompreensão se torna insuportável. Por outro lado, o amigo não pessoalmente afetado, caso não se submeta simplesmente ao outro, verá a situação a partir da própria natureza, e da perspectiva de uma terceira pessoa (*with the eyes of a third person*, 135; III.3.3), de modo que no caso, por mais que o quisesse, não se vê na posição de acompanhar o afeto do outro. Em casos excepcionais, o outro, porém, pode parecer desprezível quando não reage com ira diante das ofensas que eu reconheço como tais (34s; I.ii.3.3).

Um caso especial, que Smith propriamente não trata, é naturalmente aquele em que amigos, mas também estranhos, têm ressentimento um com o outro. O afetado sempre tende, como diz Smith, a reagir com sensibilidade exagerada. Por isso os contraentes terão um em relação ao outro não apenas os sentimentos negativos, mas sentimentos que são de particularmente difícil conciliação, porque cada qual tem os seus como dignos de aprovação: cada um vê como decisivo, por meio de seu particular caráter de ser afetado, um outro aspecto do complexo acontecimento da ação. Aqui parece particularmente importante o transpor-se para a perspectiva de avaliação de um terceiro, para que assim o suposto observador imparcial no seu próprio interior corresponda com o do interior do outro (cf. 135; III.3.3).

Animosidades, seja entre próximos, seja entre estranhos, têm quase sempre este componente do ressentimento mútuo, o qual implica na atitude da autossuficiência. A partir daqui podemos avaliar melhor, como já vimos na lição anterior, a grande importância que tem a moral entre os amigos. Pois, quanto mais próximo se está um do outro tanto maiores são os pontos de contato, e por isso também a multiplicidade de perspectivas diferenciadoras no julgamento moral. Esta estrutura das diferenças morais entre próximos de fato pode ser avaliada apenas agora, porque agora não estão mais em discussão a moralidade e a imoralidade de ações e omissões, mas a moralidade e a imoralidade das reações afetivas diante da moralidade e da imoralidade das ações, porque está em discussão a adequação dos juízos de avaliação que estão na base destas reações. Movemo-nos aqui de certa forma em um segundo nível moral. Isto naturalmente não vale apenas para o ressentimento mútuo, mas também para a possibilidade, discutida em primeira linha por Smith, simpatizar com a indignação contra um terceiro. O leitor moderno que, partindo de Kant ou de Hume, tendesse a negar a justificação do juízo de valor moral dos afetos – algo óbvio para Aristóteles e assumido de maneira nova por Smith – teria que se perguntar se então poderíamos pensar em evitar este juízo de valor no caso especial dos afetos morais. Uma vez que todo afeto moral implica um juízo moral, e uma vez que juízos que pretendem ser moralmente justificados podem ser injustificados, o fato do juízo de avaliação moral das reações morais não é apenas um fato onipresente no dia a dia, mas é também uma consequência necessária do juízo de avaliação moral no primeiro nível, no nível das ações. O afeto moral – o ressentimento – não é uma questão privada, mas ele muitas vezes atinge o outro mais fortemente do que uma correspondente ação reativa, mesmo desconsiderando que ele seja o ponto de partida de outras ações (retribuição, distanciamento etc.). Portanto, quem apenas admite de modo geral a existência de ações morais e imorais, tem que admitir também que existem atitudes de reação morais e imorais. Naturalmente não podemos designar como atitude nem o afeto moral nem seu juízo de avaliação – também em Aristóteles os afetos como tais ainda não são atitudes –, devem, porém, ser designadas assim as firmes disposições de caráter, a se comportar de determinada maneira em relação aos próprios afetos e em relação aos afetos (morais e não morais) dos outros. Estas são precisamente as virtudes do autocontrole e da sensibilidade de Smith.

Chegamos agora ao ponto em que podemos considerar a ética smithiana da conveniência – até o momento apenas referida – em sua estrutura sistemática. Na p. 27 (I.ii. introd. 1-2) Smith estabelece uma conexão explícita com a tradição aristotélica. Somente aquele afeto que se equilibra sobre uma certa medida intermediária entre excesso e insensibilidade é um afeto em que outros ("os observadores imparciais") podem tomar parte. Apenas em uma passagem posterior (294; VII.ii.1.49) o autor então explica que nenhum dos sistemas éticos existentes até o momento e que viam como conveniência aquilo que deveria ser aprovado em primeira linha, isto é, como uma conveniência dos afetos, pôde oferecer uma "medida precisa ou determinada" para esta conveniência. "Esta medida precisa e determinada não pode ser encontrada em nenhum outro lugar que nos sentimentos simpatéticos do observador imparcial bem-informado". Portanto, naquela parte da moral que, para além das obrigações positivas e negativas da benevolência e da justiça, Adam Smith gostaria de ver reconhecida como central, de um lado, ele pretende assumir a tradição do aristotelismo, mas de outro, com o recurso do seu conceito de observador imparcial, dar, pela primeira vez, um sentido preciso à expressão do meio-termo.

Três questões se levantam para nós: 1) Esta pretensão é legítima, isto é, o recurso à possibilidade da participação afetiva por meio do observador imparcial oferece um critério que dê à expressão do meio-termo um sentido bem-definido? 2) Está claro que os afetos, se forem julgados desta forma, são então julgados moralmente, e é este julgamento universal? E significa isto que a moral universalista, como a desenvolvemos sobre a base kantiana, precisa ser ampliada necessariamente desta forma? 3) Como então devemos entender o princípio moral?

Respondendo à primeira pergunta deve-se primeiramente observar que já a diferença entre o primariamente afetado e aquele que é capaz de participar do seu afeto leva ao ponto de o afeto ser julgado como estando entre um "de-mais" e um "de-menos". Uma pessoa que vivesse e se desenvolvesse sozinha, que tivesse os sentimentos que tivesse, não teria nenhum motivo para refletir sobre eles (110; III.1.3). Já em sentimentos estéticos, nos quais ninguém é o primariamente afetado, produz-se a diferença entre sentimentos compartilhados e meramente subjetivos (19s.; I.i.4.1-4); tem um "bom juízo" aquele que julga como outros julgariam a partir de perspectivas diversas, de diversos contextos de experiência. Onde, ao contrário, como nos afetos, um é o particularmente afetado, aí esta "harmonia e sintonia é mais difícil e ao mesmo tempo muito mais importante" (20; I.i.4.5). Aqui complementam-se dois aspectos, produzidos pelo fundamento do discurso de algo objetivo ou correto: a diferença de perspectivas, que também temos no estético, e a diferença entre afetado e não pessoalmente afetado. Estes dois aspectos dizem respeito aos dois momentos que Smith vincula à expressão "imparcial": o caráter primário de não afeição (*indifference*) do acompanhante potencial (*spectator*) e a arbitrariedade do ponto de vista (*any*).

Com isto está naturalmente pressuposto que o não afetado queira ou deva sentir com o afetado. Aqui, portanto, temos que fazer uma distinção, que mesmo em Smith não se encontra tão explicitamente. A primeira coisa é a conveniência das duas virtudes fundamentais, isto é, a disposição de nivelar e respectivamente intensificar tanto os próprios afetos (no primariamente afetado) e a disposição afetiva (em relação ao outro), de modo que um possa acompanhar o outro. Como se torna claro a partir do parágrafo acima citado (p. 270) sobre a perfeição da natureza humana, isto representa o valor fundamental para Smith: estar afetivamente aberto para os outros, tanto na perspectiva do afetado quanto do participante (aqui falta um termo unitário para a abertura afetiva nas duas perspectivas; "a participação está mais para o lado do não afetado, e teríamos que compreender o termo como abrangendo os dois lados"). Segundo, no que diz respeito à realização deste valor fundamental, os afetos (e estes são sempre os do primariamente afetado) são, por sua vez, julgados como apropriados.

A conveniência das virtudes fundamentais e o assim compreendido conceito da "perfeição da natureza humana" aponta para a terceira questão, antes levantada. Obviamente não necessitamos de outra explicação para sabermos que estas disposições são fundamentais para a possibilidade da amizade. Se com Aristóteles entendemos a amizade como o querer-estar-junto e a disposição, aí implicada, de "compadecer-se e alegrar-se com", então nisso está o acompanhamento afetivo simpatético referido por Smith. Até que ponto Smith agora, em seu enunciado sobre a "perfeição da natureza humana", pode compreender esta disposição ao mesmo tempo em um sentido universal, ou seja, de tal modo, que devamos desenvolvê-la de maneira a se referir a todos (embora naturalmente com menor intensidade). Das explicações explícitas de Smith não podemos esperar uma resposta satisfatória para esta questão central. Como já ficou claro, Smith oscila entre uma concepção mais baseada em uma descrição de nossos sentimentos fáticos e uma descrição normativa. A "natureza", diz ele, plantou em nós estes sentimentos, e podemos dar-nos conta que eles são úteis para a sobrevivência e a harmonia da sociedade. Esta, por sua vez, pode ser pensada em diversos níveis (85s.; II.ii.3). Uma mera subsistência da sociedade já é possível ao nível de um "intercâmbio comercial de bons serviços": é a sociedade do contratualismo, como ela também é constitutiva para uma "sociedade de ladrões e assassinos". Melhor, porém, é uma sociedade harmônica, onde não apenas há a obrigatoriedade da justiça, mas onde dominam as virtudes da justiça, da benevolência e da conveniência (cf. a mesma passagem). Smith, portanto, distingue claramente entre uma sociedade contratualista de subsistência e uma boa sociedade, que é uma sociedade moral. Mas, em parte alguma, ele distingue bem explicitamente entre uma sociedade que é moral, assim como ela pode ser pensada segundo o princípio humeano (ou kantiano), e uma sociedade ainda melhor, que seja ao mesmo tempo determinada pelo princípio da conveniência.

Mas agora pode ser facilmente articulado como ele diferenciaria o seu conceito do conceito kantiano. "Vocês", assim poderia ele objetar aos kantianos e aos utilitaristas, "veem as pessoas em sua relação um com o outro como cavaleiros presos em suas armaduras". A moral então apenas consiste em que nenhum cavaleiro deve prejudicar o outro (obrigações negativas), e que ele também deve se preocupar com os interesses dos outros (obrigações positivas), mas isto apenas significa que cada um, segundo a necessidade, deve, por meio das aberturas de sua armadura, alcançar ao outro os seus bons serviços. É simplesmente isto? Mas em nossa consciência fática do cotidiano não esperamos mais um do outro? Acaso não esperamos abrir nossa viseira e, em vez de só oferecer bens e nos proteger de prejuízos uns aos outros, não devemos abrir-nos um ao outro? Mas o que significa abrir-se um ao outro senão "participação afetiva?"

Podemos esclarecer este conceito da comunicação afetiva, contrastando-o com o conceito do agir comunicativo, ainda baseado em Kant. Para Habermas um agir é comunicativo de Habermas quando persegue suas metas sem desconsiderar os interesses dos outros[143], isto é – falando com Kant –, quando trata os outros, não como meios, mas sempre também como fins (de modo que possam concordar com meu agir). Para o agir comunicativo, no sentido de Habermas o "entendimento mútuo" é fundamental. Mas isto apenas é um entendimento mútuo sobre, a saber, sobre os interesses dos afetados, enquanto a comunicação pretendida por Smith é uma comunicação com os outros, uma comunicação que somente é possível enquanto afetiva com os afetos dos outros. O que se harmoniza não são os interesses, mas os afetos. O que se aspira não é um ajuste dos interesses, mas uma harmonia dos afetos.

É isto que nós esperamos em nossa consciência moral um do outro (18; I.i.3.8) "na vida comum" – segundo Smith, e contra a orientação de Hume, orientado em bens (e também a liberdade é um bem) – em nossa consciência moral um do outro (18; I.i.3.8). E isto não é apenas um fato da consciência moral, mas o princípio de Smith, o julgamento do observador imparcial, engloba e explica as duas coisas: de um lado, as virtudes das obrigações negativas e positivas, da justiça e da benevolência e, de outro, as da conveniência. Isto, entretanto, pode ser obtido do mesmo modo com a fórmula do imperativo categórico de Kant: devo comportar-me assim como se deseja na perspectiva de qualquer um; e o que cada um quer dos outros não é apenas que ele não seja lesado, que se cumpra a palavra com ele, e que na necessidade seja ajudado, mas ele quer igualmente que nos relacionemos com ele afetivamente e que de nossa parte demos, com autocontrole, de modo que seja possível encontrar-se conosco afetivamente. É, portanto, o próprio princípio kantiano bem-entendido que se estende para além das obrigações de cooperação e que inclui a abertura afetiva recíproca exigida por Smith.

As duas virtudes fundamentais de Smith, a da sensibilidade e a do autocontrole, não são disposições de ação, mas virtudes, as quais são irredutivelmente atitudes, porque são compreendidas como atitudes da abertura intersubjetiva; e agora podemos dizer que elas de fato são exigidas pelo princípio da moral universa-

---

143. HABERMAS, J. *Theorie des kommunikativen Handelns*. Frankfurt: [*s. n.*], 1981. v. I, 385, 397s.

lista, como já o estabelecera Kant; são atitudes exigidas moral e universalmente. Mas daí também segue-se, o que antes distingui, que também os afetos são julgados moralmente? É este também um julgamento universal? E a inclusão dos afetos no julgamento moral não conduz à extensão da moral para a esfera privada?

Para começar com a última questão, uma ampliação do julgamento moral até a esfera privada é algo essencialmente diferente do que a expansão do direito penal para a esfera privada (cf. supra, décima primeira lição). Assim também o vê Smith. Apenas ações estão sujeitas ao direito penal (105; II.ii.3.2), os motivos, entretanto, são julgados moralmente. E, na medida em que todos os afetos, assim como Smith os compreende, têm um aspecto social, eles também estão sujeitos ao julgamento moral. Nós não nos prescrevemos uns aos outros como devemos agir, a não ser aí onde as ações dizem respeito a outros; prescrevemo-nos, contudo, como devemos nos comportar em relação a nossos afetos, o que quer dizer, como nós mesmos devemos cultivar os afetos, considerando que eles têm, ao menos potencialmente, um componente essencial da mutualidade. A partir daí Smith tem êxito em integrar no seu conceito de conveniência também as virtudes que em si e por si não estão relacionadas com outros, como a moderação, com a qual, por isso, tivemos dificuldade em Aristóteles para incluí-la na explicação que, no nosso entender, nele se insinuava. A moderação com relação a prazeres corporais (a única que é discutida por Aristóteles), mas também aquela que se refere a afetos como ambição, inveja etc., não é ela como tal uma forma de abertura para os outros, mas a condição para esta abertura. Agora, não parece necessário que os afetos que se deem desta forma, e que devem ser aprovados ou desaprovados, sejam vistos assim universalmente. Em uma sociedade é tido como moderação, o que em outra é visto como excesso ou insensibilidade. Aqui entram em jogo momentos convencionais, mas, exatamente da mesma forma como o vimos para a gentileza (décima terceira lição), eles precisam ser entendidos como expressão da atitude intersubjetiva fundamental, a qual, por sua vez, não é convencional.

Ainda terei que retomar, como Smith também procura integrar em sua concepção de conveniência, as virtudes da justiça e da benevolência. Já no 3º capítulo de I.i.1, Smith explica que o julgamento moral global refere-se a dois aspectos distintos do agir: primeiro, o motivo da ação – e a correspondente virtude da conveniência –, segundo, o resultado da ação; se a ação for propícia para os outros, então deveríamos falar de mérito, e, sendo prejudicial, de demérito. O erro de Hume consiste em só ter considerado este segundo aspecto. Onde Smith agora na II parte trata deste aspecto, ele procura demonstrar que mérito, por sua vez, está baseado na conveniência. A reflexão é a seguinte: a reação natural, quando sou prejudicado, é o ressentimento e, quando beneficiado, o agradecimento. Assim introduzidos, ressentimento e agradecimento são de certa forma afetos pré-morais; o fato de se falar de uma "reação natural" significa que a relação é vista de maneira análoga àquela que existe, por exemplo, entre o ciúme e o seu objeto. Significa que é neste mesmo sentido "natural" retribuir o bem com o bem e o mal com o mal. Ao primeiro denominamos recompensa, ao último castigo. O afeto do agradecimento e a tendência à retribuição positiva, e o afeto do ressentimento e a tendência à retribuição negativa, estão, por conseguinte, analiticamente vinculados[144]. O observador imparcial julga estes sentimentos da mesma forma como todos os outros afetos em relação à situação à qual eles reagem. Isto, contudo, implica neste caso (capítulo 5) em um sentimento composto da participação. O observador tem uma "simpatia indireta" para com o afetado, porque ao mesmo tempo ele se transpõe para os motivos daquele que o prejudicou ou beneficiou. Neste caso, o que está na base do julgamento, se o agradecimento ou o ressentimento deve ser aprovado, é este duplo transferir-se afetivamente para os dois afetados. Somente se aquele que age por primeiro merece as reações afetivas do destinatário – agradecimento ou ressentimento – as reações devem ser aprovadas; e ele as merece se tiver agido por motivos convenientes ou inconvenientes. Se alguém recebe uma coisa boa, mas por motivos inconvenientes por parte do doador – por

---

144. Podemos considerar, como parte da definição de um afeto, que ele não apenas tenha um conteúdo proposicional, mas que faça parte dele determinada tendência de agir. Cf. KENNY, A. *Action, emotion and will*. Londres: [*s. n.*], 1963. p. 67.

exemplo, para matá-lo ou por uma "liberalidade insensata e esbanjadora" – então o agradecimento é inconveniente e o doador não merece nenhuma recompensa (72; II.i.3.2). E se o prejuízo tem suas origens em uma justificada indignação, então é inconveniente a reação do ressentimento.

Smith, portanto, fundamenta a desaprovação de ações ilegítimas sobre a simpatia com o ressentimento do afetado e a aprovação de ações úteis sobre a simpatia com o agradecimento do afetado. Em II.i.5.7 (p. 76) Smith antecipa um ceticismo do leitor relativamente a esta interpretação da desaprovação da ilegitimidade ("ilegitimidade" ou "injustiça" para Smith significa sempre prejuízo). Face a isto ele salienta a perfeita analogia entre ressentimento e agradecimento. Mas eu não creio que ele consiga eliminar a dúvida. Em outras passagens do livro, as obrigações negativas (portanto, as da "justiça") são apresentadas como uma pedra fundamental da moral (cf. p. 175; III.6.10). E em sua explicação do ressentimento a ser aprovado como um ressentimento que pressupõe que o prejuízo não tem, por sua vez, um ressentimento legítimo por fundamento, parece de fato pressuposto que o prejudicar em si e por si, independente de motivos, deve ser desaprovado. Em vez de construir a ilegitimidade sobre a inconveniência, parece mais razoável dizer simplesmente de ações ilegítimas, que elas são desaprovadas pelo observador imparcial. Smith provavelmente não faz isto porque seu *spectator* nunca é entendido no sentido meramente teórico: primariamente ele é sempre aquele que sente-com, e apenas sobre este fundamento ele é aquele que julga (aprovando ou desaprovando). Mas então poderia parecer ter sentido ampliar a tal ponto seu conceito de observador imparcial, de modo que se vinculasse com a pergunta kantiana: "Como desejaria cada um que eu me comporte?", da mesma forma como esta pergunta kantiana, por sua vez, teria que assumir juntamente o conceito smithiano da capacidade de participação. O observador imparcial seria, no sentido de Smith, aquele que julga todos os afetos e atitudes, indagando se pode simpatizar com eles a partir da perspectiva de um não participante; e seria ao mesmo tempo, no sentido de Kant, aquele que julga todas as ações, indagando se pode desejá-las a partir da perspectiva de qualquer um.

Também agradecimento e ressentimento não poderiam ser vistos como análogos, porque as obrigações negativas e a obrigação positiva da generosidade e da ajuda não estão no mesmo nível. Ressentimento, diverso do que Smith o explica, então deveria ser visto como um afeto que de antemão contém uma implicação moral, porque prejudicar *ceteris paribus* será de antemão desaprovado. O ressentimento não apenas obteria sua dimensão moral por meio da simpatia imparcial, mas ele exige simpatia imparcial porque é a reação a uma injustiça. É diferente o caso em relação ao agradecimento. O agradecimento é a reação a uma ação positiva, que é livre e para a qual não se está obrigado. Aqui a tentativa de Smith, de integrar em sua teoria da conveniência a difusa obrigação positiva da ajuda, poderia contribuir para tirar a indefinição desta obrigação, na qual ela se encontra na ética kantiana. Isso feria o sentido de recolocar a obrigação da ajuda na virtude da generosidade, onde, na tradição aristotélica, ela tinha o seu lugar. Assim também a motivação moral para o dar fica mais clara. Alegria, segundo Smith, produz simpatia, amizade no observador imparcial, e ela produz uma "dupla simpatia", se ela é o resultado de uma ação de alguém outro, cuja motivação é aprovada (I.ii.4.1).

É comparativamente secundário até que ponto é feliz a tentativa de Smith de também fundar sobre a conveniência as obrigações positivas e negativas, e ainda que isso tenha sido o propósito de Smith (cf. outro tipo de apresentação na parte 6, supra)[145].

O decisivo é que a moral das obrigações em relação a omissões e ações como tais tem sido complementada pela moral da conveniência, que é uma moral da atitude de como devemos nos comportar afetivamente em relação aos outros. Dois aspectos, até o momento não mencionados desta parte complementar da moral, que ainda deve ser entendida como moral do imperativo categórico, são: primeiro, que esta parte da moral não pode ser submetida a regras pela razão anteriormente referida, e a discussão muito ponderada de Smith com a moral de regras, nos capítulos 4 e 5 da III parte, só pode ser entendida tendo em vista que ele, sobretudo, pensa nas virtudes das atitudes. O segundo aspecto é que esta complementação é naturalmente uma com-

---

145. Cf., de outro lado, passagens tão claras como III.I.7 (p. 113).

plementação de obrigações positivas. O domínio da obrigação positiva, que na moral de regras está reduzida à única obrigação indefinida de ajudar, adquire, por meio da inclusão dos afetos e das atitudes, uma nova significação fundamental naquilo que é obrigatório na reciprocidade.

Se agora comparamos o resultado em Adam Smith com as virtudes sociais em Aristóteles, então o mais importante é prescindir de sua ideia particular de uma possível redução também das obrigações negativas e positivas, e simplesmente conceber as virtudes da conveniência como complemento do conceito kantiano. Que a ética de Smith pode ser vista melhor como complementação do conceito kantiano do que do conceito humeano, isto resulta primeiramente do seu recurso ao observador imparcial, o qual, juntamente com o imperativo categórico, pode ser diretamente vinculado a um princípio moral fundamental unitário; e isto resulta assim, em segundo lugar, porque Smith – já devido à significação fundamental da simpatia – rejeita a orientação de Hume baseada na utilidade para a sociedade e acentua que todos os mandamentos morais são tais, face aos indivíduos (p. 89s.; II.ii.3.10).

Quanto ao conteúdo podemos então dizer que as duas virtudes da conveniência de Smith – sensibilidade e autocontrole – estão próximas das virtudes sociais de Aristóteles, porque elas são igualmente formas de uma abertura equilibrada para os outros. O avanço decisivo em Smith, contudo, não consiste no conteúdo, mas no fato de justificá-lo sobre um princípio moral, que além de tudo tem caráter universal. É idêntico ao princípio de Kant. Conquanto em Fromm a vantagem consistia no fato de que ele podia dar à expressão do meio-termo um sentido próprio, porque os polos têm um sentido próprio – o resultado, contudo, não foi virtudes morais, mas virtudes da felicidade –, o falar do meio--termo permanece tão formal em Smith como em Aristóteles; obtém, contudo, sua determinação por meio do vínculo retroativo ao observador imparcial. Simplificando, poderíamos dizer: a vazia fórmula aristotélica é substituída pelo princípio kantiano.

Apenas, porém, o princípio kantiano tenha sido ampliado até as atitudes intersubjetivas, dispomos então de uma chave com a qual, no caso, também podemos e devemos assumir, para a fundamentação universalista, outras virtudes e vícios, que são reconhecidos na consciência cotidiana. É razoável referir primeiramente a questão às demais virtudes sociais de Aristóteles. Adam Smith, com sua orientação com base na participação afetiva recíproca e na virtude da sensibilidade que dela resulta, tinha elaborado um tipo de atitude em relação aos outros que nem mesmo existe em Aristóteles. Em Aristóteles a inclusão dos afetos na doutrina das virtudes permanecia em grande parte por ser elaborada, com exceção da virtude da moderação, que ele, contudo, apenas referia aos prazeres corporais, e cujo caráter social fora apresentado apenas por Smith. Por outro lado, encontramos em Aristóteles virtudes que não eram primariamente referidas a afetos, mas a ações, as quais, contudo – como vimos –, tinham que ser entendidas como atividades no comportar-se face aos outros, e que eram igualmente atitudes, sobretudo no dar e no dar-se, como a generosidade e as virtudes sociais. Virtudes deste tipo aparecem em Smith apenas à margem, porque elas não podem ser compreendidas a partir do jogo recíproco da afetividade. A pergunta, se elas não obstante devem ser reconhecidas como virtudes morais, pode sem dúvida, com base no critério kantiano, ser respondida afirmativamente: qualquer um gostaria do outro que se encontrasse com ele sob estas formas de conduta: da generosidade[146], da amabilidade e da gentileza, e assim o exigimos universalmente um do outro.

---

146. Não podemos simplesmente substituir a generosidade pelo mandamento do dever de ajudar. Tanto a generosidade quanto o dever-ajudar devem em verdade ser pensados de forma dosada, conforme a proximidade (família, amigos, vizinhos). O mandamento do dever-ajudar está, contudo, relacionado com ações, e a generosidade é primariamente uma atitude. Como tal, ela é referida não simplesmente aos outros, mas, ao mesmo tempo, a si. O que se sugere é uma relação equilibrada entre as necessidades próprias e as dos outros. Por isso, enquanto em virtude do "dar e receber", ela também é diretamente transferível para o dar-se-a-si-mesmo e para a permissão da participação de outros nos seus próprios recursos de qualquer tipo, por exemplo, do tempo. Assim, quem é avarento em relação ao dinheiro, é comumente também avarento consigo e com seu tempo. Com o vício da avareza está aparentada a não virtude de não-poder-aceitar. A generosidade é, segundo Aristóteles, a virtude do dar e do receber. E o poder receber adequado, que novamente se encontra entre dois extremos, é uma atitude aparentada com o poder-dar adequado e que não pode ser vista de uma vez por todas por uma ética que só considera as ações.

Mas não precisamos nem podemos limitar-nos às virtudes aristotélicas. Gostaria de citar, sobretudo, duas atitudes, das quais a primeira refere-se ao anteriormente designado segundo nível daquilo que é moral, e a segunda expressa a atitude moral fundamental, que está na base de todas as ações morais particulares.

O que eu quero dizer com o segundo nível em moral são os sentimentos morais (que, por sua vez, sempre implicam julgamentos morais), uma vez que são expressos diante dos outros. Não pode haver dúvida, se dou a entender a um outro o meu ressentimento ou minha indignação, que isto é um procedimento linguístico ou algum outro ato simbólico (muitas vezes basta uma expressão facial) que pode ferir, e que nesta medida é, por sua vez, um objeto de julgamento moral. Adam Smith atribui muita importância ao fato de que o ressentimento é aquele afeto que da perspectiva do observador imparcial mais necessita de moderação, e isto não apenas em relação àquele, face ao qual o cultivamos, mas de modo geral. Pois, ressentimento sempre pressupõe que nos consideramos moralmente prejudicados ou diminuídos, nos sentimos ofendidos, mas injustificadamente. Por isso, não apenas estamos irados, mas o sentimento que sentimos contra os outros tem-se por moralmente – e em consequência objetivamente – sustentado. O ressentimento assim entendido é sempre autojustificado, e tende por isso à insaciabilidade. Eu já chamei a atenção, que Smith propriamente não tratou o caso do ressentimento mútuo particularmente difundido no cotidiano – na família, entre amigos, colegas de trabalho e todos que precisam cooperar uns com os outros. O ressentimento, quando não "engolido" ou reprimido, conduz comumente a um contrarressentimento, porque é uma necessidade natural que o externalizemos para quem o provocou (entendemos que só assim pensamos chegar a uma clareza moral com ela), mas o outro (que o provocou) comumente interpreta de outra maneira a situação de ação recíproca e mesmo não se considera sem razão, ou apenas parcialmente, e por isso sente, por sua vez, a nossa reação como ofensa. Esta é a situação habitual de conflitos de reciprocidade, que sempre são vistos em categorias morais, e que não podem ser rapidamente tratados como fenômenos superficiais. Aqui sem dúvida existe uma virtude universal, a disposição para reconciliar-se. Trata-se de uma atitude a ser universalmente aprovada, porque exigida a partir da perspectiva do observador imparcial. O observador imparcial não apenas exige – como já no simples ressentimento – a disposição de não apenas ver unilateralmente a situação de ação, o que na verdade é um componente essencial da capacidade para a reconciliação, mas, já pressupondo esta disposição, exige a vontade para o restabelecimento da harmonia; e faz parte disso a disposição afetiva – que deve ser dada a compreender comunicativamente – para a retirada explícita de posições assumidas e para a superação da autojustificação. Esta virtude tem seus polos de vício característicos, de um lado, no caráter de irreconciliação e, de outro, na resignação. Importa observar que o caráter da reconciliação é uma atitude comunicativa, e não apenas uma disposição.

Aquela atitude comunicativa em que é expressa a disposição moral fundamental do respeito universal pode ser compreendida mais claramente em seu contrário, na humilhação. Existem ações que têm efeitos humilhantes, mas elas não são necessariamente expressão de uma atitude humilhante; às vezes aquele que realiza estas ações não tem consciência que elas são humilhantes. Inversamente, alguém pode tratar um outro de determinada forma para expressar o seu desprezo; então as ações são no mínimo também símbolos da humilhação. A história que segue, ocorrida há alguns anos em Berlim Ocidental, nos fornece uma boa imagem da questão: um aspirante ao asilo solicita à autoridade sanitária um atestado médico para fazer uma operação na sua perna, que efetivamente precisa ser operada. O funcionário nega-se, argumentando que a perna não precisa ser curada porque o aspirante ao asilo não tem permissão de trabalhar. O ato imoral é que o funcionário nega ao asilante o socorro devido. Isto já por si é humilhante, mas o funcionário expressa explicitamente, no enunciado do porquê, a atitude de humilhação, dando a entender ao aspirante ao asilo que o seu valor consiste apenas no valor instrumental que ele teria no processo do trabalho[147].

---

147. Nos relatos sobre sobrevivência em campos de concentração, em centros de tortura e estabelecimentos militares de trabalhos forçados, sempre de novo podemos ler que pior do que tudo que se cause fisicamente a alguém é a despersonalização da humilhação, que por isso também significa o máximo do prazer sádico. Na terminologia da tradição judaico-cristã, trata-se da profanação da face humana.

A atitude do respeito fica mais clara na sua negação, porque comumente nos encontramos com nossos semelhantes com um mínimo de testemunho de consideração. Observei acima que gentileza e especialmente cumprimentos devem ser entendidos como sinal de respeito. Poderíamos facilmente querer afastar o sentido do cumprimento para o convencional, mas todo aquele que experimentou o fato de um outro deixar de saudá-lo sabe quão grave isto é. Com isto um dá a entender ao outro que, como pessoa (sujeito moral), ele não mais existe para ele.

Em sociedades de classes, onde existe a ideia que pessoas que pertencem a classes ou castas distintas têm um valor diverso, a consideração dosada é expressa na maneira do cumprimentar e do tratamento assimétricos. Portanto, precisamos com efeito reconhecer que o cumprimentar simétrico é um mandamento da moral universal, ainda que pouco aparente.

A palavra "respeito" (*respect*), assim como a palavra "reconhecimento" (cf. supra, décima quarta lição), não está muito clara. O que é o objeto do reconhecimento, e o que é o objeto do respeito? Podemos distinguir aqui três níveis. O nível mais fundamental é que, quando respeitamos alguém, o reconhecemos como sujeito de direitos. A isto também corresponde que, se em uma sociedade tradicionalista as pessoas são consideradas diversamente, então é assumido um valor distinto, ou seja, sustenta-se que elas têm direitos diferentes. Também pensamos comumente, ao falarmos do respeito próprio, que a pessoa está consciente dos seus direitos, mesmo que não sejam respeitados pelos outros. Dentro da moral universalista a atitude comunicativa fundamental indicada é: tratar de tal forma a outra pessoa, de modo a lhe dar a entender: você tem os direitos morais que cada um tem.

Em Hegel tínhamos visto que ele relaciona o reconhecimento com a liberdade do outro (supra, décima quarta lição), e também no hodierno uso linguístico parece estar difundido: compreendermos o respeito por uma pessoa como reconhecimento de sua autonomia. Como em Hegel, podemos ver isto como o reconhecimento de um fato, mas é mais razoável compreendê-lo moralmente como o reconhecimento do direito do outro à liberdade; e isto também ainda na forma especial, assumindo pessoalmente o compromisso de se conter, de modo a permitir a liberdade do outro. Visto desta maneira, o respeito à liberdade do outro é uma parte importante do seu respeito enquanto sujeito de direitos. De novo poderemos dizer que muitas vezes se compreende o discurso do respeito próprio no sentido de que se está consciente de sua autonomia e que se gostaria de sabê-la reconhecida. É talvez uma das primeiras, ainda que unilateral, manifestações da moralidade na criança o fato de ela insistir na sua autonomia. Para isso parece não existir nenhum equivalente nos animais.

Um terceiro componente na compreensão do respeito parece ser que nós consideramos o valor da outra pessoa. Que consideramos o seu valor moral, isto naturalmente está implicado no respeito enquanto sujeito moral, mas ninguém se satisfaz com isto. Todos têm um valor moral. Mas cada qual gostaria de ser reconhecido, para além disso, em suas realizações. A máxima mais importante para todos, que têm a ver com a educação e a formação de seres humanos, não importa em que nível isso ocorre, é que os animem em sua capacidade. Por isso, reconhecer alguém em seu valor moral sempre implica reconhecê-lo em sua autoestima, ou ao menos em sua necessidade de autoestima. Esta implicação existe menos diretamente do que a anterior, a da autonomia. Aqui é preciso reconhecer que esta necessidade no reconhecimento da autoestima existe de forma tão fundamental para as pessoas, como a necessidade de ser amado, mas enquanto esta última somente pode ser preenchida por poucos, a primeira dirige-se a todos. Para os pedagogos dão-se aqui frequentemente conflitos entre, de um lado, justiça e veracidade na avaliação do valor (também em relação à formação da correspondente veracidade do aluno na relação consigo mesmo) e, de outro, o mandamento do respeito da necessidade de autoestima.

Os três matizes nomeados na compreensão do respeito estão, portanto, analiticamente interligados. Em esferas diferentes das relações intersubjetivas o dar-a-entender do respeito é de importância diversa neste tríplice sentido. O respeito é naturalmente central em relações de amor e de amizade, mas é igualmente fundamental em relações assimétricas, como as do pedagogo, anteriormente citadas, bem como é importante no tipo das relações do *civil servant* com a sua clientela. Em alemão não temos um termo adequado para *civil servant*, porque a função do funcionário [*Beamter*] é primariamente visto em relação ao "empregador" e ao Estado, não em relação ao público.

A relação assimétrica, na qual se encontra o *civil servant*, induz ao abuso, assim como a do pedagogo e de todas as relações de poder. Existe aqui uma tendência natural ao desrespeito, não apenas pelo prazer do poder, mas até por indiferença. Pensemos, por exemplo, em um serviço de imigração: na Alemanha, o funcionário está sentado muitas vezes atrás de um vidro fosco, e os pedidos e as respostas são passados através de uma fresta (como a das armaduras do cavaleiro, de que se tratou antes); a autoridade inclusive pensa ter que proteger o funcionário da vista do outro. Em todos os cantos do mundo crescem atualmente os aparatos burocráticos e a crise no procedimento da burocracia é igualmente universal. Confrontar-se sempre de novo e passageiramente com pessoas estranhas é um desafio para o qual não amadureceu quem está acostumado a relações familiares, mas no qual ele também é abandonado pelas próprias instituições e na sua formação. Poderíamos imaginar que aí seria uma tarefa importante, e talvez nem tão difícil, para os formadores dos *civil servants*, mostrar-lhes as satisfações que poderiam obter a partir de relações de respeito com aqueles aos quais deveriam servir. Talvez também carregam parte da culpa nesta mentalidade de vidro fosco as éticas modernas, que apresentaram as ações de maneira tão unilateral e que não consideraram a importância da atitude das relações entre as pessoas.

Seria uma tarefa própria – que não pretendo seguir aqui – esclarecer por que, por exemplo, em Kant, não foram consideradas as virtudes da atitude intersubjetiva, ainda que, prestando bem atenção, elas resultem por si do imperativo categórico. Mais grave foi certamente o fato de a doutrina das virtudes na tradição aristotélica – e mesmo já no próprio Aristóteles – ter assumido a forma de uma mera listagem, a qual tinha que parecer insuportável para a ética moderna, elaborada sobre um princípio unitário fundante; e assim pôde necessitar da ideia genial de

Adam Smith – única e em seu valor de verdade novamente caída no esquecimento –, de ligar o princípio da imparcialidade com a ideia da sintonia afetiva. Apenas assim as virtudes puderam tornar-se novamente acessíveis para a consciência moderna. Mas em Kant também pôde ter sido um fator a orientação no direito, bem como a orientação a partir das obrigações acessíveis para o contratualismo.

No que respeita esta última afirmação, precisamos, contudo, perguntar se ao menos uma parte das virtudes da atitude intersubjetiva não pode ser perfeitamente justificada também já contratualmente. Isto parece não ser possível aí onde – como no dar-a-entender do respeito do outro – já está mais implicado do que é acessível para uma quase-moral (podemos, entretanto, imaginar uma sociedade contratualista de hipócritas). Virtudes, como caráter de reconciliação, mas também de amabilidade etc., parecem, entretanto, perfeitamente convenientes no sentido contratualista, se o afetado está interessado que o seu outro se relacione com ele desta forma. Isto, portanto, depende de quais necessidades pressupomos por parte do contratualista. Não é igualmente ingênuo, a partir da perspectiva agora alcançada, apenas pressupor necessidades materiais no contratualismo, como para aquele que parte de um conceito de ser humano bom, definido pelo imperativo categórico?

Ver as possibilidades do contratualismo de maneira tão generosa quanto possível é de uma importância tão fundamental, porque os motivos para a aceitação de uma atitude genuinamente moral são tão fracos – ao menos tanto quanto pudemos ver até agora – enquanto no contratualismo não há problema em relação à motivação.

DÉCIMA SEXTA LIÇÃO
CONTINUAÇÃO DOS PROBLEMAS DA QUINTA LIÇÃO: MOTIVAÇÃO E PLAUSIBILIZAÇÃO; O UTILITARISMO; QUESTÕES DE APLICAÇÃO[148]

Depois que pude mostrar na lição anterior como o conceito kantiano se deixa ampliar quanto ao seu conteúdo, de modo a também englobar, sob um e o mesmo princípio do imperativo categórico, as virtudes das atitudes intersubjetivas a serem universalmente aprovadas, posso retornar às questões formais ainda não satisfatoriamente esclarecidas. Retomarei primeiro mais uma vez a questão da motivação, e agora em conexão com Adam Smith. A maneira como ele a formula nos conduz por si só a voltarmos à pergunta pelas razões – que na quinta lição ficara parcialmente aberta – do princípio kantiano (o imperativo categórico) ser, dentre todos os princípios morais não transcendentes disponíveis, o único plausível que se impõe. Na última parte da lição chegarei a falar das questões da aplicação do princípio kantiano, até o momento quase completamente negligenciadas por mim. Estas questões mostrar-se-ão como particularmente difíceis na obrigação positiva de ajudar, e esta problemática então deverá ser esclarecida de maneira nova na próxima lição, quando pretendo fortalecer o aspecto até agora sempre usado por mim mas nunca desenvolvido: que se trata de direitos.

É em suas exposições sobre autojulgamento moral, na parte III do seu livro, que Adam Smith desenvolve como ele pensa a motivação para o agir moral. Como todos os motivos de ação e as condutas dos outros, assim também julgamos os próprios, se eles podem ser aprovados na perspectiva do observador imparcial

---

148. Tradução de Aloísio Ruedell.

(cap. I). O valor que tem, para o "tem de" moral e a ação correspondente, em Smith, como também em Hume e como também em minha apresentação (mas em oposição a Kant) a aprovação dos outros, permite-lhe rejeitar toda fonte própria do agir moral, como a razão de Kant ou o "sentido moral" de Hutcheson (321s.; VII.iii.3), e ver sua motivação exclusivamente em relação ao ser--justificadamente-aprovado, em que o critério para o "justificadamente" se encontra na perspectiva do observador imparcial.

O 2º capítulo inicia com a sentença: "O ser humano tem naturalmente desejo, não apenas de ser amado, mas também de ser digno de amor" (113; III.2.1), e em outro texto o binômio amado-digno de amor também é substituído pelo binômio apreciado-digno de apreço (*praise*) (114; III.2.2) e aprovado-digno de aprovação (*approve*) (117; III.2.7). É este terceiro binômio que é o decisivo para Smith, pois amor, como Smith não explicita melhor, é uma outra forma de assentimento (*Bejahung*), embora também esta contenha um componente objetivo no ser-digno--de-amor, e seres humanos avaliam não apenas a moralidade dos outros mas também sua posição social, e isto é "o maior motivo e o mais geral para a corrupção de nossos sentimentos morais (61; I.iii.3.1); eles, entretanto, então avaliam o que não é digno de avaliação; aquilo que é digno de avaliação coincide com o que é digno de aprovação.

Smith considera como um dado da natureza, que nós queremos ser amados e que queremos agradar (*to please*), e da mesma forma que queremos ser aprovados em nosso agir e em nosso ser. A natureza nos teria feito assim (116s.; III.2.6s.), e para Smith isto é tanto mais assim, porquanto ele já vê a simpatia e a necessidade de simpatia como um dado da natureza. Mas por que não lhe vamos conceder que o querer-ser-aprovado não é algo que possa ser deduzido de outra coisa? E que este é o motivo mais claro para querer ver-se como membro da comunidade moral, e também para querer agir moralmente? Desviando-nos de Smith, podemos dizer que não precisa estar ligado com isto um dogmatismo antropológico: pois como deixamos em aberto o *lack of moral sense*, podemos deixar em aberto até onde alguém se quer compreender assim. Podemos, por conseguinte, dizer simplesmente ao nosso interlocutor: se para ti é importante ser amado, então também está implicado o querer-ser-aprovado. Isto também vimos em Fromm, mas agora podemos prosseguir. Para ti talvez também seja importante agradar àqueles, e ser aprovado por aqueles cujo amor tu não valorizas. Assim estaria superada a restrição da motivação, da qual tratei na penúltima lição, e que está referida às relações estreitas, e que por isso de fato ainda que esta fosse motivada é a mais forte.

Smith acrescentou ainda a outra nuança, de que é evidente que nós queremos ser assim como o aprovamos nos outros (III.2.7). A forma mais elevada de aprovação é por ele denominada de admiração (20; I.i.4.3). Não é evidente que nós queremos ser como são os outros que admiramos (114; II.2.3 e 116; III.2.5)? O que, porém, mais admiramos é quando alguém também se comporta assim como ele o considera digno de aprovação, mesmo quando ele não é aprovado.

Ser digno de aprovação e ser aprovado podem, portanto, separar-se, e quando eles se separam na consciência (*Bewusstsein*) do indivíduo constitui-se o que se denomina uma consciência (*Gewissen*). Querer ser louvado embora não se seja digno de louvor é "vaidade", "o fundamento do vício, da simulação e da mentira mais ridículos e desprezíveis" (115; III.2.4). Embora não devamos apoiar apenas na própria consciência (*Gewissen*) a consciência (*Bewusstsein*) de que a nossa conduta é digna de aprovação, porque isto pode ser parcial e pode deformar (127; II.2.29), é, contudo, somente a consciência (*Bewusstsein*) de nos termos comportado de maneira digna de aprovação, também quando criticados, que nos pode produzir a correspondente tranquilidade de alma, enquanto o que nos transtorna é saber que somos "o objeto natural de ódio e de indignação", ainda que sejamos louvados (118; III.2.9). "Assusta mais ser digno de crítica" do que "ser criticado" (119; III.2.10).

É importante ver corretamente em sua conexão o desejo de louvor e o desejo de ser digno de louvor. Aí onde Smith introduz a diferença ele apenas diz: "O desejo de ser digno de apreciação não é totalmente desligado do desejo de ser apreciado" (114; III.2.2), e para uma ética objetivística já era sempre razoável construir o ser-justamente-apreciado sobre um valor que fosse livre de apreço. Mas, da mesma forma como na exposição que fiz, também para Smith parece impossível reconhecer um tal conceito independente. O que distingue o dever-apreciar (a apreciação correta) da apreciação fática pode ser apenas determinada maneira do próprio apreciar, e esta Smith identificou corretamente com a maneira de apreciar do observador imparcial (109s.; II.1.2). O observador imparcial não pode ser pensado como alguém fora daqueles que faticamente aprovam, mas ele simplesmente está em função dos que aprovam, na medida que eles o fazem a partir de uma perspectiva imparcial. O observador imparcial é a ideia regulativa da própria aprovação, e esta ideia regulativa faz, de antemão, parte da aprovação (diferente do que receber amor ou favor), porque esta exigência objetiva faz parte do sentido da aprovação. Aprovar significa, assim o sustenta Smith, exatamente como eu tentei demonstrá-lo antes: julgar alguém como sendo bom.

Pode auxiliar aqui recordarmos as avaliações análogas, nas quais dizemos que alguém é bom enquanto algo: um bom cozinheiro, tocador de piano etc. Aqui não falamos de aprovar ou de desaprovar – estas expressões só são empregadas para a dimensão central (enquanto ser humano) –, mas (falamos) exatamente da mesma forma do louvor, da admiração e da crítica. Estas são igualmente asserções das quais desde o começo faz parte um ordenamento objetivo, referido ao que é universalmente válido. Isto então parece significar obviamente: alguém, para o qual é importante tocar piano, também quer sempre saber tocar piano bem. Ele não se pode dar por satisfeito em ser aplaudido, mas procura o aplauso justificado. Mas não existe um critério para o aplauso justificado, se não o aplauso mesmo, quer dizer quando ele efetivamente resulta de competência e da experiência e por isso tem pretensão à validade universal. Exatamente a mesma coisa acontece com aquele que, enquanto ser humano, quer agir de modo a ser digno de admiração. Para toda a pessoa que quer ser aprovada, caso não se equivoque como o vaidoso, para quem o ser-aprovado se reduz ao agradar, precisa interessar-se em ser louvado na perspectiva do observador imparcial, porque esta perspectiva faz de qualquer modo parte do sentido da provação.

O que ainda fortalece esta teoria da motivação é o fato de ela conter desde o começo esta perspectiva da diferença da aprovação e do digno-de-aprovação. Isto, porém, quer dizer que ela, por si, aponta para a justificação da aprovação, isto é, para as razões, para as razões do juízo moral. Posso agora passar para este segundo tema da lição de hoje.

Podemos distinguir diversos níveis nos quais o juízo moral pode se enganar, isto é, diversos níveis nos quais pode ser assumida a perspectiva do observador imparcial. Smith denomina explicitamente apenas um primeiro. Este consiste no fato de aquele que me julga moralmente não estar bem "informado" sobre minha conduta (116; III.2.5). Neste primeiro nível, o engano só existe no estado de coisas empírico; a medida normativa está segura. Mas em diversos níveis também nos podemos enganar sobre a medida normativa.

A primeira existe na complexidade da situação. Ela no caso não é apenas empiricamente complexa, mas exige a consideração de múltiplos aspectos normativos, todos na perspectiva do observador imparcial. Com esta problemática, referindo-nos a Smith, já nos vimos confrontados na lição anterior. Embora Smith não se refira a ela na presente temática, ela, contudo, teria sido em princípio facilmente acessível.

Um terceiro nível de engano possível, já extrapolando de Smith, diz respeito à pergunta, quem constitui a comunidade moral. É o observador imparcial, qualquer um que participa de determinada comunidade moral, ou ele é um ser humano qualquer? Smith naturalmente pressupõe o segundo caso; mas mesmo assim pode-se restringir a multiplicidade de pontos de vista possíveis aos pontos de vista da própria sociedade. Somente podem estabelecer o que compreendemos por um ser humano bom aquelas normas que, na passagem dos juízos morais de uma sociedade para os de outra (sociedade), permanecem invariáveis; nisso naturalmente, bem como na passagem para uma pessoa qualquer, deve-se pressupor que as outras sociedades, por sua vez, desistam de seus juízos morais autossincráticos. Não se trata do denominador comum inferior dos sistemas morais fáticos. Assim só resultaria um sistema no que respeita seu conteúdo, equivalente à moral contratualista.

Em um quarto e último nível da problematização das normas, deparamo-nos finalmente com a justificação do próprio critério último normativo do juízo, e com isto estamos novamente diante do problema da justificação ou plausibilização do princípio supremo. Procurei mostrar na quinta lição que não faz sentido ver como absoluta uma justificação do princípio do juízo, e que, contudo, é possível e necessário comparar entre si os diversos princípios de juízo dos diversos sistemas morais e, ainda que não seja possível uma justificação racional de um princípio, pode-se compreender como racional esta comparação dos princípios.

Com referência ao princípio de juízo de Adam Smith poderíamos, entretanto, perguntar que sentido ainda poderia ter questionarmos, por sua vez, o princípio do observador imparcial. Não é este princípio, assim poderíamos perguntar, já em si e por si o conceito da não relatividade?

Isto, contudo, não é tão óbvio como parece, o que já se esclarece no fato de o observador imparcial não ser sem mais aquele que julga imparcialmente. O que julga imparcialmente precisa de uma perspectiva segundo a qual julga. O observador imparcial, como Smith o introduz, já pressupõe determinada perspectiva, a saber, a perspectiva de ser capaz de empatia. Porque isto é, por sua vez, exigido. Pode-se perguntar? Vimos, além disso, que o observador imparcial assim compreendido é de fato adequado para justificar as atitudes básicas do autocontrole e da sensibilidade, mas que é menos adequado para a justificação das virtudes da "justiça e do fazer-bem", das obrigações de ação negativas e positivas. Para a sua justificação parecia necessário vincular o princípio smithiano com o kantiano. Também em Kant o princípio do juízo imparcial aponta para uma perspectiva, e esta é a consideração. imparcial dos interesses dos afetados. Precisamos, portanto, distinguir entre a pergunta "o que cada qual considera como moralmente bom?" e a pergunta "o que qualquer um deseja para si?" O que caracteriza o conceito kantiano é o fato de ele construir a primeira questão sobre a segunda.

A mesma coisa está também implicitamente contida na posição de Smith, pois ele pressupõe como interesse antropológico fundamental, que todos desejam para si, que se entre afetivamente em sua afetividade. O mesmo vale naturalmente para as outras virtudes, das quais procurei mostrar no final da lição anterior, que todos desejam, que se vá ao seu encontro nestas atitudes (reconciliação, testemunho de respeito). A relação com "todos" não precisa ser compreendida como sem exceção e não implica nenhum dogmatismo empírico-antropológico. De modo semelhante pressupomos universalmente que seres humanos desejam não ser prejudicados, e assim nos outros bens e males, que são implicados em nossos juízos morais. As sentenças de obrigações, construídas sobre estas pressuposições, não se tornam menos válidas pelo fato de, em algum caso particular, alguém não ter os desejos básicos normais. Retornarei ainda a este ponto.

Pensar a moral nestas duas etapas, de modo a construir com Kant o que antes denominei a primeira questão ("O que parece como moralmente bom na perspectiva de um qualquer, isto é, de alguém que julga imparcialmente"?) sobre a segunda ("Como deseja qualquer um, que todos o tratem ou em relação a ele se comportem?"), é sumamente plausível. Mas isto naturalmente não é, como Kant pensava, um passo analítico, e sim sintético. Já vemos isto no fato de também uma moral tradicionalista e mesmo toda moral reconhecer o discurso de um "juiz imparcial", definindo, contudo, diversamente a perspectiva. O conceito kantiano, parece, por conseguinte, ser somente o único princípio de juízo a se impor naturalmente se se abstrai de premissas transcendentais (cf. quinta lição). Em primeiro lugar é racional abstrair de premissas transcendentes e, em segundo – assim tínhamos visto –, se pressupomos premissas transcendentes, não podemos chegar a um conceito de bem objetivamente ilimitado – de validade universal.

Agora, porém, temos que tratar da questão ainda não respondida na quinta lição. Até onde o princípio de levar igualmente em consideração os direitos e os interesses de todos é de fato o único princípio de juízo a se evidenciar naturalmente. Este enunciado tem um componente positivo e um negativo. O positivo: aconselha-se este princípio de juízo; o negativo: outros princípios de juízo não são aconselhados, ou parecem artificiais, não plausíveis.

Alterando um pouco a exposição que fiz na quinta lição, posso dizer positivamente: o que é mais razoável, se afinal queremos apoiar-nos na dimensão moral, destacando como bom determinada atitude e determinado tipo de comportamento, do que: primeiro, basear-se nos desejos e nas aversões de todos e, segundo, que se considere a todos de modo igual? O segundo ponto surge simplesmente do fato de que um tratamento desigual exigiria premissas complementares – voltarei a isto na lição sobre "justiça". O primeiro ponto é tão evidente, que ele, de certa maneira, já se dá a partir da posição contratualista, mas sobretudo quando agora temos em vista uma posição próxima do contratualismo, que de certa forma se pode estabelecer entre a quase-moral e a moral. É a posição do pingente moral (*free rider*). Da mesma forma como o contratualista pode-se pensar o pingente como alguém que opta pelo *lack of moral sense*, mas enquanto o contratualista pressupõe que seus contraentes são igualmente contratualistas, o pingente pressupõe a consciência moral dos outros: ele sustenta que eles têm um discurso moral, e que também têm uma consciência moral. E uma vez que é do seu interesse que tenham esta consciência, também haverá de exigir que eles se compreendam desta maneira. Ele, por sua vez, usará a linguagem moral, sem, contudo, por ela se deixar motivar, e proporá condutas morais sem tê-las. O pingente é aquele membro parasita da comunidade moral, que quer usufruir de todas as suas vantagens sem se comprometer com suas exigências.

Esta é a razão por que o pingente moral oferece uma boa base de orientação (para saber) que normas morais gostaríamos que os outros seguissem. Uma vez que apenas é natural que ele deseje que os seus desejos sejam respeitados, ele preferirá viver em uma comunidade moral, cujo princípio superior de julgamento é o respeito dos interesses. Por isso ele se enquadrará logo no coro daqueles que valorizam positivamente comportar-se desta maneira. (Seria naturalmente ainda melhor para ele se os seus desejos fossem mais respeitados do que os de todos os outros. Mas, uma vez que um sistema moral deste tipo não pode ser formulado, ele assume este. Naturalmente fará tudo caso fizer parte dos mais bem estabelecidos, para que se estabeleçam ainda melhor, e por isso preferirá as interpretações do princípio da imparcialidade que efetivamente o possibilitam.) Com todas as outras obrigações de conteúdo, a que se submete a comunidade moral da qual faz parte, sobretudo com todas as obrigações para consigo mesmo, ele, primeiro, não pode fazer nada. Segundo, não as aceitará tão logo a sua obediência ou aparente obediência também lhe for exigida. Isto, porém, quer dizer que se ele tivesse que definir como deve ser uma comunidade moral, esta então seria exatamente aquela que funda o que considera como bom, apenas nos interesses dos seus membros. Que os interesses devem ser considerados de modo igual e universalmente, isto naturalmente não é algo que ele pode querer. É o que resulta do segundo ponto citado anteriormente.

Se, portanto, perguntamos pela moral que seja a melhor na perspectiva de seus beneficiados, então parece ser a única razoável aquela que resulta do conceito kantiano. A pergunta pelos interesses do pingente tem o sentido de que, de dentro da pergunta "o que todos têm como bom?", extraímos a outra pergunta "como quererá qualquer um que procedam os outros?" O pingente, como o contratualista, apenas se apoia na pergunta "como eu quero que se comportem os outros em relação a mim?", e a amplia até a pergunta "que proveito tem para mim (e também para os outros) aquilo que os outros pensam sobre o que significa ser bom?"

Poder-se-ia, entretanto, objetar: basear-se aqui na pergunta, para quem serve a moral, pressupõe o que devia ser demonstrado. Pode-se, contudo, contrapor: naturalmente o proveito próprio não é a perspectiva de quem se compreende moralmente. Mas pretender uma moral que não beneficiasse o ser humano poderia parecer um posicionamento peculiar que já por isso não seria plausível – suposto sempre que permaneçam excluídas premissas transcendentes.

Podemos agora, na justificação da tese de que o princípio do imperativo categórico é o único princípio de juízo a se aconselhar naturalmente, passar para o segundo componente, um componente negativo (ou seja), passar para a prova da não plausibilidade de outros princípios não transcendentes de juízo. Só podemos tratar destes na medida em que eles (existem e) estão diante de nós (não podemos justificar um princípio contra uma proposta alternativa desconhecida). Já tinha dito anteriormente que não parece ter sentido a proposição analítica, que o imperativo categórico é o único princípio de juízo moral não transcendente pensável. Além deste, foram propostos, sobretudo, os três seguintes conceitos não transcendentes de moral. Primeiro, o conceito da compaixão generalizada, no qual as obrigações são reduzidas a uma única, a obrigação de não produzir e de impedir o sofrimento. E é uma obrigação que se estende ao mesmo tempo a todos os seres capazes de sofrimento. A segunda possibilidade seria uma moral que se refere não apenas aos interesses e aos desejos de todos, mas também a algo diferente e mais elevado, sobretudo à manutenção do ser-comunitário, isto é, do Estado. A terceira é a do utilitarismo.

O utilitarismo pode ser compreendido como uma moral da compaixão transformada positivamente, e por isso também o utilitarismo engloba em geral os animais; em vez do afeto moral básico da compaixão, ocorre em Hutcheson a benevolência (*benevolence*), e esta naturalmente engloba também a moral da compaixão. Mas, uma vez que já discuti, por ocasião da moral da compaixão (nona lição), a proposta de ampliar mesmo para os animais o círculo daqueles em relação aos quais temos obrigações morais, parece mais significativo abstrair deste aspecto na discussão com o utilitarismo. Tem um sentido positivo pensar o utilitarismo restrito aos seres humanos, e assim ele também foi defendido em parte. Para a discussão que se exige agora, isto tem a vantagem de que então o utilitarismo oferece uma alternativa clara para a moral do imperativo categórico, que da mesma forma se refere a todos os seres humanos, e somente a eles, e que, contudo, compreende diversamente as obrigações e tem um outro princípio de justiça.

Já procurei mostrar na nona lição que a primeira destas três propostas alternativas para uma moral sem princípios transcendentes está errada: de modo algum pode-se, do ponto de vista formal, construir uma moral sobre a compaixão, um sistema normativo.

No que diz respeito à segunda proposta, Hegel foi o último filósofo sério a defender uma concepção deste tipo. Pois, precisa-se naturalmente compreender esta proposta como universal, senão ela não se pode defender sem premissas complementares, ela não é pensável. Ideias fascistas, segundo as quais o próprio ser do Estado representa o único valor, ou o valor superior, de modo algum podem ser moralmente justificadas (e isto é naturalmente um dado importante para a discussão concreta com particularismos nacionalistas modernos: particularismos não podem ser justificados moralmente sem premissas transcendentes). A única coisa que poderíamos pensar seria, por conseguinte, que todos os seres humanos exijam de todos os seres humanos, que, para além da consideração dos indivíduos em particular, atribuam à sua respectiva nação, e com isto também à fidelidade do indivíduo para com a sua nação, um valor que não pode ser reduzido aos interesses dos indivíduos. Como, porém, se pretende fundamentar tal valor sem premissas transcendentes? As virtudes especificamente sociais, que são exigidas pelos diversos filósofos que têm em vista um "comunitarismo", podem, como vimos com referência a Adam Smith, ser fundamentadas com base no próprio imperativo categórico, ou seriam complementações cuja compreensibilidade como componentes do bom ficaria pairando no ar.

Das três possibilidades alternativas citadas resta, por conseguinte, somente o utilitarismo como um concorrente sério. Por isso ele também é, ao lado do kantismo, o único conceito ético não relacionado a premissas transcendentes que tem tido uma grande influência na Modernidade, e que, sobretudo, predominava grandemente na ética inglesa desde 1800. Também autores atuais ainda têm a concepção de que o princípio do juízo do utilitarismo é de modo geral, ao menos à primeira vista, o mais convincente[149]. O utilitarismo tinha até recentemente tal predomínio no contexto anglo-saxão que mesmo aí onde ele é criticado pressupõe-se que ele é a proposta mais razoável de um princípio que deve ser discutido. Por isso as objeções em geral também apenas sustentam que as consequências do princípio utilitarista estão em contradição com as intuições do *common sense*[150].

---

149. Assim, por exemplo, WARNOCK, G. H. *The object of morality*. Londres: [*s. n.*], 1971. p. 27; "The simplest of all suggestions".

150. Cf., além de Warnock, sobretudo Williams: SMART, J. J.; WILLIAMS, B. *Utilitarianism*: for and against. Cambridge: [*s. n.*], 1973.

Isso foge, no entanto, das intenções de nossa análise. Aqui apenas podemos tratar de comparar aquele princípio do juízo que eu designei como aquele que se impõe naturalmente, o imperativo categórico, com o princípio do utilitarismo, que, no pensamento de autores como Warnock, parece natural. Gostaria de mostrar que o princípio utilitarista de fato tem algo a seu favor e que tem sido negligenciado no kantismo: de modo algum ele é recomendado naturalmente, se procedemos como eu o fiz – e eu penso que esta é a maneira que se impõe –, isto é, partindo da eliminação das possibilidades de justificação transcendentes e de que é insuficiente permanecer no contratualismo.

Contudo, o fato de ter havido e ainda haver autores que consideram o princípio do utilitarismo como natural deve ser compreendido a partir de determinada colocação da questão que, por sua vez, lhes parecia natural. Quanto sei, o princípio do utilitarismo surge pela primeira vez em F. Hutcheson, em seu ensaio "An inquiry concerning the original of our ideas of virtue or moral good", publicado em 1725. Hume, cujos dois ensaios morais surgiram em 1738 e 1751[151], persegue um conceito semelhante e é com ele que com mais facilidade podemos estabelecer uma conexão. Hume ainda parte de um catálogo de virtudes. Sua tese, porém, é que o valor moral das virtudes gerais consiste no fato de estas disposições de caráter serem úteis, em parte para nós mesmos e em parte para os outros[152]. Se nos limitamos às virtudes que são úteis para os outros, então elas devem ter em sua base a participação do bem-estar dos outros, e Hutcheson denomina este sentimento "benevolência" e Hume faz o mesmo. Hutcheson ainda o denomina "simpatia"[153].

Para compreender corretamente em sua estrutura a prova de Hume, de que somente têm autêntico valor aquelas virtudes

---

151. HUME, D. *A treatise of human nature*, 3º livro, e *An enquiry concerning the principles of morals*. Refiro-me somente ao segundo trabalho, na edição de Selby-Bigge. Oxford, 1902. SELBY-BIGGE, L. A. (ed.). *An enquiry concerning the principles of morals*. Oxford: [s. n.], 1902.

152. Cf. *Enquiry*, seção 2, pt. 2.

153. Em Hume, cf. para *"benevolence"* p. 181-271; para *"sympathy"*, p. 221, 229. Para Hutcheson, cf. RAPHAEL, D. D. (org.). *British moralists 1650-1800*. Oxford: [s. n.], 1969. v. I. p. 282.

morais cuja observância é boa para os outros, e que as "virtudes monásticas" devem ser rejeitadas (p. 219), pode-se considerá-la como imediatamente paralela à tese por mim defendida, que a moral somente se pode referir aos desejos e interesses dos outros. O ponto de partida da posição utilitarista é, portanto, o mesmo do imperativo categórico, e ele parece mesmo ser o único ponto de partida válido de uma moral que não se apoia mais em premissas transcendentes. Se considerássemos o respeito pelos interesses de outros de maneira bem genérica como benevolência, não haveria, a partir de uma perspectiva kantiana, nada a objetar contra esta expressão, apenas pressuposto que agora ela esteja em lugar de uma atitude de respeito para com todos.

Aqui, porém, os caminhos começam a se separar, e podemos compreender melhor o ponto de divergência, tomando em conta as objeções de Adam Smith contra Hume. São essencialmente duas. Smith volta-se, primeiramente, contra o conceito de "utilidade", compreendido de maneira muito estreita, porque não se podem obter a partir deste conceito as virtudes da conveniência, por ele defendidas (188; IV.2.3 e 327; II.iii.3.17). Isto Smith também teria feito valer contra Kant. Em segundo lugar, Smith volta-se contra uma mudança característica, que sempre se encontra de novo em Hume e que se tornou fundamental para o utilitarismo: o discurso da utilidade e da felicidade da sociedade. Segundo Smith a moral não nos aponta para o "interesse da sociedade", mas para os interesses dos indivíduos (89s.; II.ii.3.10).

Em Hume não chega a se impor o critério específico de justiça, de que se deve respeitar a cada um como a qualquer outro, e uma vez que ele fala de diversos, ou seja, da sociedade, não se trata mais primariamente dos indivíduos e de seus direitos, mas da utilidade para a sociedade. É este pensamento que como tal não é uma consequência do anterior que foi elaborado de maneira mais aguda por Bentham.

Voltemos, contudo, antes a Hutcheson. Nele se encontra, expresso pela primeira vez, o princípio do utilitarismo: "A melhor conduta é aquela que proporciona a maior felicidade para o maior número"[154]. É esta fórmula que é vista por autores como

---

154. Cf. RAPHAEL, D. D. (org.). *British moralists 1650-1800*. Oxford: [s. n.], 1969. v. I. p. 284.

Warnock, à primeira vista, como particularmente evidente. Esclareçamos primeiro o que realmente vem em seu favor. Hutcheson coloca uma questão importante na passagem citada da qual se precisa admitir que ela mal foi analisada no kantismo: como nos comportamos moralmente melhor quando estamos diante de diversas alternativas de comportamento, pelas quais diversas pessoas são positiva ou negativamente afetadas? Em Kant e também em Smith, esta questão, perfeitamente legítima e importante, não é considerada. Se, porém, refletimos sobre o que para ela resulta do seu princípio do juízo – da consideração imparcial dos interesses de todos – então ao menos podemos citar este princípio universal: os interesses de todos devem ser igualmente considerados, a isto eles têm "direito".

Isto, porém, não é obviamente idêntico à resposta: o conjunto da felicidade deve ser aumentado e o do prejuízo minimizado. As duas perspectivas decisivas, nas quais a diferença fica clara, são, primeiro, que no princípio do juízo do respeito universal idêntico – dos mesmos direitos – inclui-se um princípio de justiça, o qual falta no discurso da "maior felicidade para a maioria". Como se esclarecerá na elaboração posterior em Bentham, trata-se apenas da soma total da felicidade e da infelicidade, do prejuízo e do proveito. O modo como ela é repartida é indiferente, ao menos em última análise e a partir do princípio.

Segundo, que todos, na perspectiva do observador imparcial, têm um mesmo direito a um respeito básico, não quer dizer que em uma questão concreta, como devemos comportar-nos em relação a muitos – devamos tratar igualmente a todos. Ao contrário, resultam aí também perspectivas de distinção, que, porém, são as que se constroem sobre o princípio da imparcialidade, e que no resultado novamente se distinguem do princípio da quantidade de felicidade. Quero, sobretudo, chamar atenção para os três grupos de casos, que notoriamente causam dificuldades aos utilitaristas. O primeiro é o dos assim denominados direitos especiais concedidos, quando, por exemplo, existe um convênio ou foi feita uma promessa. Este direito pode naturalmente, por meio de outras considerações, ser eventualmente suspenso, mas primeiro ele efetivamente existe, enquanto um utilitarismo consequente sempre precisaria estar pronto a quebrar uma promessa, se isto no todo conduzisse a mais felicidade. O segundo grupo de casos é o das relações de proximidade e de distância, nas quais estamos uns para com os outros. Também aqui podemos falar em direitos. Meu filho tem o direito ao meu amparo, que outros não têm. Por isso nós somos obrigados, na perspectiva do observador imparcial, a outros procedimentos em relação aos que nos estão próximos do que aos que estão distantes de nós, e esta obrigação novamente existe independente do proveito geral que daí resulta. Terceiro, as obrigações negativas, ao menos sem critérios complementares, parecem ocupar um lugar mais importante do que as positivas. Em todo caso assim o vemos a partir da perspectiva do observador imparcial. Também isto se pode expressar na terminologia do direito. O médico que quer salvar cinco dos seus pacientes com lesões de órgãos não tem o direito de, passando pelo hospital, esquartejar um sexto que está são, embora segundo o princípio utilitarista tivesse que fazê-lo, pois a perda geral seria menor se cinco ficassem em vida e apenas um fosse morto.

Em muitas destas questões os utilitaristas argumentam de tal maneira que, no resultado e com base nas relações empíricas complementares, o seu princípio pode levar em conta as objeções. Assim, ainda que não exista a obrigação de uma divisão igual, resultaria, na base de um proveito sempre menor dos limites, uma tendência para uma divisão igual, e aqueles, cujos direitos especiais forem lesados, sofrerão mais também quando forem lesados os direitos das pessoas próximas. Decisivo é, porém, que isto agora se torne uma questão que deve ser esclarecida empiricamente. Do próprio princípio de juízo moral estes resultados não seguem que no princípio do respeito igual resultam diretamente dos direitos. A argumentação que neste nível se dá entre o utilitarista e seus críticos que defendem o *common sense* tem tão pouco sentido porque os críticos sustentam que o utilitarismo tem apenas uma plausibilidade e que somente pode ser criticado em suas consequências, enquanto aquilo que interessa é ver que o princípio do utilitarismo *não é plausível* diante do princípio do imperativo categórico.

É, na verdade, uma vantagem, que na tradição utilitarista em geral se tenha refletido mais sobre a questão das alternativas de comportamento em relação a muitas pessoas do que no kantismo, e que por isso o princípio utilitarista também sempre tinha um sentido eminentemente político. Mas será que o princípio utilitarista já resulta da consideração das questões morais mais complexas? Isto somente poderia ser confirmado se, como exatamente fazem os utilitaristas, reduzíssemos a uma soma a resposta à pergunta citada. Esta resposta é apenas (do ponto de vista da teoria da decisão) a tecnicamente mais simples. Somas têm sem dúvida uma função – é mais grave quando morrem onze seres humanos do que quando morrem dez. Mas o erro básico do utilitarismo é que ele reduziu à soma (adições e subtrações de felicidade e de miséria) as questões: como se deve agir em situações em que mais pessoas são afetadas e como se devem distinguir as correspondentes questões político-sociais.

Bentham tornou mais aguda a ideia de Hutcheson, de tal maneira que para ele a sociedade (*the community*) é como um "corpo fictício", cujos membros são as pessoas individuais, e a felicidade das pessoas, por isso, se esgota em partes de felicidade da sociedade[155]. A sociedade, compreendida, entretanto, em oposição aos hegelianos apenas como soma, é o próprio sujeito, que é mais ou menos feliz. Também Bentham tem, na verdade, um princípio que pode ser compreendido como um tipo de princípio de justiça: *everybody to count for one, nobody for more than one*. A direção progressista deste princípio não pode ser negada. Ele, contudo, apenas tem o sentido de que, na soma da felicidade a ser calculada, o bem-estar de ninguém pode valer mais do que o bem-estar de outro. Ele não representa direitos iguais.

O princípio do juízo utilitarista está, portanto, tão pouco claro que é preciso perguntarmos, ao contrário, como afinal se pode chegar a um princípio tão estranho. Aqui podem-se primeiramente observar os erros específicos que passaram desapercebidos a Hutcheson, Hume e Bentham, quando eles, em seu

---

155. BENTHAM, J. *An introduction to the principles of morals and legislation.* Londres: [s. n.], 1970. p. 12s.

conceito de benevolência em relação a diversos, desconsideraram o dado último dos indivíduos e de seus direitos e chegaram à sua ideia de soma, que por nada pode ser justificado. Característico para a fraqueza da posição que daí resulta é também que ela não se pode conectar com sentido nos pressupostos inquestionáveis, mas apenas insuficientes do contratualismo. Bentham ridicularizou o discurso dos direitos, designando-o como "absurdidade sobre pernas de pau" (*nonsense on stilts*), o que apenas tinha sido justificado em relação à ideia, de fato insustentável, de direitos "naturais". Do conceito dos direitos tratarei na próxima lição.

Segundo, uma vez que o erro do utilitarismo está exposto, é agora naturalmente razoável explicá-lo também ideologicamente – eu já dizia na primeira lição que nunca se deveria iniciar com crítica ideológica, mas ela tem sentido, se a incorreção ou a não plausibilidade de uma posição apenas foi mostrada uma vez, e exatamente por isso for necessária uma explicação indireta. O utilitarismo é a ideologia do capitalismo, pois ele permite o crescimento da economia como tal, sem dar moralmente conta daquilo que diz respeito a questões de partilha. Se nos perguntamos como uma ideia em si tão pouco plausível se pôde manter por tanto tempo como aparentemente convincente, então a oculta razão ideológica fornece uma informação significativa. O dito benthamiano *everybody to count for one, nobody for more than one* tem sua direção progressista exclusivamente voltada contra o sistema feudalista, segundo o qual os indivíduos têm um valor diverso. Por isso também foi ideal, nesta perspectiva, como ideologia da burguesia.

Não se pode tratar aqui de uma crítica geral de todos os aspectos do utilitarismo. Omito, por exemplo, o fato de o utilitarista continuamente exigir daquele que se quer compreender moralmente, o que Mackie, em sua brilhante discussão com o utilitarismo[156], denominou "*the ethics of phantasy*". Aqui apenas estava em questão a comparação do princípio utilitarista com o princípio do imperativo categórico, e uma vez que o princípio utilitarista foi afinal o único concorrente sério, pode a pre-

---

156. MACKIE, J. L. H. *Ethics*. [*S. l.*]: Penguin, 1977. cap. 6 e sobretudo 6.2.

tensão, de que o conceito kantiano é aquele que naturalmente se impõe, valer como confirmada até prova em contrário.

Uma aparente vantagem do utilitarismo é que ele contém a ideia de um cálculo de decisão, segundo o qual cada questão moral complexa aparece abstratamente como perfeitamente solúvel. Eu, porém, já chamei atenção que esta vantagem não é nenhuma vantagem a partir da perspectiva moral, mas que ela é técnica, e inclusive, nesta perspectiva técnica, a vantagem apenas existe abstratamente; em sua possibilidade de realização ela é aparência: para o que deve ser baseado em consideração, esta ideia da computabilidade é sem serventia, tanto em qualquer questão pessoal quanto em qualquer questão político-social, não apenas porque este cálculo implica que poderíamos conhecer todas as consequências, mas também porque implica a falsa sustentação de que os desejos e as aversões dos afetados são comensuráveis e que se omite a questão dos direitos especiais.

Temos que nos perguntar agora que recursos de justificação tem o princípio kantiano em situações que são tanto empírica quanto normativamente complexas e nas quais são afetados os interesses de muitos. Como um kantiano teria que responder à pergunta da qual partiu Hutcheson?

Já na interpretação de Kant eu mostrei que o próprio Kant só tratou por alto os conflitos normativos, porque ele partiu da pressuposição de que obrigações negativas sempre têm primado diante das positivas. De dentro das obrigações negativas não surgem conflitos, e elas também podem ser observadas sem dificuldade com relação a todos. Que obrigações negativas tenham o primado, que, por conseguinte, "o fim não justifica o meio", parece em geral plausível (o exemplo acima com os seis pacientes ilustra de maneira muito clara esta evidência), mas, primeiro, em Kant isto permanece uma mera tese, e devemos nos perguntar como ela pode ser justificada; segundo, em caso algum este primado pode valer sem exceção. A própria história da mentira de Kant é um exemplo. Ela é justificada, porque desta maneira se salva a vida de um ser humano. Isto também já discuti na interpretação de Kant e o próprio Kant o resolve de maneira muito contraintuitiva.

Na mesma ocasião tratei da solução de Hare, de como se deve pensar a resolução de questões mais complexas a partir do princípio kantiano (p. 149). Na lição de hoje chamei atenção que o princípio kantiano contém dois elementos: primeiro, aquele que se expressa na pergunta "o que qualquer um poderia querer", pergunta que de certa forma se refere à base empírica psicológica e antropológica, sobre o que são os bens e males; segundo, o que pode ser designado como estrutura normativa, o elemento do juízo normativo como tal, que nos casos simples consiste em que todos exigem moralmente de todos comportarem-se de tal maneira que não devam lesar os respectivos bens, ou protegê-los.

Daí resulta em primeiro lugar a lista simples das normas básicas, à qual se restringiu Kant. A solução de Hare vai no sentido de que o princípio de juízo contido nos dois passos anteriormente citados sobre a situação mais complexa deve ser aplicado de novo, isto é, o que julga moralmente precisa considerar primeiramente, que bens e males estão em questão para os diversos afetados, e, em segundo lugar, perguntar-se como se poderá resolver o conflito de interesses e de normas que daí resulta, de modo a considerar imparcialmente o interesse de todos os afetados. Assim, por exemplo, o conflito entre a obrigação de não mentir e a de proteger alguém seria resolvido em favor da segunda. A medida de quem julga moralmente é a pergunta: Como poderá ser resolvido este conflito na perspectiva de um juiz qualquer e com a consideração dos bens e males que estão em questão para todos os afetados?

A única coisa à qual ainda devemos prestar atenção agora é aquilo que está implicado neste conceito. Uma vez que estão em questão os interesses de vários, aquele que julga tem que tentar colocar-se simultaneamente na situação de cada um e comparar em sua importância os diversos interesses, de uma maneira como se pode supor que também qualquer outro os ponderaria. Os elementos fortemente intuitivos que estão contidos neste procedimento não podem ser negados. O procedimento naquilo que antes denominei de base psicológica pressupõe primeiramente uma lista de estados de coisas em geral valendo como bens e, sobretudo, como males, e igualmente pressupõe sua ponderação relativa (por exemplo, ser enganado é um mal menor do que ser entregue à morte). Segundo: uma vez pressuposta esta lista de prioridades dos males, que garantia tem aquele que julga moralmente, de que o resultado a que chega é idêntico ao que chegaria qualquer outro que tentasse julgar imparcialmente?

Também foram problemas deste tipo que tornaram atrativa uma ética do discurso, e não há dúvida que discursos podem ajudar aqui; é, contudo, importante clarear bem, onde e como ajudam e onde não. Primeiro poderia parecer que no primeiro dos dois níveis citados a autointerpretação dos afetados pudesse tornar dispensável uma representação objetiva das prioridades dos males, mas isto de fato é só raramente o caso. Este caso, por exemplo, se daria se eu soubesse que o perseguido, desviando da situação psicológica normal, procurasse a sua morte. De modo geral, porém, os desejos dos afetados precisam inicialmente ser pressupostos como normais, e muitas vezes também não se deixam questionar e, segundo, no que diz respeito à importância comparativa dos desejos dos afetados, os próprios afetados, porque são parte, são os menos apropriados para este julgamento. No segundo nível, ao contrário, em que devo me perguntar se minha tentativa de juízo moral imparcial é de fato imparcial, sempre faz sentido fazer o controle por meio de um discurso. Outros podem apresentar pontos de vista que eu não tinha considerado. Mas este discurso, como já procurei mostrar na oitava lição, não é um diálogo com os afetados. A inclusão dos afetados só pode complicar a imparcialidade. E este discurso só tem o sentido de elevar a pretendida objetividade, da mesma maneira como também acontece em um juízo teórico.

Considero a concepção de Hare a única adequada para o princípio de Kant. O que nela podemos esclarecer é que, enquanto o princípio utilitarista contém um procedimento de decisão, ao menos em sua pretensão, o conceito kantiano somente pode ser compreendido como princípio de juízo e que, em base aos dois citados momentos intuitivos, não pode conduzir a nenhum resultado unívoco. O que o conceito moral kantiano fornece é somente um critério a partir do qual se julga, não um procedimento de decisão. Até nos casos mais simples, sem colisão de normas, aquilo que designei de base psicológica contém um fator de indeterminação, e este se multiplica tão logo a situação de juízo fique mais complexa. O controle do próprio resultado por meio das concepções de outros pode ser útil, mas também ele não pode resolver os dilemas morais. A solução é frequentemente uma questão de decisão pessoal.

Segundo minha concepção, a indeterminação que no princípio kantiano resulta diante de situações mais complexas não é nada que deponha contra este princípio, mas é, ao contrário, um aspecto essencial de nossa situação moral real, como ela se dá após a eliminação de premissas tradicionais. Somente uma moral que era baseada na autoridade podia conter respostas claras para todas as perguntas. O que resta quando se desiste das premissas tradicionais é somente um ponto de vista moral, um modo de julgar que se distingue essencialmente de um princípio que implica um procedimento de decisão. Esta maneira de julgar contém exatamente os dois fatores antes citados – a consideração dos interesses e a imparcialidade – e nada mais. É evidente que estes dois fatores não bastam para a solução de muitas questões morais.

A reflexão moral é por isso um procedimento racional; ela contém os dois pontos de vista que pertencem ao conceito kantiano e exclui todos os outros. Este procedimento do juízo fornece um núcleo racional para a reflexão concreta; fica, contudo, aberta nas margens, e em todas as questões morais profundas implica um irredutível fator decisório pessoal. É o que, por exemplo, no existencialismo de Sartre, tem sido falsamente absolutizado como o sentido daquilo que é moral. Parece igualmente absurdo acreditar que no céu existe um livro que contém as respostas para todas as dificuldades morais, é igualmente absurdo pensar, se este não existe, que tudo fica arbitrário. As duas concepções resultam de uma e mesma pressuposição, a orientação a partir de uma moral autoritária. Deste ponto de vista, também se pode descrever o utilitarismo como uma tentativa de obter o reconhecimento de uma parte do fundamento moderno do juízo: o reconhecimento apenas dos interesses, e de todos os interesses – um substituto para a suposição, possível nas éticas autoritárias, de que todas as questões morais são em si resolvidas objetivamente.

Parece, no entanto, existir um problema moral muito grande, que, sobretudo, se esquiva obstinadamente a um esclarecimento satisfatório na perspectiva do princípio do juízo kantiano, a saber, o problema do primado das obrigações negativas em relação às positivas. O próprio Kant afirmou tão claramente este primado quanto ele foi claramente negado pelo utilitarismo. O que, assim é preciso perguntar, o observador imparcial tem como recursos de fundamentação para esclarecer esta questão? Evidentemente, estas bases de justificação somente podem se encontrar no primeiro dos dois níveis antes distinguidos: parece mais grave ser lesado do que alguém não ser ajudado.

Aqui, contudo, é preciso distinguir duas questões: primeiro, deve-se levar a obrigação positiva tão a sério exatamente quanto a negativa? Segundo, pode alguma vez justificar-se que se prejudique as obrigações positivas em favor de obrigações negativas? Somente a segunda pergunta, se for negada, corresponde à máxima "o fim nunca justifica os meios". Esta máxima parece claramente falsa neste tom absoluto, porque, como se mostrou no exemplo da mentira e da delação, muitíssimas vezes somos obrigados a descumprir obrigações negativas em favor de obrigações positivas. Aqui a diferença na dimensão dos males parece ser decisiva. Mas onde, gostaríamos de saber, encontra-se a linha, e como é formulada a justificação?

Eu não tenho uma resposta satisfatória para esta segunda pergunta; quero, contudo, procurar mostrar na próxima lição que, se nas questões da moral não nos baseamos primariamente nas obrigações, mas nos direitos, como – conforme procurarei mostrar – precisamos fazê-lo sobre o fundamento do conceito kantiano, muitas coisas indicam que, onde estão em questão situações fundamentais, a obrigação positiva, ainda que não deva ser levada tão a sério quanto a negativa, contudo, não deve ficar muito atrás desta.

Parece significativo primeiro esclarecer que poderíamos ter que tratar e superar aqui um outro fator subjetivo de quem julga moralmente, do qual até aqui ainda não tratei. Quem julga moralmente procura ver imparcialmente um estado de coisas moralmente significante. Mas o que significa imparcialmente? Evidentemente que o ponto de vista não deve ter uma função: Mas isto eu expus até aqui de tal maneira, que a totalidade dos pontos de vista tinha sido assumida como de certa forma simultânea. É, contudo, provável que, sobretudo na avaliação relativa dos bens e dos males, também a dimensão do tempo tenha uma função. A relatividade de um ponto de vista a ser superada poderia, portanto, também ser compreendida historicamente. Se aplicamos isto ao presente problema das obrigações negativas e positivas, que em sua totalidade devem ser vistas como as regras da cooperação, então parece evidente que em tempos diversos se tinha conceitos diversos sobre como se deve pensar a cooperação em geral, e na mesma medida também uma boa cooperação. O pensamento de Kant, de que obrigações positivas são sempre secundárias, parece ser um reflexo da moral especificamente burguês-capitalista, e naturalmente haveremos de distinguir este pensamento concreto de Kant daquilo que denomino o conceito kantiano, portanto, o princípio do juízo do imperativo categórico. Uma moral que reconhece obrigações positivas apenas marginalmente parece basear-se, quanto ao seu conteúdo, estreitamente no contratualismo, já que parte do pressuposto de que a comunidade moral é uma comunidade dos fortes, que em caso normal podem cuidar de si mesmos, e que por isso no essencial apenas precisam proteger-se contra danos recíprocos. A maneira como Kant, em seu quarto exemplo[157], descreve aquele que necessita ser ajudado parece a descrição de um caso (isolado) de urgência. A comunidade de cooperação, que está pressuposta, parece, portanto, como constituída exclusivamente de homens adultos e capazes de prover o seu próprio sustento. Oculta-se que uma grande parte da comunidade é constituída de crianças, mulheres, idosos e incapazes – seja por serem deficientes, seja porque não encontram trabalho. Este é um pensamento que de fato não serve para nenhuma época, mas sim para a ideologia da burguesia capitalista. Um outro conceito de comunidade de

---

157. *Grundlegung* 423.

cooperação consideraria a situação real de que partes considiráveis da comunidade não podem cuidar e prover a si mesmos. Neste caso, os direitos que correspondem às obrigações positivas teriam que ser tidos ou como iguais ou como quase tão centrais quanto os direitos que correspondem às obrigações negativas.

Funda-se não apenas em uma ideologia específica sobre as razões da pobreza o fato que algo tão evidente tenha ficado oculto no pensamento moral de toda uma época, mas também se relaciona com o fato de ter havido certas concepções moralmente significativas sobre as obrigações especiais que existem em relação às crianças, mulheres, idosos e deficientes que fazem parte da própria ou da grande família. O fato de estas concepções, exceto em relação às crianças, desmoronarem em nossa época pode ser uma razão para parecer que novamente estamos nos tornando mais sensíveis para a problemática geral dos direitos de amparo.

Também sempre parece independente da situação histórica existirem, na medida em que cresce a distância, determinadas representações sobre a diminuição da obrigação positiva que, na perspectiva do observador imparcial, parecem corretas. A responsabilidade para com os próprios filhos é universalmente reconhecida, mas não teve consequências para o conceito geral nas teorias morais da Modernidade. Parece ter perfeitamente sentido que partamos de uma responsabilidade primeiro do indivíduo para consigo mesmo – isto já resulta do princípio da autonomia, e pode-se ver aí uma base para o primado das obrigações negativas –, e que então se reconheça uma responsabilidade subsidiária dos indivíduos para com todos os que lhe estão próximos. Esta então inevitavelmente vai desaparecendo em distâncias maiores até "o socorro na necessidade e quando não custa especial esforço para alguém".

Na perspectiva da moral usual e de sua compreensão das obrigações positivas para os que estão distantes surge hoje para o indivíduo moralmente consciente, diante da pobreza no mundo, um sentimento peculiar de cada um ser exigido em demasia, e a única saída parece ser a indiferença. Um auxílio pontual parece arbitrário, por isso parece de novo moralmente questionável. Além disso: Até onde se pretende ir? Até que se seja pobre quanto os mais pobres? Aqui existe, segundo penso, uma falsa pressuposição. Pensamos que os direitos aos quais correspondem as obrigações positivas são compreendidos como direitos que os afetados têm em relação aos indivíduos, em vez de tê-los em relação à sociedade. A maneira como o indivíduo consegue assumir adequadamente sua responsabilidade em relação a estes direitos é mudar a compreensão de si da comunidade. Estas relações, segundo penso, somente podem ser esclarecidas e corrigidas se percebermos que, a partir do conceito de Kant, o conceito de direito deve ser considerado em certo sentido como determinante. Esta é a problemática que discutirei na próxima lição.

DÉCIMA SÉTIMA LIÇÃO
DIREITOS HUMANOS[158]

Desde a quinta lição e na lição precedente sustentei e tentei mostrar que a moral do respeito universal e igualitário é a única moral que pode ter uma pretensão plausível de realizar a ideia de um ser humano bom ou bom parceiro de cooperação. Nisso está implicado que o comportamento moral consiste em reconhecer o outro como sujeito de direitos iguais; isto significa que às obrigações que temos em relação ao outro correspondem, por sua vez, direitos.

Até o momento, porém, não esclareci o que isto significa. Estamos autorizados – assim pode-se perguntar – a aceitar que aqueles em relação aos quais temos obrigações têm algo como direitos correspondentes às obrigações? O que significa ter um direito?

Eu deveria clarear de antemão que, ao se falar de direitos que os sujeitos "têm", entendem-se os assim denominados "direitos subjetivos", como são designados na jurisprudência alemã e romana, por causa da ambiguidade da palavra "direito" (*ius, Recht* etc.) que existe nessas línguas. No alemão não apenas falamos de direitos dos sujeitos, mas, por exemplo, do direito civil ou direito penal, ou também de "direito e ordem"; no inglês fala-se em *law*, e o discurso de *right* não é neste sentido ambíguo, de modo que não se exige aí o complemento "subjetivo". Entretanto, também no inglês oscilam juntamente outras nuanças de significado, assim como no alemão "correto" (*richtig*), "de direito" (*rechtens*), que igualmente devemos manter distantes quando se fala de direitos subjetivos. De uma vez por todas deve-se evitar o equívoco de que por "direito subjetivo" se entenderia algo subjetivo, no sentido de ser-assim a partir de uma perspectiva subjetiva. O direito subjetivo é designado desta maneira apenas por ser o direito de alguém, portanto, de um sujeito. Isto então é

---

158. Tradução de Aloísio Ruedell.

normalmente uma questão absolutamente objetiva. Se alguém me prometeu algo, eu tenho objetivamente o direito – o direito subjetivo – de que ele cumpra a promessa.

A pergunta diretiva desta lição é, portanto: O que significa que às obrigações morais correspondem direitos morais? Isto então acrescenta algo de novo? E o que é este novo? Esta questão também nos conduzirá ao conceito dos direitos humanos, que é um conceito central da moral política. Por juízos de moral política compreendo aqueles nos quais se decide sobre o ser-bom e ser--mau de um Estado, de maneira análoga como em juízos morais sobre indivíduos: também aqui os termos "bom" e "mau", ou as correspondentes palavras da necessidade prática, serão empregados no sentido "absoluto", como elucidei anteriormente. Também estes juízos são de maneira análoga fundamento para emoções morais, ao menos para o sentimento de indignação.

Há pouco foi apresentada por J. L. Mackie[159] a pergunta se não seria mais correto construir a moral em geral sobre o conceito do direito subjetivo, em vez dos conceitos fundamentais do kantismo e do utilitarismo, o conceito das obrigações e o da utilidade coletiva. Mas esta oposição só faz sentido em relação ao utilitarismo. Designa-se mormente o utilitarismo como uma moral teleológica, isto é, orientada para um fim (objetivo) (do grego *telos*), e aqui agora de fato pode-se dizer que, em relação a isto, uma moral baseada em direitos representa uma clara oposição. A proposta de relacionar a moral com direitos é uma contraposição para o utilitarismo. A consideração dos direitos inalienáveis de todos é um conceito teleológico que está em oposição ao conceito da utilidade coletiva (a ser ajustada entre os indivíduos). A oposição ao kantismo, porém, não se evidencia imediatamente. É uma deturpação de Kant apresentar sua posição como a de uma obrigação por obrigação, como o faz Mackie (171). A 2ª fórmula do imperativo categórico de Kant mostra que e como também para ele a obrigação tem um conteúdo teleológico, e este pode-se compreender perfeitamente como consideração dos direitos dos outros. A contrastação entre

---

159. *"Can there be a right-based moral theory?"*, por mim citado, conforme: WALDRON, J. (org.). *Theories of rights*. Oxford: [s. n.], 1948. p. 168-181.

ética teleológica e deontológica, que se costuma fazer na ética anglo-saxônica, não é tão significativa como parece, porque toda moral tem afinal um irredutível componente deontológico. Também o utilitarismo não pode deduzir do citado objetivo a ser perseguido a convicção de que ele deve ser buscado. Eu penso além disso que Mackie se engana ao acreditar que o primado moral do conceito do direito poderia ser compreendido de tal maneira que, como conceito fundamental, pudesse substituir o da obrigação (170). Isto não é possível porque o conceito de obrigação moral baseia-se, por sua vez, no de determinada sanção; e o discurso sobre direitos ficaria no ar sem a correlação com o discurso de obrigações, assim definido. Formalmente, somente é possível construir o discurso sobre direitos com base no discurso sobre obrigações, e se, quanto ao conteúdo, o conceito do direito se demonstrasse como o primeiro, então isto – como ainda veremos – só poderia ter o sentido de que a pergunta sobre quais obrigações existem é resolvida a partir dos direitos e de que a um direito correspondem diversas obrigações, não existindo aqui uma correlação um-por-um.

Para compreender o que afinal deve ser entendido por direito e, conforme isto, por direito moral, temos que – como primeira tarefa – nos entender a respeito do sentido daqueles direitos subjetivos que ainda não têm um sentido moral ou legal, ou em todo caso não precisam tê-lo. Fala-se aqui de direitos especiais ou pessoais, em oposição aos direitos gerais, dos quais então se trata no direito e na moral. Um direito especial é concedido, por exemplo, por meio de uma promessa, ou também quando eu empresto algo a alguém. Estes direitos são sempre instituídos por meio de um ato linguístico – no qual eu, por exemplo, digo "eu te prometo", "eu te empresto" – e por meio disso é simultaneamente estabelecida uma obrigação correlativa, que agora, porém, é a obrigação face a determinada pessoa. Por exemplo, se prometo a alguém que chegarei amanhã, então me comprometo em relação a esta pessoa a vir amanhã; isto significa: eu lhe concedo o direito de cobrar de mim o cumprimento da promessa. Inversamente, quando empresto algo a uma pessoa estabeleço para ela, por meio deste ato linguístico, a obrigação em relação a mim: devolvê-lo; concedi-me desta maneira o direito de obter de volta o emprestado.

Como a criança aprende aquilo que se quer dizer com a expressão "eu prometo"? A mãe tentaria explicar para a criança que, quando ela emprega este termo, ela dá à criança a autorização de exigir o cumprimento da promessa. E a criança pode aprender a fazer o mesmo. A mãe – falando em linguagem figurada – dá à criança uma rédea na mão, na qual ela se amarrou; e a criança agora aprende que pode puxar a rédea conforme deseja, mas que também pode soltá-la. Esta última possibilidade designamos como renúncia ao cumprimento da exigência do direito (no inglês existe para isto uma expressão própria: *to waive one's right*).

Podemos designar isto como um jogo de conceder e assumir um direito. A criança compreendeu o que é um direito deste tipo e a correspondente obrigação relativa, quando ela compreendeu, como a mãe tem de reagir, diante do procedimento que a criança toma. O que agora significa este "ter de"? Como em todos os modos de emprego do "ter de" (cf. segunda lição), também aqui deve-se perguntar qual é a sanção no sentido mais amplo do termo. Deve-se, por conseguinte, perguntar o que acontece se a criança não reage como ela tem de reagir. Aqui não basta simplesmente descrever o que acontece empiricamente. Pois ordinariamente aprendemos empiricamente ao mesmo tempo, quando, por exemplo, aprendemos o jogo da promessa, que é moralmente mau descumprir a promessa. Isto significa que aprendemos que aqui se reage com a típica sanção moral. Precisamos, contudo, poder dizer "é mau quebrar a promessa", o que pressupõe que compreendemos o que significa cumprir ou quebrar uma promessa, independente de isto ser mau. Também em uma sociedade na qual não houvesse moral – se podemos imaginar uma sociedade deste tipo – é possível fazer uso da instituição de fazer-promessas, e da mesma forma do estabelecimento dos outros direitos especiais e correlativas obrigações. Se, portanto, a mãe quisesse explicar para a criança apenas a promessa como tal, ela teria que reter para si todas as apreciações morais. Neste nível mais simples, a sanção apenas consiste no fato de a regra do jogo ter sido infringida. Portanto, se a criança não mantivesse a sua promessa, a mãe apenas poderia dizer: "é assim, então tu nem sequer jogas este jogo", e a única sanção ulterior então seria – como sempre em um jogo – que a mãe, por sua vez, não seguiria jogando este jogo com a criança.

Portanto, antes de todas as volições morais, a criança agora teria aprendido o que significa ter direito e ter poder (*vollmacht*), naturalmente sem empregar estes termos. Isto consiste em ela ter compreendido que se cobrar os seus direitos, a outra pessoa tem de – "tem de" no sentido das regras deste jogo – agir desta maneira. O que agora resulta disto para o conceito de um direito subjetivo, pressuposto que podemos considerar os direitos especiais como a forma prototípica? É um poder (*vollmacht*) que no caso mais simples é instituído entre duas pessoas por meio de um ato linguístico: uma pessoa o concede ou a si mesma (como no emprestar algo a alguém) ou a outra pessoa (como em uma promessa). E desta maneira ela sempre coloca a outra pessoa em uma obrigação "relativa". Expressamos esta obrigação relativa ao dizermos "eu fico lhe devendo isto" (no sentido literal, quando algo me é emprestado) ou também simplesmente: a respeito disto tenho obrigação com ele. Esta obrigação, porém, não é apenas relativa às pessoas, como quando, por exemplo, falamos da obrigação dos pais para com o seu filho, mas ela tem ao mesmo tempo a peculiaridade de poder ser suspensa (*abrufbar*) e ser cobrada, mas também de ser anulada pela pessoa para com a qual (e somente por meio da qual, não havendo outras complicações) ela existe.

Disse anteriormente que direitos deste tipo são em si e por si pré-morais e pré-legais. Agora, porém, podemos esclarecer que os diversos tipos de obrigações podem sobrepor-se. Se consideramos moralmente mau quebrar uma promessa, então isto significa que existe uma obrigação moral não relativa, a saber: a de cumprir a obrigação relativa que temos para com aquele ao qual fizemos a promessa. Podemos analogamente dizer que então o direito do outro é fortalecido por meio de um direito moral? Até o momento não, pois ainda não sabemos de modo algum o que é um direito moral. O fortalecimento moral do direito especial dá-se por enquanto somente mediante a sobreposição da obrigação relativa pela obrigação moral. É uma situação bem análoga quando obrigações e direitos são fortalecidos por meio de uma sanção legal; por exemplo: o cumprimento de um acordo – entende-se por acordo uma promessa recíproca – pode, por sua vez, ser apoiado pela sanção jurídica. Fala-se então de um contrato. Também já se pode empregar no sentido lato o termo "contrato" como tal para o acordo. O que, por exemplo, se entende internacionalmente pelo direito expresso por *pacta sunt servanda* e que não é apoiado por sanções? Os níveis moral e legal podem, por sua vez, sobrepor-se um ao outro. A norma moral "acordos têm que ser cumpridos" (no sentido moral do termo) pode tornar-se fundamento de uma correspondente norma penal, e o direito contratual pode, inversamente, ser julgado moralmente.

Isto nos conduz à importante distinção entre direitos especiais e direitos gerais. Faz sentido não só alicerçar os direitos especiais por meio de correspondentes direitos gerais, morais e/ou legais, mas também de relacionar com direitos partes de outras normas morais e legais? Esta ampliação não está isenta de dificuldades, considerando que, com base nos direitos especiais, agora chegamos a conhecer peculiaridades específicas implicadas no discurso sobre direitos: direitos são relativos e podem ser cobrados. Se eu tenho um direito moral ou legal sobre algo, teria que existir, assim parece, uma instância moral ou legal de cobrança. Como esta instância deveria ser pensada, é muito mais fácil de ser visto no direito do que na moral: ter um direito legal sobre algo parece significar que existe uma instância jurídica junto à qual este direito pode ser cobrado.

Mas que sentido tem afinal falar de um direito "sobre algo"? Na jurisprudência, fala-se aqui de um *ius in rem*, em oposição ao direito relativo-às-pessoas do direito especial, designado como *ius in personam*[160]. O que, por exemplo, significa que eu tenho um direito à propriedade, à integridade física etc.? Parece claro que também este direito tem que ser relativo-à-pessoa apenas de forma velada, mas como deve ser compreendida esta relação com a pessoa? Podemos compreendê-la em analogia direta com a relação que existe nos direitos especiais – como o propõe Alexy –, de modo que ter direito a alguma "coisa" significa que o Estado está sob a correspondente obrigação relativa? Mas também não dizemos que, se temos este direito, a ninguém é permitido vio-

---

160. Cf. ALEXY, R. *Theorie der Grundrechte*. Baden-Baden: [*s. n.*], 1985. p. 172s; FEINBERG, J. Duties, rights and claims. *American Philosophical Quaterly*, v. 3, n. 2, p. 137-144, 1966. p. 139.

lá-lo? Neste caso, o destinatário da exigência vinculada com o direito seriam todos, *the world at large*, como diz Feinberg. Mas são todos uma instância de cobrança? Desta maneira isto poderia sugerir que a relação com as pessoas, dada por um *ius ad rem*, tivesse que ser compreendida de duas maneiras: como uma exigência para todos *e* como exigência ao Estado (como seu representante). Mas como se deveria compreender este "e"? Além disso, não se confunde aqui uma compreensão especificamente legal e uma especificamente moral do *ius ad rem*?

Contudo como se deveria compreender um direito moral sem uma instância de cobrança? Desta maneira poder-se-ia pensar que uma compreensão da moral relacionada com direitos aponta por si mesma para uma realização em uma ordem jurídica. O "todos", aos quais se dirigiria a exigência moral – caso então se possa apoiar em direitos –, não seria apenas a comunidade moral como falei dela até aqui, mas seria a comunidade enquanto se pode apelar a ela como a uma instância, a qual pode executar judicialmente o seguimento das normas morais.

H. Bedau, para esclarecer o que significa falar de direitos humanos, propôs em um artigo, "International human rights"[161], comparar três modelos de sociedade. A primeira sociedade seria uma sociedade na qual de modo algum se falaria de direitos gerais, mas somente de obrigações, como no Antigo Testamento. Aqui eu tenho que complementar que também uma sociedade deste tipo conhece a instituição da concessão de direitos especiais; nem sequer é possível pensar uma sociedade humana sem esta instituição. O segundo modelo de sociedade de Bedau já conhece direitos gerais, os quais, contudo, são concedidos pela ordem jurídica e estão vinculados a peculiaridades e papéis específicos das pessoas em questão. Por fim, no terceiro modelo de sociedade, todos os seres humanos, independente de todas as peculiaridades e dos papéis específicos, teriam determinados direitos simplesmente enquanto são seres humanos.

No último passo de Bedau estão contidos dois passos: a passagem de direitos legais para direitos morais (que também

---

161. REGAN, T.; VAN DE VEER, D. (org.). *And justice for all*. Totowa: [s. n.], 1982. p. 287-307. Aqui, 287-290.

podem ser desiguais) e a passagem de direitos gerais especiais para direitos universais. No terceiro passo de Bedau mostra-se, contudo, uma outra dificuldade, além da anteriormente citada, que parece estar ligada ao discurso sobre direitos morais – e então sobre direitos humanos. Baseados nos direitos especiais vimos não apenas que direitos podem ser cobrados, isto é, que têm um (ou muitos) destinatário(s), mas também que parece fazer parte de sua essência que eles são criados, concedidos. O que, porém, então pode significar que seres humanos "têm" determinados direitos simplesmente porque são seres humanos?

Vocês poderiam objetar que talvez não seja correto contar, também nos direitos gerais, com todas as características essenciais que encontramos nos direitos especiais. Talvez sejam direitos gerais e de modo particular direitos morais, algo essencialmente diverso e o conceito de direito subjetivo polivalente. Mas mesmo que não tivéssemos que esclarecer os direitos gerais a partir dos direitos especiais, que são de compreensão mais fácil, parece estranha a concepção que simplesmente poderíamos ter certos direitos. O que significa ter um direito que não foi concedido? Também aqui o discurso sobre direitos legais oferece dificuldades menores, uma vez que em um direito legal está claro que alguém tem um direito na medida em que este lhe foi concedido, neste caso pela ordem jurídica. Também nesta perspectiva a unidade conceitual em relação aos direitos especiais pode, por conseguinte, ser compreendida mais facilmente nos direitos legais do que nos morais.

Para acentuar o fato de que nos direitos morais se trata daqueles direitos que nós "temos", e que não apenas nos são concedidos por alguma ordem jurídica, a primeira tradição moderna dos direitos humanos tem falado de direitos naturais. Isto soa como se tivéssemos nascido com estes direitos e os tivéssemos assim como temos órgãos, ou como se os carregássemos como grãos de ouro em nosso coração. Um sentido compreensível podia ter este discurso, na melhor das hipóteses, em uma visão teológica. Desta maneira diz na declaração da independência norte-americana, que todos os seres humanos foram "providos" por seu criador de "certos direitos inalienáveis".

A razão de esta concepção teológica parecer de compreensão mais fácil decorre naturalmente do fato de que agora também os direitos que temos "por natureza" ou "de antemão" são concedidos: são concedidos por Deus. Mas afinal esta compreensão é também apenas uma aparência. Pois tanto nos direitos especiais quanto nos direitos legais é essencial que a instância que concede os direitos seja idêntica àquela junto à qual eles podem ser cobrados. Os direitos concedidos por Deus, contudo, não podem ser cobrados junto a Ele. Portanto, a concepção teológica dos direitos humanos como instituídos por Deus somente pode ter o sentido de que Deus estabeleceu a ordem moral como um todo, isto é, a humanidade como uma comunidade moral, cujos membros podem cobrar-se mutuamente estes direitos: Ele teria criado todo o sistema dos direitos e das obrigações recíprocas. No entanto, os direitos então somente teriam o seu sentido específico enquanto direitos na medida em que os membros da comunidade os reconhecerem mutuamente. Disso, no entanto, não decorre que teremos que dizer que os direitos são reciprocamente concedidos por estes membros da comunidade moral que se reconhecem um ao outro, e que Deus somente é pensado como aquele que, por sua vez, fundou esta comunidade e, por conseguinte, a moral?

Uma metáfora enganadora parecida com a dos direitos morais como direitos naturais é o discurso kantiano de um "valor absoluto" de todas as pessoas, recentemente assumido por G. Vlastos[162]. Vlastos não fundamenta esta concepção do valor absoluto de todos os seres humanos; pensa, contudo, que ela está na base de nossa consciência de direitos humanos inalienáveis. Nesta medida, ele ainda vai mais longe do que Kant, porque para Kant a concepção do ser humano como fim em si funda-se na razão; por isso ela não está tanto na base dos direitos e das obrigações morais quando ela estaria idêntica com a consciência de que estes direitos e obrigações morais existem, ou seja, identifica com a moral do respeito universal.

Não é, porém, então mais razoável e mais claro renunciar-se completamente a falar, de modo obscuro, em valores absolutos?

---

162. VLASTOS, G. Justice and equality. *In*: WALDRON, J. *Theories of rights*. Oxford: [*s. n.*], 1984. p. 41-76.

Em Vlastos fica particularmente claro que o único sentido da introdução de valores absolutos consiste em apoiar os direitos humanos, isto é, a moral do respeito universal. Mas não perdemos nada se simplesmente abandonamos a crença no valor absoluto. O sentido substancial desta crença permanece o mesmo, a saber, que reconhecemos todos os seres humanos como portadores de direitos. E agora podemos dizer mais claramente o que já foi sugerido na interpretação da concepção teológica: que, na medida em que nos colocamos sob a moral do respeito universal, somos nós mesmos que concedemos a todos os seres humanos os direitos que dela resultam. Portanto, também os direitos morais são direitos concedidos. A instância que os concede é – falando kantianamente – a própria legislação moral, ou somos nós mesmos na medida em que nos colocamos sob esta legislação. Devido à sua ambiguidade, é melhor evitar o discurso sobre direitos naturais; o seu sentido positivo consiste simplesmente no fato de aqui se tratar de direitos – se afinal os reconhecemos – que valem diante de toda legislação jurídica positiva.

Existe naturalmente algo que se perde nesta concepção, e eu sempre, de novo, faço a experiência que isto é lamentado por muitos: que a moral perde a base que parecia ter enquanto se tinha a convicção de que ela foi instituída por Deus, pela natureza ou pela razão. Mas um tal apoio é naturalmente fictício. Mesmo que ele existisse, teria, contudo, somente este sentido: se eu me sinto obrigado em relação à natureza ou à razão, então tenho que ser moral. Mas até que ponto deveríamos ter um motivo para nos reconhecermos como ligados, antes à natureza ou à razão ou a qualquer outra coisa do que à moral? Somente a concepção religiosa teria um sentido positivo. Mas ela pressupõe uma motivação, em última análise infantil, para a qual é normativa uma instância ordenada absolutamente[163].

---

163. No Chile, por exemplo, quando se procura argumentar desta maneira, objeta-se: "Mas a quem podemos então apelar para que não se repita o acontecido?" Mas Hitler, Stalin e Pinochet e seus carrascos deixaram-se impressionar tão pouco por estas instâncias de apelação quanto pela própria moral; e a única maneira pela qual é possível evitar que os crimes sempre de novo se sucedam é conseguir que o maior número possível de seres humanos acredite nos direitos humanos, ou se compreenda moralmente (cf. também: SIEGHART, P. *The lawful rights of mankind*. Oxford: [s. n.], 1985. p. 40).

Com isto teríamos então assegurado a unidade do conceito de direito: é ambíguo dizer-se que todos os seres humanos "têm" os direitos morais. Também os direitos morais são direitos concedidos, concedidos pela própria moral (ou, uma vez que também isto é ambíguo, são concedidos por nós na medida em que nos compreendemos moralmente). De maneira mais precisa teríamos que dizer agora: se afinal existem direitos morais, então eles são dados desta maneira. Mas eles existem?

Apenas depois que se decidiu de que depende a existência desses direitos, teremos um critério de julgamento para podermos esclarecer: primeiro, se eles afinal existem e, segundo, quais os direitos deste tipo que devem ser reconhecidos. Se, pois, os direitos da moral são concedidos – caso afinal existam –, então esta pergunta somente pode ser respondida a partir daí de onde devem ser respondidas todas as perguntas morais, como vimos na última lição: Como queremos, a partir de um ponto de vista imparcial, que todos se comportem? O conceito de direito subjetivo e suas implicações constituem sem dúvida uma segunda condição restringidora. Estes dois pontos de orientação não são, contudo, completamente independentes um do outro. Vimos antes que poderia trazer dificuldades aplicar ao elemento moral o conceito de direitos subjetivos, assim como o obtivemos com base nos direitos especiais e legais. Mostrou-se entrementes que também direitos morais são concedidos. Contudo, ainda fica em aberto se e até que ponto eles podem ser cobrados. Aqui se poderia pensar que o conceito de direito subjetivo teria que ser modificado um pouco no domínio moral: que não poderemos manter no elemento moral todos os aspectos que encontramos nos direitos especiais e legais. Isto quer dizer que agora podemos deixar em aberto se temos que distinguir entre um conceito mais fraco dos direitos subjetivos e outro mais forte, e se no domínio moral somente vale o mais fraco. Este é o lugar onde a questão conceitual se divide com o critério moral de julgamento: pois é a partir do critério de julgamento que se deve decidir se o discurso sobre direitos morais afinal pode ser desejado a partir de um ponto de vista imparcial, como também se a partir deste ponto de vista é desejável que compreendamos os direitos morais também como direitos no sentido forte.

Diante das considerações conceituais iniciais e inseguras temos agora um itinerário claro. A primeira questão é se afinal existem direitos morais. E para isto basta compreender o discurso em um sentido fraco. Como fraco agora podemos designar aquele conceito de um direito subjetivo universal, segundo o qual este não pode ser cobrado. O que dá sentido falar em direitos na moral, ao menos neste sentido fraco? Eu tenho, por exemplo, o direito de não ser lesado, e este *ius in rem* significa que todos os outros são obrigados a não me lesar. Quando aqui falamos em direito, o que se diz mais do que, que todos têm a correspondente obrigação? Primeiro, que agora cada um não apenas tem a obrigação de se comportar de tal e tal maneira diante de mim, mas que reconhece como base desta obrigação o direito relativo que eu tenho em relação a ele (bem como em relação a todos os outros). Por isso também podemos dizer que ele deve proceder de tal maneira em relação a mim. Não posso, em verdade, cobrar o meu direito, mas posso exigi-lo como algo que me compete e que não depende da benevolência dos outros. Aqui também é aplicável a metáfora da rédea. Se reconhecemos o outro como sujeito de direitos, então o pensamos como tendo em suas mãos indefinidamente muitas rédeas invisíveis, nas quais estamos amarrados enquanto membros da comunidade moral e das quais, no caso, ele nos pode lembrar.

Isto talvez não seja muito, mas é alguma coisa. O outro agora é visto como sujeito de direitos e não apenas como mero objeto de nossas obrigações; compreendemos nossa obrigação como um reflexo do seu direito. E se agora nos perguntamos se este fortalecimento da moral é desejável a partir da perspectiva imparcial dos afetados, então a resposta somente poderá ser formulada positivamente, e por isso estes direitos (assim rapidamente pode-se concluir aqui para a existência) existem, e eu, portanto, tinha razão para assim compreender de antemão a moral do imperativo categórico.

No entanto, geralmente também se acentua mais aquilo que de fato estava já contido no imperativo categórico: que de agora em diante tudo será julgado a partir da perspectiva daqueles que têm os direitos. Não obstante o conceito do direito esteja baseado no da obrigação, acontece que, quanto ao conteúdo, as obrigações resultam dos interesses e das necessidades e dos direitos que delas emanam: os direitos resultam das necessidades, se isto parecer como desejável em um julgamento imparcial.

Observemos agora ainda que, se olharmos a obrigação a partir da perspectiva dos que para ela estão obrigados ou dos que têm os direitos, ocorre uma relação recíproca inversa entre um e todos. Aquele que é obrigado, é obrigado em relação a todos. Aquele que tem os direitos, tem direitos face a todos. Isto pode parecer inicialmente secundário, uma vez que os direitos e as obrigações parecem existir uns em função dos outros. Isto, porém, não está certo, porque, por exemplo, crianças pequenas somente têm direitos e não têm obrigações. A reciprocidade somente existe no núcleo da comunidade moral; na periferia somente há direitos, e em nenhum lugar apenas obrigações.

Agora, porém, chegamos ao ponto em que podemos dar o passo decisivo em relação à questão, se direitos morais fortes também são, primeiro, pensáveis e, segundo, desejáveis. A fraqueza peculiar do conceito de direito moral, como o apresentei antes, consiste nisto: aquele que tem o direito, de fato pode exigi-lo, mas não dispõe de nenhum instrumento para dar força a esta exigência além do apelo à ordem moral. As rédeas são constituídas de um material muito etéreo, enquanto nos direitos especiais pode-se ao menos dar força a sua exigência, considerando que de outra forma se quebraria o jogo, e nos direitos legais a sanção já é de si pública. O fato de a exigência da observância dos direitos morais existir para todos enfraquece ainda mais estes mesmos direitos na perspectiva daquele que os possui, porquanto cada qual pode dizer para si mesmo: se eu não o prejudicar, algum outro o prejudicará. Até o momento não existe uma instância que providencie para que todos cumpram suas obrigações e junto à qual eu possa cobrar os meus direitos.

Pode-se agora dizer: a partir do meu direito, por exemplo, à integridade física (ou corporal), resulta, além da exigência que eu tenho em relação a todos individualmente, uma exigência para todos comunitariamente, a saber, de me proteger e conjuntamente criar uma instância onde eu possa cobrar meu direito e onde este recebe a sua força. Haveria, portanto, uma obrigação moral para a criação de uma instância legal como representação unitária de todos e isto significa: resultaria (a ser definido a partir daí em suas tarefas) uma exigência moral para a criação de um Estado. O direito moral pode, portanto, ser perfeitamente compreendido no sentido forte, mas somente de tal maneira que daí resulte uma obrigação moral coletiva, uma correspondente instância jurídica a ser institucionalizada. Precisamos, por conseguinte, nos perguntar mais, se este reforço legal do direito moral é desejável a partir da perspectiva imparcial de cada um. Aquele que quer ter um direito a X, não apenas quer que outros sejam individualmente obrigados a não disputá-lo com ele, mas quer que os outros também sejam coletivamente obrigados a proteger o seu direito; pois um direito não protegido vale pouco. Segue, portanto, que de fato também existe nesta ordem moral o direito moral forte, que implica um correspondente direito legal.

Esta justificação moral do Estado distingue-se daquela justificação habitual do Estado a partir do interesse egoísta de cada um. Neste primeiro nível, porém, as duas maneiras de justificação dirigem-se, quanto ao conteúdo para a mesma direção, porque em todos que por motivos contratualistas se unem em um Estado podemos pressupor que têm estes interesses. O Estado, assim como ele resultou neste primeiro nível, no qual primeiro eu apenas considerei a proteção dos assim denominados direitos de defesa, é inclusive idêntico àquele da justificação liberal-contratualista do Estado. Também em Locke a proteção dos direitos de defesa – também vistos por ele como direitos morais – e a introdução de um correspondente direito penal, fornecem a justificação do Estado. No entanto, veremos em seguida que, como a moral do respeito se distingue do contratualismo, separar-se-ão logo os caminhos da justificação do Estado, conforme resultam, respectivamente, da perspectiva moral ou da perspectiva contratualista.

Um ponto no qual já se distingue aqui o conceito moral do contratualista é que o contratualista precisa deslocar completamente o direito para a relação do detentor do direito com o Estado, como o vimos antes em Alexy, enquanto a fundamentação moral precisa prever uma dupla irradiação dos direitos: primeiro o direito existe em relação a todos os outros indivíduos, e só secundariamente, na medida em que estes indivíduos não cumprem suas obrigações, portanto, subsidiariamente, o direito existe face ao Estado. No que segue ainda serão retomadas diversas vezes estas duas relações, das quais a segunda só surge quando desaparece a primeira, portanto, subsidiariamente. Se eu falo de uma "dupla irradiação", isto simplesmente tem o sentido de que o direito relativo existe primeiro em relação a todos, individualmente, e em segundo lugar, subsidiariamente, em relação ao coletivo. Apenas neste segundo nível o direito pode ser cobrado, mas isto também é suficiente. Como mostrou Henry Shue – a quem devo a referência a estes dois níveis de obrigações, que sempre correspondem a um direito – fica mal para um Estado quando o primeiro nível está muito corroído; na medida em que isto for o caso, o Estado terá que se tornar um Estado policial[164]. Shue também mostrou além disso que ainda existe um terceiro nível de obrigações que resultam de um e mesmo direito, a saber, a obrigação de ajudar àqueles que, não obstante a proteção, lhes acontece o mal (p. 2s., p. 6s.). Esta obrigação, a qual, uma vez que a tarefa é grande demais para os indivíduos, deve igualmente ser compreendida primeiro como uma obrigação do coletivo, do Estado, parece igualmente passar no teste moral da desejabilidade, a partir de uma perspectiva imparcial; por conseguinte, também neste sentido o direito moral tem que ser pensado como fortalecido. Aqui, porém, já nos encontramos no lugar onde se exige mais do Estado do que ocorre na tradição liberal.

Esclareçamos ainda uma outra curiosidade da teoria liberal dos direitos humanos que não resulta do princípio contratualista. Os direitos humanos são compreendidos nesta tradição primeiramente como direitos de defesa perante as intervenções do Estado, e só com muita hesitação são também compreendidos como direitos universais à proteção. Isto somente pode ser compreendido a partir da história pré-revolucionária do aparecimento dos direitos humanos (*Magna Carta* etc.), onde ficaram abertos os fins do próprio Estado. No entanto, por mais decisiva e importante que seja aquela proteção dos direitos humanos, referida exclusivamente às violações do próprio Estado, a começar com o direito de não ser arbitrariamente preso e o direito a um processo honesto (*due process*), esta restrição, contudo,

---

164. SHUE, H. *Basic rights*. Princeton: [*s. n.*], 1980. p. 62.

então não tem mais sentido, se o Estado uma vez é compreendido como uma organização dos próprios cidadãos, que o fundam para guarnecerem reciprocamente os seus direitos[165].

Que Alexy só com muita dificuldade reconhece também estes "direitos à contraprestação", que servem para a proteção do cidadão perante os outros cidadãos[166], tem certamente ainda uma outra razão, que o Estado deve ter o menor custo possível. Mas, juridicamente compreendido, o interesse em um "Estado mínimo" apenas consiste, inclusive na tradição liberal, no fato de o Estado servir exclusivamente aos interesses (compreendidos entretanto em um sentido puramente negativo) de seus cidadãos. Mas, como já o disse convincentemente Shue (35s.), é por si uma ficção a ideia de que existem direitos aos quais o Estado simplesmente só pode atender incluindo aí, para si, todas as intervenções. Mesmo se os direitos só se restringissem àqueles direitos contra as intervenções do Estado, este mesmo Estado, por meio da organização de instâncias correspondentes etc., teria que fazer algo pela proteção dos cidadãos; teria que assumir alguma coisa. Visto a partir de uma justificação moral do Estado, da proteção dos direitos dos cidadãos, parece evidente que, por razões de direitos humanos, o Estado seja obrigado a instituir uma jurisdição penal. Uma vez concedido isto, não se pode, contudo, ver como, na base do reconhecimento dos mesmos direitos, o Estado não seria além disso obrigado, novamente de maneira subsidiária, a ajudar positivamente aqueles que ele não pôde proteger. É preciso observar que até o momento ainda sempre e exclusivamente se trata da garantia da integridade física, conquanto esta tenha sido ferida por indivíduos, dos quais o Estado não pôde proteger seus cidadãos.

---

165. A história pré-revolucionária dos direitos humanos na jurisprudência alemã esclarece de que maneira esta se prende com particular obsessão a esta concepção unilateral, a qual propriamente já foi vencida no liberalismo, como inclusive se vê na apresentação de Alexy. Essencialmente mais ponderada ou mais oscilante é nesta perspectiva a concepção que defende, em seu livro introdutório *The lawful rights of mankind*, P. Sieghart, o *expert* inglês em direito humano internacional e autor de *International law of human rights*. SIEGHART, P. *International law of human rights*. Oxford: [s. n.], 1983; SIEGHART, P. *The lawful rights of mankind*. Oxford: [s. n.], 1985.

166. Cf. parágrafo sobre "direitos de proteção", p. 410s.

Evidencia-se entretanto logo um outro passo, corretamente proposto por Shue (57): o Estado também é obrigado a ajudar a seus cidadãos em relação à sua integridade física, quando estes não forem violados por outros cidadãos, mas atingidos, por exemplo, por catástrofes da natureza. Este certamente é o primeiro passo que extrapola claramente da tradição liberal dos direitos humanos. Ele, contudo, se dá como necessário a partir da perspectiva moral, a partir da perspectiva imparcial da desejabilidade de qualquer um. A perspectiva moral, pois, não pode ser compreendida como se fosse possível conduzir os interesses dos não afetados e dos afetados a uma harmonia, a um compromisso – isto seria um ponto de vista contratualista –, mas também o não atingido julga, na medida em que ele assume o ponto de vista moral, que é preciso ajudar aquele que é atingido pela má sorte.

Isto agora parece tão evidente que é preciso perguntar-se inversamente por que não foi visto na tradição liberal. O motivo não pode mais estar na compreensão do direito, mas apenas na moral que está na sua base. Este caso, pois, distingue-se do anterior somente por meio disto: no caso anterior os afetados foram lesados por outros, enquanto no atual são apenas necessitados. Os dois casos distinguem-se, portanto, apenas por meio daquilo que deu origem à necessidade de ajuda. Até que ponto deve um direito basear-se em restabelecimento e não na ajuda como tal? Uma vez que todos os direitos que temos face ao Estado custam alguma coisa e são, por conseguinte, direitos de contraprestação, não havendo neste sentido direitos puramente "negativos", a pretensa distinção entre direitos negativos e positivos face ao Estado aponta para uma correspondente distinção dos direitos morais no sentido fraco, isto é, em relação aos indivíduos; e isto quer dizer, aponta para a distinção de obrigações negativas e positivas de indivíduos. Esta distinção de fato existe na perspectiva dos indivíduos que têm obrigações, simplesmente porque posso cumprir minhas obrigações negativas para com todos, enquanto as positivas apenas posso cumprir com relação a alguns poucos. Contudo, já vimos anteriormente que questões morais, desde que vistas como questões de direitos, precisam ser decididas a partir da perspectiva dos afetados, e na perspectiva dos afetados não existe uma distinção tão essencial, no sentido de indicar se sua integridade física foi violada por outros seres humanos ou por outras circunstâncias; por isso é preciso dizer: todos os outros têm a obrigação de se unir e remediar o Estado, ou de redefinir moralmente o Estado existente.

Podemos esclarecer melhor a situação no caso das crianças, que de antemão são necessitadas, e de início inclusive absolutamente necessitadas. Todos nós, também os representantes do *lack of moral sense*, começamos como crianças. Uma criança acaso não tem direito a apoio: proteção, sustento, um ambiente adequado, no qual possa crescer e prosperar etc.? Desconsidera-se com tanta facilidade este fato tão evidente apenas porque normalmente são os pais que assumem esta obrigação positiva. Mas acaso não somos da opinião que, se os pais não conseguem cumprir sua obrigação, nós outros, por conseguinte, a sociedade – o Estado –, temos a obrigação de tomar deles as crianças e assumi-las, e da mesma forma responsabilizar-se subsidiariamente por elas quando as crianças não têm pais? A alternativa é desamparo e morte. Também aqui o Estado só precisa entrar subsidiariamente. Mas isto naturalmente não significa que o direito perante a sociedade apenas exista excepcionalmente; ele existe sempre e consiste exatamente no fato de a criança ter de ser ajudada subsidiariamente pela sociedade, o que vale da mesma forma para todos os outros grupos de pessoas necessitadas de ajuda.

Na perspectiva de uma criança pequena é o direito "positivo" o direito primário e o fato de que além disso ela precisa ser protegida contra violações está incluído no direito positivo. Mas não precisamos então dizer que, em uma perspectiva do direito, os direitos positivos são mesmo os primários, e que eles somente não se aplicam a todas as situações em que a pessoa pode ajudar a si mesma? Esperamos de cada um que possa ajudar a si mesmo, que de fato o faça. E a maioria também o quer. Nisto está o fundamento para o primado das obrigações negativas. Normalmente cada qual quer ajudar a si mesmo e inclusive, quando está necessitado de ajuda, quer ajudar-se a si mesmo o quanto pode. Por isso a ajuda, quando necessária, tem que ser, em primeira linha, no sentido de propiciar a autoajuda. Isso resulta da necessidade de autonomia e da obrigação daí resultante de reconhecer a autonomia. (Toda ajuda em demasia, ou mesmo a ajuda que não é demasiada, já é incômoda para uma criança de 1 ano de idade; e quase todo idoso, doente ou deficiente, sente a ajuda como humilhante e quer fazer ele mesmo tudo que pode, passando muitas vezes os limites do possível.) Exatamente por isso, toda ajuda é algo que somente precisa ser dado subsidiariamente, e nisto está a distinção para as obrigações negativas. Isto, contudo, não significa que a obrigação só valha excepcionalmente; apenas sua percepção vale excepcionalmente.

O fato de esta ajuda apenas ser evocada subsidiariamente, como agora ficou claro, tem um duplo sentido: primeiro, são apenas necessitados de ajuda aqueles que não podem ajudar-se a si próprios (aqui inclusive poderia ser omitida a palavra "podem", porque a totalidade daqueles que podem se ajudar e, contudo, não fazem um número insignificante; este é um problema exagerado a partir do lado conservador); segundo, onde se trata de indivíduos que necessitam de ajuda e não de grupos inteiros, a obrigação é primeiramente dos familiares – o caso mais claro é a obrigação dos pais –, e somente onde esta obrigação falha (não só em casos particulares, mas no caso também em relação a todas as categorias, como em nosso tempo em relação aos idosos) ela passa para a comunidade, o Estado.

É uma particularidade da moral moderna que primeiro tenhamos que esclarecer aquelas relações que em sociedades pré-modernas geralmente pareciam evidentes[167]. Aí elas resultam com toda naturalidade da aplicação do princípio kantiano do juízo. Como então não foram vistas por Kant? Como nos kantianos e em grande parte em todos os moralistas modernos, o direito fundamental à ajuda tinha uma existência tão marginal, que a obrigação de ajudar era vista como "super-rogatória" (isto quer dizer, entre outras coisas, que não existia pretensão de direito) e somente existiria quando não custasse nenhum esforço especial. Devemos responder: porque não era visto o recurso ao Estado? Mas também na moral burguesa ocorre o recurso ao Estado, contudo com orientação exclusiva nas obrigações negativas. Por quê? Talvez se possa dizer aqui que a economia capitalista,

---

167. Cf. SHUE, H. *Basic rights*. Princeton: [*s. n.*], 1980. p. 28.

baseada no mercado, sugere partir da ficção – normativa para a ideologia do capitalismo – que a sociedade apenas se constitui de homens adultos e aptos para o trabalho, os quais normalmente podem providenciar por si mesmos, ficando a necessidade de ajuda como um fenômeno marginal. Estando alguém sem recurso, seria normalmente ele mesmo o culpado. Desta maneira Kant pôde chegar a uma moral que, quanto ao conteúdo, não se distingue do contratualismo. O contratualismo, mesmo abstraindo de suas lacunas formais, é, contudo, uma moral dos fortes. Os que são sem recurso caem pelas malhas da rede do contratualismo; e se os fortes chegam a acertar um regulamento com os fracos, como se ele resultasse de um contrato, tomando, porém, o resultado como moral com direitos iguais, então estes direitos, quanto ao conteúdo, resultam mais ou menos como eles aparecem na moral kantiana[168].

No interior da discussão jurídico-constitucional sobre direitos humanos ou fundamentais o conceito de liberdade exerce tradicionalmente o papel fundamental. A ideologia que estava atrás disso era que o ser humano na "condição natural" – sem

---

168. A pergunta sobre se temos obrigações morais em relação aos animais é muitas vezes também discutida de maneira a perguntar se animais também têm direitos. Antigamente eu pensava se isto seria uma ampliação do conceito de direito que não tem sentido, porque é essencial para o discurso sobre direitos que estes possam ser cobrados. O elemento ético dos animais parecia com isto carregar-se com o fardo de uma argumentação que parecia desnecessária, porque aparentemente a ética dos animais poderia ser elaborada da mesma forma exclusivamente com o conceito de obrigação, e com certeza está correto, que nem a todas as obrigações correspondem direitos. De outro lado, tem perfeitamente sentido falar também de direitos de crianças, direitos que não podem ser cobrados por elas mesmas; e a literatura múltiplas vezes faz referência à circunstância de que o discurso sobre direitos não pressupõe que os direitos de um indivíduo tenham que ser cobráveis por ele mesmo (cf., por exemplo, AIKEN, H. D. Rights, human and otherwise. *The Monist*, [s. l.], v. 52, n. 4, p. 502-520, 1968. p. 502s. Aqui, p. 508). Deixei, pois, em aberto, na nona lição, se temos que incluir os animais na moral. Mas, uma vez concedido isto, então é fácil de ver que, em relação a eles, têm que ter direitos que possam ser cobrados. É o Estado que teria que proibir experiências e maus-tratos dos animais. Por outro lado, dificilmente se quererá reconhecer obrigações para a proteção dos animais, contra danos que não sejam motivados por seres humanos. Nisto parece mostrar-se novamente a incerteza, na qual nos encontramos em relação a toda a problemática da ética dos animais. Se existem obrigações morais para com os animais, então estas parecem restringir-se às obrigações negativas e a um direito de ajuda somente aí, onde estas obrigações negativas tiverem sido infringidas.

Estado – seria em princípio livre; com a fundação de um Estado ele lhe deu parte de sua liberdade; a tarefa do Estado legítimo consiste em assegurar reciprocamente a liberdade dos indivíduos, conquanto que ela não prejudique a liberdade dos outros. Se o Estado, no desempenho desta tarefa, limita a liberdade de indivíduos, então nisto ele está vinculado àquelas liberdades dos outros, as quais são estabelecidas pelos direitos fundamentais. Até Alexy escreve: "Direitos fundamentais devem garantir a liberdade" (200), e por isso "o argumento principal para direitos sociais fundamentais" inclusive teria que ser "um argumento de liberdade" (458). A orientação unilateral a partir da liberdade é, contudo, falsa até para a tradição liberal, porque sobretudo o direito à vida e à integridade física não é um direito de liberdade[169]. Além disso, a ideia de uma condição natural é, a partir do ponto de vista moral, um mito ruim, porque parte exclusivamente dos adultos que têm condições de providenciar por si mesmos. Nenhum indivíduo jamais teria podido sobreviver se não tivesse nascido no interior de uma comunidade. Precisamos, contudo, reconhecer naturalmente a liberdade e a autonomia do indivíduo como um bem central, e por isso a necessidade de ser protegido em sua liberdade como um direito moral central. Mas fundamental para a pergunta pelos direitos que a gente tem somente pode ser o conceito da necessidade (ou do interesse)[170]. O lugar da liberdade ficaria no ar se ela não fosse uma das necessidades fundamentais do indivíduo a ser reconhecida moralmente, da mesma forma como a necessidade da integridade física, mas também, por exemplo, como a necessidade de cuidado e de providências em caso de necessidade de ajuda, e de educação na fase da infância (em inglês dir-se-ia menos autoritariamente *upbringing*), bem como a necessidade da participação política. O conceito de liberdade não pode ser visto como o termo geral de todos os direitos fundamentais. Por isso, o que recentemente e muitas vezes ocupou o seu lugar é a dignidade humana, assim como no artigo 1 da Declaração Universal dos Direitos Huma-

---

169. Cf. SHUE, H. *Basic rights*. Princeton: [*s. n.*], 1980. 182 (nota 14).

170. Cf. BEDAU, H. The right to life. *The Monist*, [*s. l.*], v. 52, n. 4, p. 550-572, 1968. p. 571; SHUE, *op. cit.*, p. 18.

nos das Nações Unidas, de 1948, mas também no artigo I,1 da Constituição da República Federal da Alemanha, de 1949. Isto, entretanto, com facilidade poderia parecer uma fórmula vazia, se reconhecer a dignidade de um homem significa reconhecê-lo como sujeito de direitos. Teremos que nos perguntar se o apelo à dignidade do ser humano pode trazer maior resultado do que este recurso circular aos direitos.

Vale a pena examinar mais de perto a tese de Alexy de que aqueles direitos que não são direitos de liberdade, portanto, os assim denominados "direitos sociais", deveriam ser fundamentados por meio de uma ampliação do próprio conceito de liberdade. Alexy recorre aqui a uma das distinções entre liberdade negativa e positiva. Não se entende aqui aquela liberdade que, por exemplo, aparece em Kant e Hegel no discurso sobre liberdade positiva como "liberdade para", segundo a qual, por exemplo, somente seria livre aquele que é moral[171]. Este conceito de liberdade positiva deve ser recusado porque é falso denominar como livre a uma ação que está dirigida a alguma coisa, e nesta medida não é livre. Existe entretanto, na filosofia anglo-saxônica, uma distinção entre liberdade negativa e positiva que é assumida por Alexy em uma outra terminologia, a qual tem sentido. A distinção é mais fácil de ser compreendida se consideramos o caso negativo. Segundo esta distinção, uma pessoa é não livre no sentido negativo se e somente se é impedida por outros (coação) de ser livre; ela é, ao contrário, não livre no sentido mais amplo, no sentido positivo, se ela não tem a capacidade e os recursos para agir. F. Hayek deu um exemplo bem claro: um alpinista que caiu na fenda de uma rocha está, no sentido negativo, livre para sair daí, porque ninguém impede isto, enquanto no sentido positivo ele não está livre para sair, porque não tem as condições para tal.

---

171. Uma boa orientação encontra-se no próprio Alexy (ALEXY, R. *Theorie der grundrechte*. Baden-Baden: [*s. n.*], 1985. p. 197). Especialmente sobre Hegel, cf. meu *Selbstbewusstsein und selbstbestimmung* (TUGENDHAT, E. *Selbstbewusstsein und selbstbestimmung*. Frankfurt: [*s. n.*], 1979. p. 349s.), e sobre Heidegger, meu *Der wahrheitsbegriff bei Husserl und Heidegger* (TUGENDHAT, E. *Der wahrheitsbegriff bei Husserl und Heidegger*. Berlim: [*s. n.*], 1967. p. 383s.). Tanto em Hegel quanto em Heidegger os conceitos positivos de liberdade resultam em uma negação da liberdade no sentido usual, enquanto em Kant permanece aberta a relação das duas.

Segundo esta distinção, os clássicos direitos de liberdade são todos eles direitos de liberdade negativa. Alexy parece designar não liberdade negativa e positiva como não liberdade "jurídica" e "econômica", e com isso em todo caso atinge o problema central. Visto em nível mundial, uma grande parte da humanidade vive economicamente não livre; isto quer dizer, falta-lhes o acesso aos recursos que lhes possibilitariam a liberdade, seja de afinal manter-se em vida, e de maneira "humanamente digna": muitos não têm a liberdade positiva de fazer aquilo que é necessário para conservar em vida a si próprios e a seus filhos. Esta não liberdade, no interior do sistema capitalista mundial, não consiste simplesmente no fato de uma parte da humanidade não ter os recursos, mas em que os recursos existentes se encontram nas mãos dos ricos; estes são assegurados em sua propriedade por meio de um direito penal que é moralmente unilateral, e têm por isso um poder a partir do qual podem explorar os pobres, que quanto estes podem participar da riqueza existente. Portanto, não se trata de fato de uma não liberdade meramente positiva, mas, ao ser impedido aos pobres o acesso aos recursos, trata-se de um misto entre não liberdade positiva e negativa[172].

A obtenção de espaços mínimos de liberdade positiva, nos quais todos os seres humanos capacitam a si próprios a providenciar seu bem-estar, na medida de suas condições, parece, na perspectiva moral, um direito tão fundamental quanto o direito à integridade física e certos direitos negativos de liberdade. Alexy, porém, se engana quando pensa que em geral pode compreender os direitos sociais como direitos de liberdade ampliados, porque para atitudes de vida precisam ser dadas não apenas condições externas (recursos), mas também faculdades próprias. Quem é novo ou idoso demais ou doente ou deficiente não pode ajudar-se a si mesmo, mesmo que tivesse os recursos para tal. Por isso parece estar excluído assegurar, em nome dos direitos humanos, uma existência humana digna de todas

---

172. Mais detalhadamente eu tratei desta problemática em meu artigo "Liberalism, liberty and the issue of economic human rights". TUGENDHAT, E. Liberalism, liberty and the issue of economic human rights. *In*: TUGENDHAT, E. *Philosophische aufsätze*. Frankfurt: [*s. n.*], 1992. p. 352-370.

as pessoas, exclusivamente por meio da ampliação do conceito de liberdade. Contudo parece-me valiosa a tentativa de Alexy de fazer isto tanto quanto possível, não porque, como ele pensa, a garantia da liberdade seria normativa para a compreensão global dos direitos humanos, mas porque a maior autonomia possível é uma necessidade fundamental dos seres humanos, e por isso toda ajuda, tanto quanto possível, deveria ser uma ajuda para a autoajuda. Mais uma vez retoma-se aqui o tema do "subsidiariamente". Só àqueles que mesmo tendo assegurado o seu direito ao trabalho não podem ajudar-se a si próprios precisa ser assegurada diretamente uma existência humana digna, mas também isto de tal maneira, que seja oferecida aos afetados, sobretudo, por exemplo, aos deficientes, uma oportunidade para aprender e treinar atividades que lhes sejam possíveis. Os direitos ao atendimento do idoso, do doente e do acidentado não são direitos de liberdade.

Existem três objeções *standard* contra o reconhecimento dos direitos sociais. O primeiro enuncia que estes já não podem ser garantidos incondicionalmente, porque isto depende da riqueza da nação. Este argumento, contudo, não pesa muito em quase todos os países do mundo que gastam somas notáveis para o exército (o "direito à segurança") e nos quais existe riqueza, a qual apenas teria que ser redividida por meio de impostos e reforma agrária.

Segundo, aponta-se que os direitos fundamentais têm que ser claros, uma vez que precisam oferecer condições para serem cobrados juridicamente. Os direitos sociais fundamentais, por exemplo, o direito a um mínimo de existência humana digna, exigem determinações arbitrárias. Este argumento também não vinga, porque de fato também os outros direitos fundamentais exigem, em sua proporção, determinações arbitrárias. A que custos na polícia é, por exemplo, obrigado o Estado para assegurar a integridade física de seus cidadãos[173]?

O argumento que parece decisivo para Alexy é um terceiro: se os direitos sociais fundamentais fossem assumidos na consti-

---

173. Cf. SHUE, H. *Basic rights*. Princeton: [*s. n.*], 1980. p. 37s.

tuição, então "o orçamento seria, em suas partes essenciais, determinado pela constituição" (462); isto conduziria "a um deslocamento da política social da competência do parlamento para a competência do tribunal constitucional" (461). Este argumento tem duas fraquezas. Primeiro: de um lado os direitos sociais não exigem apenas custos, mas, sobretudo – como aponta particularmente com insistência Shue –, regulamentações jurídicas; de outro lado, os direitos clássicos motivam, em parte da mesma forma, custos notáveis. Segundo: Alexy (em uma abordagem jurídica interna da constituição, corretamente) sustenta, naturalmente sob condições, firme como axioma, que os direitos fundamentais têm que ser estabelecidos na constituição. "Direitos fundamentais são posições tão importantes que sua concessão ou não concessão não pode ser confiada à maioria parlamentar simples" (406). Haveria por isso "uma colisão entre o princípio da democracia e o dos direitos fundamentais" (407). Isto, porém, está apenas historicamente correto. Basicamente não há nenhuma necessidade de fazer depender de uma maioria de dois terços em vez de uma maioria simples do parlamento aqueles direitos que são tidos como fundamentais, em sua garantia política.

Finalmente, Alexy ainda cita um outro argumento, que em oposição aos anteriores não é formal, mas de conteúdo: a realização dos direitos sociais fundamentais exige a restrição de um dos clássicos direitos negativos, o direito à propriedade. Aqui estamos diante de um verdadeiro conflito e por isso não parece convincente uma posição como a defendida por P. Sieghart[174], que todos os direitos são importantes e que não deveríamos estabelecer nenhuma prioridade. Para o defensor consequente da tradição liberal, todo o imposto que serve para a redistribuição vale como roubo. Quem, no entanto, reconhece os direitos sociais – e na perspectiva moral isto parece forçoso – terá que dizer: o direito à propriedade deve ser restringido na medida em que ele prejudica aos outros direitos dos cidadãos.

Ao final quero tratar da questão que até aqui ficou aberta: se podemos dar um sentido concreto ao discurso sobre a dignidade humana. A palavra "dignidade" causa dificuldades. Original-

---

174. No lugar mencionado, p. 107.

mente significava aproximadamente: de nível e valor superior, pertencia, portanto, nesta medida, a uma sociedade estratificada, e uma pessoa se comportava dignamente se ela se comportava de acordo com o seu alto grau. Em Kant[175] trata-se então da mesma dignidade de todos os membros da comunidade moral universal, e o termo é usado como sinônimo de "valor incondicional" (436). Respeito e dignidade são para Kant correlatos[176].

Respeitar a alguém significa reconhecê-lo como sujeito de direitos morais. Nós, contudo, também empregamos o termo de tal maneira que possamos dizer: eles vivem em "relações humanamente dignas". Apenas este uso da linguagem parece apontar para um certo nível de satisfação das necessidades. Mas como se deve compreender este uso da linguagem e como ele se relaciona com o discurso da dignidade do ser humano como com aquilo que nós reconhecemos quando reconhecemos os seus direitos? Aqui poderia ajudar um pensamento de H. Shue. Ele distingue entre *basic rights* e direitos restantes (18-20, 26s.), de modo que os direitos fundamentais são aqueles que precisam ser cumpridos, a fim de que o ser humano possa exigir e exercer quaisquer direitos. Um direito que está no papel mas que não pode ser exigido não tem valor. Shue procura mostrar que integridade física, determinado mínimo para a existência e certos direitos de liberdade são, neste sentido, conjuntamente os direitos fundamentais. Quem não dispõe do que está garantido nestes direitos não pode, por exemplo, gozar seus direitos políticos. A partir disso dá-se ao menos uma vaga noção de que nível precisa ser o mínimo para a existência. É possível canalizar agora de tal maneira este pensamento, de modo que as relações, nas quais vive um ser humano, sejam humanamente dignas, exatamente quando elas preenchem a condição mínima para que ele possa gozar os seus direitos e para que leve, neste sentido, uma existência "humanamente digna", especificamente "humana".

---

175. Cf. *Grundlegung*, 434-436.
176. *Metaphysik der sitten*. Tugendlehre § 38. *Werke* VI, 462s.

DÉCIMA OITAVA LIÇÃO
JUSTIÇA[177]

Na lição anterior vimos que a moral no sentido kantiano leva por si mesma a ter de ser compreendida como uma moral de direitos, no sentido forte, dentre os dois que distingui; vimos também que esta compreensão exige, por sua vez, a existência de um Estado forte (e eventualmente de uma comunidade de estados forte). Aquilo a que o ser bom obriga os indivíduos não apenas é realizável mediante um Estado, mas devemos dizer também, inversamente, que um Estado somente deve ser considerado moralmente bom se assegura os direitos humanos no sentido amplo, se garante a dignidade humana, isto é, também os direitos econômicos de seus cidadãos.

A questão da justificação moral do Estado é tratada tradicionalmente – e também nos escritos recentes mais importantes – não a partir do conceito de direito, mas do de justiça. Dos dois autores recentes mais importantes no que diz respeito ao tema da justiça social, J. Rawls e B. Ackerman[178], o segundo não discute os direitos fundamentais, o primeiro inclui em sua concepção de justiça apenas os direitos negativos de liberdade; a possibilidade de uma ampliação não é sequer discutida. Teremos, porém, de nos perguntar como se relacionam mutuamente estes dois principais pontos de referência para a avaliação moral da organização estatal da sociedade – direitos humanos e justiça; na literatura eles não são discutidos conjuntamente.

Se considerarmos primeiramente o conceito de justiça como tal, não encontraremos nos dois autores citados auxílio algum de orientação para uma compreensão fundamental deste conceito. Isto se deve, em primeiro lugar, a que ambos, tomando-o como evidente, partem apenas de determinado domínio em

---

177. Tradução de Fernando Pio de Almeida Fleck.
178. RAWLS, J. *A theory of the justice*. [*S. l.*]: Harvard Business Press, 1971; ACKERMAN, B. *Social justice in the liberal State*. New Haven: [*s. n.*], 1980.

que falamos de justiça, o da chamada justiça distributiva e, em segundo lugar, a que ambos simplesmente pressupõem um conceito igualitário de justiça distributiva. Rawls admite, sem razão, que, nestes pressupostos fundamentais, uma clarificação conceitual nada produz, e que simplesmente temos de partir de nossas intuições. Veremos que um conceito igualitário de justiça – como em geral determinada moral – certamente não pode ser deduzido de algo, mas que se pode mostrar que resulta necessariamente sob determinados pressupostos[179].

---

179. Minha crítica no artigo "Comments on some methodological aspects of Rawls' theory of justice" (TUGENDHAT, E. Comments on some methodological aspects of Rawls' theory of justice. *Analyse und Kritik*, [*s. l.*] v. 1, n. 1, p. 77-89, 1979) ainda não se referiu a este ponto fundamental. Quanto ao mais, mantenho inteiramente a crítica contida neste artigo. Ela se refere às dificuldades especiais que resultam da chamada *original position*, que Rawls usa como o modelo a partir do qual todas as questões da justiça política devem ser decididas. Posso agora resumir assim esta crítica: Rawls hesita entre admitir que o fundamento de seus princípios da justiça seja nossa intuição moral ou a *original position*. Quanto ao conteúdo, naturalmente só pode ser a intuição moral, pois a *original position* funda-se exclusivamente em um ser bom representante de determinada intuição moral (igualitária). Nisto reside, porém, que a orientação por este representante não é apenas supérflua, mas nociva, pois, caso resultem do representante consequências que não resultam da intuição moral, tais consequências têm de ser não apenas rejeitadas, mas, na medida em que isto é o caso, mostra-se que a *original position* não é um bom representante. Com isto, porém, cai por terra todo o ponto de partida na *original position*. Ela pode ter, não obstante, o seu valor, mas para problemas especiais e somente quando for indicada a razão por que a orientação por ela é melhor, quanto a tais problemas, do que a orientação imediata pela intuição moral ou princípio moral. Para um breve resumo positivo da posição de conteúdo de Rawls, cf. minha apresentação em: TUGENDHAT, E. John Rawls, Eine Theorie der Gerechtigkeit. *In*: RADDATZ, F. (org.). *Zeit-Bibliothek der 100 Sachbücher*. Frankfurt: [*s. n.*], 1984. p. 360-363. O livro de Ackerman parece-me, quanto ao ponto de partida, sensivelmente superior ao de Rawls, porque Ackerman, em primeiro lugar, parte diretamente de seus dois princípios igualitários fundamentais (p. 11) e assim como a *original position*; em segundo lugar, porque vê o problema da justiça social não na questão de como o Estado deve ser organizado de uma vez por todas, mas nas questões a serem suscitadas nas devidas circunstâncias, de como se deve fundamentar a legitimidade das diferenças de poder existentes (p. 3s.). Ackerman imagina as argumentações a favor e contra, como diálogos que não podem ferir ambos os princípios (bem como alguns princípios formais suplementares). A exposição dos argumentos em diálogos aumenta a clareza; creio, todavia, que Ackerman se engana acreditando que a forma dialógica é um elemento essencial de sua posição (p. 10). Todos os seus diálogos podem ser entendidos como argumentação simples; a primeira e a segunda pessoa não são essenciais. A objeção é semelhante àquela, contra a concepção de Habermas. Ackerman distingue-se certamente de Habermas por seu diálogo ser chamado "limitado" (*constrained*) por seus princípios.

Nosso primeiro passo terá de consistir em clarificar o que entendemos por "justo" e "justiça", sem já pressupor determinada concepção de justiça, analogamente ao modo como nas primeiras lições procurei indicar o que se deve entender por "uma moral". Este passo será aqui sensivelmente mais fácil, porque nosso entendimento desta palavra, pelo menos desde os gregos, permaneceu em seu cerne admiravelmente constante. Os dois pontos de referência mais úteis podem ser considerados ainda a definição que Platão, seguindo Simônides, oferece no Livro I de *A república* (331e, 332b-c), bem como a distinção aristotélica entre justiça distributiva e corretiva. Ambos parecem essenciais para o que ainda hoje, antes de toda determinação de conteúdo, entendemos por "justo".

A definição platônica é a seguinte: justo é *to proshekon hekasto apodidonai*, o que foi posto por Ulpiano na fórmula: *suum cuique tribuere*, com que Vlastos apoia sua explicação: "uma ação é justa, se, e somente se, é determinada exclusivamente pela consideração aos direitos de todos os que são atingidos substancialmente por ela"[180]. Parece-me duvidoso traduzir a expressão de Platão, o que "cabe" a cada um, por "direitos". Certamente também Ulpiano fala de *ius*, mas não me parece claro que a palavra seja entendida no sentido de direito subjetivo e nem sequer "objetivamente", como o que é correto para cada um (conforme a lei). Quanto ao conteúdo, a concepção de Vlastos parece-me fracassar no caso da justiça corretiva. Uma pena deve ser justa, mas isto não pode ter o sentido de que aquele de cuja pena se trata tenha um direito a ela, mas somente que ele a "merece" (*verdient*). Creio, portanto, que devemos traduzir assim a definição de Platão: uma ação é justa quando dá a cada um o que merece. Toda justiça parece estar referida ao mérito.

Desde Aristóteles entende-se por justiça corretiva aquela em que uma situação moral ou jurídica foi tirada do equilíbrio e tem de ser restabelecida. As duas espécies de justiça corretiva que

---

No último capítulo de seu livro, Ackerman procura, na verdade, fundamentar estes princípios, por sua vez, dialogicamente. Com isto, resultam em Ackerman duas formas de diálogo cuja diferença ele não parece perceber (ACKERMAN, B. *Social justice in the liberal State*. New Haven: [s. n.], 1980).

180. VLASTOS, G. Justice and equality. *In*: WALDRON, J. *Theories of rights*. Oxford: [s. n.], 1984. p. 60, onde se encontra também referência a Ulpiano.

Aristóteles distingue (*Ética a Nicômaco* 1131a1s.) correspondem à diferença entre Direito Civil e Direito Penal. Aristóteles fala em transação voluntária e involuntária; no primeiro caso, isto é, onde há uma transação bilateral podem surgir pretensões recíprocas quanto a danos, que um juiz deverá compensar; o juiz deve decidir de modo justo qual das partes merece uma compensação. No segundo caso, trata-se de uma "transação" em que um lado é apenas a vítima: furto, roubo, homicídio etc. Aqui o juiz tem de decidir se o acusado merece uma pena.

A figura da justiça apresentada nas catedrais medievais, sustentando uma balança na mão e trazendo uma venda nos olhos, representa esta justiça corretiva. A venda nos olhos simboliza a imparcialidade exigida e manifestamente constitutiva de toda justiça. Imparcialidade de modo algum significa já igualdade, mas implica que apenas profere um julgamento justo aquele que decide o caso imparcialmente, isto é, "sem distinção de pessoa", o que significa de modo positivo: exclusivamente em consideração ao que os envolvidos, em razão do que fizeram, merecem.

Também no caso da justiça distributiva, o conceito fundamental é o de mérito. Fala-se em uma justiça distributiva sempre que alguém tem de distribuir bens ou males entre várias pessoas, já, portanto, em uma família ou em uma empresa comum, sobretudo, porém, no Estado ou na comunidade dos estados. Os bens podem ser, especialmente, direitos, bens materiais ou poder. Também quando obrigações perante a coletividade devem ser distribuídas (por exemplo, serviço militar), estas o podem ser justa ou injustamente. Uma distribuição igualitária pressupõe que todos merecem o mesmo e, quando se é da opinião de que uma distribuição igual não seria justa, admite-se que as diferentes pessoas, por determinadas razões, merecem mais ou menos.

Pode-se dizer, em vez de "o que merece", "o que lhe cabe", como Platão já o fez. Uma decisão justa sobre reparação ou distribuição pressupõe sempre um pano de fundo moral, isto é, regras morais existentes ou fatos moralmente relevantes em consideração aos quais a decisão possa ser justa, isto é, adequada. A consideração exclusiva destes fatos e regras, isto é, do que cada um merece em razão dos fatos e de acordo com as regras, constitui o que se pretende dizer com "imparcialidade". O fato de que a imparcialidade seja exigida em ambas as formas de justiça que Aristóteles distinguiu constitui a unidade do conceito que abrange as duas formas. Por isso a justiça, entendida como virtude (como disposição para a ação) – segundo o faz Vlastos na definição antes citada –, é uma virtude peculiar de segunda ordem: enquanto as demais obrigações referem-se aos outros indivíduos, esta virtude do partilhar corretamente é exigida sempre que se tiver de reagir adequadamente a fatos moralmente relevantes já previamente dados, tanto quando o partilhar consiste em uma reparação como quando consiste em uma distribuição[181].

---

181. A melhor fenomenologia ou hermenêutica de nossa compreensão da justiça que conheço é a de John Stuart Mill no capítulo 5 de seu opúsculo *Utilitarianism* (MILL, J. S. *Utilitarianism*. Indianápolis: [s. n.], 1971). O fato de que o que Mill diz seja tão proveitoso, justamente onde discute aquele conceito que é na verdade omitido pelo utilitarismo, deve-se certamente a que Mill nos demais capítulos do livro procura defender uma tese previamente dada, enquanto aqui pode entrar sem preconceitos no previamente dado. Mill não consegue, no entanto, apreender unitariamente os diferentes significados.

Em nosso contexto, é interessante observar que Mill também menciona dois significados não subsumidos no conceito acima desenvolvido. Admite, em primeiro lugar, que a ideia mais originária de justiça tenha sido a de *conformity to law*. Isto corresponde aproximadamente ao primeiro conceito de justiça que Aristóteles ainda antepõe à sua distinção entre justiça corretiva e distributiva e segundo o qual é "justo" quem é *nonimos*, isto é, quem se comporta conforme as leis (*Ética a Nicômaco*, v. 3).

Em segundo lugar, Mill salienta, como um significado de justiça, que alguém é injusto quando fere os direitos dos outros, e entende tais direitos exclusivamente referidos a deveres negativos. Injusto nesse sentido seria, portanto, quem fere seus deveres negativos. Há filósofos que empregam a palavra "justiça" exclusivamente neste sentido, por exemplo, Adam Smith e Schopenhauer. Este significado está estreitamente ligado à concepção de Aristóteles de que tanto a justiça distributiva como a corretiva constituem o contrário do que ele denomina pleonexia, o querer-ter-mais (do que o que lhe compete). Isto pode surpreender à primeira vista, porque, quando um juiz ou alguém que distribui bens decide injustamente, o motivo dificilmente será o de que ele próprio quer ter mais. A concepção de Aristóteles torna-se, todavia, compreensível, se considerarmos o erro não da perspectiva de quem partilha, mas dos envolvidos. Se os envolvidos querem outra partilha que não aquela natural de um ponto de vista imparcial, o motivo-padrão ao menos é o de que queria ter para si mais do que lhe compete.

Com isso se pôde vincular a concepção de que, mesmo aquele que feriu a ordem moral, já é considerado "injusto". Também nós podemos dizer: ele obteve para si vantagens injustas. A partir daí é compreensível que Aristóteles entenda aparentemente como injusto em especial aquele que agiu incorretamente na "transação involuntária". E a partir daí resulta imediatamente o significado que Mill destaca aqui e que levou à tradição que se pode constatar na terminologia de Adam Smith e Schopenhauer. Isto significa, todavia, que o modo de agir moralmente reprovável, e eventualmente passível de processo penal, é classificado retroativamente, do ponto de vista em que é compreendido a partir da perspectiva da justiça corretiva. Isto não parece especialmente sensato e explica também por que este conceito de justiça não se impôs à consciência geral. É possível que o fato de Aristóteles classificar assim a violação do dever-negativo tenha sua razão em que ele não poderia inserir adequadamente de outro modo os deveres negativos em sua ética da virtude (cf. acima, p. 272).

Embora não seja especialmente convincente designar a violação de deveres negativos como injustiça, Mill tem razão em que daqui resulta um conceito mais restrito de dever. Kant pensa de modo similar. Também para Kant é característico dos deveres negativos que sua observância possa ser penalmente forçada. Isto sugere, porém, segundo o exposto na lição anterior, que o que deve ser considerado fundamental para a unidade desta classe é aquilo que é (em princípio) passível de processo penal e não os deveres negativos. A violação dos deveres dos pais para com os seus filhos, por exemplo, também é passível de processo penal. Por isso, como conceito unitariamente mais restrito de deveres, é recomendável uma definição segundo a qual cada dever de uma pessoa A, que corresponda a um direito de uma pessoa B, que B tem contra A, pertença a este conceito mais restrito (isto abrange agora todos os deveres negativos que se referem a um direito de B, que se irradia assim a todos os outros indivíduos, como também os deveres positivos especiais que correspondem a um direito de B, que este tem especialmente contra A, de tal sorte que dizemos que A tem a responsabilidade por B). Devem-se distinguir destes direitos aqueles que a pessoa B tem para com a comunidade inteira (e onde é somente a comunidade inteira que tem a responsabilidade por B). Esta parece ser a distinção resultante quando se considera o conceito de direito como o primário no que diz respeito ao conteúdo.

O primeiro dos significados suplementares de justiça mencionados por Mill pode ser vinculado à concepção que defendi no texto de que toda ação referida a outros é "justa" se é "correta" de acordo com a ordem jurídica ou com a ordem moral. Também neste caso, todavia, parece ser introduzida uma complexidade em ações imorais simples, que se produz somente a partir do ponto de vista do juiz que aprecia o caso. É para nós irrelevante saber qual o significado historicamente mais originário. Nenhum dos dois significados suplementares mencionados por Mill parece ter hoje penetrado de modo especialmente profundo na consciência geral. Mas isto é secundário. Não é especialmente importante saber dentro de que limites a palavra "justo" é faticamente empregada. O que importa é classificarem-se as conexões. O conceito de justiça, como o desenvolvi no texto, mostra dentro de suas distinções traços unitários que permitem parecer sensata a designação pela palavra unitária "justiça", ainda que questões verbais sejam em última instância irrelevantes. Mencione-se ainda um significado de "justo" especialmente frequente no discurso quotidiano. Dizemos que uma pessoa é injusta se ela julga inadequadamente, avalia erradamente os pesos, face a uma situação moral complexa (por exemplo, quando tanto ela quanto outra censuram-se mutuamente). Justiça neste sentido (como julgamento comparativo adequado de pretensões morais) não representa um conceito de justiça a mais: está na proximidade imediata da justiça corretiva.

Gostaria de referir-me à justiça corretiva apenas na medida em que isto é importante para a compreensão do conceito unitário de justiça. O aprofundamento ulterior da problemática da justiça corretiva exigiria, em primeiro lugar, refletir sobre o fato de que falar de mérito pressupõe aqui que aquele que perturbou o equilíbrio seja livre, no sentido de imputável, e, em segundo lugar, entrar nas consequências quanto ao sentido da pena. Falar de "mérito" pode facilmente causar estranheza. "Alguém merece alguma coisa?", poder-se-ia perguntar. Mas então se pressuporia um conceito enganador de mérito, de algum modo entendido como absoluto. O fato de que uma pessoa mereça determinada reação moral, ou que, no caso oposto, não mereça, ou ainda que mereça, por exemplo, agradecimento ou uma pena, não pressupõe uma metafísica especial da pessoa; o que se quer dizer é simplesmente que a reação moral (rancor ou indignação, por exemplo) ou a pena é ou não adequada[182]. Já a reação do sentimento moral é, enquanto reação, um dado moral no plano que designei como segundo, e este segundo plano, o plano da reação, pertence essencialmente à moral. Se riscamos a reação moral, riscamos também a percepção moral e, com isso, a moral em geral. Ao se falar de "mérito", supõe-se que a reação seja adequada, conveniente, isto é, em especial, não exagerada. Mas subsiste naturalmente, além disso, a suposição fundamental da liberdade no sentido de imputabilidade. Se isto é negado, elimina-se também a possibilidade de avaliar moralmente a ação e de reagir adequadamente a ela[183].

Quanto ao sentido da pena, resulta que, se não renunciamos ao conceito de justiça, a teoria da pena, como retribuição, não pode ser inteiramente abandonada em favor de uma teoria da

---

182. Sobre gratidão e rancor, pena e recompensa, cf. SMITH, A. *The theory of moral sentiments*. Oxford: [*s. n.*], 1976. pt. II. seção I.

183. Sobre esta conexão, cf. o artigo de STRAWSON, P. Freedom and resentment. *In*: POTHAST, U. *Seminar Freies Handeln und Determinismus*. Frankfurt: [*s. n.*], 1978. p. 201-233. Procurei mostrar que o conceito de liberdade não deve ser entendido metafisicamente em "Der begriff der willensfreiheit", reimpresso em meus *Philosophische ausfsätze* (TUGENDHAT, E. Der begriff der willensfreiheit. *In*: TUGENDHAT, E. *Philosophische aufsätze*. Frankfurt: [*s. n.*], 1992).

intimidação. Daí ser a objeção-padrão contra uma teoria puramente intimidativa a de que ela é injusta: as pessoas não são punidas porque merecem a pena, mas para intimidar outros, a fim de não agirem de modo similar; a pessoa punida é, desta maneira, instrumentalizada[184].

O verdadeiro tema desta lição é, todavia, aquela justiça que nas teorias da justiça conhecidas é a única tematizada, a justiça distributiva. O ponto mais fundamental em disputa na teoria da justiça distributiva refere-se naturalmente à questão de como a regra de distribuição tem de ser encarada: Todos merecem a mesma quantidade dos bens a serem distribuídos ou não? Desde os inícios da reflexão se opõem aqui duas posições. A primeira é a igualitária; a outra é a que Aristóteles defendeu e que quero designar aqui como "aristotélica". Ela diz: o igual somente àqueles que merecem igualmente; seria injusto distribuir igualmente a quem merece de maneira desigual. Este é o ponto em que muitos autores modernos, como Rawls e Ackerman, simplesmente pressupõem um conceito igualitário de justiça. O que se pode de início clarificar conceitualmente aqui?

É importante perceber, em primeiro lugar, que as duas concepções não são inteiramente opostas, como pode parecer à primeira vista. Há concordâncias. Primeiramente, o defensor da concepção igualitária está de acordo com o aristotélico em que, se duas pessoas merecem o desigual, é injusto dar-lhes o igual. Nega simplesmente que pessoas diferentes tenham um mérito desigual, isto é, que se distingam de um modo decisivo para a distribuição.

Em segundo lugar, e mais importante: o aristotélico concorda com o defensor da concepção igualitária em que, se não podem ser alegadas razões relevantes para mérito desigual, deve-se distribuir igualmente. Pode-se ilustrar de modo claro que isto é forçosamente assim, mediante o exemplo da divisão de uma

---

184. Uma posição ponderada quanto a esta difícil questão é defendida por Schmidhäuser (SCHMIDHÄUSER, E. *Vom sinn der strafe*. Gottingen: [*s. n.*], 1963). Um defensor decidido da teoria da intimidação é A. Kenny no capítulo 4 de seu livro *Free will and responsibility* (KENNY, A. *Free will and responsibility*. Londres: [*s. n.*], 1978).

torta, frequentemente citado na questão da justiça distributiva. Se uma torta deve ser dividida entre várias crianças, podem-se alegar diferentes razões para uma divisão desigual. Uma criança poderia declarar estar especialmente faminta. Este é o chamado "argumento da necessidade". Outra poderia dizer que a mãe já lhe prometera a metade da torta: o argumento do direito adquirido. Uma terceira poderia alegar que trabalhou para a mãe: o argumento do mérito em sentido mais estrito (desempenho). Uma quarta poderia dizer que a ela é devida uma porção maior porque é a primogênita. Esta razão vem a ser a de que ela tem antecipadamente um valor maior. Todas estas razões são eventualmente relevantes. Se, todavia, nenhuma razão relevante for alegada, resta somente a divisão igualitária. Não basta apenas poder alegar uma razão, a razão tem de parecer evidentemente relevante. Se uma criança dissesse ser-lhe devida a porção maior porque tem olhos azuis, isto seria recusado com irrelevância (a menos que fossem reconhecidas premissas adicionais). O argumento aristotélico pressupõe, portanto, a concepção igualitária como fundamento: a distribuição igual é, também para ele, a justa, se não há razões que deponham contra ela. Daí ser errôneo, ainda que frequentemente intentado, levar a posição igualitária a uma obrigação primária de justificação. A posição igualitária em e por si mesma não necessita de justificação alguma: a obrigação de justificação – o *onus probandi* – está do outro lado. Igualdade e desigualdade não estão imediatamente uma frente à outra. Percebe-se isto já no fato de que a concretização da igualdade é uma única, enquanto a desigualdade não representa uma concepção. Se é proposta uma concepção desigual, esta é sempre uma entre infinitas outras, e se tem não apenas de justificar o aspecto, mas também indicar o quanto mais. A posição privilegiada da igualdade resulta de ser ela a regra mais simples de distribuição. O conceito oposto ao de uma distribuição justa – como, em geral, ao de qualquer decisão justa – é o de distribuição ou decisão arbitrária. A primeira alternativa em uma distribuição é: se ela deve ser arbitrária ou não arbitrária. Se não for arbitrária, será seguido um padrão de medida objetivo. Ingressamos assim no domínio do igual, que permanece também para o aristotélico. O aristotélico simplesmente distingue diferentes classes que limitam a igualdade, mas no interior de cada classe a igualdade permanece. Somente após, se uma razão para distribuição desigual parecer evidente, aquele que, não obstante, considere a distribuição igual como a correta estará na obrigação de justificar, portanto, apenas relativamente a uma limitação de sua posição que já apareça como justificada.

Podemos agora dar mais um passo e perguntar: Temos razões para limitar a concepção igualitária? Aqui me parece fundamentalmente importante distinguir entre o que quero denominar discriminação primária e secundária. Defino a discriminação primária de tal modo que ela ocorre quando se admite haver uma distinção prévia de valor entre os homens. O apelo da criança à sua primogenitura é deste tipo. A ela correspondem discriminações históricas conhecidas: os brancos valem mais do que os negros, as mulheres valem menos etc. Houve tais discriminações primárias na moral tradicional; elas, todavia, não mais parecem possíveis, eliminados os pressupostos fundamentados de modo tradicional. O que quero dizer não é que no interior de uma moral do respeito igual não é mais possível uma discriminação primária – isto seria trivial, porque pressuposto ao se falar de "respeito igual" –, mas que a moral que permanece tem de ser uma moral do respeito igual, porque não mais se pode fundamentar uma discriminação primária.

Esta não deve ser uma asserção apodítica. Pensemos em como seria uma tal justificação. Em uma moral tradicional isto não seria problema, porque justificações tradicionais são o que a autoridade estabelece (*Setzungen der Autorität*). Se não se dispõe de premissas tradicionais, ter-se-ia de poder justificar de que modo propriedades naturais, como ser mulher, pertencer a outra raça etc., podem ter consequências normativas: ter menos valor ou, formulado de maneira mais compreensível, ter menos direitos. Muitos filósofos consideram cada uma de tais consequências uma "falácia naturalista", mas ao menos uma consequência a partir de uma propriedade "natural", isto é, não normativa, para algo normativo é inevitável: quando fixamos o domínio daqueles seres diante dos quais temos obrigações morais, isto somente pode ocorrer em uma proposição tal que a atribuição de direitos se vincule a uma propriedade não normativa. Como o apresentei (anteriormente), esta propriedade é o pertencer, em sentido mais estrito ou mais amplo, à comunidade dos seres capazes de cooperação.

Esta proposição parece ser, porém, a única deste tipo. Toda proposição ulterior teria de indicar como, no interior desta comunidade, determinadas propriedades levam a gradações normativas. Toda propriedade ulterior pensável parece normativamente irrelevante. Supondo, por exemplo, que as investigações empreendidas por alguns pesquisadores americanos sobre a inteligência média de brancos e negros de fato levassem à constatação de uma diferença, não se pode ver em que medida resultariam daí consequências normativas; ou a circunstância de que as exigências de direitos iguais para as mulheres são, ao menos verbalmente, incontestadas em toda parte onde ideias tradicionais não são eficazes, pode ser considerada igualmente como indício de que não estamos em condições de considerar as diferenças naturais existentes, por exemplo, entre mulheres e homens como relevantes quanto a seus direitos.

Deveríamos certamente reconhecer que a situação se torna mais difícil quando se trata de uma propriedade que, segundo seu próprio sentido, diz que não se é capaz – ou que se é menos capaz – de cooperação, como "deficiente mental" ou "em estado de coma". Aqui seriam imagináveis fundamentações em que pessoas assim caracterizadas teriam menos direitos. A muitos esta ideia parece tão desumana que, desde logo, nem sequer admitem esta dificuldade e declaram que para não cairmos aqui em um plano inclinado temos de insistir incondicionalmente em que todos os homens têm direitos iguais – mesmo aqueles que não pertencem ao domínio central, formado pelos capazes de cooperação, nem estão simplesmente a caminho dele. Esta é, com certeza, uma concepção desejável, mas a insistência receosa em uma tese forte, apenas porque de outro modo se cairia em um plano inclinado, não tem um efeito especialmente convincente. A argumentação correta aqui é provavelmente a de que todos os que pertencem à comunidade de cooperação, mas não podem ou quase não podem cooperar, são simplesmente mais carentes de auxílio (cf. a lição anterior). Deve-se também tornar claro neste contexto que, mesmo no caso em que a propriedade não pareça de antemão irrelevante, toda limitação de direitos nela apoiada seria, em sua exata medida, arbitrária: somente se pode ou ter todos os direitos, ou não ter direito algum. Quanto àqueles que vivem apenas vegetativamente, parece natural dizer que também não mais são carentes de ajuda e, portanto, não é mais sensato dizer que tenham direitos.

Em todo caso, deve-se distinguir entre predicados que dizem respeito ao *status* da capacidade de cooperação e outros predicados classificadores (como "mulher", "de cor" etc.). Quanto aos primeiros, é necessária uma argumentação suplementar para nos assegurarmos da igualdade; quanto aos últimos, a afirmação de uma desigualdade normativa é de antemão despropositada, semelhantes justificações não parecem sequer pensáveis.

É importante ter claro como o argumento em favor da igualdade de princípio entre todos os homens, resultante de se excluir a discriminação primária, se distingue das reflexões anteriores em que indiquei que a igualdade também subjaz a todos os argumentos em favor de uma desigualdade distributiva. As reflexões anteriores eram puramente conceituais. A exclusão da discriminação primária, em contrapartida, já pertence a determinada moral, é algo que faz parte da constituição desta moral. A partir daí se pode entender também a maior insegurança de minha argumentação, porque determinada concepção moral não pode ser cogente.

O que entendemos por discriminação primária torna-se mais claro ao passarmos agora ao conceito oposto, o de discriminação secundária. Entendo por discriminações secundárias todas as formas de distribuição desigual que se possam produzir, ainda que no plano primário não ocorra desigualdade alguma, isto é, quando se pressupõe que todos têm o mesmo valor. É inteiramente natural que possa haver razões para considerar justa uma distribuição de bens e males, embora respeitemos ou precisamente porque respeitamos a todos igualmente. Pode-se ilustrar isto preliminarmente uma vez mais mediante o exemplo da divisão da torta. A mãe que ama e respeita igualmente todos os seus filhos pode, não obstante, entender como justo na divisão da torta que aquele que tem fome receba mais, e do mesmo modo outras razões podem ser para ela razões para uma divisão desigual justa.

Há, em especial, três perspectivas de distribuição desigual secundária justificada, que desempenham um papel na discussão sobre a justiça e são mencionadas como padrão de medida da distribuição em lugar da igualdade: necessidade (a criança faminta), mérito em sentido mais estrito (desempenho)[185], direitos adquiridos (a promessa da mãe).

As pretensões destes três pontos de vista parecem relativizar a ideia de justiça distributiva: eles contradizem a distribuição igualitária e se contradizem também mutuamente. MacIntyre crê mesmo que estas contradições dissolvem o conceito moderno de justiça e, portanto, depõem contra a moral moderna em geral[186]. Estas conclusões são estranhas, pois as dificuldades que se mostram aqui pertencem ao sentido de justiça distributiva em geral (os três pontos de vista desempenham um papel também quando a discriminação primária não é excluída), e o fato de que um conceito possa levar em sua aplicação a possibilidades contraditórias não o anula de modo algum; pode, no máximo, mostrar que sua aplicação não é simples e eventualmente não exclui fatores decisionistas na ponderação. Já vimos, todavia, que esta é uma característica da moral não tradicional (décima quinta lição).

Devemos ter claro em primeiro lugar que estes diferentes pontos de vista apenas entram em jogo em determinado plano da justiça distributiva e que também não podem ser relevantes com referência à distribuição de todas as espécies de bens. Apenas em determinado plano, porque são os pontos de vista

---

185. É natural em alemão falar de "mérito" (*verdienst*) em sentido mais estrito, por oposição ao sentido mais amplo (moral)"; em inglês, há duas palavras: "*desert*" para o sentido mais estrito e "*merit*" para o sentido mais amplo [N.T.].
186. MACINTYRE, A. *After virtue*. Londres: [*s. n.*], 1981. cap. 17. Cf., quanto aos três pontos de vista, especialmente MILLER, D. *Social justice*. Oxford: [*s. n.*], 1976. Enquanto em Rawls e Ackerman os três pontos de vista ocorrem apenas marginalmente, para Miller são centrais. Miller é da opinião de que eles são característicos de três sistemas econômico-sociais distintos.

de uma distribuição desigual que eventualmente restam, mesmo quando a discriminação primária já foi excluída, e a isto se associa imediatamente que, como quer que outros bens sejam distribuídos, com a exclusão da discriminação primária, ao menos a distribuição igual dos direitos se mantém. Aqueles autores que creem estar a justiça distributiva de antemão dividida pelos diferentes pontos de vista não percebem que estes pontos de vista não atingem o reconhecimento igual dos direitos humanos. Deixa-se facilmente de perceber que a justiça distributiva não se refere apenas a bens materiais e que, na discussão moderna, onde quer que se considerem direitos em geral, a igualdade é admitida como evidente; esta igualdade já é um resultado da igualdade na questão da discriminação primária.

Mas também na distribuição do bem poder, pelo menos os dois primeiros pontos de vista parecem eliminados. Poder-se-ia querer contestar isto quanto ao segundo ponto de vista (mérito no sentido mais estrito: capacidade), pois não é pensável que se possa considerar justo que devam definir os assuntos comuns aqueles em maior medida capazes para tanto? Vê-se, todavia, facilmente que quem defende uma distribuição desigual de poder, devido a capacidades desiguais, não o faz absolutamente a partir de um ponto de vista de justiça, mas a partir de um ponto de vista de utilidade. A contradição aqui surgida não é, portanto, entre diferentes concepções de justiça, mas entre dois pontos de vista diferentes: o da justiça e o da utilidade. Mesmo a utilidade, se referida a todos, pode ser um ponto de vista moral. Assim, é inteiramente pensável chegar ao resultado de que, da perspectiva do imperativo categórico, isto é, da perspectiva de qualquer um, é moralmente mais correto antepor total ou parcialmente a utilidade à justiça. Mesmo o prejudicado pode eventualmente dizer a si mesmo: é melhor, também para mim, deixar a outros a administração destes assuntos comuns. Mas nem ele, nem qualquer outro, pode dizer que é, por isso, mais justo; é, antes, injusto, e há uma resignação moral à injustiça. Tal ponderação entre diferentes pontos de vista moralmente relevantes pertence ao sentido do processo de chegar à formulação de juízos morais (*moralische Urteilsfindung*), e é errôneo estilizar tal oposição entre diferentes pontos de vista relevantes, na forma de uma contradição que põe em questão o sentido da moral moderna (ou do conceito moderno de justiça).

Se nos voltarmos agora à distribuição dos bens materiais, considerada, muitas vezes, sem razão, o único problema da justiça distributiva, deveremos em primeiro lugar tornar compreensível por que precisamente estes três pontos de vista desempenham um papel. Se passamos da distribuição de direitos à distribuição de poder e, finalmente, à distribuição de bens materiais, podemos tornar claro que nos três casos se trata de uma distribuição que, do ponto de vista moral, é cada vez menos evidente. Pertence ao conceito de comunidade de cooperação que seus membros se atribuam mutuamente direitos, mas não, em contrapartida, que os bens materiais sejam considerados algo à disposição para ser distribuído, e também a distribuição de poder é igualmente necessária apenas na medida em que é desejável uma administração coletiva dos assuntos comuns. Naquela sociedade pré-estatal, por exemplo, que Locke tinha em vista com o que denominou estado de natureza, poderia tratar-se apenas de direitos, não de poder, e em hipótese alguma de distribuição de bens. Qualquer que seja o bem a ser distribuído, não faz parte do conceito de justiça distributiva que tudo deva ser distribuído, mas apenas que, se algo deve ser distribuído, para a distribuição não ser arbitrária, tem de ser justa. Pode-se, ao menos em um primeiro passo, considerar moralmente indiferente se uma sociedade se entende em princípio como comunidade de bens, e somente depois tem de falar em uma distribuição justa ou injusta de bens materiais, ou se transfere todo o domínio da aquisição material às famílias individuais, como foi a concepção burguesa tradicionalista: a sociedade teria então de auxiliar sempre que o auxílio fosse necessário, mas somente neste caso, como vimos na lição anterior. O fato de uma tal divisão não ser considerada moralmente aberta resulta somente, mas então sem dúvida necessariamente, quando levar a que, pela escassez de recursos, alguns exerçam poder sobre outros, e isto evidentemente não é o caso apenas sob as condições da economia moderna.

Justiça distributiva de bens materiais é, portanto, relevante somente quando já é certo que os bens materiais estão à disposição para serem distribuídos. No exemplo da torta, isto era pressuposto. Se pensarmos, pois, a comunidade de cooperação como uma empresa comum em que todos, na medida em que o possam, contribuem para o ganho comum, os dois pontos de vista da justiça – segundo a necessidade e segundo o mérito (contribuição, desempenho) – resultam por si mesmos. Conforme quão individualisticamente os membros da empresa se compreendam, irão se inclinar mais a uma ou a outra concepção. Caso se compreendam contratualisticamente, de certo modo como uma sociedade anônima, considerarão injusto que o *output* (a distribuição) não corresponda ao *input*. Compreendendo-se, em contrapartida, como uma grande família, a distribuição do *output* se orientará somente pela necessidade. Além disso, cada uma destas concepções será naturalmente relativizada pela existência de acordos prévios (o terceiro ponto de vista).

Esta exposição pode tornar compreensível como os três pontos de vista surgem no caso especial da distribuição de bens. Mas, com isto, nada ainda foi dito sobre a sua legitimação (*Berechtigung*). Como devemos avaliar moralmente as três pretensões? Nesta questão, temos de manter diante dos olhos que em todos os três casos se trata de razões para uma distribuição desigual. A distribuição igualitária é a base. Em que medida se mostra moralmente justificado limitá-la? Examinemos, por ordem, os três pontos de vista.

A ideia de uma justiça segundo a necessidade é ambígua. Quando Marx, em sua *Crítica do programa de Gotha*, estabeleceu para "a fase mais elevada da sociedade comunista" o princípio "cada um segundo suas capacidades, a cada um segundo suas necessidades", tinha em vista uma sociedade na qual houvesse abundância, em que de qualquer modo todas as necessidades poderiam ser satisfeitas. Mas isto significa então que a distribuição resulta por si mesma, não há pretensões opostas, e neste caso não tem sentido falar de justiça. Marx tinha consciência disto.

A exigência de que a distribuição não seja igual, mas que suceda segundo a necessidade, tem sentido apenas quando a necessidade maior deve ser medida no sentido mínimo de que se possa dizer com boas razões que alguém precisa de mais meios do que outro, por ser mais necessitado. Aqui parece útil distinguir necessidade objetiva de necessidade subjetiva[187]. Há necessidade objetivamente justificada quando alguém é fisicamente deficiente, por exemplo, aleijado etc. Quem é necessitado neste sentido tem desvantagem, segundo critérios objetivos, e requer, como diz Ackerman, uma "indenização". Um cego, por exemplo, precisa de auxílio especial. Quem recebe mais neste sentido é unicamente indenizado por algo que lhe falta. Esta forma de consideração especial é um direito e não pode ser entendida como pondo em questão uma distribuição igualitária fundamental. Tal argumento vale para todas as formas de necessidade especial, por exemplo, para doentes e idosos.

Dá-se, em contrapartida, uma forma inteiramente diferente de necessidade maior, quando se diz que uma pessoa tem mais necessidades ou necessidades mais caras do que outra. A necessidade maior não seria aqui de meios materiais, mas os próprios desejos seriam maiores que os dos outros. A necessidade maior não seria a de uma compensação de um *minus*, mas representaria ela própria um *plus*. Entendo que pretensões desta espécie têm de ser eliminadas, já em razão de não serem acessíveis a nenhuma mensurabilidade intersubjetiva. Se alguém declarasse necessidade maior neste sentido, os outros poderiam imediatamente fazer o mesmo. Aquilo em que unicamente se poderia pensar aqui é que a sociedade considera bom que alguns de seus membros realizem determinadas tarefas em que a formação é especialmente dispendiosa (por exemplo, artistas, desportistas); diante da questão de quem recebe as correspondentes bolsas de estudo etc., parece surgir um dilema de justiça: está igualmente legitimado quem quer que tenha o desejo de uma tal formação, ou isto se decide por um teste de capacidades? Não devemos, porém, admitir que somente o primeiro princípio de escolha é um princípio de justiça e que o segundo é, muito mais, um princípio utilitarista?

Em todo caso, não se pode, portanto, pôr em questão, do ponto de vista da necessidade, a distribuição igualitária, pois, onde há necessidade objetiva, trata-se de indenização ou auxílio

---

187. Apoio-me aqui em sugestões de ACKERMAN, B. *Social justice in the liberal State*. New Haven: [s. n.], 1980. § 14.

especial, que por princípio não prejudica a distribuição igualitária. E quanto ao ponto de vista do mérito, em sentido mais estrito, o desempenho, a "contribuição"? Aqui se deve distinguir entre capacidades e talentos especiais, por um lado, e esforço, por outro. Sobre a medida da dedicação, a própria pessoa pode decidir, e parece correto abrir-lhe este espaço maior: se prefere dedicar menos tempo e energia, não seria justo diante dos outros obter, ainda assim, a mesma indenização por seu trabalho.

Em contrapartida, não se pode compreender por que alguém que tenha talentos maiores deva receber uma remuneração mais elevada, pois quem pode realizar suas capacidades em mais alta medida no seu trabalho alcança no próprio trabalho uma satisfação maior. Se concebemos as formas de trabalho necessárias em uma sociedade, ordenadas em uma série que compreende desde aquelas em que os indivíduos mesmos podem se desenvolver até as mais aborrecidas, que podemos designar trabalho "alienado", parece antes justo que um trabalho seja tanto mais bem remunerado quanto mais abnegado. Exatamente como no caso anterior, quando decidiam entre mais ou menos dedicação, os indivíduos poderiam agora decidir se estão dispostos a um trabalho mais abnegado por uma remuneração maior, ou a um trabalho com que se possam identificar, recebendo por ele menor remuneração. Parece justo compensar o *plus* em remuneração com o *minus* em satisfação, e que *managers* e cientistas sejam malpagos; mineiros e lixeiros, em contrapartida, bem. Se alguém tem um talento especial, foi preferido pela natureza, e não parece justo que seja ainda remunerado por isto[188]. Além disso, poder-se-ia pensar que, se a sociedade fosse organizada como sugeri, o mecanismo de mercado cuidaria de que aqueles que exercessem as profissões mais interessantes no que diz respeito ao conteúdo seriam os que tivessem maior talento para elas, não aqueles que querem ganhar mais dinheiro, de tal modo que resultaria, antes, uma seleção de talentos. Esta seria, com certeza, apenas uma reflexão secundária, que nada mais teria a ver com a justiça da distribuição, mas somente com a praticabilidade.

---

188. Cf. também RAWLS, J. *A theory of the justice*. [*S. l.*]: Harvard Business Press, 1971. § 17.

É certamente uma questão empírica ser ou não praticável um tal ordenamento. Praticabilidade e justiça são pontos de vista diferentes. Se perguntamos por que em nossa sociedade os critérios para o nível de remuneração são exatamente o inverso, defrontamo-nos com um argumento puramente utilitarista: o sistema de trabalhos socialmente necessários funciona supostamente apenas se os trabalhos mais interessantes estiverem vinculados ao estímulo adicional da remuneração mais elevada. Aqui não se pode tratar da questão empírica sobre a espécie de remuneração comparativa que seria a mais praticável, mas de separar a questão da maior praticabilidade da questão da maior justiça. Suponhamos, pois, que o modelo recém-esboçado por mim não seja praticável e que em uma economia capitalista sejam necessários estímulos. O fato de que estímulos sejam necessários não significa que a remuneração comparativa entendida a partir deste ponto de vista seja justa. Antes, parece agora natural considerar como ideologia da sociedade capitalista a concepção de que o maior desempenho "merece" uma remuneração mais elevada: o sistema econômico é apoiado moralmente de modo falso pela alegação de que o que é necessário por razões econômicas (ou parece; na verdade isto é do interesse dos privilegiados) deve também ser justo.

É com certeza inteiramente possível considerar moralmente melhor este conceito, segundo o qual os desempenhos que exigem capacidades especiais devem ser mais bem remunerados, embora seja reconhecido como o mais injusto. Exatamente como no caso da distribuição do poder, pode parecer melhor da perspectiva de qualquer um que um *plus* em utilidade – um *plus* em produção de riqueza social – compense um *minus* em justiça. Uma distribuição injusta pode aparecer como moralmente melhor. Justiça é apenas um aspecto do bem.

Posso elucidar isto por meio do princípio central da justiça de Rawls, o chamado *difference principle*. Rawls defende primariamente uma concepção igualitária, que limita, todavia, de modo a admitir que também é justa uma distribuição desigual, se beneficia os membros da sociedade em pior situação. Segundo Rawls, esta limitação é necessária justamente porque eventualmente uma distribuição desigual eleva a riqueza total de tal maneira que também aqueles que por meio disto recebem menos do que os outros recebem, todavia, mais do que de outro modo teriam recebido. É possível (mas certamente não forçoso) neste caso especial que uma distribuição desigual, assim definida, seja preferida mesmo da perspectiva daqueles que recebem menos do que os outros. O que não é claro em Rawls é que neste caso um ponto de vista utilitarista tem mais peso moral do que a justiça, e isto não se pode tornar claro para ele, por não distinguir entre "bom" e "justo". Não se pode, contudo, duvidar de que o *difference principle* significa um prejuízo de alguns perante a distribuição igualitária, e parece curioso considerar isto como a ordem "mais justa". Critico aqui não a ideia de Rawls, como tal, mas que ele não distinga os diferentes pontos de vista relevantes para a avaliação moral de uma ordem social, e não o pode fazer por ter, de antemão, definido "justiça" de tal modo que tudo o que é preferido a partir da perspectiva da *original position* apareça como justo. Na realidade, Rawls fez aqui uma concessão ao utilitarismo, que não é, contudo, reconhecida como tal, devido ao seu uso linguístico peculiar.

Quanto ao segundo ponto de vista, chego, portanto, também ao resultado de que ele não pode pôr em questão a justiça da distribuição igualitária: uma distribuição não igualitária pode ser a moralmente melhor, mas não pode ser a mais justa. Em contrapartida, teremos de admitir que o terceiro ponto de vista, segundo o qual a distribuição justa é aquela que observa direitos e acordos existentes, contradiz a distribuição igualitária. Mas a contradiz simplesmente na medida em que direitos adquiridos seriam feridos por toda proposta de uma redistribuição que deva ser mais justa do que a anterior, mas também por qualquer proposta de mudança segundo alguma concepção de melhor. Há aqui uma tensão que se dá simplesmente na dimensão temporal das organizações humanas. Se toda constelação social é uma constelação com que se vinculam direitos, toda proposta de organizar melhor a sociedade é uma proposta que fere direitos existentes.

O que minha discussão dos três pontos de vista da distribuição não igualitária justa deveria mostrar é, em primeiro lugar, que a limitação da distribuição igualitária que deles parece resultar tem um alcance menor do que frequentemente se supõe; em segundo lugar, que temos a ver menos com uma limitação da justiça igualitária por meio de outros pontos de vista da justiça do que com uma limitação do ponto de vista da justiça, como tal, por meio de outros pontos de vista, que, todavia, eventualmente podem, por sua vez, ser entendidos como pontos de vista do bem moral; e, em terceiro lugar, que a existência de pontos de vista contraditórios, que têm de ser compensados entre si, não põe absolutamente em questão nem o conceito de justiça, nem o conceito de moralmente correto.

Concluindo, tenho de voltar à questão: Em que medida devemos considerar os interesses sociais, e especialmente a riqueza social, como uma unidade, isto é, como algo dividido ou a ser dividido justa ou injustamente? A questão é, portanto: Em que medida é bom (moralmente bom) aplicar à sociedade a ideia de justiça distributiva – indiferentemente a como for entendida? Já afirmei que parece forçoso a uma moral distribuir direitos, porque isto está contido de antemão na ideia de uma moral, e se a moral é uma moral do respeito igual, uma justiça igualitária com relação a direitos parece forçosa. Do mesmo modo, não parece haver dúvida de que temos de aplicar o ponto de vista da justiça às diferenças de distribuição de poder, porque o poder de uns sempre significa a limitação da liberdade de outros. A questão de em que medida é moralmente necessário aplicar a justiça distributiva a interesses sociais pode referir-se, portanto, apenas à riqueza social e é, de resto, habitualmente entendida somente desta maneira.

Aqui se deve atentar a que, nas polêmicas contra a ideia de justiça igualitária, são frequentemente confundidos dois pensamentos inteiramente diferentes. Ao perguntar, sem distinguir, "o que depõe afinal em favor de uma justiça igualitária?", na maioria das vezes não se percebe que esta questão pode ser entendida de dois modos distintos. Pode-se, em primeiro lugar, ter em vista a questão de o que depõe em favor de uma concepção igualitária de justiça contra outras concepções de justiça. Disto tratei até agora. Mas pode-se também, em segundo lugar, perguntar por que, ou em que medida, se deve aplicar o ponto de vista da justiça à riqueza social.

Objeta-se do seguinte modo contra a concepção da riqueza social como uma massa unitária a ser dividida entre todos[189] em uma sociedade "natural", ainda não transformada ao modo socialista ou ao do Estado do bem-estar social, a produção sucede de tal maneira que os produtos são sempre propriedade de indivíduos. Parece, portanto, intervenção artificial distribuir a outros o que alguns indivíduos produziram, e uma tal redistribuição paralisa o desejo de trabalhar e de empreender dos indivíduos. Se tal desejo permanece, provocará a tendência a que a igualdade produzida volte sempre a se romper. Além disso, é injusto tomar dos indivíduos o que eles produziram por si mesmos. A aplicação da ideia de justiça aos bens materiais é, pois, tanto injusta como inefetiva, tendo, além disso, como consequência o surgimento de um aparato burocrático tendencialmente totalitário.

Este raciocínio parte de determinada ideia de realidade, o modelo de pequenos produtores provendo cada um para si mesmo e sendo alguns mais aplicados ao trabalho do que outros. Se este modelo correspondesse à realidade, seria natural acentuar o *plus* em liberdade nele contido contra postulados de distribuição. No capitalismo, todavia, ele não corresponde à realidade. Nele, a liberdade negativa de alguns leva a relações de poder e, daí, a uma limitação da liberdade positiva de outros. A ideologia liberal-conservadora pressupõe também que todos partam de precondições iguais e que, portanto, cada um tenha de atribuir somente a si mesmo o fato de que tenha menos. Na realidade, os meios de produção encontram-se desde o início nas mãos de alguns, e as possibilidades de desenvolvimento de cada pessoa dependem de em que família ela nasceu.

Na argumentação daqueles que se põem contra a aplicação dos pontos de vista da justiça à riqueza social, temos, todavia, de distinguir os argumentos morais questionáveis dos argumentos que têm em vista a eficiência. Como já vimos na própria discussão da justiça, argumentos utilitaristas podem, por vezes, com-

---

189. Cf., por exemplo, o artigo de Minogue, HUNT, G. M. K. *Philosophy and politics*. Cambridge: [*s. n.*], 1990, e partes da argumentação de R. Nozick em: NOZICK, R. *Anarchy, state, and utopia*. Nova York: [*s. n.*], 1974.

pensar inteiramente, mesmo sob o aspecto moral, argumentos de justiça. Poder-se-ia, portanto, transigir com a argumentação conservadora, limitando a aplicação da ideia de justiça: concedendo apenas que a aplicação da ideia de justiça à totalidade dos bens materiais de uma sociedade não é, de antemão, necessária à moral do respeito igual, poderia ser sugerida a possibilidade alternativa da institucionalização de uma justiça mínima. E se oferece uma concepção forte dos direitos humanos que inclui especialmente os direitos econômicos e o direito a condições iniciais iguais, como iguais chances de formação cultural e a supressão do direito de sucessão hereditária (em favor do direito de sucessão hereditária, são mencionados na maioria das vezes pontos de vista utilitaristas: a possibilidade de transmitir bens aos filhos é um estímulo necessário à sua aquisição e com isso à produção; sua injustiça está, todavia, fora de dúvida).

Com isto, volto à questão com que iniciei esta lição, a questão de como se relacionam mutuamente a problemática dos direitos humanos e a da justiça. Já indiquei que, mesmo os direitos humanos, quanto aos quais é concedido em geral caberem igualmente a todos, são uma questão de justiça, e se poderia completar isto do seguinte modo: a concepção dos direitos humanos é uma concepção da justiça mínima, e isto em dois níveis, um qualitativo e outro quantitativo. A concepção de direitos humanos da tradição liberal é uma concepção da justiça qualitativa mínima: ao menos as situações jurídicas determinadas, expressas nos direitos de liberdade negativa, são garantidas igualmente a todos. Em contrapartida, a concepção de direitos humanos que inclui os direitos econômicos assegura a todos os cidadãos direitos a meios mínimos de subsistência, isto é, a bens materiais, assim como à oportunidade de adquiri-los (como o direito ao trabalho) e direito àquelas prestações de serviços que com eles podem ser obtidas (como cuidados médicos etc.).

A partir daí pode-se entender ao menos parcialmente por que uma teoria da justiça como a de Rawls nem sequer discute a questão sobre o dever haver direitos econômicos. A razão está em que, caso se assuma uma posição tão forte com referência à distribuição justa de bens materiais como Rawls em princípio o faz, a questão dos direitos econômicos é retirada (certamente no caso de Rawls acrescenta-se a isto o fato de ele passar por alto os problemas específicos dos grupos sociais que não podem ajudar a si mesmos, bem como o problema do desemprego). A concepção da realização dos direitos econômicos é, ao menos em parte, uma versão alternativa diante da concepção da justiça distributiva. É, enquanto realização de uma justiça econômica mínima – com certeza já suficientemente difícil de se efetivar quando se pensa, a título de exemplo, nos problemas globais e se considera que o direito ao trabalho, por exemplo, ainda não se realizou em nenhum país capitalista –, uma versão mais fraca, que, todavia, leva eventualmente em conta a parte legitimada da argumentação conservadora contra a justiça.

Isto não pode significar, entretanto, que a exigência de uma institucionalização dos direitos socioeconômicos possa substituir a exigência de mais justiça. Tem-se de distinguir a exigência de mais justiça da caricatura de uma distribuição igual pintada pelos conservadores. A exigência de uma remuneração justa pelo trabalho, tal como se contém também em minhas reflexões sobre uma remuneração justa, que talvez pareçam utópicas, aparece como moralmente tão necessária quanto a exigência da realização dos direitos econômicos. Se minha descrição da concepção dos direitos humanos como a de uma justiça mínima for correta, então o que a torna moralmente insuficiente reside precisamente nesta minimidade. Em oposição à exigência dinâmica de mais justiça, a concepção dos direitos humanos é estática segundo sua própria ideia. Como exigências reais, as duas concepções se completam e podem também reagir uma à outra de modo significativo. Determinado compromisso de auxílio à subsistência pode, por exemplo, ser recusado como injusto. Por outro lado, a concepção dos direitos humanos descobre domínios que, embora também possam ser encarados como domínios da justiça, são facilmente desconsiderados, já que a discussão normal sobre a justiça se fixa no problema da distribuição dos bens materiais. Dado que a concepção dos direitos humanos, mesmo que economicamente ampliada, não põe em questão, pelo menos idealmente, as diferenças extremas de bem-estar, tem de ser completada pela exigência – ilimitada segundo o seu sentido – de mais justiça, caso a ideia de respeito igual não se deva tornar uma farsa.

BIBLIOGRAFIA

ACKERMAN, B. *Social justice in the liberal State*. New Haven: [*s. n.*], 1980.

AIKEN, H. D. Rights, human and otherwise. *The Monist*, v. 52, n. 4, p. 502-520, 1968.

ALEXY, R. *Theorie der grundrechte*. Baden-Baden: [*s. n.*], 1985.

ARISTÓTELES. *Ética a Nicômaco*.

BEDAU, H. International human rights. *In*: REGAN, T.; VAN DE VEER, D. (org.). *And justice for all*. Totowa: [*s. n.*], 1982.

BEDAU, H. The right to life. *The Monist*, [*s. l.*], v. 52, n. 4, p. 550-572, 1968.

BENTHAM, J. *An introduction to the principles of morals and legislation*. Londres: [*s. n.*], 1970.

EBBINGHAUS, J. Deutung und missdeutung des kategorischen imperativs. *In*: EBBINGHAUS, J. *Gesammelte aufsätze*. [*S. l.: s. n.*], 1968. p. 80-96.

FEINBERG, J. Duties, rights and claims. *American Philosophical Quarterly*, v. 3, n. 2, p. 137-144, 1966.

FICHTE, J. G. *Werke*. Hamburgo: [*s. n.*], 1912.

FOOT, P. Morality as a system of hypothetical imperatives. *Philosophical Review*, [*s. l.*], v. 81, n. 3, p. 305-316, 1972.

FOOT, P. *Virtues and vices*: and other essays in moral philosophy. Oxford: [*s. n.*], 1978

FRANKENA, W. *Ethics*. [*S. l.*]: Prentice Hall, 1963.

FREUD, S. *Gesammelte Werke*. Frankfurt: [*s. n.*], 1960.

FROMM, E. *Die Furcht vor der Freiheit*. Frankfurt: [*s. n.*], 1980.

FROMM, E. *Die kunst des liebens*. Frankfurt: [*s. n.*], 1980.

FROMM, E. *Psychoanalyse und ethik*. Frankfurt: [*s. n.*], 1978.

GAUTHIER, D. *Morals by agreement*. Oxford: [*s. n.*], 1986

GERT, B. *Morality*. Oxford: [*s. n.*], 1988.

GERT, B. *The moral rules*. [*S. l.*]: Harper, 1996.

GEWIRTH, A. *Reason and morality*. Chicago: [*s. n.*], 1978.

HABERMAS, J. Diskursethik – Notizen zu einem Begründungsprogramm. *In*: HABERMAS, J. *Moralbewusstsein und kommunikatives Handeln*. Frankfurt: [*s. n.*], 1983. p. 53-126.

HABERMAS, J. *Theorie des kommunikativen Handelns*. Frankfurt: [*s. n.*], 1981.

HABERMAS, J. Wahrheitstheorien. *In*: FAHRENBACH, H. (org.). *Wirklichkeit und reflexion*: festschrift für W. Schulz. Pfullingen: [*s. n.*], 1973.

HARE, R. M. *Freedom and reason*. Oxford: [*s. n.*], 1963.

HART, H. L. A. *The concept of law*. Oxford: [*s. n.*], 1961.

HARTMANN, N. Die Wertdimensionen der Nikomachischen Ethik. *In*: SCHRIFTEN, K. (org.). *Band 2*: Abhandlungen zur Philosophie-Geschichte. Berlim: [*s. n.*], 1957.

HEGEL, G. W. F. *Differenz des fichteschen und schellingschen systems der philosophie*.

HEGEL, G. W. F. *Phänomenologie des Geistes*. Lípsia: [*s. n.*], 1949.

HEGEL, G. W. F. *Werke*. Frankfurt: [*s. n.*], 1971.

HRUSCHKA, J. Die Konkurrenz von Goldener Regel und Prinzip der Verallgemeinerung [...]. *Juristen Zeitung*, [*s. l.*], v. 42, n. 20, p. 941-952, 1987.

HUME, D. *A treatise of human nature*.

HUME, D. *Enquiries concerning the human understanding and concerning the principles of morals*. Oxford: [*s. n.*], 1902.

HUNT, G. M. K. *Philosophy and politics*. Cambridge: [*s. n.*], 1990.

KANT, I. *Gesammelte Schriften*. Berlim: [*s. n.*],

KANT, I. *Grundlegung zur metaphysik der sitten*. IV.

KANT, I. *Kritik der reinen vernunft*.

KENNY, A. *Action, emotion and will*. Londres: [*s. n.*], 1963

KENNY, A. *Free will and responsibility*. Londres: [*s. n.*], 1978.

KOHLBERG, L. From is to outght. *In*: MISCHEL, T. *Cognitive development and epistemology*. Nova York: [s. n.], 1971.

LOHMANN, G. Neokonservative Antworten auf moderne Sinnverlusterfahrungen. *In*: FABER, F. (org.). *Konservatismus in Geschichte und Gegenwart*. Wurtzburgo: [s. n.], 1991.

MACINTYRE, A. *After virtue*. Londres: [s. n.], 1981.

MACKIE, J. L. H. Can there be a right-based moral theory? *In*: WALDRON, J. *Theories of rights*. Oxford: [s. n.], 1984.

MACKIE, J. L. H. *Ethics*. [*S. l.*]: Penguin, 1977.

MACKIE, J. L. H. *Ethics*: inventing right and wrong. [*S. l.*]: Penguin, 1975.

MARQUARD, O. Über die unvermeidlichkeit der geisteswissenschaften. *In*: MARQUARD, O. *Apologie des Zufalls*. Stuttgart: [s. n.], 1986.

MILL, J. S. *Utilitarianism*. Indianápolis: [s. n.], 1971.

MILLER, D. *Social justice*. Oxford: [s. n.], 1976.

MUSIL, R. Das Fliegenpapier. *In*: MUSIL, R. *Nachlass zu Lebzeiten*. Hamburgo: [s. n.], 1957. p. 11-13.

MUSIL, R. *Nachlass zu Lebzeiten*. Hamburgo: [s. n.], 1957.

NOWELL-SMITH, P. H. *Ethics*. [*S. l.*]: Pelican, 1954.

NOZICK, R. *Anarchy, state, and utopia*. Nova York: [s. n.], 1974.

PATON, H. J. *The categorical imperative*. Londres: [s. n.], 1947.

PIAGET, J. *Les jugements morales chez l'enfant*. Paris: [s. n.], 1932.

PLATÃO. *Hippias minor*.

PLATÃO. *Werke* (Übliche Zitationsweise nach der Stephanus-Ausgabe).

RAPHAEL, D. D. (org.). *British moralists 1650-1800*. Oxford: [s. n.], 1969.

RAWLS, J. *A theory of the justice*. [*S. l.*]: Harvard Business Press, 1971.

RAWLS, J. Justice as fairness: political not metaphysical. *Philosophy and Public Affairs*, [s. l.], v. 14, n. 3, p. 223-251, 1985.

REGAN, T.; VAN DE VEER, D. (org.). *And justice for all*. Totowa: [s. n.], 1982.

RYLE, G. *Dilemmas*. Oxford: [s. n.], 1954.

SCHILLER, F. *Werke*.

SCHMIDHÄUSER, E. *Vom sinn der strafe*. Gottingen: [s. n.], 1963.

SCHOPENHAUER, A. Preisschrift über die Grundlage der Moral. *In*: SCHOPENHAUER, A. *Sämtliche Werke*. Leipzig: [*s. n.*], 1916. p. 103-275. IV.

SCHWEITZER, A. *Kultur und ethik*. Munique: [*s. n.*], 1923.

SCHWEITZER, A. *Verfall und Wiederaufbau der Kultur*. [*S. l.: s. n.*], 1923.

SELBY-BIGGE, L. A. (ed.). *An enquiry concerning the principles of morals*. Oxford: [*s. n.*], 1902.

SHUE, H. *Basic rights*. Princeton: [*s. n.*], 1980.

SIEGHART, P. *International law of human rights*. Oxford: [*s. n.*], 1983.

SIEGHART, P. *The lawful rights of mankind*. Oxford: [*s. n.*], 1985.

SMART, J. J. C.; WILLIAMS, B. *Utilitarianism*: for and against. Cambridge: [*s. n.*], 1973.

SMITH, A. *The theory of moral sentiments*. Oxford: [*s. n.*], 1976.

STEVENSON, C. L. The emotive meaning of ethical terms. *Mind*, [*s. l.*], v. 46, n. 181, p. 14-31, 1937.

STRAWSON, P. Freedom and resentment. *Proceedings of the British Academy*, [*s. l.*], v. 48, p. 187-211, 1962.

TAYLOR, G. *Pride shame and guilt*. Oxford: [*s. n.*], 1985.

TUGENDHAT, E. Comments on some methodological aspects of rawls, theory of justice. *Analyse und Kritik*, [*s. l.*] v. 1, n. 1, p. 77-89, 1979.

TUGENDHAT, E. Der begriff der willensfreiheit. *In*: TUGENDHAT, E. *Philosophische aufsätze*. Frankfurt: [*s. n.*], 1992.

TUGENDHAT, E. *Der wahrheitsbegriff bei Husserl und Heidegger*. Berlim: [*s. n.*], 1967.

TUGENDHAT, E. Die Geisteswissenschaften als Aufklärungswissenschaften. *In*: TUGENDHAT, E. *Philosophische aufsätze*. Frankfurt: [*s. n.*], 1992.

TUGENDHAT, E. Drei vorlesungen über probleme der ethik. *In*: TUGENDHAT, E. *Probleme der Ethik*. Stuttgart: [*s. n.*], 1984.

TUGENDHAT, E. *Ethik und politik*. Frankfurt: [*s. n.*], 1992.

TUGENDHAT, E. John Rawls, Eine Theorie der Gerechtigkeit. *In*: RADDATZ, F. (org.). *Zeit-Bibliothek der 100 Sachbücher*. Frankfurt: [*s. n.*], 1984.

TUGENDHAT, E. Liberalism, liberty and the issue of economic human rights. *In*: TUGENDHAT, E. *Philosophische aufsätze*. Frankfurt: [*s. n.*], 1992. p. 352-370.

TUGENDHAT, E. Perspektiven auf den Dritten Weltkrieg: Kurzfristige und langfristige Interessen. *In*: TUGENDHAT, E. *Nachdenken über die Atomkriegsgefahr und warum man sie nicht sieht*. 2. ed. Berlim: [*s. n.*], 1988.

TUGENDHAT, E. *Philosophische aufsätze*. Frankfurt: [*s. n.*], 1992.

TUGENDHAT, E. *Probleme der ethik*. Stuttgart: [*s. n.*], 1984.

TUGENDHAT, E. Retraktationen. *In*: TUGENDHAT, E. *Probleme der ethik*. Stuttgart: [*s. n.*], 1984.

TUGENDHAT, E. *Selbstbewusstsein und selbstbestimmung*. Frankfurt: [*s. n.*], 1979.

TUGENDHAT, E. Sprache und ethic. *In*: TUGENDHAT, E. *Philosophische aufsätze*. Frankfurt: [*s. n.*], 1992. p. 295-314.

URMSON, J. O. On grading. *In*: FLEW, A. *Logic and language*. 2. ed. Oxford: [*s. n.*], 1953. p. 159-186.

VLASTOS, G. Justice and equality. *In*: WALDRON, J. *Theories of rights*. Oxford: [*s. n.*], 1984. p. 41-76.

VON WRIGHT, G. H. *The varieties of goodness*. Londres: [*s. n.*], 1963.

WALDRON, J. (org.). *Theories of rights*. Oxford: [*s. n.*], 1948.

WARNOCK, G. H. *The object of morality*. Londres: [*s. n.*], 1971.

WILLIAMS, B. A critique of utilitarianism. *In*: SMART, J. J. C.; WILLIAMS, B. *Utilitarianism*: for and against. Cambridge: [*s. n.*], 1973.

WILLIAMS, B. *Ethics and the limits of philosophy*. Londres: [*s. n.*], 1985.

WINNICOTT, D. W. *The maturational processes and the facilitating environment*. Londres: [*s. n.*], 1965.

WOLF, U. Brauchen wir eine ökologische Ethik? *Prokla*: Zeitschriftfürpolitische Ökonomieundsozialistische Politik, v. 17, n. 69, p. 148-173, 1987.

WOLF, U. *Das tier in der moral*. Frankfurt: [*s. n.*], 1990.

ÍNDICES

Onomástico

A

Ackerman, B. 188, 341, 342, 343, 348, 353, 357
Adorno 16
Agostinho, St. 37
Alexy, R. 157, 320, 328, 330, 335, 336, 337, 338, 339
Aristóteles 19, 29, 30, 32, 37, 53, 55, 67, 85, 86, 99, 101, 104, 111, 113, 114, 115, 134, 170, 185, 195, 198, 203, 204, 205, 207, 208, 211, 212, 213, 215, 218, 224, 225, 226, 227, 228, 229, 230, 231, 232, 233, 234, 235, 236, 237, 238, 239, 240, 241, 242, 243, 244, 245, 246, 247, 251, 252, 253, 255, 264, 265, 273, 275, 278, 282, 283, 288, 343, 344, 345, 346, 348
Ayer, A. 199

B

Bedau, H. 321, 322
Bentham, J. 176, 202, 302, 303, 305, 306
Bento, S. 209
Böhler, D. 152

C

Cícero 37

D

Dworkin 188

E

Ebbinghaus, J. 142, 168
Eichmann, A. 107

F

Feinberg, J. 321
Fichte, J. G. 248, 257, 258
Foot, P. 43, 217

Franklin, B. 220
Freud, S. 28, 57, 249, 250
Fromm 251, 252
Fromm, E. 232, 243, 247, 248, 249, 250, 251, 252, 253, 254, 255, 256, 257, 260, 261, 262, 263, 264, 282, 292

G

Gert, B. 22, 202, 209
Gewirth, A. 151, 202

H

Habermas, J. 18, 42, 144, 151, 152, 153, 154, 155, 156, 157, 158, 159, 160, 161, 162, 165, 276, 277, 342
Hare, R. M. 91, 139, 140, 155, 188, 308, 309
Hartmann, N. 234
Hayek, F. 336
Hegel, G. W. F. 32, 109, 112, 150, 188, 189, 190, 191, 192, 193, 194, 195, 247, 248, 253, 256, 257, 258, 286, 299, 336
Heidegger, M. 134, 196, 197, 229, 250, 336
Hitler, A. 324
Hobbes, T. 71
Horkheimer, M. 16
Hume, D. 41, 51, 52, 53, 62, 66, 73, 74, 91, 110, 111, 147, 166, 168, 217, 218, 219, 238, 239, 258, 265, 266, 267, 273, 277, 279, 282, 291, 301, 302, 305
Hutcheson, F. 66, 68, 170, 291, 299, 301, 302, 303, 305, 307

J

Jesus 60

K

Kambartel, F. 152
Kamlah, W. 152
Kant 15, 23, 24, 32, 34, 38, 41, 42, 48,
50, 51, 66, 67, 68, 73, 74, 75, 76, 77,
78, 79, 80, 81, 83, 84, 90, 91, 93, 94,
95, 96, 97, 98, 99, 100, 101, 102, 103,
104, 105, 106, 107, 108, 109, 110, 111,
112, 113, 114, 115, 116, 117, 118, 119,
120, 121, 122, 123, 124, 125, 126, 127,
128, 129, 130, 131, 132, 133, 134, 135,
136, 137, 138, 139, 140, 141, 142, 143,
144, 145, 146, 147, 148, 149, 150, 151,
155, 157, 162, 166, 167, 168, 169, 170,
172, 173, 176, 186, 188, 199, 201, 202,
203, 209, 210, 211, 214, 215, 216, 224,
266, 273, 276, 277, 278, 280, 282, 288,
289, 291, 295, 296, 302, 303, 307, 308,
309, 311, 312, 314, 316, 323, 333, 334,
336, 340, 346
Kenny, A. 348
Kierkegaard, S. 201, 203
Kubie, L. 252

L

Lessing, G. 63
Locke, J. 328, 355
Lorenzen, P. 152
Lorenz, K. 152
Lübbe, H. 188, 193, 194

M

MacIntyre, A. 185, 188, 191, 195,
196, 197, 198, 199, 200, 201, 202,
203, 204, 205, 206, 207, 208, 209,
210, 212, 213, 214, 216, 217, 218,
220, 227, 231, 233, 237, 353
Mackie, J. L. H. 69, 70, 71, 75, 144,
200, 306, 316, 317
Marquard, O. 188, 193
Marx, K. 17, 248, 356
Miller, D. 353
Mill, J. S. 345, 346
Moore, G. E. 91

N

Nietzsche, F. 13, 203, 204, 205

P

Paton, H. J. 137, 143
Piaget, J. 259
Pinochet, A. 324

Platão 15, 29, 36, 71, 85, 86, 88, 99,
101, 225, 226, 228, 232, 233, 234,
245, 343, 344
Protágoras 71

R

Rawls, J. 24, 25, 69, 75, 76, 188, 341,
342, 348, 353, 359, 360, 363, 364
Ritter, J. 188, 193

S

Sandel, M. 188
Sartre, J.-P. 310
Schiller, F. 106, 109, 111, 112, 113, 114
Schopenhauer, A. 68, 69, 73, 74, 109, 166,
167, 168, 169, 170, 171, 172, 173, 174,
175, 176, 177, 180, 267, 268, 345, 346
Schwemmer, O. 152
Shklar, J. 174
Shue, H. 329, 330, 331, 339, 340
Sieghart, P. 330, 339
Simônides 343
Smith, A. 87, 115, 131, 171, 195, 211,
212, 213, 214, 215, 216, 223, 241,
259, 263, 264, 265, 266, 267, 268,
269, 270, 271, 272, 273, 274, 275,
276, 277, 278, 279, 280, 281, 282,
283, 284, 289, 290, 291, 292, 293,
294, 295, 300, 302, 303, 345, 346
Spitz, R. 182
Stalin, J. 324
Stevenson, C. L. 199
Strawson, P. 20, 21, 87

T

Taylor, Ch. 188
Taylor, G. 54
Trasímaco 228

U

Ulpiano 343

V

Vlastos, G. 323, 324, 343, 345
Von Wright, G. H. 49, 53, 217, 218,
219, 220, 232, 238, 239

W

Warnock, G. J. 300, 301, 303
Wellmer, A. 152
Williams, B. 36, 85, 218
Wolf, U. 174, 175, 176, 180

Analítico

A

Absoluto, gramaticalmente 34, 35, 40, 45, 50, 52, 56, 57, 72, 78, 84, 94, 96, 98, 100, 101, 221, 222
Admiração 192, 221, 222, 292, 293
Afetos morais 19, 273
Altruísmo 89, 120, 167, 169, 170
Amor ao próximo 255, 256, 261
Animais 12, 60, 69, 167, 175, 176, 177, 178, 179, 180, 181, 182, 230, 231, 248, 287, 299, 334
A priori 15, 18, 90, 91, 94, 95, 96, 123, 146, 147, 148
Autoestima 53, 54, 55, 221, 287
Autonomia 28, 59, 84, 85, 86, 88, 92, 111, 137, 138, 162, 188, 190, 191, 195, 219, 220, 240, 246, 247, 248, 249, 250, 253, 257, 259, 260, 264, 286, 287, 313, 332, 335, 338

C

Compaixão 68, 69, 105, 108, 167, 168, 170, 171, 172, 173, 174, 175, 176, 177, 178, 179, 180, 187, 267, 299
Consciência moral (Gewissen) 27, 28, 29, 56, 57, 58, 59, 60, 66, 77, 92, 96, 97, 102, 123, 140, 179, 191, 193, 197, 198, 199, 200, 201, 209, 265, 277, 297
Contratualismo 26, 27, 28, 58, 64, 69, 71, 72, 73, 74, 75, 77, 78, 79, 80, 81, 85, 131, 143, 166, 167, 172, 178, 187, 189, 190, 198, 203, 211, 215, 216, 236, 276, 289, 297, 301, 306, 312, 328, 334
Convenções 44, 156, 220
Costumes, eticidade 32, 94, 191, 192
Crianças 53, 83, 176, 178, 180, 181, 182, 194, 255, 259, 260, 262, 312, 313, 327, 332, 334, 349

D

Desprezo 219, 220, 221, 222, 285
Dever 23, 33, 34, 36, 38, 43, 69, 77, 91, 94, 103, 104, 105, 106, 107, 108, 109, 110, 112, 113, 115, 116, 118, 119, 120, 121, 122, 123, 131, 132, 140, 141, 142, 148, 161, 168, 172, 192, 200, 208, 209, 210, 237, 283, 346, 363

Dignidade 112, 113, 130, 133, 135, 136, 157, 335, 336, 339, 340, 341
Direitos
  especiais 303, 304, 307, 317, 318, 319, 320, 321, 322, 323, 325, 327
  gerais 317, 320, 321, 322
  morais 173, 286, 316, 321, 322, 323, 324, 325, 326, 327, 328, 331, 340
  naturais 202, 322, 323, 324
  subjetivos 315, 317, 325

E

Egoísta 25, 86, 88, 89, 104, 105, 130, 328
Emotivismo 197, 199, 200, 201, 203, 204
Ética 9, 11, 12, 13, 16, 17, 22, 23, 24, 31, 32, 33, 37, 38, 42, 43, 51, 60, 66, 69, 73, 74, 76, 86, 91, 93, 95, 103, 104, 108, 118, 119, 128, 129, 131, 133, 144, 151, 152, 155, 156, 166, 167, 170, 171, 172, 177, 178, 181, 185, 186, 188, 190, 192, 194, 195, 196, 201, 202, 205, 211, 212, 214, 215, 216, 217, 218, 224, 225, 228, 237, 242, 247, 266, 273, 281, 282, 283, 288, 292, 300, 309, 317, 334, 346
Ética da compaixão 166

F

Falácia naturalista 91, 350
Feto 183
Fundamentação (de uma moral)
  absoluta 14, 27, 28, 50, 65, 67, 74, 75, 79, 93, 186

I

Identidade 54, 55, 56, 57, 62, 63, 64, 65, 72, 74, 84, 87, 115, 183, 256
Imparcialidade 289, 298, 303, 309, 310, 344, 345
Imperativo 38, 41, 43, 67, 77, 108, 124, 125, 126, 127, 129, 130, 135, 143, 145, 162, 270
Imperativo categórico 41, 42, 76, 77, 78, 79, 80, 82, 83, 89, 90, 93, 97, 98, 102, 108, 110, 114, 115, 117, 121, 122, 123, 124, 125, 126, 127, 128, 129, 130, 131, 132, 134, 135, 136, 137, 138, 140, 143, 145, 146, 149, 151, 155, 157, 161, 162, 166, 168, 169, 173, 177, 180, 183, 186, 201, 202, 209, 211, 212, 214, 219,

373

223, 277, 281, 282, 288, 289, 290, 298, 299, 300, 301, 302, 304, 306, 312, 316, 326, 354

Indignação 11, 19, 29, 55, 56, 57, 62, 72, 115, 220, 222, 268, 271, 273, 280, 284, 292, 316, 347

J

Juízos morais 11, 14, 15, 16, 18, 19, 21, 22, 23, 24, 27, 28, 30, 31, 34, 35, 36, 37, 38, 43, 50, 51, 52, 59, 63, 64, 66, 72, 73, 74, 75, 84, 85, 86, 90, 91, 94, 95, 98, 127, 200, 294, 296, 316, 354

L

Lack of moral sense 58, 73, 81, 85, 86, 110, 118, 179, 204, 262, 291, 297, 332

M

Mérito 266, 279, 343, 344, 347, 348, 349, 353, 354, 356, 358

Moral, política 316

Moral, tradicionalista 63, 296

Moral, uma 13, 17, 22, 25, 26, 30, 31, 37, 59, 60, 63, 64, 69, 72, 73, 74, 83, 89, 111, 123, 131, 144, 145, 147, 148, 155, 162, 166, 174, 177, 179, 181, 182, 185, 186, 187, 188, 189, 194, 196, 204, 210, 212, 213, 216, 217, 219, 220, 237, 242, 246, 258, 261, 263, 265, 281, 298, 299, 302, 310, 312, 316, 334, 341, 343, 350, 361

Motivação moral 114, 115, 116, 122, 167, 168, 254, 261, 263, 281

N

Nascimento 182, 183

Natureza do ser humano 66, 67, 68

Necessidade prática 34, 40, 94, 103, 107, 115, 316

Normas
    normas morais 13, 34, 38, 40, 41, 43, 44, 51, 54, 58, 87, 91, 160, 188, 297, 320, 321
    normas sociais 40, 43

Normas da razão 40, 41, 43

O

Obrigação moral 60, 107, 179, 182, 317, 319, 328

P

Pingente moral 297

Prometer 141

Q

Quase-moral 72, 73, 74, 209, 215, 289, 297

R

Razão, escrito com maiúscula 111

Razões de plausibilidade 82, 83

Reconhecer 23, 30, 63, 206, 215, 219, 220, 256, 257, 258, 286, 287, 293, 296, 315, 332, 334, 335, 336, 351

Regras de jogo 40, 43

Respeito 28, 77, 79, 83, 89, 114, 116, 121, 122, 161, 171, 173, 174, 175, 176, 177, 178, 180, 198, 229, 255, 256, 258, 259, 260, 261, 265, 285, 286, 287, 288, 289, 296, 297, 302, 303, 304, 315, 323, 324, 328, 340, 350, 361, 363, 364

S

Sanção 40, 42, 43, 44, 45, 56, 57, 71, 72, 83, 84, 85, 91, 115, 116, 172, 178, 222, 317, 318, 319, 327

Sentimento de culpa 19, 29, 221, 222

Ser bom, conceito de 57, 58, 74, 78, 82, 83, 85, 100, 102, 109, 111, 114, 117, 131, 144, 175, 181, 217, 244, 298, 341, 342

Ser bom, conceito de, plausível 76, 81, 82, 93

T

Teológico 59, 144

Ter de 23, 33, 34, 35, 37, 38, 39, 40, 45, 56, 57, 58, 61, 65, 67, 69, 84, 91, 92, 103, 221, 222, 261, 262, 318

U

Utilitarismo 66, 103, 119, 161, 166, 167, 170, 176, 178, 187, 202, 214, 216, 265, 299, 300, 301, 302, 304, 305, 306, 307, 310, 311, 316, 317, 345, 360

V

Valor absoluto 133, 134, 136, 323, 324

Vergonha 11, 19, 20, 54, 55, 56, 57, 58, 71, 72, 115, 221, 222, 268

Virtudes de felicidade 233, 234, 241, 242

Confira outros títulos da coleção em

livrariavozes.com.br/colecoes/pensamento-humano

ou pelo Qr Code

Conecte-se conosco:

f facebook.com/editoravozes

⌾ @editoravozes

𝕏 @editora_vozes

▶ youtube.com/editoravozes

☎ +55 24 2233-9033

www.vozes.com.br

Conheça nossas lojas:

www.livrariavozes.com.br

Belo Horizonte – Brasília – Campinas – Cuiabá – Curitiba
Fortaleza – Juiz de Fora – Petrópolis – Recife – São Paulo

    Vozes de Bolso

EDITORA VOZES LTDA.
Rua Frei Luís, 100 – Centro – Cep 25689-900 – Petrópolis, RJ
Tel.: (24) 2233-9000 – E-mail: vendas@vozes.com.br